T0325295

Pensionnats du Canada

Volume 6

Pensionnats du Canada :
La réconciliation

Rapport final de la Commission
de vérité et réconciliation
du Canada

Volume 6

Publié pour la
Commission de vérité et réconciliation du Canada

par

McGill-Queen's University Press
Montreal & Kingston • London • Chicago

Le présent rapport relève du domaine public.

Toute personne peut, sans frais ni demande de permission, reproduire le rapport intégralement ou partiellement.

2015

Commission de vérité et réconciliation du Canada

Site Web : www.trc.ca

Imprimé au Canada sur papier non acide

ISBN 978-0-7735-4669-1 (vol. 6 : couverture souple).

Un index de ce volume du rapport final est disponible en ligne. Visitez le http://nctr.ca/trc_reports.php

Catalogage avant publication de Bibliothèque et Archives Canada
Commission de vérité et réconciliation du Canada
[Canada's residential schools. Français]
Pensionnats du Canada : rapport final de la Commission de vérité et réconciliation du Canada.

Traduction de : Canada's residential schools.
Comprend des références bibliographiques et un index.
Sommaire : Volume 1, partie 1-2. L'histoire — volume 2. L'expérience inuite et nordique — volume 3. L'expérience métisse volume 4. Enfants disparus et lieux de sépulture non-marqués — volume 5. Les séquelles — volume 6. La réconciliation.
Publié en formats imprimé(s) et électronique(s).
ISBN 978-0-7735-4663-9 (vol. 1, ptie 1 : couverture souple).
ISBN 978-0-7735-4664-6 (vol. 1, ptie 2 : couverture souple).
ISBN 978-0-7735-4665-3 (vol. 2 : couverture souple).
ISBN 978-0-7735-4666-0 (vol. 3 : couverture souple).
ISBN 978-0-7735-4667-7 (vol. 4 : couverture souple).
ISBN 978-0-7735-4668-4 (vol. 5 : couverture souple).
ISBN 978-0-7735-4669-1 (vol. 6 : couverture souple).
ISBN 978-0-7735-9831-7 (vol. 1, ptie 1 : ePDF).   ISBN 978-0-7735-9832-4 (vol. 1, ptie 1 : ePUB).
ISBN 978-0-7735-9833-1 (vol. 1, ptie 2 : ePDF).   ISBN 978-0-7735-9834-8 (vol. 1, ptie 2 : ePUB).
ISBN 978-0-7735-9835-5 (vol. 2 : ePDF). ISBN 978-0-7735-9836-2 (vol. 2 : ePUB).
ISBN 978-0-7735-9837-9 (vol. 3 : ePDF). ISBN 978-0-7735-9838-6 (vol. 3 : ePUB).
ISBN 978-0-7735-9839-3 (vol. 4 : ePDF). ISBN 978-0-7735-9840-9 (vol. 4 : ePUB).
ISBN 978-0-7735-9841-6 (vol. 5 : ePDF). ISBN 978-0-7735-9842-3 (vol. 5 : ePUB).
ISBN 978-0-7735-9843-0 (vol. 6 : ePDF). ISBN 978-0-7735-9844-7 (vol. 6 : ePUB)

1. Internats pour autochtones — Canada. 2. Autochtones — Éducation — Canada.
3. Autochtones — Canada — Relations avec l'État. 4. Autochtones — Canada — Conditions sociales.
5. Autochtones — Canada — Histoire. I. Titre. II. Titre: Canada's residential schools. Français.

E96.5.T7814 2016   971.004'97   C2015-906048-6
C2015-906049-4

Table des matières

Pensionnats du Canada

Volume 6

Introduction

Pour certains, la réconciliation est le rétablissement d'un état de conciliation. Néanmoins, il s'agit d'un état qui, pour de nombreux Autochtones,
n'a jamais existé entre Autochtones et non-Autochtones. Pour d'autres,
la réconciliation, dans le contexte des pensionnats indiens, s'apparente à la
gestion d'une situation de violence familiale. Il s'agit de réparer les erreurs du
passé d'une manière qui viendra à bout des conflits et établira une relation saine
et respectueuse entre les peuples, et pour l'avenir. C'est dans cette deuxième
optique que la Commission de vérité et réconciliation du Canada a abordé la
question de la réconciliation.

Pour la Commission, la « réconciliation » consiste à établir et à maintenir une
relation de respect réciproque entre les peuples autochtones et non autochtones
du pays. Pour y parvenir, il est nécessaire de prendre conscience du passé, de
reconnaître les torts qui ont été causés, d'expier les fautes commises et d'agir
pour changer les comportements. Nous n'y sommes pas encore. La relation entre
les peuples autochtones et les peuples non autochtones n'est pas une relation
de respect mutuel. Nous croyons cependant qu'il est possible d'y arriver, et nous
croyons qu'il est possible de maintenir une telle relation. Notre ambition est de
montrer que nous pouvons le faire.

En 1996, le Rapport de la Commission royale sur les peuples autochtones
recommandait vivement aux Canadiens d'amorcer un processus national de
réconciliation qui mettrait le pays sur une voie nouvelle et audacieuse, modifiant
radicalement les fondements mêmes des relations du Canada avec les peuples
autochtones. Bien des choses dites par la Commission royale ont été ignorées
par le gouvernement; la majorité de ses recommandations n'a jamais été mise en
œuvre, mais le rapport et ses conclusions ont ouvert les yeux des Canadiens et
modifié l'approche de la réalité des peuples autochtones dans le pays.

En 2015, alors que la Commission de vérité et réconciliation du Canada met
fin à ses travaux, le pays a une deuxième chance de s'orienter vers la réconciliation. Nous vivons dans l'environnement mondialisé du XXIe siècle. C'est la
place du Canada en tant que démocratie prospère, juste et inclusive au sein de
cet environnement qui est en jeu. À la première audience nationale de la CVR à

Winnipeg, au Manitoba, en 2010, Alma Mann Scott, une survivante des pensionnats, déclarait :

> La guérison suit son cours — la réconciliation [...] J'estime qu'il y a de l'espoir pour nous, non seulement en tant que Canadiens, mais pour le monde entier, parce que je sais que je ne suis pas la seule. Je sais que les Anishinaabe de tout le Canada, les Premières Nations, ne sont pas les seuls. Mes frères et sœurs en Nouvelle-Zélande, en Australie, en Irlande — il y a plusieurs endroits dans le monde où ce genre de choses est arrivé [...] je ne crois pas que cela va se produire d'ici un an, mais nous pouvons commencer à changer les lois et les systèmes d'éducation [...] afin que nous puissions aller de l'avant[1].

Le processus de réconciliation doit soutenir les Autochtones pendant la longue guérison qui leur permettra de panser les blessures directement associées à l'héritage destructeur de la colonisation qui a complètement ravagé leurs vies. Ce processus doit cependant permettre d'en faire beaucoup plus puisqu'il doit inspirer tant les Autochtones que les non-Autochtones de tout le pays à transformer la société canadienne afin que nos enfants et nos petits-enfants puissent vivre ensemble dans la paix, la dignité et la prospérité sur ces terres que nous partageons.

Ce besoin urgent et profond de réconciliation touche l'ensemble du pays. Cependant, pour pouvoir y répondre au cours des prochaines années, il faudra absolument favoriser le dialogue public et prendre des mesures qui vont au-delà du processus de réconciliation actuellement mis en œuvre pour les élèves des pensionnats. Bien que certains progrès aient été faits à cet égard, il reste encore d'importants obstacles à la réconciliation. Ainsi, les relations entre le gouvernement fédéral et les Autochtones se sont détériorées. Plutôt que d'aller de l'avant et de favoriser la réconciliation, les deux parties sont désormais divisées par divers conflits portant notamment sur l'éducation des Autochtones, la protection de l'enfance et la justice. Qu'il s'agisse de réclamer une enquête nationale sur la violence faite aux femmes et aux filles autochtones ou d'aborder les répercussions économiques de la mise en valeur des terres et des ressources dans le cadre des traités, des droits et du titre ancestral des Autochtones, les questions autochtones font de plus en plus souvent les manchettes[2]. Bien que les tribunaux continuent d'entendre les causes portant sur les droits ancestraux des Autochtones, de nouveaux litiges ont été soumis par les survivants des externats à propos de questions non visées par la Convention de règlement relative aux pensionnats indiens, ainsi que par les victimes de la « rafle des années soixante »[3]. La promesse de réconciliation qui semblait sur le point de se réaliser en 2008 lorsque le premier ministre a présenté ses excuses aux survivants au nom de tous les Canadiens s'est cependant évanouie.

Un trop grand nombre de Canadiens ne savent pas grand-chose, voire rien du tout, sur les racines historiques profondes de ces conflits. Le manque de connaissances historiques a d'importantes répercussions pour les Premières Nations, les Métis et les Inuits, de même que pour l'ensemble du Canada. Ainsi, dans les cercles gouvernementaux, cela donne lieu à de mauvaises décisions en matière de politiques publiques. Dans le domaine public, ce manque de connaissances a également pour effet de renforcer les attitudes racistes et d'alimenter la méfiance entre les Autochtones et les autres Canadiens[4]. Un trop grand nombre de Canadiens ne connaissent toujours pas le contexte historique entourant les importantes contributions des Autochtones au Canada ou ne comprennent pas qu'en vertu des traités historiques et modernes négociés par notre gouvernement, nous sommes tous visés par les traités. L'histoire joue également un rôle important dans la réconciliation et pour pouvoir préparer l'avenir, les Canadiens doivent examiner le passé et en tirer des leçons.

En tant que commissaires, nous avions compris dès le début que même si la réconciliation ne pouvait pas s'effectuer pendant les travaux de la CVR, le pays pourrait déjà prendre des mesures positives et concrètes pour la suite et devrait le faire. Bien que la Commission ait été un catalyseur qui a permis d'approfondir notre conscientisation en tant que nation à la signification de la réconciliation et à la possibilité qu'elle se produise, de nombreux cœurs, têtes et mains seront requis à tous les niveaux de la société pour que nous puissions continuer sur notre lancée au cours des prochaines années. Il faudra également un engagement politique soutenu à tous les paliers du gouvernement, ainsi que des ressources matérielles concertées pour pouvoir atteindre cet objectif.

Les milliers de survivants qui ont raconté publiquement les expériences qu'ils ont vécues dans les pensionnats lors des différents événements que la CVR a tenus aux quatre coins du pays ont jeté avec courage les bases d'un dialogue plus que nécessaire à propos de ce dont ces survivants ont besoin pour guérir leurs blessures, ainsi que celles de leurs familles, de leurs communautés et du pays tout entier. Les Canadiens ont beaucoup à gagner à écouter les voix, les expériences et la sagesse des survivants, des aînés et des gardiens du savoir traditionnel, et beaucoup plus encore à apprendre au sujet de la réconciliation. Les peuples autochtones peuvent grandement contribuer à la réconciliation. Leurs systèmes de transmission des connaissances, leurs traditions orales, leurs lois et leurs liens profonds avec la terre ont tous revêtu une très grande importance dans le processus de réconciliation et sont essentiels à sa poursuite.

Lors d'un forum portant sur les gardiens du savoir traditionnel commandité par la CVR, Mary Deleary, une aînée anishinaabe, a parlé de la responsabilité que doivent assumer tant les Autochtones que les non-Autochtones dans la réconciliation. Elle a notamment insisté sur la nécessité de poursuivre le travail de réconciliation de manière à honorer les ancêtres, à respecter la terre et à rééquilibrer les relations.

> Je suis pleine de confiance et d'espoir parce que lorsque j'entends vos voix à cette table, j'entends et je sais que les responsabilités qui ont été celles de nos ancêtres [...] et qui sont encore les nôtres [...] malgré toutes les luttes, même malgré toutes les perturbations [...] nous pouvons encore entendre la voix de la terre. Cette voix qui nous demande de nous occuper de nos enfants et de les aimer. Nous pouvons entendre cette voix qui nous parle de nos lois. Nous pouvons entendre cette voix à propos de nos récits, de notre gouvernance, de nos festins [et] de notre médecine [...] Nous avons du travail. Ce travail que nous faisons [déjà] en tant qu'[Autochtones]. Vous, nos cousins [les non-Autochtones], qui avez traversé l'océan pour venir jusqu'à nous, vous aussi avez encore du travail à faire de votre côté [...] Cette terre est faite de la poussière des ossements de nos ancêtres. Et pour se réconcilier avec cette terre et avec tout ce qui s'y est produit, il reste encore beaucoup de travail à faire [...] pour retrouver l'équilibre[5].

En 2012, lors de l'événement régional de Victoria, le survivant Archie Little a déclaré :

> [Pour] moi, la réconciliation vise à corriger une injustice. Comment s'y prendre, telle est la question. Toutes les personnes qui se trouvent dans cette salle, un grand nombre de non-Autochtones, un grand nombre d'Autochtones qui ne sont pas allés dans les pensionnats; nous devons travailler ensemble [...] Ma mère accordait énormément d'importance à nos traditions culturelles. Nous avons perdu cela. Ça nous a été enlevé [...] Et je pense qu'il est temps que vous, les non-Autochtones [...] alliez voir vos politiciens et leur disiez que nous devons prendre la responsabilité de ce qui s'est passé. Nous devons travailler ensemble[6].

Le révérend Stan McKay de l'Église Unie, qui est également un survivant, croit que la réconciliation ne pourra débuter que quand tout le monde acceptera sa part de responsabilité, ce qui permettra un processus de guérison favorisant le respect.

> [Il doit y avoir] un changement de perspective dans la façon dont les Autochtones s'engageraient de concert avec la société canadienne dans le traitement de la question de la réconciliation. [...] [Nous ne pouvons] perpétue[r] le concept inspiré par l'idée paternaliste que seuls les Autochtones ont besoin de guérison. [...] Les auteurs d'actes de violence sont affligés par des traumatismes et ils sont à bien des égards marqués par l'histoire, mais de façon différente des victimes. [...] Comment un dialogue en vue de la réconciliation peut-il être tenu si tous les intervenants n'adoptent pas une attitude d'humilité et de respect? [...] Nous avons tous des histoires à raconter et, pour évoluer

vers une plus grande tolérance et une meilleure compréhension, nous devons écouter les histoires des autres[7].

Ces cinq dernières années, la Commission de vérité et réconciliation du Canada a exhorté les Canadiens à ne pas attendre la publication de son rapport final pour contribuer au processus de réconciliation. Cela nous encourage lorsque nous voyons que dans tout le pays, bon nombre de personnes ont répondu à notre appel. Les jeunes Canadiens relèvent le défi de la réconciliation. Tant les jeunes autochtones que non autochtones qui ont assisté aux événements nationaux de la CVR ont transmis un message percutant dans lequel ils montraient à quel point la réconciliation était importante pour eux. Lors de l'événement national de l'Alberta tenu à Edmonton en mars 2014, une jeune Autochtone a parlé au nom du Mouvement jeunesse des 4R, un projet mené par de jeunes autochtones et non autochtones. Jessica Bolduc y a alors dit :

> Nous avons revu nos pensées et nos croyances à propos du colonialisme et avons pris l'engagement de défaire nos propres bagages et d'établir de nouvelles relations les uns avec les autres en saisissant l'élan actuel pour faire évoluer notre pays à la veille du 150e anniversaire de la Confédération du Canada qui aura lieu en 2017.
>
> En ce moment, nous nous demandons, « que signifie cet anniversaire pour nous, en tant que jeunes autochtones et non autochtones et comment pouvons-nous arriver à cette date avec quelque chose que nous pourrons célébrer ensemble? » [...] Nous espérons qu'un jour, nous vivrons ensemble comme des nations reconnues dans un pays dont nous pourrons tous être fiers[8].

En 2013, lors de l'événement national de la Colombie-Britannique qui s'est tenu à Vancouver et où plus de 5 000 élèves des écoles primaires et secondaires ont assisté à la journée de sensibilisation, plusieurs jeunes non-autochtones ont parlé de ce qu'ils avaient appris. Matthew Meneses a dit : « Je n'oublierai jamais ce jour. C'était la première fois que j'entendais parler des pensionnats. Si je rencontrais un Autochtone, je lui demanderais s'il sait parler sa langue, parce que je pense que parler sa langue est vraiment génial. » Antonio Jordao a dit, quant à lui : « Ça me rend triste pour ces enfants. Ils les ont enlevés de chez eux. C'était de la torture, ce n'est pas juste. Ils les ont enlevés de leurs maisons. Je ne suis pas d'accord. Ce n'est vraiment pas correct. C'est l'une des pires choses que le Canada ait faites. » Cassidy Morris a ajouté : « C'est une bonne chose qu'on puisse finalement apprendre ce qui s'est passé. » Jacqulyn Byers a conclu : « J'espère que des événements comme celui-ci permettront aux personnes de tourner la page sur ce qui s'est passé et que vraiment beaucoup de gens reconnaîtront maintenant qu'un crime a été commis et qu'il faut réparer les pots cassés[9]. »

Lors du même événement national, Patsy George, témoin honoraire de la CVR, a rendu hommage à la force des femmes autochtones et à leur contribution au processus de réconciliation en dépit de l'oppression et de la violence qu'elles ont subies.

> Pour moi, les femmes ont toujours représenté un rayon d'espoir. Il faut soutenir et reconnaître le rôle des mères et des grands-mères, tant dans la vie de nos enfants que dans la survie de nos communautés. La colère justifiée que nous ressentons et partageons tous aujourd'hui doit permettre de créer des instruments qui, à leur tour, transformeront nos cœurs et nos âmes pour faire table rase et préparer le terrain pour que le respect, l'amour, l'honnêteté, l'humilité, la sagesse et la vérité puissent prendre la place. Nous le devons à tous ceux qui ont souffert, ainsi qu'aux enfants d'aujourd'hui et de demain. Que cette journée et les journées qui suivront nous apportent paix et justice[10].

Des Canadiens autochtones et non autochtones de toutes les couches de la société nous ont parlé de l'importance de tendre la main aux autres et de trouver de nouveaux moyens pour préparer un avenir meilleur. Que nous soyons un membre des Premières Nations, un Inuit, un Métis, un descendant des colons européens, un membre d'un groupe minoritaire qui a subi de la discrimination historique au Canada ou un néo-Canadien, nous héritons tous des avantages et des obligations inhérents à la vie au Canada. Nous sommes tous visés par les traités et avons donc tous la responsabilité d'agir pour favoriser la réconciliation.

Sans vérité, justice et guérison, il ne peut y avoir de véritable réconciliation. La réconciliation ne vise pas uniquement à « fermer un triste chapitre du passé du Canada », mais également à ouvrir de nouvelles voies de guérison fondées sur la vérité et la justice. Nous sommes conscients que le fait de connaître la vérité sur ce qui s'est passé dans les pensionnats ne mènera pas, en soi, à la réconciliation. L'importance de dire la vérité en elle-même ne doit cependant pas être sous-estimée, puisqu'elle permet de restaurer la dignité des victimes de violence et de demander des comptes aux gouvernements et aux citoyens. Sans vérité, aucune justice ne peut être rendue, la guérison ne peut commencer et il ne peut y avoir de véritable réconciliation entre les Canadiens autochtones et non autochtones. Dans son commentaire lors du forum portant sur les gardiens du savoir traditionnel en juin 2014, l'aîné Dave Courchene a posé une question de première importance : « Lorsque vous parlez de vérité, de quelle vérité parlez-vous[11]. »

La Commission a répondu à cette question en disant que par « vérité », on entendait non seulement ce qui a été révélé par les documents du gouvernement et des Églises sur les pensionnats, mais également la vérité qui ressort des expériences vécues par les élèves, comme les survivants et d'autres personnes l'ont racontée dans leurs déclarations à la présente Commission. Ensemble, ces témoignages publics constituent un nouveau dossier de récits oraux, un dossier fondé sur les traditions juridiques autochtones et le témoignage[12]. Quand les gens se rassemblaient lors des événements nationaux et des audiences communautaires de la CVR, ils pouvaient vivre diverses expériences associées à la divulgation des faits et faire preuve d'un esprit de réconciliation.

Dans le cadre de ses audiences, la Commission a institué un cercle de plus en plus grand de témoins honoraires de la CVR. Ils avaient le rôle de témoin officiel lors des témoignages des survivants et de leurs familles, des anciens membres du personnel des écoles et de leurs descendants, des représentants de l'État et des Églises et de toute autre personne dont la vie a été perturbée par les pensionnats. Au-delà du travail associé à la CVR, les témoins honoraires se sont engagés également à participer aux efforts de réconciliation en cours entre les Autochtones et les non-Autochtones. Nous encourageons également toute personne qui a assisté aux événements nationaux ou aux audiences communautaires de la CVR à se voir également comme un témoin, avec l'obligation de trouver des façons de faire de la réconciliation une réalité dans leur propre vie, leur communauté, leurs écoles et leur lieu de travail.

Comme l'aîné Jim Dumont l'a expliqué lors du forum sur les gardiens du savoir traditionnel de juin 2014, « dans la culture ojibwée, dire la vérité, c'est parler avec son cœur »[13]. Lors de l'audience communautaire tenue en 2012 dans la Première Nation de Key, en Saskatchewan, Wilfred Whitehawk, un survivant des pensionnats indiens, nous a dit qu'il était heureux d'avoir révélé les agressions dont il avait été victime.

> Je ne le regrette pas, parce que ça m'a appris quelque chose. Ça m'a appris à dire la vérité, à propos de moi, à être honnête au sujet de qui je suis [...] Je suis très fier de qui je suis aujourd'hui. Ça m'a pris beaucoup de temps, mais j'y suis arrivé. Ce que j'ai, mes valeurs et mon système de croyances, ça m'appartient, et personne ne pourra m'imposer les siens. Aujourd'hui, personne ne pourra profiter de moi, que ce soit un homme ou une femme, le gouvernement ou la Gendarmerie royale du Canada, parce qu'aujourd'hui j'ai mon mot à dire. Je peux parler en mon nom et personne ne peut m'enlever ça[14].

Survivante et fille de survivants, Vitaline Elsie Jenner, a dit : « Je suis très heureuse de pouvoir partager mon histoire [...] Je veux que les Canadiens entendent et écoutent la vérité [...] Je veux aussi que mes petits-enfants tirent des leçons de mon expérience, et qu'ils sachent que cela est vraiment arrivé[15]. »

Un autre descendant de survivants, Daniel Elliot, a dit à la Commission :

> Je pense que tous les Canadiens ont besoin d'arrêter de fermer les yeux. Ils doivent ouvrir les yeux. Oui, c'est gênant, eh oui, c'est une partie affreuse de notre histoire. On ne veut pas l'entendre. Ce que je veux de la Commission,

c'est qu'elle réécrive les livres d'histoire pour que les autres générations comprennent et ne vivent pas ce que nous vivons aujourd'hui, c'est-à-dire de faire comme si ça n'était jamais arrivé[16].

Lors de l'événement national de la Saskatchewan, Clement Chartier, président du Ralliement national des Métis, a parlé devant la Commission de l'importance de la vérité, de la justice et de la réconciliation.

La vérité est importante. Je vais donc essayer d'aborder les questions qui touchent à la vérité et quelques-unes qui touchent à la réconciliation. La vérité, c'est que la nation métisse, qui est représentée par le Ralliement national des Métis, n'est pas une partie à la Convention de règlement relative aux pensionnats indiens. Et la vérité c'est que la nation métisse ou les Métis, en tant que peuple, sont exclus tout au long de cette période de réconciliation, non seulement dans la Convention de règlement relative aux pensionnats indiens, mais aussi dans les excuses présentées par le Canada. [...]

Nous sommes, cependant, le fruit de la même politique d'assimilation, celle que le gouvernement fédéral a imposée aux enfants indiens visés par un traité. Il devrait donc y avoir une solution. [...] Les pensionnats métis sont exclus. On veut s'assurer que tout le monde soit au courant de ça. Et j'espère que vous allez nous aider à défendre certains points et à obtenir, vous savez, que les gouvernements ou tout responsable reconnaissent leur responsabilité pour que nous puissions aller de l'avant sur la voie de la réconciliation, parce que la réconciliation devrait toucher tous les peuples autochtones et non seulement certains peuples autochtones[17].

Lors de l'événement national de Colombie-Britannique, l'ancien lieutenant-gouverneur de la Colombie-Britannique, l'honorable Steven Point, a déclaré :

Et tant d'entre vous ont dit aujourd'hui, tant de témoins qui ont comparu ont dit : « Je ne peux pas pardonner. Je ne suis pas prêt à pardonner. » Et je me suis demandé pourquoi. La réconciliation a pour but de connaître la vérité, ça, c'est sûr. C'est aussi reconnaître cette vérité. Reconnaître que ce que vous avez dit est vrai. Accepter la responsabilité de la douleur qui été causée, et aider ces enfants à retrouver la place qu'ils auraient occupée si on ne les avait pas enlevés à leurs foyers.

Quels sont les obstacles à la réconciliation? La pauvreté qui persiste dans nos collectivités et le manquement du gouvernement à reconnaître que : « Oui, ces terres nous appartiennent. » Arrêtez la destruction de nos territoires et, pour l'amour de Dieu, mettez fin aux décès de tant de femmes autochtones sur les autoroutes du pays. [...] Je vais continuer à parler de la réconciliation mais, ce qui est tout aussi important, je vais favoriser la guérison de notre peuple, pour que nos enfants ne soient pas obligés de vivre cette douleur, cette destruction et, enfin, pour que nous prenions la place qui nous revient au sein de « notre Canada »[18].

Lorsque d'anciens membres du personnel des pensionnats ont assisté aux événements publics de la CVR, certains ont trouvé qu'il était plus important d'entendre les témoignages des survivants, même si leurs propres perspectives et leurs propres souvenirs des pensionnats pouvaient être différents des leurs. Lors de l'audience communautaire tenue à Thunder Bay, en Ontario, Merle Nisley, qui a travaillé au pensionnat de Poplar Hill dans les années 1970, a déclaré :

> Je pense que ce serait utile, pour les personnes concernées par les pensionnats, qu'elles entendent elles-mêmes ces histoires. Et, aussi, je pense qu'il serait utile, quand cela est approprié […] [pour] les anciens élèves qui sont sur le chemin de la guérison […] d'entendre certaines de nos histoires ou certains de nos points de vue. Mais, je sais que c'est une chose très difficile à faire […] Évidemment, ce n'est pas le moment d'essayer de demander à tous les anciens élèves de s'asseoir et d'écouter les justifications des anciens membres du personnel. Cela ferait ressurgir trop d'émotions […] et il n'y pas assez de confiance […] on ne peut pas faire des choses comme ça, quand il y a peu de confiance. Donc, je pense que c'est très important que les anciens membres du personnel entendent les histoires, qu'ils soient assez courageux juste pour les entendre. Là où des torts ont été causés, où des agressions ont eu lieu, où des punitions ont été excessives, et où des agressions sexuelles se sont produites, nous devons en quelque sorte écouter cela avec courage et en parler, et nous excuser. Je ne sais pas comment cela va se passer[19].

Les réflexions de Nisley soulignent l'une des difficultés qu'éprouve la CVR à créer un espace favorisant un dialogue respectueux entre les anciens élèves et le personnel des pensionnats. Alors que, dans la plupart des cas, cela a été possible, dans d'autres cas, les survivants et les membres de leur famille ont trouvé très difficile d'écouter parler les anciens membres du personnel, en particulier s'ils avaient l'impression que l'orateur défendait les pensionnats.

À l'événement régional de la CVR tenu à Victoria, le frère Tom Cavanaugh, supérieur des Oblats de Marie Immaculée du district de la Colombie-Britannique et du Yukon, a parlé de l'époque où il était superviseur au pensionnat Christie.

> Pendant mes six années de travail au pensionnat Christie, le personnel, des Autochtones et des non-Autochtones, travaillait ensemble et essayait autant que possible d'offrir un environnement aimant et sûr pour les enfants qui fréquentaient l'école Christie. Est-ce que tout était parfait? Non, ce n'était pas parfait, mais, encore une fois, il ne semblait pas y avoir, à cette époque, une autre solution viable pour fournir une bonne éducation à autant d'enfants qui vivaient dans des collectivités relativement petites et isolées.

Les survivants et les membres de leur famille qui étaient présents dans la salle ont dit : « La vérité, dites la vérité. » Le frère Cavanaugh a répondu : « Si vous me donnez une chance, je vous dirai la vérité. » Après l'intervention du président de la CVR, le juge Murray Sinclair, pour demander au public de permettre au frère Cavanaugh de terminer sa déclaration, ce dernier a pu poursuivre sans être interrompu. Visiblement ébranlé, il a ensuite admis que les enfants avaient également été victimes d'agression dans les écoles, et il a condamné ces actes. Il a aussi exprimé sa peine et ses regrets pour ces abus.

> Je peux dire honnêtement que nos hommes souffrent également à cause du scandale lié aux agressions et à cause du fossé que cela a creusé entre les Premières Nations et les représentants de l'Église. Plusieurs de nos membres qui travaillent encore avec les Premières Nations ont assisté à diverses séances sur la vérité et la réconciliation ainsi qu'à des séances « Returning to Spirit », en espérant assurer la guérison de toutes les personnes touchées. Les oblats souhaitent la guérison à toutes les personnes qui ont été victimes d'agression et à toutes celles touchées par des abus. Nous espérons qu'ensemble nous pourrons continuer à bâtir une société meilleure[20].

Plus tard ce même jour, Ina Seitcher, qui était au pensionnat Christie, a fait état d'une situation très différente de celle dépeinte par le frère Cavanaugh.

> Je suis allée au pensionnat indien Christie. Ce matin, j'ai entendu un prêtre parler du pensionnat Christie. Je veux lui parler de mon expérience à ce pensionnat. J'ai fréquenté le pensionnat Christie pendant dix mois. Dix mois qui ont eu des conséquences sur ma vie depuis cinquante ans. Je commence seulement maintenant mon cheminement vers la guérison. [...] J'ai besoin de le faire, j'ai besoin d'en parler. J'ai besoin de parler pour ma mère et pour mon père qui ont fréquenté le pensionnat, pour mes tantes, mes oncles, tout ça est loin maintenant. [...] Toute la douleur de notre peuple, la peine, la colère. [...] Ce que le prêtre a dit à propos du milieu aimant au pensionnat Christie, ce n'était pas vrai. Ce prêtre était probablement dans son bureau et ne savait pas ce qui se passait dans les dortoirs ou dans la salle à manger. […] Il y a des choses qui se sont passées au pensionnat Christie, et comme je l'ai dit, je viens juste de commencer mon cheminement vers la guérison. Il y a des portes que je ne veux même pas ouvrir. Je ne veux même pas les ouvrir parce que je ne sais pas ce que cela pourrait me faire[21].

Ces deux vérités, apparemment inconciliables, sont un rappel brutal qu'il n'y a pas de raccourci facile sur le chemin de la réconciliation. Qu'il y ait eu peu d'échanges directs entre les survivants et les anciens membres du personnel du pensionnat lors des événements de la CVR indique bien que, pour plusieurs d'entre eux, l'heure de la réconciliation n'était pas encore venue. En effet, pour certains, cela risque même de ne jamais arriver. À l'événement national du

Manitoba en 2010, la survivante Evelyn Brockwood a expliqué la raison pour laquelle il est important de laisser suffisamment de temps pour la guérison dans le cadre de ce processus de vérité et de réconciliation.

> Au début, lorsque les gens ont commencé à parler, je crois que c'était en 1990, au sujet des pensionnats, ils racontaient leurs histoires, et [...] je pensais que les mots qu'ils utilisaient étaient *vérité, guérison* et *réconciliation*. Pourtant, il semble que nous passions directement de dire la vérité à la réconciliation, la réconciliation avec nos frères et nos sœurs blancs. Mes frères et sœurs, nous avons beaucoup de travail à faire entre les deux. Nous devrions vraiment mettre en évidence le mot guérison. [...] Nous devons ralentir, nous allons trop vite, trop vite. [...] Nous avons beaucoup de larmes à verser avant même de pouvoir parler de réconciliation[22].

Pour connaître la vérité et raconter toute l'histoire des pensionnats dans ce pays, la CVR avait besoin d'écouter ce que les survivants et leurs familles, les anciens membres du personnel, les représentants du gouvernement et des Églises, ainsi que toutes les personnes touchées par les pensionnats avaient à dire. À l'avenir, l'histoire nationale du Canada doit reposer sur la vérité à propos de ce qui s'est passé dans les pensionnats. Dans cent ans, les enfants de nos enfants ainsi que leurs enfants doivent connaître et se souvenir de cette histoire, car ils hériteront de la responsabilité de veiller à ce que cela ne se reproduise pas.

Qu'est-ce que la réconciliation?

Au cours des travaux de la Commission, il est apparu clairement que le concept de réconciliation avait différentes significations selon les personnes, les collectivités, les institutions et les organismes. Le mandat de la CVR décrit la « réconciliation » comme :

> un long processus individuel et collectif [qui] nécessite l'engagement de tous les intéressés, incluant les anciens pensionnaires issus des Premières nations, des Inuits et des Métis ainsi que leurs familles, les collectivités, les organismes religieux, les anciens employés des écoles, le gouvernement et la population canadienne. La réconciliation peut se produire entre n'importe lesquels des groupes ci-dessus[23].

La Commission définit la réconciliation comme un processus à long terme visant à établir et à maintenir des relations respectueuses. Un élément essentiel de ce processus consiste à réparer le lien de confiance en présentant des excuses, en accordant des réparations individuelles et collectives, et en concrétisant des actions qui témoignent de véritables changements sociétaux. Pour établir des relations respectueuses, il faut également revitaliser le droit et les traditions juridiques autochtones. Il est important que tous les Canadiens comprennent comment les méthodes traditionnelles des Premières Nations, des Inuits et des Métis en matière de résolution de conflits, de réparation des torts et de rétablissement des liens peuvent éclairer le processus de réconciliation.

Les gardiens du savoir traditionnel et les aînés gèrent depuis longtemps les conflits et les méfaits grâce à des cérémonies spirituelles et des pratiques d'établissement de la paix ainsi qu'en racontant des histoires de leur tradition orale qui révèlent la façon dont leurs ancêtres rétablissaient l'harmonie dans les familles et les collectivités. Ces traditions et ces pratiques constituent le fondement du droit autochtone. Elles sont source de sagesse et de conseils pratiques pour passer à l'étape de la réconciliation dans ce pays[24].

À mesure que les collectivités des Premières Nations, des Inuits et des Métis revitaliseront leur spiritualité, leurs cultures, leurs langues, leurs lois, ainsi que leurs systèmes de gouvernance, et qu'elles y accéderont, et à mesure que les Canadiens non autochtones comprendront de plus en plus l'histoire des peuples autochtones au Canada, tout en reconnaissant et en respectant les approches autochtones adoptées pour établir et maintenir des relations respectueuses, les Canadiens pourront travailler ensemble à l'élaboration d'un nouveau pacte de réconciliation.

Malgré les ravages du colonialisme, chaque nation autochtone d'un bout à l'autre du pays a, dans sa propre culture et sa propre langue, conservé bien vivantes ses traditions juridiques et ses pratiques de rétablissement de la paix dans ses collectivités. Alors que les aînés et les gardiens du savoir traditionnel de tout le pays nous ont dit qu'il n'y avait pas de mot précis dans leurs langues pour désigner la « réconciliation », il existe plusieurs mots, histoires, chansons et objets sacrés, tels les ceintures wampum, les calumets de paix, les plumes d'aigle, les rameaux de cèdre, les tambours et les costumes traditionnels, que nous utilisons pour établir des relations, régler des conflits et rétablir l'harmonie et la paix. Les cérémonies et les protocoles liés au droit autochtone sont encore en pratique aujourd'hui dans de nombreuses collectivités autochtones. Lors du forum de la CVR sur les gardiens du savoir traditionnel tenu en juin 2014, Barney Williams, un aîné et un membre du Comité des survivants de la CVR nous a dit :

> D'un océan à l'autre, nous entendons des paroles qui font allusion à la réconciliation [...] mais qu'est-ce que la réconciliation? Que signifient les mots guérison ou pardon? Et comment faire un parallèle avec tous ces mots que le Créateur a donnés à toutes les nations? [...] Quand j'entends les voix des ancêtres, de vos ancêtres, et que je réfléchis, j'entends mon ancêtre faire allusion à la même chose, mais dans un dialecte différent. [...] Ma conception [de la réconciliation] vient d'un endroit et d'une époque où personne ne parlait anglais [...] de ma grand-mère qui est née dans les années 1800.

[...] Je me sens vraiment privilégié d'avoir été choisi par ma grand-mère pour être un gardien du savoir. [...] Que devons-nous faire maintenant? [...] Nous devons revenir aux cérémonies et les inclure dans le processus pour aller de l'avant. Nous devons comprendre les lois de nos peuples[25].

À ce forum, l'aîné Stephen Augustine a expliqué le rôle que jouent le silence et la négociation dans le droit micmac. Il a dit que le silence était un concept et qu'on pouvait l'utiliser comme punition pour une mauvaise action ou pour enseigner une leçon. Le silence doit être utilisé selon les bonnes procédures, et on y met fin à un moment précis. L'aîné Stephen Augustine a déclaré qu'il y avait, à la fois, de la place pour parler de réconciliation et un besoin de réfléchir en silence. La réconciliation ne peut se faire sans l'écoute, la contemplation, la méditation et une profonde réflexion intérieure. Devant les méfaits qui se sont produits dans les pensionnats, le silence est une solution appropriée pour de nombreux peuples autochtones. Nous devons accorder une plus grande place à un silence respectueux dans le cheminement vers la réconciliation, en particulier pour les survivants qui considèrent le silence comme une clé vers la guérison. Il y a aussi place à la discussion et à la négociation pour ceux qui sont prêts à rompre le silence. Le dialogue et les compromis constituent des éléments importants du droit micmac. L'aîné Stephen Augustine a indiqué que d'autres dimensions de l'expérience humaine — notre relation avec la terre et avec tous les êtres vivants — sont aussi des éléments pertinents pour ce qui est du cheminement vers la réconciliation. Cette observation profonde fait partie intégrante du droit autochtone et pourrait être appliquée de manière plus générale[26].

L'aîné Reg Crowshoe a dit à la Commission que les visions du monde, les récits oraux, les traditions et les pratiques des peuples autochtones ont beaucoup à nous apprendre sur la façon d'établir des relations respectueuses entre les personnes et avec la terre et toute chose vivante. En partageant nos histoires et en cultivant la réconciliation dans notre vie quotidienne, nous apprendrons à bien vivre ensemble.

> Quand on parle du concept de réconciliation, je pense à quelques-unes des histoires que j'ai entendues dans notre culture, et les histoires sont importantes [...] Ces histoires sont très importantes en tant que théories, mais elles le sont aussi pour les cultures orales. Alors, quand on parle d'histoires, on parle de définir notre environnement et la manière dont on perçoit les pouvoirs qui viennent de la terre et, quand on parle de notre rapport à la terre, comment on perçoit le pardon et la réconciliation est très important du point de vue historique.

> Dans notre culture, nous avons des histoires au sujet de nos super-héros, de nos rapports les uns avec les autres, des histoires qui expliquent comment

les animaux et les plantes nous accordent le pouvoir et le privilège d'utiliser les plantes pour guérir, mais nous avons aussi des histoires sur nos pratiques. Comment mettre en pratique la réconciliation? Comment allons-nous nous rassembler pour parler de réconciliation du point de vue de notre culture orale? Et ces pratiques sont très importantes[27].

Comme l'aîné Crowshoe l'a expliqué par la suite, la réconciliation nécessite la prise de parole, mais nos conversations doivent transcender les approches en usage du Canada. La réconciliation entre les Canadiens autochtones et non autochtones, du point de vue des Autochtones, exige aussi une réconciliation avec le monde naturel. Si les humains règlent les problèmes entre eux, mais continuent de détruire le monde naturel, la réconciliation restera inachevée. C'est un point de vue que nous, en tant que commissaires, entendons à maintes reprises : la réconciliation n'aura pas lieu à moins de nous réconcilier également avec la Terre. Les lois micmaques et les autres lois autochtones insistent sur la nécessité que les humains parcourent les étapes de la vie en conversant et en négociant avec toute la création. La réciprocité et le respect mutuel aident à assurer notre survie. Ce sont ces formes de guérison et de survie qui sont nécessaires pour aller au-delà de l'expérience des pensionnats.

Au cours de ses travaux, la Commission a créé un espace pour explorer les significations et les concepts de la réconciliation. Dans des cercles de partage publics tenus à l'occasion d'événements nationaux et d'audiences communautaires, nous avons été témoins de moments forts de partage de vérité et d'actes de réconciliation empreints d'humilité. De nombreux survivants n'avaient jamais pu dire à leurs propres familles toute la vérité sur ce qui leur était arrivé dans les pensionnats. Aux audiences de Regina, en Saskatchewan, l'aîné Kirby Littletent a déclaré : « Je n'ai jamais rien dit, j'ai seulement dit à mes enfants et à mes petits-enfants que j'étais allé au pensionnat, c'est tout. Je n'ai jamais parlé de ce que j'avais vécu[28]. »

De nombreuses personnes ont pris la parole pour rendre hommage à des proches qui sont décédés. Simone, une survivante inuite de Chesterfield Inlet, au Nunavut, a déclaré :

> Je suis ici pour mes parents. — « Est-ce que je vous ai manqué quand je suis partie? Avez-vous pleuré pour moi? » — Je suis ici aussi pour mon frère, qui a été une victime, et pour ma nièce qui, à cinq ans, a subi une blessure à la tête et n'est jamais revenue à la maison, et ses parents n'ont jamais pu faire leur deuil. À ce jour, ils n'ont pas pu retrouver sa tombe à Winnipeg. Je suis ici pour eux d'abord, et c'est pour ça que je fais une déclaration publique[29].

D'autres ont parlé de l'importance de se réconcilier avec des membres de leur famille et ont tenu à souligner que ce processus ne faisait que commencer.

Patrick Etherington, un survivant du pensionnat de St. Anne à Fort Albany, en Ontario, a parcouru à pied, avec son fils et d'autres marcheurs, la distance entre Cochrane, en Ontario, et le lieu de l'événement national à Winnipeg. Il a dit que cette marche l'avait aidé à renouer avec son fils et qu'il voulait « juste être ici parce que j'ai l'impression que nous avons beaucoup de chemin à faire avant l'aboutissement du processus que nous avons entrepris »[30].

Nous avons vu des enfants et des petits-enfants de survivants qui, après avoir entendu et commencé à comprendre les expériences vécues par leurs proches qui avaient fréquenté des pensionnats, ont éprouvé de la compassion et un nouveau respect à leur égard. À l'occasion de l'événement national dans le Nord à Inuvik, dans les Territoires du Nord-Ouest, Maxine Lacorne a déclaré :

> En tant que jeune, en tant que jeune femme, je parle avec des gens de mon âge parce que j'ai une bonne compréhension de la situation. Je parle à des gens qui sont des survivants des pensionnats parce que j'aime écouter leurs histoires, vous savez, et cela m'aide à mieux comprendre mes parents. [...] C'est un honneur d'être ici, d'être assise ici parmi vous, les survivants. C'est super! Vous autres, vous êtes forts, vous avez survécu à tout. Et on va continuer d'être ici. Ils ont essayé de nous emmener de force. Ils ont essayé de nous priver de notre langue. Vous êtes encore ici, nous sommes encore ici. Je suis encore ici[31].

Nous avons entendu parler d'enfants dont les menus actes quotidiens de résistance face à la maltraitance, à la négligence et à l'intimidation agressives dans les pensionnats ont été tout simplement héroïques. À l'occasion de l'événement national de la CVR en Colombie-Britannique, l'aîné Barney Williams a déclaré que « beaucoup d'entre nous, malgré la douleur et la souffrance, avons réussi à garder la tête haute [...] nous avons été des enfants courageux »[32]. Nous avons assisté à la renaissance de liens d'amitié remontant à l'enfance entre des personnes qui s'étaient réunies et retrouvées aux événements parrainés par la CVR. Ensemble, ces gens se sont remémoré les horreurs qu'ils avaient vécues tout en évoquant avec fierté leurs réalisations, oubliées depuis longtemps, dans diverses activités sportives, musicales et artistiques des pensionnats. Nous avons entendu parler de survivants résilients et courageux qui, en dépit des traumatismes vécus dans leur enfance, sont devenus des personnalités influentes dans leurs collectivités et dans toutes les facettes de la vie au Canada, notamment la politique, l'administration publique, le droit, l'éducation, la médecine, le monde des affaires et les arts.

Nous avons entendu parler de représentants du gouvernement fédéral qui avaient administré les pensionnats. Dans un cercle de partage à l'événement national du Manitoba, l'honorable Chuck Strahl (alors ministre des Affaires indiennes et du Nord canadien) a déclaré :

> Les gouvernements aiment rédiger [...] des politiques, ils aiment rédiger des lois, et ils aiment codifier les choses, et ainsi de suite. Les Autochtones, eux, veulent parler de restauration, de réconciliation, de pardon, de guérison [...] de vérité. Toutes ces choses relèvent du domaine du cœur et des relations, et non des politiques gouvernementales. Dans ce domaine, les gouvernements sont incompétents[33].

Des représentants de l'Église ont parlé de leurs luttes pour rétablir des liens avec les peuples autochtones. À Inuvik, l'archevêque anglican Fred Hiltz a dit :

> En tant qu'Église, nous renouvelons notre engagement à travailler avec l'Assemblée des Premières Nations pour régler des problèmes de longue date de justice pour les Autochtones. En tant qu'Église, nous demandons à toute personne qui remplit des fonctions de portée nationale au sein de l'Église de suivre une formation sur la lutte contre le racisme [...] Il y a beaucoup à accomplir dans notre Église pour assurer l'élimination du racisme[34].

Des enseignants nous ont parlé de la sensibilisation croissante au rôle inadéquat que les établissements d'enseignement postsecondaire ont joué dans la formation du personnel enseignant des écoles. Ils ont plaidé en faveur de la transformation des méthodes et des programmes d'enseignement pour qu'ils intègrent davantage le savoir et l'histoire autochtones. Des artistes ont exprimé leurs idées et leurs sentiments au sujet de la vérité et de la réconciliation par des chansons, des peintures, des spectacles de danse, des films et d'autres moyens d'expression. De grandes entreprises ont versé des fonds pour que des survivants et, dans certains cas, certains de leurs propres employés et cadres puissent assister à des événements.

Cette expérience a été profondément marquante pour les Canadiens non autochtones qui sont venus écouter les témoignages des survivants. Une femme a dit simplement : « En écoutant votre histoire, j'ai compris que ma propre histoire peut changer. En écoutant votre histoire, je peux changer[35]. »

La réconciliation du point de vue relationnel

Dans son Rapport intérimaire de 2012, la CVR a recommandé que les gouvernements fédéral, provinciaux et territoriaux et toutes les parties à la Convention de règlement entreprennent de se rencontrer et d'étudier la *Déclaration des Nations Unies sur les droits des peuples autochtones*, à titre de cadre de travail pour la réconciliation au Canada. Nous avons la conviction que la Déclaration des Nations Unies contient les principes et les normes nécessaires au rayonnement de la réconciliation dans le Canada du XXIe siècle.

Un cadre de réconciliation s'entend d'un cadre dans lequel les appareils politiques et judiciaires du Canada, les établissements d'enseignement et les institutions religieuses, les milieux d'affaires et la société civile fonctionnent selon des mécanismes conformes aux principes énoncés dans la *Déclaration des Nations Unies sur les droits des peuples autochtones*, que le Canada appuie. La Commission croit que les principes directeurs de vérité et de réconciliation ci-dessous aideront les Canadiens à aller de l'avant :

1. La *Déclaration des Nations Unies sur les droits des peuples autochtones* constitue le cadre pour la réconciliation à tous les niveaux et dans toutes les sphères de la société canadienne.

2. Les peuples des Premières Nations, inuits et métis, en tant que peuples d'origine de ce pays et en tant que peuples ayant droit à l'autodétermination, ont des droits issus des traités, des droits constitutionnels et des droits de l'homme qui doivent être reconnus et respectés.

3. La réconciliation est un processus de guérison des relations qui nécessite le partage public de la vérité, la présentation d'excuses et la commémoration, qui reconnaît et corrige les torts passés.

4. La réconciliation requiert des mesures constructives pour mettre un terme aux séquelles permanentes du colonialisme, séquelles qui ont eu une incidence destructrice sur l'éducation des peuples autochtones, leur culture et leur langue, leur santé, le bien-être des enfants, l'administration de la justice, ainsi que sur les occasions et la prospérité économiques.

5. La réconciliation doit créer une société plus équitable et inclusive en éliminant les écarts sur les plans social, économique et sanitaire qui existent entre les Autochtones et les Canadiens non-autochtones.

6. Tous les Canadiens, en tant que personnes visées par un traité, partagent la responsabilité d'établir et de maintenir des relations fondées sur le respect mutuel.

7. La perspective et la compréhension des aînés et des gardiens de la connaissance traditionnelle autochtones en matière d'éthique, de concepts et de pratiques de réconciliation sont vitales pour la réconciliation à long terme.

8. Il est essentiel de soutenir la revitalisation culturelle des peuples autochtones et d'intégrer les systèmes de connaissances, les histoires

orales, les lois, les protocoles et les liens avec le territoire des Autochtones dans le processus de réconciliation.

9. La réconciliation requiert de la volonté politique, un leadership conjoint, un renforcement de la confiance, de la responsabilité et de la transparence, ainsi qu'un important investissement de ressources.

10. La réconciliation requiert l'éducation du public et un dialogue soutenus, incluant l'engagement de la jeunesse, sur l'histoire et l'héritage des pensionnats, des traités et des droits autochtones, ainsi que sur les contributions historiques et contemporaines des peuples autochtones à la société canadienne.

Les Canadiens ne doivent pas se borner à parler de réconciliation. Ensemble, nous devons apprendre comment mettre en pratique la réconciliation dans notre vie de tous les jours — avec nous-mêmes et nos familles, dans nos collectivités, nos administrations publiques, nos lieux de culte, nos écoles et nos lieux de travail. Pour agir d'une manière constructive, les Canadiens doivent tenir leur engagement à poursuivre le processus visant à établir et à maintenir des relations fondées sur le respect. Pour de nombreux survivants et leurs familles, cet engagement consiste avant tout à se guérir eux-mêmes et à guérir leurs collectivités et leurs nations de manière à régénérer les individus et les cultures, les langues, la spiritualité, les lois et les régimes de gouvernance autochtones. Pour les gouvernements, l'établissement de relations fondées sur le respect suppose le démantèlement d'une culture politique et bureaucratique séculaire dans laquelle, trop souvent, les orientations stratégiques et les programmes reposent encore sur des notions d'assimilation qui se sont révélées vaines. Pour les Églises, la démonstration d'un engagement à long terme passe par l'expiation des actes commis dans les pensionnats, le respect de la spiritualité autochtone et l'appui aux luttes des peuples autochtones en faveur de la justice et de l'équité. Les écoles doivent enseigner l'histoire de manière à encourager le respect mutuel, l'empathie et la participation. Tous les enfants et les jeunes du Canada tireront avantage de connaître une version honnête de l'histoire de leur pays, y compris ce qui s'est passé dans les pensionnats, et d'être en mesure d'apprécier la richesse de l'histoire et du savoir des nations autochtones qui continuent d'apporter une contribution notable au Canada, comme l'illustrent son nom et son identité collective en tant que pays. Aux Canadiens de tous les horizons, la réconciliation offre un nouveau moyen de vivre ensemble.

CHAPITRE 1

Le défi de la réconciliation

L e colonialisme du Canada dans ses relations avec les peuples autochtones remonte à bien loin. Cette histoire, et les politiques de génocide culturel et d'assimilation qui y sont rattachées, ont profondément marqué la vie de nombreux Autochtones, les communautés autochtones ainsi que la société canadienne dans son ensemble, et ont eu des effets dévastateurs sur les relations entre les Autochtones et les non-Autochtones. Les préjudices se sont accumulés sur une très longue période, les relations se sont détériorées au même rythme, et il faudra du temps pour cicatriser les plaies du passé. Toutefois, le processus est déjà amorcé.

Un important processus de guérison et de réconciliation s'est amorcé dans les années 1980 alors que les Églises ont présenté leurs excuses pour les traitements infligés aux peuples autochtones et le manque de respect envers leurs cultures. Le processus s'est poursuivi avec les conclusions de la Commission royale sur les peuples autochtones ainsi qu'avec la reconnaissance par les tribunaux de la validité des témoignages des survivants. Il a atteint son point culminant avec la Convention de règlement relative aux pensionnats indiens et les excuses présentées par le premier ministre du Canada devant le Parlement en juin 2008, ainsi que les excuses de tous les autres chefs parlementaires. Ce processus de guérison et de réconciliation doit se poursuivre. L'objectif ultime doit être de transformer notre pays et d'établir un respect mutuel entre les peuples et les nations.

La réconciliation servira l'intérêt supérieur de l'ensemble du Canada. Il est nécessaire non seulement de résoudre les conflits de longue date entre les peuples autochtones et les institutions du pays, mais également, pour le Canada, de corriger une erreur de son passé afin d'être en mesure de maintenir son image de chef de file de la protection des droits de la personne parmi les nations du monde. Le développement historique du Canada ainsi que la forte perception de certains selon laquelle l'histoire de ce développement est diffusée avec exactitude et a été bienfaisante dressent des obstacles majeurs à la réconciliation au XXIᵉ siècle.

Aucun Canadien ne peut s'enorgueillir du traitement infligé aux peuples autochtones par son pays, et pour cette raison, tous les Canadiens ont un rôle crucial à jouer pour faire avancer la réconciliation d'une manière qui honore et revitalise les rapports de nation à nation fondés sur les traités.

Au Forum des gardiens du savoir traditionnel de la Commission de vérité et réconciliation du Canada (CVR) tenu en juin 2014, le chef Ian Campbell a déclaré : « Notre histoire est votre histoire, celle du Canada [...] et tant que le Canada n'acceptera pas cela [...] cette société ne s'épanouira jamais à son plein potentiel[1]. »

L'histoire et les séquelles destructrices du système des pensionnats rappellent avec force que le Canada a négligé ses propres racines historiques. La détermination du Canada à assimiler les peuples autochtones, en dépit de la relation originelle établie au premier contact et officialisée et maintenue dans les traités, témoigne de ce fait. Comme l'a déclaré Gerry St. Germain (de la nation des Métis), alors sénateur canadien :

> Il ne fait pas de doute que les fondateurs du Canada ont en quelque sorte perdu leurs repères moraux dans leurs relations avec ceux qui occupaient et possédaient ces terres. [...] Même si nous ne pouvons pas changer l'histoire, nous pouvons en tirer des leçons et nous en servir pour modeler notre avenir commun. [...] Cet effort est essentiel pour édifier une société humanitaire et compatissante, une société que nos ancêtres, les Autochtones, les Français et les Anglais, ont envisagée il y a bien longtemps[2].

Les peuples autochtones n'ont jamais oublié les relations originelles qu'ils ont eues avec les premiers Canadiens. Ces relations empreintes de soutien réciproque, de respect et d'assistance ont été confirmées par la Proclamation royale de 1763 et par les traités avec la Couronne négociés de bonne foi par leurs chefs. Cette mémoire, confirmée par les analyses historiques et transmises dans la tradition orale, a soutenu les peuples autochtones dans leur long combat politique pour vivre dans la dignité comme peuples ayant droit à l'autodétermination avec leurs propres cultures et leur propre rapport à la terre.

Les effets destructeurs des pensionnats, la *Loi sur les Indiens* et le manquement de la Couronne à respecter les promesses issues de traités ont miné les relations entre les Autochtones et les non-Autochtones. Le dommage le plus important est la rupture du lien de confiance entre la Couronne et les peuples autochtones. Cette rupture doit être réparée. La vision qui a mené à cette rupture du lien de confiance doit être remplacée par une nouvelle vision pour le Canada; une vision qui reconnaît pleinement le droit à l'autodétermination des peuples autochtones dans le cadre d'un partenariat avec une souveraineté canadienne viable. Si les Canadiens n'arrivent pas à se donner cette vision, le Canada ne pourra alors résoudre les conflits de longue date entre la Couronne et les peuples autochtones au sujet des traités et des droits, des terres et des ressources des Autochtones, de l'éducation, de la santé et du bien-être des peuples autochtones. La réconciliation sera impossible à réaliser, tout comme l'espoir de réconciliation ne pourra être viable à long terme. Il ne serait pas totalement inconcevable que l'agitation que l'on voit aujourd'hui chez les jeunes autochtones prenne de l'ampleur et remette en question la perception de bien-être du pays et sa propre sécurité.

La réconciliation doit devenir un mode de vie. Il faudra de nombreuses années pour réparer les relations et les liens de confiance rompus dans les communautés autochtones et entre les Autochtones et non-Autochtones. La réconciliation nécessite non seulement des excuses, des réparations, un réapprentissage de l'histoire nationale du Canada et une cérémonie commémorative publique, mais également de véritables changements sociaux, politiques et économiques. La sensibilisation du public et le dialogue permanents sont essentiels à la réconciliation. Les gouvernements, les Églises, les institutions d'enseignement et les Canadiens de tous les milieux ont la responsabilité d'agir de façon concrète pour la réconciliation, en collaboration avec les peuples autochtones. La réconciliation est la responsabilité de chacun d'entre nous.

Les jeunes autochtones et non autochtones de notre pays ont affirmé devant la Commission qu'ils souhaitent connaître la vérité au sujet de l'histoire et des séquelles des pensionnats. Ils veulent comprendre leurs responsabilités en tant que parties des mêmes traités, autrement dit en tant que personnes régies par les traités. Ils souhaitent découvrir les importantes contributions des peuples autochtones à ce pays. Ils comprennent que la réconciliation exige une conversation non seulement au sujet des pensionnats, mais également au sujet de tous les autres aspects de la relation entre les peuples autochtones et non autochtones.

En tant que commissaires, nous estimons que cette réconciliation est une question de respect. Cela comprend à la fois le respect de soi pour les peuples autochtones et le respect mutuel entre tous les Canadiens. Tous les jeunes doivent savoir qui ils sont et d'où ils viennent. Les enfants et les jeunes autochtones, qui sont à la recherche de leur propre identité et de leur appartenance, doivent connaître leurs racines autochtones et en être fiers. Ils doivent connaître les réponses à certaines questions fondamentales. Qui est mon peuple? Quelle est notre histoire? Qu'est-ce qui nous distingue? Quelle est mon appartenance? Quelle est ma patrie? Quelle est ma langue et quel est son lien avec les croyances spirituelles, les pratiques culturelles de ma nation et notre façon d'être dans le monde? Ils veulent également savoir pourquoi les choses sont ce qu'elles sont aujourd'hui. Cela exige une compréhension de l'histoire de la colonisation, notamment le système des pensionnats et ses répercussions sur leurs familles, leurs communautés, leurs peuples et eux-mêmes.

En outre, et cela est tout aussi important, les enfants et les jeunes non autochtones doivent comprendre la façon dont leur propre identité et leur histoire familiale ont été façonnées par une version de l'histoire du Canada qui a marginalisé l'histoire et l'expérience des peuples autochtones. Ils doivent savoir de quelle façon les notions de supériorité européenne et d'infériorité autochtone ont contaminé les idées dominantes de la société à propos des peuples autochtones, et les attitudes envers ces derniers, d'une manière très irrespectueuse et préjudiciable. Eux aussi doivent comprendre l'histoire du Canada en tant que société colonisatrice et les conséquences des politiques d'assimilation sur les peuples autochtones. Cette connaissance et cette compréhension constitueront le fondement de l'établissement de relations mutuellement respectueuses.

La Commission royale sur les peuples autochtones

À l'été de 1990, à Oka, au Québec, les Mohawks de Kanesatake, le gouvernement du Québec, la Sûreté du Québec et les forces militaires canadiennes ont été mêlés à une violente confrontation dont l'enjeu était le projet d'aménagement d'un terrain de golf sur un cimetière mohawk situé dans un bois connu sous le nom de « La pinède ». La revendication de ce terrain par les Mohawks et les demandes de reconnaissance de leur territoire traditionnel sont restées lettre morte pendant plusieurs années dans les mains du gouvernement fédéral. La confrontation qui a suivi, selon l'historien J. R. Miller, était « la preuve de l'échec de la politique du Canada en matière de revendication territoriale des Autochtones »[3]. Ce qui était au départ un geste de résistance pacifique du peuple mohawk défendant son territoire a pris une tournure violente[4]. La « crise d'Oka », comme il était convenu de l'appeler dans les médias, a mené à une confrontation de 78 jours et à une résistance armée menée par des guerriers mohawks ayant une formation militaire[5]. Cet événement a ébranlé la complaisance du Canada envers les exigences fondamentales des Autochtones. Peu de temps après la fin des négociations ayant mené à la levée du siège, le premier ministre Brian Mulroney écrivait :

> Les événements survenus cet été ne doivent pas assombrir l'engagement pris par mon gouvernement pour répondre aux préoccupations des peuples autochtones. […] Ces griefs soulèvent des questions qui touchent profondément tous les Canadiens et c'est à tous les Canadiens de travailler ensemble pour les résoudre. […] Le programme du gouvernement répond aux demandes des peuples autochtones et comporte quatre parties : la résolution des revendications territoriales; l'amélioration des conditions économiques et sociales dans les réserves; la définition d'une nouvelle relation entre les peuples autochtones et les gouvernements; et la réponse aux préoccupations des peuples autochtones dans le contexte de la vie contemporaine

au Canada. La consultation avec les peuples autochtones et le respect des responsabilités fiduciaires de la Couronne font partie intégrante du processus. Le gouvernement fédéral est déterminé à créer une nouvelle relation entre les Canadiens autochtones et non autochtones fondée sur la dignité, la confiance et le respect[6].

Le gouvernement du Canada a par la suite institué une commission royale pour se pencher sur la réalité des peuples autochtones au Canada. Publié en 1996, le Rapport de la Commission royale sur les peuples autochtones permet de constater à quel point la situation s'est dégradée et formule des centaines de recommandations. Il propose également un processus de renouveau échelonné sur vingt ans visant à équilibrer les pouvoirs économiques et politiques entre les peuples autochtones et les gouvernements. Les recommandations du rapport ciblent cinq thèmes principaux :

En premier lieu, il faut reconstituer les nations autochtones.

En deuxième lieu, il faut établir un processus permettant aux nations autochtones d'assumer leurs pouvoirs.

En troisième lieu, un changement fondamental dans la répartition des terres et des ressources s'impose.

En quatrième lieu, les Autochtones doivent acquérir les connaissances et les compétences essentielles à la fonction gouvernementale et à l'autonomie économique.

En dernier lieu, il faut s'attaquer à la question du développement économique pour vaincre la pauvreté et le découragement qu'engendrent du chômage et l'aide sociale[7].

La Commission royale sur les peuples autochtones (CRPA) a présenté une vision audacieuse et globale de la réconciliation. Le rapport de la CRPA constatait que si le Canada voulait prospérer à l'avenir, la relation entre les peuples autochtones et la Couronne devait être transformée. Le rapport concluait que la politique d'assimilation avait été un échec total et que le Canada devait examiner la relation historique issue des traités pour établir une nouvelle relation entre les peuples autochtones et la population non autochtone, fondée sur les principes de reconnaissance mutuelle, de respect mutuel, de partage et de responsabilité mutuelle[8].

La Commission royale a souligné par ailleurs que le droit à l'autodétermination des peuples autochtones est essentiel au maintien des obligations constitutionnelles du Canada envers les peuples autochtones et au respect du droit international en matière de droits de la personne.

> Les peuples autochtones du monde entier, y compris ceux du Canada, espèrent que les pressions internationales obligeront les pays ayant une population autochtone à garantir leur survie culturelle et à reconnaître leur droit de posséder leurs propres terres et leur propre régime de gouvernement. […]Nous avons maintenant une occasion sans précédent de tirer la leçon de nos erreurs passées et de nous engager, en tant que gouvernements et en tant que peuples, sur des voies tout à fait nouvelles. Si le Canada peut jouer un rôle positif sur la scène mondiale (et nous voulons croire qu'il le peut), il doit commencer par mettre de l'ordre dans ses propres affaires et par élaborer, avec la pleine participation du gouvernement fédéral, des provinces et des peuples autochtones, une politique nationale de réconciliation et de régénération qui nous fasse honneur[9].

Autrement dit, le rapport de la CRPA a considéré la réconciliation comme une lourde responsabilité pour le gouvernement du Canada, visant à modifier son comportement et à considérer la validité du point de vue autochtone sur ce que devrait être la relation à l'avenir.

Dans les années qui ont suivi la publication du rapport de la CPRA, l'élaboration d'une vision nationale de la réconciliation s'est révélée une tâche complexe. En principe, les peuples autochtones, les gouvernements et les tribunaux s'entendent sur le fait que la réconciliation est nécessaire. Dans la pratique, il a été difficile de créer des conditions propices à amorcer la réconciliation.

En 1998, le gouvernement fédéral publie *Rassembler nos forces : Le plan d'action du Canada pour les questions autochtones* en réponse à la CRPA. Le plan d'action est axé sur quatre objectifs prioritaires : renouveler le partenariat; renforcer l'exercice des pouvoirs par les Autochtones; établir une nouvelle relation financière; renforcer les collectivités et les économies, et appuyer les gens. Le plan d'action souligne notamment l'importance d'affirmer la relation découlant de traité (à la fois historique et actuelle), de reconnaître le droit inhérent à l'autonomie gouvernementale et d'améliorer le processus de revendications territoriales. Un programme pour le Nord est mis de l'avant pour guider l'élaboration de nouveaux arrangements constitutionnels et de structures de gouvernance au sein du nouveau gouvernement du Nunavut et par le biais des revendications territoriales et des ententes en matière d'autonomie dans les Territoires du Nord-Ouest et du Yukon[10]. Le document *Rassembler nos forces* comprend également une « Déclaration de réconciliation » dans laquelle le gouvernement fédéral reconnaît officiellement les injustices historiques que les peuples autochtones ont subies et leur adresse ses « plus profonds regrets ». La déclaration fait mention entre autres des sévices physiques et sexuels infligés dans les pensionnats, pour lesquels le gouvernement exprime ses « regrets les plus sincères ». Le plan d'action mentionne en outre un engagement de 350 millions de dollars consacrés à soutenir les initiatives de guérison communautaire[11].

En 2006, lors du dixième anniversaire de la publication du rapport de la CRPA, l'Assemblée des Premières Nations (APN) présente un bulletin décennal détaillé évaluant les résultats du plan d'action. Le bulletin souligne que la « Déclaration de réconciliation », la négociation réussie d'un accord de principe de la Convention de règlement relative aux pensionnats indiens en 2005 et la mise sur pied de la Fondation autochtone de guérison montrent que des progrès ont été réalisés sur le plan des pensionnats. Toutefois, l'APN conclut que, en matière d'indicateurs socioéconomiques clés, le plan d'action contribue bien trop peu à changer un statu quo inacceptable. Plutôt, le rapport indique que « toutes les améliorations majeures dans les collectivités ou les régions individuelles sont menées par ces collectivités pour ces collectivités »[12].

La Convention de règlement relative aux pensionnats indiens, notamment la création de la Commission de vérité et réconciliation, se veut une tentative pour résoudre les milliers de procès intentés contre le gouvernement pour des sévices passés. Son application est difficile. En effet, bien que le Canada et les Églises aient présenté des excuses aux survivants, à leurs familles et à leurs communautés, et que les tribunaux aient produit un ensemble de lois portant sur la réconciliation en matière de droits autochtones qui permettent d'établir certains paramètres de discussion et de négociations, il demeure qu'aucun processus national n'est en cours et qu'aucune entité n'a été mise en place pour guider la discussion. Ainsi, les actions du gouvernement canadien continuent d'être unilatérales et source de division, et les peuples autochtones continuent de résister à ces actions. Les négociations sur les traités et les accords de revendications territoriales se poursuivent en vue de réconcilier les titres et les droits autochtones avec la souveraineté de la Couronne. Toutefois, de nombreux cas restent en suspens et les progrès sont lents.

En vertu de la politique globale du gouvernement fédéral en matière de revendications territoriales, 122 revendications ont été acceptées aux fins de négociations. Toutefois, seulement 26 ententes de revendications territoriales ou traités modernes ont été finalisés en 42 ans, soit depuis que la politique a été introduite en 1973[13]. En septembre 2014, Affaires autochtones et Développement du Nord Canada (AADNC) émet une politique provisoire sur les revendications globales aux fins de discussion, tandis que le gouvernement fédéral s'apprête à actualiser une fois de plus sa politique[14].

En avril 2015, Douglas R. Eyford, représentant spécial du Ministère nommé par le ministre des Affaires autochtones et développement du Nord Canada, l'honorable Bernard Valcourt, pour lancer des discussions en matière de politiques avec les groupes autochtones, publie son rapport intitulé *Une nouvelle*

orientation : Faire avancer les droits ancestraux et issus de traités des Autochtones.
Dans son rapport, il souligne que :

> Bien que la Cour préfère rechercher la réconciliation par la négociation de
> bonne foi, les litiges continuent d'occuper une place prédominante dans
> les relations entre la Couronne et les Autochtones. Plusieurs ministères et
> organismes fédéraux sont concernés par des litiges sur les droits ances-
> traux. À lui seul, AADNC est partie à 452 poursuites portant sur les droits
> prévus au paragraphe 35(1). [...] Le coût d'un différend relatif aux droits
> ancestraux est élevé. AADNC a dépensé plus de 100 millions de dollars en
> services juridiques liés à des litiges au cours des cinq dernières années.
> [...] Les revendications de droits ancestraux mettent en évidence les
> énormes problèmes d'inefficacité des litiges lorsqu'ils sont un outil de
> règlement des différends[15].

Douglas R. Eyford observe un consensus parmi les groupes autochtones qui
soutiennent que « la réconciliation deviendra un concept dénué de sens si la
Couronne ne protège pas les intérêts des Autochtones rapidement et de façon
généreuse »[16]. Il conclut : « Au cours des six dernières décennies, plusieurs
approches ont été proposées afin de parvenir à la réconciliation. Diverses initiatives ont été mises en œuvre avec plus ou moins de succès. La tâche de bien faire
a été un défi pour toutes les parties impliquées[17]. »

Ce qui est clair pour la Commission, c'est que les peuples autochtones et la
Couronne ont des vues très différentes et contradictoires de ce qu'est la réconciliation et de la façon d'y parvenir. Le gouvernement du Canada semble croire que
la réconciliation signifie que les peuples autochtones doivent accepter la réalité
et la validité de la souveraineté de la Couronne et la suprématie du Parlement
afin de permettre au gouvernement d'aller de l'avant. Les Autochtones, quant
à eux, perçoivent la réconciliation comme une occasion d'affirmer leur souveraineté et de revenir aux « partenariats » qu'ils espéraient voir s'établir après
la Confédération.

La Déclaration des Nations Unies sur les droits des peuples autochtones comme cadre pour la réconciliation

Les peuples autochtones du Canada ne sont pas les seuls au monde à avoir subi
des mauvais traitements par les autorités coloniales et les gouvernements colonisateurs. Les mauvais traitements du passé infligés aux peuples autochtones
et l'accaparement des terres et des ressources des Autochtones dans le monde
entier ont attiré l'attention des Nations Unies depuis des années. Le 13 septembre 2007, après environ vingt-cinq ans de débats et d'études, l'Organisation

des Nations Unies (ONU) a adopté *La Déclaration sur les droits des peuples autochtones*. En tant que déclaration, elle demande aux États membres d'adopter et de maintenir ses dispositions comme une série de « normes minimales nécessaires à la survie, à la dignité et au bien-être des peuples autochtones du monde »[18].

Au sujet de cette déclaration, la Commission est notamment d'accord avec le point de vue de S. James Anaya, rapporteur spécial des Nations Unies sur les droits des peuples autochtones :

> Il vaut peut-être mieux prendre la Déclaration et le droit qu'elle proclame comme des instruments de réconciliation. Au sens propre, l'autodétermination est une force animant des efforts de réconciliation — ou peut-être, plus exactement, de conciliation — avec des peuples qui ont souffert de l'oppression des autres. Elle demande de faire face à l'héritage des empires, de la discrimination, de l'étouffement culturel et de le renverser. Elle ne le fait pas pour reporter la vengeance ou la rancune des dommages passés, pour fomenter la division, mais pour construire un ordre social et politique fondé sur des relations de compréhension mutuelle et de respect. Voilà en quoi consiste le droit à l'autodétermination des peuples autochtones, et de tous les autres peuples[19].

Le Canada, en tant que membre de l'Organisation des Nations Unies, avait d'abord refusé d'adopter la Déclaration. Il prenait ainsi la même position que les États-Unis, l'Australie et la Nouvelle-Zélande. Ce n'est pas une coïncidence que toutes ces nations ont une histoire commune en tant que partie de l'Empire britannique. Le traitement historique des peuples autochtones dans ces autres pays présente de forts parallèles avec ce qui est arrivé aux peuples autochtones au Canada. Plus particulièrement, le Canada s'opposait à certaines dispositions de la Déclaration, dont :

> celles sur les terres, les territoires et les ressources; sur le consentement préalable, donné librement et en connaissance de cause, lorsqu'interprété comme un droit de veto; sur l'autonomie gouvernementale sans que l'importance des négociations soit reconnue; sur la propriété intellectuelle; sur les questions militaires; et sur le besoin de parvenir à un juste équilibre entre les droits et les obligations des peuples autochtones, des États et des tiers[20].

Bien que ces quatre pays aient finalement appuyé la Déclaration, ils l'ont tous fait à certaines conditions. En 2010, le Canada a appuyé la Déclaration en tant que « document d'aspirations » qui « n'est pas juridiquement [contraignant][21] ». En dépit de cet appui, nous sommes persuadés que les dispositions et la vision de la Déclaration n'obtiennent pas à l'heure actuelle la reconnaissance du gouvernement. Par contre, puisque le Canada a adopté la Déclaration, nous demandons au gouvernement fédéral de tenir sa parole et de véritablement aspirer à mettre en œuvre ses dispositions.

En 2011, les Églises canadiennes et les groupes de revendication en matière de justice sociale qui avaient fait campagne pour l'adoption de la Déclaration par le Canada ont exhorté le gouvernement fédéral à concrétiser sa mise en œuvre. L'interprétation de la Déclaration par le Canada demeure toutefois inchangée. Le 22 septembre 2014, à la Conférence mondiale sur les peuples autochtones (CMPA) tenue à New York, l'Assemblée générale des Nations Unies a adopté un « document final » orienté sur l'action pour guider la mise en œuvre de la Déclaration. Les États membres du monde entier se sont engagés, entre autres, à :

> prendre, en consultation et en coopération avec les peuples autochtones, des mesures appropriées au niveau national, y compris des mesures législatives, politiques et administratives [...] pour atteindre les objectifs définis dans la Déclaration et pour y sensibiliser tous les secteurs de la société, notamment les parlementaires, les magistrats et les membres de la fonction publique [paragr. 7]. [...] Nous nous engageons à coopérer avec les peuples autochtones, par l'intermédiaire de leurs propres institutions représentatives, en vue d'élaborer et de mettre en œuvre des plans d'action, des stratégies ou d'autres mesures de portée nationale, le cas échéant, pour atteindre les objectifs de la Déclaration [paragr. 8]. [...] Nous encourageons le secteur privé, la société civile et les établissements universitaires à participer activement à la promotion et à la protection des droits des peuples autochtones [paragr. 30][22].

Le « Document final » représentait un progrès important sur le plan de la mise en œuvre de la Déclaration en termes pratiques. L'élaboration de plans d'action, de stratégies et d'autres mesures concrètes à l'échelle nationale fournira les cadres structurels et institutionnels nécessaires pour s'assurer que le droit à l'autodétermination des peuples autochtones est réalisé partout dans le monde.

Le Canada a émis une déclaration officielle à la CMPA, s'opposant à certains articles du document liés au principe de l'obtention du « consentement préalable, donné librement et en connaissance de cause » des peuples autochtones lorsque les États prennent des décisions qui auront une incidence sur leurs droits ou leurs intérêts, notamment le développement économique de leurs terres. Le Canada a déclaré :

> Le consentement préalable, donné librement et en connaissance de cause, comme décrit aux articles 3 et 20 du document de dénouement de la Conférence mondiale sur les peuples autochtones, pourrait être interprété de manière à donner un droit de veto aux groupes autochtones et, à cet égard, il ne peut être concilié avec le droit canadien actuel. [...] Il ne peut pas non

plus appuyer les termes de l'article 4, étant donné que le droit canadien reconnaît que l'État peut justifier une atteinte aux droits ancestraux ou aux droits issus de traités s'il se soumet à un examen rigoureux visant à concilier les droits ancestraux avec l'intérêt public plus général[23].

Dans une déclaration publique, les leaders autochtones et leurs sympathisants ont affirmé que les préoccupations du Canada n'étaient pas fondées, soulignant que :

> Le gouvernement canadien ne cesse de se servir de cet argument d'une interprétation de la *Déclaration* avec un « droit de veto » absolu et unilatéral pour justifier son opposition, et ce même si la notion de veto n'est nullement valide, ni dans la *Déclaration*, ni dans le corpus des lois internationales sur les droits humains. Tout comme les balises énoncées par la Cour suprême du Canada au sujet de l'obligation de consultation et d'accommodement, le principe du consentement libre, préalable et éclairé, selon le droit international, doit tenir compte du tort qu'il peut porter aux droits des peuples autochtones et de la légitimité de leurs droits. Le terme veto n'apparaît pas dans la *Déclaration des Nations Unies*. [...]« Le Canada continue d'affirmer que les Autochtones n'ont pas droit de regard sur l'exploitation de leurs territoires, ce qui va à l'encontre non seulement de la *Déclaration des Nations Unies* sur les droits des peuples autochtones, mais aussi des décisions rendues par ses propres tribunaux et des objectifs de réconciliation[24]. »

Au sujet de l'importance de la Déclaration pour les Premières Nations, les Inuits et les Métis au Canada, le grand chef Edward John, chef héréditaire de la nation Tl'azt'en dans le nord de la Colombie-Britannique, a expliqué ce qui suit :

> Nous avons lutté depuis des générations pour la reconnaissance de nos droits. Nous avons lutté pour notre survie, notre dignité et notre bien-être, et la lutte continue. Le refus du Canada de reconnaître les droits territoriaux des Premières Nations est bien en deçà des normes minimales soutenues par la Déclaration et démontre un manquement manifeste par le Canada de mettre en œuvre ses obligations en matière de droits de la personne. Les excuses du premier ministre Harper pour le rôle joué par le Canada dans le système des pensionnats reconnaissaient que la politique d'assimilation était une erreur et qu'elle n'avait pas sa place dans notre pays. Pourtant, la politique du Canada qui consiste à nier les titres et les droits des Autochtones repose sur la même attitude d'assimilation. Il est temps de mettre de côté cette attitude et les politiques qui en découlent. La Déclaration appelle au développement de nouvelles relations fondées sur la reconnaissance et le respect des droits de la personne inhérents aux peuples autochtones[25].

La CVR voit la « réconciliation » comme un processus continu visant à établir et à maintenir des relations respectueuses à tous les niveaux de la société canadienne. Voilà pourquoi la Commission croit que la *Déclaration des Nations Unies sur les droits des peuples autochtones* est le cadre approprié pour la réconciliation dans le Canada du XXIe siècle. L'étude de la Déclaration afin de déterminer les répercussions qu'elle pourrait avoir sur les lois, les politiques et les comportements actuels du gouvernement permettrait au Canada de proposer une vision globale de la réconciliation qui engloberait tous les aspects des relations entre les Canadiens autochtones et non autochtones, et de définir la norme de réussite internationale dans le cercle des nations hésitantes.

Le droit des Autochtones à l'autodétermination doit également être intégré dans le cadre constitutionnel et juridique canadien, ainsi que dans les institutions civiques canadiennes, conformément aux principes et aux normes de la Déclaration. Les peuples autochtones du Canada ont des droits ancestraux et des droits issus de traités. Ainsi, ils ont le droit d'accéder à leurs propres lois et systèmes de gouvernance et de les revitaliser au sein de leurs collectivités et dans les négociations avec les gouvernements. Ils ont le droit de protéger et de revitaliser leurs cultures, leurs langues et leurs modes de vie. Ils ont le droit d'obtenir réparation pour les préjudices historiques subis.

En 2014, la Cour suprême du Canada a jugé que les Tsilhqot'in avaient des titres ancestraux sur leurs terres dans le nord de la Colombie-Britannique, ainsi que « des droits de propriété semblables à ceux associés à la propriété en fief simple, y compris le droit de déterminer l'utilisation des terres, le droit de jouissance et d'occupation des terres, le droit de posséder les terres, le droit aux avantages économiques que procurent les terres et le droit d'utiliser et de gérer les terres de manière proactive »[26]. La Cour a précisé que « [l]es gouvernements et particuliers qui proposent d'utiliser ou d'exploiter la terre, que ce soit avant ou après une déclaration de titre ancestral, peuvent éviter d'être accusés de porter atteinte aux droits ou de manquer à l'obligation de consulter adéquatement le groupe en obtenant le consentement du groupe autochtone en question »[27].

En raison de l'augmentation des conflits portant sur les terres, les ressources et le développement économique, la réconciliation doit cependant aller au-delà des pensionnats et inclure tous les aspects des relations entre Autochtones et non-Autochtones, ainsi que les liens avec la terre. C'est pour cette raison que nous jugeons essentiel que tous les ordres de gouvernement acceptent la Déclaration. La Commission exhorte donc le gouvernement fédéral à revenir sur sa position et à accepter sans réserve le « Document final ». Nous croyons que le gouvernement fédéral devrait élaborer un plan d'action national de mise en œuvre de la Déclaration, conforme aux directives émises par la Cour suprême du Canada et qui permettrait de parvenir à la réconciliation.

Appels à l'action :

43) Nous demandons aux gouvernements fédéral, provinciaux et territoriaux de même qu'aux administrations municipales d'adopter et de mettre en œuvre la *Déclaration des Nations Unies sur les droits des peuples autochtones* dans le cadre de la réconciliation.

44) Nous demandons au gouvernement du Canada d'élaborer un plan d'action et des stratégies de portée nationale de même que d'autres mesures concrètes pour atteindre les objectifs de la *Déclaration des Nations Unies sur les droits des peuples autochtones*.

La doctrine de la découverte

Historiquement, les États européens s'appuient sur la doctrine de la découverte et sur le concept de *terra nullius* (territoire sans maître) pour justifier la création des empires, la colonisation des Autochtones et de leurs terres en Amérique du Nord et dans le monde entier. Loin d'être de l'histoire ancienne sans intérêt pour la réconciliation, la doctrine de la découverte sous-tend le fondement juridique qui a permis aux représentants de la Couronne britannique de revendiquer la souveraineté sur les peuples autochtones et a justifié l'extinction des droits inhérents de ces derniers sur leurs territoires, leurs terres et leurs ressources.

La Commission est d'accord avec les conclusions et les recommandations de la Commission royale sur les peuples autochtones en ce qui concerne la doctrine de la découverte et le concept de *terra nullius* : « pareils concepts n'ont pas leur place parmi ceux qui définissent les fondements de ce pays, pas plus que dans la formulation des politiques, des lois ou de la jurisprudence contemporaines[28] » et la CRPA recommande que le Canada reconnaisse que ces concepts « sont erronés dans les faits, en droit et en morale » et qu'ils n'ont plus leur place dans la formulation de lois, de politiques ou d'arguments juridiques de la Couronne devant la cour[29].

Dans l'allocution qu'il a présentée lors de l'événement national du Manitoba en 2010, Sol Sanderson, ancien élève dans un externat, chef politique et professeur, a expliqué à quel point il était important d'établir un lien entre la colonisation, les politiques et les pratiques utilisées par l'impérialisme et la nécessité d'opérer un changement transformateur dans la société canadienne.

Quels objectifs visaient les politiques impérialistes? Assimilation, intégration, civilisation, christianisation et anéantissement. Qui était visé par ces politiques? Nos familles autochtones. On a eu l'idée de les détruire partout dans le monde. Pourquoi? Parce que cela était la base de nos systèmes de gouvernement. Parce que c'était le fondement de nos institutions et des sociétés de nos nations. Il ne faut cependant pas oublier que ces politiques constituent toujours la base des lois canadiennes actuelles et pas seulement celle de la *Loi sur les Indiens* [qui] a rendu illégales nos traditions, nos coutumes, nos pratiques, nos valeurs, notre langue, notre culture, nos formes de gouvernement, notre compétence [...] Ils disent que nous avons des droits protégés par la Constitution, soit des droits inhérents, des droits ancestraux et des droits issus de traités, mais nous devons cependant nous présenter chaque jour au tribunal pour défendre ces mêmes droits contre les lois coloniales des gouvernements provinciaux et fédéral. Cela ne peut plus continuer[30].

Entre 2010 et 2014, l'Instance permanente sur les questions autochtones des Nations Unies a produit de nombreuses études et rapports sur la doctrine de la découverte. Pendant cette période, les Églises mentionnées dans la Convention de règlement ont également commencé à examiner le mode de pensée catholique qui avait justifié la confiscation des terres autochtones et le retrait des enfants à leurs familles et à leurs collectivités. Dans son texte sur les fondements catholiques romains des revendications de territoires autochtones au Canada, l'historienne Jennifer Reid explique pourquoi la doctrine est encore pertinente à l'heure actuelle.

La plupart des non-Autochtones du Canada savent que les peuples autochtones accordent généralement une importance culturelle et religieuse aux droits fonciers. Je pense qu'un plus petit nombre de non-Autochtones voient leur propre lien avec la terre sous le même jour et qu'ils sont encore moins nombreux à voir les fondements juridiques des droits fonciers au Canada comme des éléments très importants du point de vue théologique. Et pourtant, ils le sont, notamment parce que le lien entre le droit et la terre au Canada remonte à un ensemble d'hypothèses théologiques énoncées au XVᵉ siècle qui ont réussi à s'immiscer dans le droit canadien. [...] La doctrine de la découverte représente le moyen juridique que les Européens ont utilisé pour revendiquer des droits de souveraineté, de propriété et de commerce dans des régions qu'ils ont prétendu avoir découvertes pendant la période de leur expansion. Ces revendications ont cependant été effectuées sans aucune consultation ni participation des populations qui vivaient sur ces territoires — ceux à qui, logiquement, appartenaient véritablement ces terres. En fait, la doctrine de la découverte a été une composante essentielle des relations historiques entre les Européens, leurs descendants et les peuples autochtones, et elle continue de l'être puisqu'elle sous-tend encore le fondement de leurs relations juridiques actuelles, après avoir migré, doucement et presque sans contestation, du droit catholique romain au droit international[31].

En avril 2010, lors de la neuvième session de l'Instance permanente sur les questions autochtones des Nations Unies, la Mission d'observation permanente du Saint-Siège (le représentant de l'ONU du Vatican catholique romain) a diffusé un communiqué à propos de la doctrine de la découverte[32]. Il notait que d'anciennes bulles pontificales traitant de l'expansion territoriale et de la conversion forcée des peuples autochtones, avaient par la suite été abrogées ou annulées par l'Église catholique romaine.

> En ce qui concerne la question de la doctrine de la découverte et du rôle de la bulle papale *Inter Coetera*, le Saint-Siège mentionne que la bulle *Inter Coetera*, comme source de droit international [...] a d'abord été abrogée par le traité de Tordesillas en 1494 et que les circonstances ont tellement changé depuis ce temps qu'attribuer une quelconque valeur à un tel document semble complètement déplacé. [...] En outre, elle a également été abrogée par d'autres bulles papales, dont *Sublimis Deus* en 1537, qui précise que les « Indiens et tous les autres peuples qui peuvent être plus tard découverts par les Chrétiens, ne peuvent en aucun cas être privés de leur liberté ou de la possession de leurs biens [et] si cela arrivait malgré tout, [cela] serait considéré nul et non avenu. » Cette façon de voir a ensuite été décrite de façon plus détaillée et remise en vigueur dans la bulle *Immensa Pastorum* du pape Benoît XIV diffusée le 20 décembre 1741, ainsi que dans un certain nombre d'autres encycliques, déclarations et décrets papaux. S'il subsistait encore des doutes à cet égard, cet énoncé a ensuite été abrogé par le canon 6 du Code de droit canonique de l'Église catholique de 1983 qui abroge de façon générique toutes les lois pénales et disciplinaires antérieures[...] Ainsi, qu'il s'agisse du droit international ou du droit de l'Église catholique, la bulle *Inter Coetera* est un vestige sans valeur juridique, morale ou doctrinale [...] Le fait que des systèmes juridiques puissent encore utiliser la « doctrine de la découverte » comme précédent judiciaire est donc une caractéristique des lois de ces États et n'est aucunement lié à l'Église pour qui ce document n'a aucune valeur, et ce, depuis des siècles. La réfutation de cette doctrine relève donc désormais de la compétence des autorités nationales, des législateurs, des avocats et des historiens du droit[33].

Pour bon nombre de personnes cependant, cette déclaration de l'Église catholique était inadéquate. L'influence de la doctrine dans la loi occidentale et ses conséquences destructives pour les peuples autochtones ont cependant été bien documentées par des chercheurs ainsi que par d'autres experts[34].

En 2014, le grand chef Edward John, le représentant de l'Amérique du Nord auprès de l'Instance permanente sur les questions autochtones des Nations Unies, a déposé l'« Étude des effets de la doctrine de la découverte sur les peuples autochtones, y compris les mécanismes, procédures et instruments de réparation » qui concluait :

> En ce qui concerne les dépossessions de terres, les conversions forcées au christianisme, la privation de liberté et la réduction en esclavage des peuples autochtones, le Saint-Siège a déclaré qu'« un processus d'abrogation s'[était] mis en place au fil des siècles » pour invalider des pratiques aussi infâmes. Ces renonciations pontificales ne suffisent pas. Il est plus que temps de s'affranchir des effets nocifs et des séquelles durables de la spoliation par les États de la souveraineté, des lois et des titres des terres, des territoires et des ressources inhérents aux peuples autochtones. Parallèlement, de plus en plus d'instances religieuses répudient la doctrine de la découverte[35].

En 2010, l'Église anglicane du Canada a été la première, en vertu de la Convention de règlement relative aux pensionnats indiens, à rejeter la doctrine de la découverte et à « examiner les politiques et programmes de l'Église afin d'exposer la réalité et les répercussions historiques de la doctrine de la découverte et de l'éliminer de ses politiques, programmes et structures contemporains »[36]. En 2013, l'Église anglicane a mis sur pied une commission sur la découverte, la réconciliation et la justice ayant trois objectifs :

1. examiner les politiques et pratiques de l'Église anglicane du Canada et les modifier au besoin afin qu'elles soient conformes à la répudiation de la doctrine de la découverte;

2. étudier la définition de la réconciliation;

3. examiner l'engagement de l'Église à résoudre les injustices persistantes subies par les Autochtones du Canada.

La Commission sur la découverte, la réconciliation et la justice déposera son rapport final lors du Synode général de l'Église anglicane en 2016[37].

En février 2012, le comité exécutif du Conseil œcuménique des Églises (COE) a également répudié la doctrine de la découverte. Le COE représente plus de 500 millions de chrétiens répartis dans plus de 110 pays et 345 Églises, dont trois sont visées par la Convention de règlement[38]. La déclaration du COE dénonçait la doctrine de la découverte et pressait les gouvernements de « démanteler les structures légales et politiques fondées sur la doctrine de la découverte [...] et de s'assurer qu'elles se conforment à la *Déclaration des Nations Unies sur les droits des peuples autochtones.* » Cette déclaration exprimait également la solidarité avec les Autochtones et affirmait les droits de ces derniers à l'autodétermination et à l'autonomie gouvernementale. Le COE a également demandé à ses Églises membres de soutenir l'autodétermination des Autochtones en ce qui concerne les questions spirituelles et l'éducation de tous les membres de leurs Églises[39].

L'Église Unie du Canada a répondu à cet appel. Ainsi, lors de sa réunion de mars 2012, l'exécutif du conseil général de l'Église Unie a « convenu unanimement de répudier la doctrine de la découverte, un concept historique qui a été utilisé pour rationaliser l'esclavage et la colonisation des peuples autochtones dans le monde entier »[40].

Lors de la onzième session de l'Instance permanente sur les questions autochtones des Nations Unies en mai 2012, KAIROS (initiatives œcuméniques canadiennes pour la justice) a émis une déclaration commune avec l'Assemblée des Premières Nations, les chefs de l'Ontario, le Grand conseil des Cris (Eeyou Istchee), Amnistie internationale et l'organisme Secours Quaker canadien sur la doctrine de la découverte. Elle précisait notamment que « [m]ême si des églises ont commencé à désavouer cette doctrine raciste, ce n'est pas encore le cas pour tous les États ». Elle recommandait donc que les États, en concertation avec les peuples autochtones, entreprennent une réforme légale et politique afin d'éliminer « la moindre référence aux doctrines de supériorité, notamment celle de "découverte", comme fondements de la souveraineté supposée sur les peuples autochtones, leurs terres et leurs ressources »[41].

Dans son rapport à l'Instance permanente sur les questions autochtones des Nations Unies, le grand chef Edward John s'est plutôt concentré sur la façon dont les tribunaux canadiens ont abordé les questions de souveraineté.

> La plus haute juridiction du Canada a reconnu la nécessité de réconcilier « la souveraineté autochtone préexistante et la souveraineté proclamée de la Couronne ». La Cour suprême a reconnu d'office « des questions telles que la colonisation, les déplacements de populations et les pensionnats », qui montrent comment la souveraineté a été abusivement « proclamée » tout au long de l'histoire. La cause profonde d'un tel abus renvoie à la doctrine de la découverte et à d'autres constructions fictives qu'il faut par conséquent démanteler[42].

Lors de la treizième session de l'Instance permanente sur les questions autochtones des Nations Unies en mai 2014, le gardien de la foi haudenosaunee Oren Lyons a parlé des principes de bonne gouvernance en lien avec la Déclaration des Nations Unies. Il a déclaré :

> Nous reconnaissons que la doctrine de la découverte et ses effets à long terme sur nos peuples ont mené aux atrocités auxquelles nous avons dû faire face dans les externats et pensionnats, tant au Canada qu'aux États-Unis […] La doctrine de la découverte a été invoquée comme justification pour l'exploitation continue de nos terres, de nos territoires et de nos ressources et elle contrevient directement au paragraphe 2 de l'article 7 de la Déclaration[43].

La doctrine de la découverte et le concept associé de *terra nullius* étayent l'obligation qu'ont les peuples autochtones de prouver devant les tribunaux qu'ils occupaient ces terres avant l'arrivée des colonisateurs, sinon leurs droits à la terre et aux ressources seront éteints par les processus contemporains d'établissement des traités et des revendications territoriales. Une telle obligation n'est cependant pas conforme au droit international et ne contribue pas à la réconciliation. De tels concepts constituent une expression actuelle des torts historiques et devraient donc être officiellement répudiés par tous les ordres de gouvernement canadien.

Notre intention, en concluant de la sorte, vise à souligner qu'il faut faire une importante distinction entre la doctrine de la découverte et ses concepts associés et plusieurs politiques, lois et principes intrinsèquement injustes auxquels ils ont donné naissance au cours des ans. Il ne suffirait pas de simplement répudier la doctrine de la découverte et de conserver, par exemple, l'obligation pour les Autochtones de prouver la validité de leur existence et de leur territorialité. Loin de nous l'idée de proposer que la répudiation de la doctrine de la découverte entraîne l'invalidation de la souveraineté de la Couronne. La Commission accepte qu'il existe d'autres façons d'établir la validité de la souveraineté de la Couronne sans porter préjudice à l'important principe établi dans la Proclamation royale de 1763 selon lequel la souveraineté de la Couronne exige qu'elle reconnaisse le titre ancestral et qu'elle en tienne compte pour devenir plus juste. Il ne faut pas oublier que les termes de la Proclamation royale ont été expliqués et acceptés par les chefs autochtones lors de la négociation du Traité de Niagara de 1764.

Les traités : Honorer le passé et négocier l'avenir

Tous les Canadiens doivent comprendre que, sans les traités, le Canada n'aurait aucune légitimité en tant que nation. Les traités entre les nations autochtones et la Couronne ont établi le fondement juridique et constitutionnel de ce pays. L'historien J. R. Miller explique :

Les traités ont été, sont et seront toujours une part importante de la vie canadienne. Les ententes conclues entre la Couronne et les peuples autochtones jouent un rôle central dans les relations entre les Autochtones et les nouveaux arrivants depuis le tout début et elles sont un important enjeu de politique publique encore aujourd'hui. La population canadienne non autochtone ne reconnaît peut-être pas universellement leur importance, mais les traités continueront de jouer un rôle important au pays dans un avenir prévisible. [...]

Le récit détaillé de l'élaboration des traités permet de bien comprendre comment la relation entre les Autochtones et les nouveaux arrivants a évolué depuis le début du XVIIe siècle. Il permet de comprendre davantage comment les populations autochtones ont réagi face aux défis soulevés par l'élaboration des traités. D'ailleurs, encore aujourd'hui, au début du XXIe siècle, ce processus d'élaboration des traités à facettes multiples et changeantes se poursuit. La conclusion de traités au Canada a un avenir, mais également un passé et un présent[44].

L'aîné Fred Kelly souligne pour sa part que l'élaboration des traités et la culture de résolution de conflit des peuples autochtones doivent être placés au cœur du processus de réconciliation.

Il y a des personnes croyant qu'un processus général de réconciliation est un concept d'inspiration occidentale imposé aux Autochtones sans égard aux pratiques traditionnelles qui leur sont propres et qui visent le rétablissement de la paix et de l'harmonie au niveau personnel et collectif. Nous devons donc réclamer que les Autochtones aient une participation significative à la conception, à la gestion et à l'évaluation du processus de réconciliation pour que celui-ci soit fondé sur la culture et la langue de la communauté. Si la réconciliation est un objectif bien concret et important au Canada, ce processus doit comprendre le droit inhérent de l'autodétermination en conformité avec ce que les traités avaient prévu comme autonomie gouvernementale. [...]

Dans les cas où le gouvernement refuse de mettre en œuvre les droits des Autochtones et l'esprit et l'intention initiaux des traités, les citoyens du Canada doivent intervenir directement pour forcer leurs dirigeants à le faire. Les traités et les conventions/ententes de principe sont tout simplement des mécanismes de mise en route de la réconciliation. Il faut agir [...] tous les Canadiens, avez également des droits [...] C'est sur ces droits et obligations que notre relation repose[45].

Si le passé du Canada est une mise en garde précisant ce qu'il ne faut pas faire, il comprend également une leçon d'histoire plus constructive pour l'avenir. Les traités constituent un modèle qui montre aux Canadiens, en tant que population diversifiée, comment ils peuvent cohabiter de façon respectueuse et paisible sur ces terres que nous partageons désormais.

La Proclamation royale de 1763 et le traité de Niagara de 1764

L'histoire de l'établissement des traités au Canada est litigieuse, notamment parce que les Autochtones et la Couronne ont interprété différemment l'esprit et l'intention des traités. Les représentants du gouvernement voyaient généralement les traités comme des mécanismes juridiques par lesquels les Autochtones cédaient leurs terres à la Couronne et y renonçaient. À l'opposé, les Premières Nations, les Inuits et les Métis les voyaient plutôt comme une obligation sacrée qui engageait les deux parties à maintenir des relations respectueuses et à partager équitablement les terres et les ressources.

L'histoire des traités et leur pertinence demeurent bien présentes dans l'histoire orale et les traditions juridiques des peuples autochtones. Sans leur perspective sur l'histoire de l'établissement des traités, les Canadiens n'ont accès qu'à une seule version de l'histoire de ce pays. Raconter l'histoire en présentant seulement la façon dont les représentants officiels de la Couronne ont imposé unilatéralement les traités aux Autochtones est inapproprié puisque ces derniers ont participé activement aux négociations entourant les traités[46]. L'histoire et l'interprétation des traités et de la relation qui existait entre les Autochtones et la Couronne, comme la racontent les Autochtones, enrichissent et alimentent notre compréhension du fait que nous sommes tous visés par les traités[47]. Cela est évident, par exemple, dans l'histoire de la Proclamation royale de 1763 et de son lien avec le traité de Niagara de 1764. La Proclamation royale, qui a été émise par l'administration coloniale, ne raconte que la moitié de l'histoire.

Le 7 octobre 1763, le roi George III a émis cette Proclamation royale en vertu de laquelle la Couronne britannique reconnaissait, pour la première fois, les droits légaux et constitutionnels des peuples autochtones au Canada. Dans la Proclamation royale de 1763, les Britanniques déclaraient notamment que toutes les terres à l'ouest des colonies établies appartenaient aux peuples autochtones et que la Couronne ne pouvait légalement acquérir ces terres que par l'entremise de traités.

À une époque où les peuples autochtones détenaient encore beaucoup de pouvoir et où les conflits avec les colonisateurs prenaient de l'ampleur, le gouvernement britannique avait tenté d'établir une zone géographique distincte qui resterait sous la juridiction des nations autochtones jusqu'à ce que des traités puissent être négociés.

Le spécialiste du droit John Borrows, d'origine anishinaabe, observe que la Proclamation royale ne peut être comprise dans sa totalité qu'en relation avec le traité de Niagara, dans lequel les modalités de la proclamation ont été ratifiées par les nations autochtones en 1764. Comme l'explique Borrows, les chefs autochtones qui ont négocié le traité de Niagara avec la Couronne l'on fait avec la certitude qu'ils demeureraient des peuples libres et conserveraient leur droit à l'autodétermination.

> La Proclamation est maladroitement à cheval sur les aspirations contradictoires de la Couronne et des Premières Nations alors que sa formulation reconnaissait les droits territoriaux des Autochtones en décrivant une politique qui était conçue pour aliéner ces droits. [...] Les objectifs différents que les Premières Nations et la Couronne avaient dans la formulation des principes entourant la Proclamation sont la raison des visions différentes intégrées à son libellé. La Grande-Bretagne tentait de s'assurer un territoire et une autorité par la Proclamation, alors que les Premières Nations étaient préoccupées par la préservation de leurs territoires et de leur souveraineté[48].

La Proclamation royale a été ratifiée par plus de 2 000 chefs autochtones réunis à Niagara à l'été de 1764 pour signer un traité avec la Couronne[49]. Les négociations du traité, comme celles des traités de commerce, de paix et d'amitié précédents, ont été menées en accord avec les lois et le protocole diplomatique autochtones. John Borrows présente la preuve que les peuples autochtones, quelque cinquante-cinq ans après la négociation et la ratification du traité de Niagara, ont encore en mémoire les promesses faites par la Couronne. En 1818, un représentant de la Couronne, le capitaine Thomas G. Anderson, faisait le compte-rendu d'une rencontre entre les peuples anishinaabe et la Couronne à Drummond Island au lac Huron.

> Les chefs ouvrirent l'assemblée en déposant à terre un large Baudrier (Wampum), fait en 1764 [...]. Orcata [un Anishinaabe] ayant la parole [...] prenant le Baudrier de 1764 dans sa main [...] il ajouta : Père, ce Baudrier, mes ancêtres l'ont reçu de votre Père, Sir. W. Johnson. Alors vous fîtes dire à tous vos enfans à la peau rouge, de se réunir au grand détour (Niagara). Ils entendirent votre voix, obéirent à vos ordres et l'été suivant ils vous rencontrèrent dans ce lieu, vous déposâtes alors ce Baudrier sur un mat et dites : « Enfans, vous devez tous toucher à ce Baudrier de la paix. J'y touche moi-même afin que nous soyons tous des frères unis, et j'espère que notre amitié ne finira jamais. Je vous nommerai mes enfans, j'enverrai la chaleur (des présens) dans votre pays et vos familles ne manqueront jamais de rien. Portez vos regards vers le soleil levant, ma nation est aussi brillante et sa

parole ne saurait être violée. » Père, vos paroles sont la vérité, tout ce que vous avez promis a été fait. En nous donnant le Baudrier de la paix, vous avez dit : « Si vous avez jamais besoin de moi, envoyez ce Baudrier et ma main s'ouvrira immédiatement pour vous secourir. » Ici l'orateur déposa le Baudrier à terre[50].

Au fil des années, les chefs autochtones ayant participé aux négociations du traité ont non seulement utilisé les ceintures wampum pour relater les circonstances du traité de Niagara, mais ont également présenté des copies originales de la Proclamation royale aux représentants du gouvernement. En 1847, un agent des colonies rapportait :

Une proclamation subséquente de Sa Majesté George III émanée en 1763, leur donne une nouvelle garantie pour la possession de leurs terres à chasse, et leur assure la protection de la Couronne. Les Sauvages considèrent cette pièce comme leur charte. Ils en ont conservé copie jusqu'à ce jour, et l'ont citée à diverses reprises dans leurs représentations au gouvernement[51].

Le 7 octobre 2013, le Canada a célébré le 250e anniversaire de la Proclamation royale de 1763. Le gouverneur général du Canada, Son Excellence le très honorable David Johnston, a parlé de l'importance de la proclamation.

Ce document extraordinaire fait partie des assises juridiques du Canada. Il est inscrit dans la *Loi constitutionnelle de 1982* et il établit un cadre de valeurs et de principes qui a guidé notre évolution au fil des deux derniers siècles et demi. [...] Ses principes directeurs — la paix, l'équité et le respect — ont instauré la tradition de conclusion des traités, jeté les bases de la reconnaissance des droits des Premières Nations et défini les relations entre les peuples des Premières Nations et la Couronne. [...] Tous les événements historiques rejaillissent sur les générations futures, mais la Proclamation royale est toujours distinctement présente de nos jours. Il s'agit non seulement d'un document constitutionnel évolutif, mais aussi d'un document dont les principes sont toujours d'une grande pertinence dans notre conjoncture en 2013 et pour notre avenir commun. [...] Bien sûr, certains défis se sont déjà présentés à nous par le passé et d'autres continuent de se poser, et il nous reste encore beaucoup de chemin à faire sur la voie de la réconciliation, mais c'est un parcours que nous devons suivre ensemble. Aujourd'hui, la conclusion d'ententes sur les revendications territoriales globales est un exemple concret des principes de la Proclamation royale[52].

Dans tout le pays, les peuples autochtones ont également célébré cet anniversaire, appelant les Canadiens à respecter l'esprit et l'intention de la Proclamation royale. En Colombie-Britannique, où peu de traités ont été signés, les chefs du Sommet des Premières Nations ont publié une déclaration rappelant aux

Canadiens que les principes énoncés dans la Proclamation étaient toujours pertinents dans le Canada moderne :

> Sous la Confédération, les relations entre les Premières Nations et la Couronne ont malheureusement été guidées par le contrôle fédéral et les contraintes de la *Loi sur les Indiens* et non pas sur les principes énoncés dans la Proclamation [...] Le temps est venu pour tous les Canadiens d'amorcer une nouvelle ère de reconnaissance et de réconciliation entre les Premières Nations et la Couronne. Bien qu'il existe une reconnaissance générale de la notion de titres et de droits des Autochtones, trop souvent, ces droits existent sans véritable recours effectif. Il y a de nombreuses solutions susceptibles de nous faire avancer dans la bonne direction. De telles solutions comprennent la négociation de traités, d'accords et autres arrangements constructifs modernes qui respectent les principes de la Proclamation[53].

Ce même mois d'octobre, à Gatineau, au Québec, de l'autre côté de la rivière, face aux édifices du Parlement à Ottawa, les partisans du mouvement « Idle No More » se sont réunis au Musée canadien des civilisations pour commémorer la Proclamation royale dans le cadre d'une journée nationale et internationale d'action. Un des organisateurs, Clayton Thomas-Muller, a déclaré : « Nous nous servons de ce document fondateur de ce pays et profitons de son anniversaire pour favoriser une nouvelle ère de réconciliation en lien avec une histoire coloniale du Canada, que l'on peut qualifier de honteuse, pour renverser des siècles de négligence et d'abus de nos diverses nations sacrées[54]. »

À Toronto, on a mis l'accent sur la Gus-Wen-Tah, ou ceinture wampum à deux rangs, utilisée par les Mohawks dans leurs négociations de traités avec les agents coloniaux européens[55]. Alors que les peuples autochtones et non autochtones se sont rassemblés pour commémorer cette journée historique, le conférencier Davyn Calfchild a déclaré : « Tout le monde devrait se familiariser avec la ceinture wampum à deux rangs et la relation de nation à nation qu'elle représente. Ça ne concerne pas uniquement les Autochtones, mais les non-Autochtones aussi. » Le rassemblement s'est terminé par une manifestation au cours de laquelle les gens ont défilé avec une réplique de la ceinture wampum à deux rangs[56]. Ceux qui ont commémoré la Proclamation royale et la ceinture wampum à deux rangs ont souligné que les principes et les pratiques qui ont consolidé les relations issues du traité s'appliquent encore aujourd'hui.

La Proclamation royale de 1763, en conjonction avec le traité de Niagara de 1764, a établi les assises juridiques et politiques du Canada et les principes de la conclusion de traités fondés sur la reconnaissance et le respect mutuels. Une proclamation royale est également un symbole important. Émise au plus haut niveau, elle envoie un message à tous les citoyens au sujet des valeurs et des principes qui définissent le pays. Une nouvelle proclamation est nécessaire pour réaffirmer les engagements de longue date, souvent négligés, entre le Canada et les peuples autochtones. La proclamation inclurait un désaveu officiel de la doctrine de la découverte et un engagement à la mise en œuvre exhaustive de la Déclaration des Nations Unies.

Appel à l'action :

45) Nous demandons au gouvernement du Canada d'élaborer, en son nom et au nom de tous les Canadiens, et de concert avec les peuples autochtones, une proclamation royale de réconciliation qui sera publiée par l'État. La proclamation s'appuierait sur la Proclamation royale de 1763 et le traité de Niagara de 1764, et réaffirmerait la relation de nation à nation entre les peuples autochtones et l'État. La proclamation comprendrait, mais sans s'y limiter, les engagements suivants :

   i. répudier les concepts utilisés pour justifier la souveraineté des peuples européens sur les territoires et les peuples autochtones, notamment la doctrine de la découverte et le principe de *terra nullius* (territoire n'appartenant à personne);

   ii. adopter et mettre en œuvre la *Déclaration des Nations Unies sur les droits des peuples autochtones* dans le cadre de la réconciliation;

   iii. établir des relations qui se rattachent aux traités et qui sont fondées sur les principes de la reconnaissance mutuelle, du respect mutuel et de la responsabilité partagée, et ce, de manière à ce qu'elles soient durables, ou renouveler les relations de ce type déjà nouées;

   iv. concilier les affaires constitutionnelles et juridiques des peuples autochtones et de l'État pour s'assurer que les peuples autochtones sont des partenaires à part entière au sein de la Confédération, ce qui englobe la reconnaissance des lois et des traditions juridiques autochtones et leur intégration dans la négociation et la mise en œuvre des traités, des revendications territoriales et de toute autre entente constructive.

Le pacte de réconciliation

Les principes énoncés dans la Proclamation royale de réconciliation serviront de base pour un pacte de réconciliation axé sur l'action, qui ouvre la voie vers une ère de respect mutuel et d'égalité des chances.

Un pacte constitue un engagement ou une promesse des parties au traité qui établit comment elles se comporteront à mesure qu'elles assument leurs obligations et leurs responsabilités respectives issues du traité. Les racines historiques de la diplomatie autochtone et de la conclusion de pactes peuvent être attribuées aux Haudenosaunee (Confédération iroquoise), au Pacte d'amitié de la chaîne d'argent et au Two Row Wampum Treaty (traité de la ceinture wampum à deux rangs). Ce système de traités complexe a lié les nations haudenosaunee dans la paix et a permis d'établir les toutes premières fondations de la relation entre la Couronne et les Autochtones dans l'Est de l'Amérique du Nord au début du XVIIe siècle. Le juriste Robert A. Williams Junior précise :

> Pour les Iroquois, l'histoire de la chaîne d'alliance remonte aux premiers contacts et aux relations issues de traités qui ont suivi avec les étrangers européens nouvellement arrivés sur leurs terres. Par question de principe constitutionnel, tant les Iroquois que les Anglais ont été tenus de maintenir cet historique d'unité multiculturelle qui s'est révélé d'une grande valeur pour les deux parties dans leur lutte pour la survie en Amérique du Nord. Bien entendu, ceci cadrait parfaitement avec la tradition constitutionnelle iroquoise, puisque comme le dit le récit de l'ancienne fondation de leur propre confédération, la solidarité humaine ne peut être obtenue que si les différents peuples imaginent toutes les possibilités de collaborer entre eux[57].

La Constitution haudenosaunee, la Grande loi de la paix, fait autorité pour conclure et maintenir les traités d'alliance, qui sont enregistrés sur diverses ceintures wampum dont la Gus-Wen-Tah ou la ceinture à deux rangs. Le juriste John Borrows indique que la Gus-Wen-Tah et le Pacte d'amitié de la chaîne d'argent font partie intégrante de l'histoire constitutionnelle des nations haudenosaunee.

> La ceinture est composée de deux rangées de perles de wampum pourpres sur un fond blanc. Trois rangées de perles blanches symbolisant la paix, l'amitié et le respect séparent les deux rangées de perles pourpres. Les deux rangées de perles pourpres symbolisent deux voies ou deux navires voyageant le long de la même rivière. L'une d'elles représente le peuple haudenosaunee, avec ses lois et ses coutumes, tandis que l'autre représente les coutumes et les lois européennes. Tandis que ces nations se côtoient le long de la rivière de la vie, elles évitent de se chevaucher ou d'interférer entre elles. Ces préceptes juridiques sont intégrés dans les ententes ultérieures. Le Pacte d'amitié de la chaîne d'argent est un autre symbole de l'indépendance haudenosaunee lié à la Gus-Wen-Tah. Cette chaîne se doit d'être pure, solide et immaculée, et de lier les nations entre elles sans qu'elles perdent leurs particularités individuelles ni leur indépendance. Les peuples tenant la chaîne

d'alliance ont la responsabilité de maintenir des relations harmonieuses et d'éviter leur rupture[58].

Métaphoriquement, la responsabilité partagée de réparer une relation détériorée est représentée par « le polissage de la chaîne » afin que l'argent ne ternisse pas.

Le maintien de la pertinence du Pacte d'amitié de la chaîne d'argent pour les Haudenosaunee et pour tous les peuples autochtones du Canada est clairement démontré le 24 janvier 2012, lors de la Rencontre de la Couronne et des Premières Nations. Pour témoigner de l'importance de la relation de longue durée entre les Premières Nations et la Couronne, le Chef national de l'Assemblée des Premières Nations, Shawn A-in-chut Atleo, présente une chaîne d'alliance en argent de la Ceinture de paix et d'amitié au premier ministre Harper et au gouverneur général, Son Excellence le très honorable David Johnston. Le chef national déclare :

> La Ceinture d'alliance représente l'un des plus anciens traités entre la Couronne et les citoyens des Premières Nations et témoigne de la fondation des relations entre les Premières Nations et la Couronne pour les générations suivantes. La Ceinture arbore la chaîne qui lie la Couronne aux citoyens des Premières Nations de ce pays. Les trois maillons de la chaîne représentent un pacte d'amitié et de bonne volonté, ainsi que la paix qui doit toujours prévaloir entre nous. La chaîne d'alliance est en argent, symbole du besoin de la polir de temps à autre pour l'empêcher de ternir. Cette chaîne a constitué le socle de la relation de nation à nation entre la Couronne britannique et les Premières Nations qui sont devenues ses alliées dans l'édification de ce qui allait devenir le Canada[59].

La longue et riche histoire de la diplomatie autochtone et de l'établissement d'alliances et de pactes a largement été oubliée ou mal comprise par la population canadienne. Robert A. Williams Junior nous rappelle que les perceptions autochtones du droit et de la paix qui prévalaient au cours des XVIIe et XVIIIe siècles en Amérique du Nord sont d'une grande pertinence aujourd'hui.

> Il fut un temps où l'Occident devait porter une attention sérieuse à ces visions autochtones et tribales de la façon dont différents peuples pourraient vivre ensemble au sein de relations de confiance, de solidarité et de respect. [...] Dans d'innombrables traités, conseils et négociations, les Autochtones nord-américains ont insisté sur la pertinence des principes contenus dans les traditions tribales comme la Gus-Wen-Tah, pour guider la société multiculturelle, à la fois originale et indisciplinée, qui émergeait sur le continent. Tout au long de cette période, les Européens ont veillé à la bonne marche du commerce, des pactes et de la bonne volonté des Autochtones en s'adaptant aux approches tribales pour tenter de maintenir la justice et la paix dans un monde multiculturel.

> Les traités, les conseils et les négociations entre les Européens et les Indiens au cours de l'époque des premiers contacts reflètent un point de vue autochtone nord-américain véritablement original à l'égard des principes et des paradigmes de gouvernance pour assurer la justice entre les différents peuples. [...] Avec la fragmentation actuelle de notre ordre social et mondial, on peut constater qu'il y a de nombreuses raisons importantes pour tenter de développer une meilleure compréhension de ces [...] visions tribales du droit, de la paix et de la justice entre les peuples[60].

De l'avis de la Commission, les fondations spirituelles, juridiques et morales de la réconciliation se trouvent dans ces premiers traités et ces pactes. Le Canada et le monde ont beaucoup à gagner en portant encore une fois une attention sérieuse, c'est-à-dire respectueuse, aux enseignements des peuples autochtones sur la façon de résoudre les conflits de manière constructive et d'assurer la paix entre les différents groupes et nations[61].

Les Églises et la conclusion de pactes

Tout comme les gouvernements, les Églises ont un rôle à jouer dans la conclusion de pactes. Lors de l'événement national de la Commission au Manitoba, les Églises concernées par la Convention de règlement ont dressé une tente interconfessionnelle. Dans le cadre de la discussion « We are all treaty people » (Nous sommes tous visés par les traités), les leaders de diverses confessions ont souligné que de nombreuses traditions spirituelles - autochtones, chrétiennes, musulmanes et juives - partagent une croyance en des engagements sacrés entre les peuples et le Dieu Créateur, ce qui, pour les peuples autochtones, se manifeste dans les alliances par traités.

Dans les années 1980, plusieurs institutions ecclésiales mettent sur pied la Coalition pour les droits des Autochtones afin de soutenir les peuples autochtones dans leurs efforts visant à pérenniser leur droit à l'autodétermination dans la Constitution canadienne[62]. À la suite du rapatriement de la Constitution canadienne en 1982, les représentants ecclésiastiques ont assisté à chacune des conférences des premiers ministres dans les années 1980 à titre d'observateurs, sous les auspices de diverses organisations autochtones. Ils ont notamment participé à des séances de consultation et rencontré des politiciens fédéraux et provinciaux pour soutenir les dossiers autochtones.

En février 1987, neuf dirigeants nationaux de confessions et de grandes organisations ecclésiastiques publient *A New Covenant : Towards the Constitutional Recognition and Protection of Aboriginal Self-Government in Canada, A Pastoral*

Statement by the Leaders of the Christian Churches on Aboriginal Rights and the Canadian Constitution. Cette publication stipule, entre autres, que :

> En tant que dirigeants religieux, nous croyons qu'il s'agit d'un mouvement historique dans ce pays. Cette ronde de négociations constitutionnelles aura une incidence sur la vie de quelque deux millions de membres des Premières Nations, d'Inuits et de Métis, et sur leurs descendants pour les générations à venir. Bon nombre d'Autochtones, dont les ancêtres ont habité ce pays depuis des temps immémoriaux, sont membres de nos Églises. [...] Il est temps d'établir une nouvelle alliance avec les premières populations et les Premières Nations du Canada. [...]
>
> Le concept de négociation d'alliances ou de pactes a des racines spirituelles profondes, ce qui en retour peut nous apprendre beaucoup de choses sur la véritable intention et la signification de la négociation d'alliances et de la conclusion d'alliances entre les peuples aujourd'hui. [...]
>
> Il existe donc des dimensions morales et spirituelles dans l'établissement et la conclusion d'alliances. [...] Une nouvelle alliance reconnaîtrait le droit pour les Premières Nations, les Inuits et les Métis d'être des peuples et des cultures distinctes et les responsabilités qui découlent de ce droit. Une nouvelle alliance affirmerait leurs droits à l'autodétermination en tant que nations et sociétés ainsi que les responsabilités qui découlent également de ce droit.[...]
>
> Aujourd'hui, après avoir connu l'oppression culturelle et la dépendance économique au cours des derniers siècles, les peuples autochtones luttent pour se décoloniser et obtenir la reconnaissance de leurs droits historiques au Canada. Les droits ancestraux sont reconnus tant en droit international que dans les documents historiques de ce pays. Nous estimons, cependant, que les droits des peuples autochtones ne sont pas simplement une question juridique ou politique, mais d'abord et avant tout une question morale qui touche l'âme et le cœur mêmes du Canada.
>
> L'autodétermination permettrait aux peuples autochtones de se réaliser en tant que peuples distincts, de développer le potentiel économique de leurs propres terres et de concevoir leurs propres institutions culturelles, sociales et religieuses pour répondre à leurs besoins. [...]
>
> Le Canada pourrait devenir un exemple vivant, aux yeux du monde entier, d'une société qui accepte les demandes historiques de justice touchant les descendants de ses habitants d'origine. Ainsi, nous pourrions renouer avec la signification spirituelle la plus profonde de la négociation des alliances[63].

En 1993, dans le cadre des travaux de la Commission royale sur les peuples autochtones, les Églises chrétiennes, ainsi que la Coalition pour les droits autochtones, lui présentent leurs observations. Séparément et ensemble par le biais de la Coalition, leurs présentations réitèrent les trois messages clés contenus dans la déclaration religieuse de la nouvelle alliance, soit : le droit des peuples autochtones à être des peuples distincts, leur droit à une base de terres suffisantes et leur droit à l'autodétermination[64]. Dans le cadre d'une cérémonie à Winnipeg en 2007, les Églises marquent le vingtième anniversaire de la nouvelle alliance en renouvelant et en réaffirmant leur engagement envers l'alliance conclue en 1987[65].

Toutes les parties à la Convention de règlement doivent faire preuve de leadership en établissant et en mettant en œuvre un pacte de réconciliation. De pair avec une proclamation royale de la réconciliation, la mise en œuvre de la Déclaration des Nations Unies et la répudiation de la doctrine de la découverte et de la *terra nullius*, ce pacte réaffirmerait les engagements passés et établirait des principes inclusifs pour des mesures de réconciliation.

Appel à l'action :

46) Nous demandons aux parties à la Convention de règlement relative aux pensionnats indiens d'élaborer et de signer un pacte de réconciliation qui fait part des principes de la collaboration voulue afin de promouvoir la réconciliation au sein de la société canadienne et qui comprend, notamment, mais sans s'y limiter :

   i. la réaffirmation de l'engagement des parties à l'égard de la réconciliation;

   ii. la répudiation des concepts utilisés pour justifier la souveraineté des peuples européens sur les territoires et les peuples autochtones, notamment la doctrine de la découverte et le principe de *terra nullius*, de même que la réforme des lois, des structures de gouvernance et des politiques au sein des institutions qui s'appuient toujours sur ces concepts;

   iii. la pleine adoption et la mise en œuvre complète de la *Déclaration des Nations Unies sur les droits des peuples autochtones* dans le cadre de la réconciliation;

   iv. le soutien de l'établissement de relations qui se rattachent aux traités et qui sont fondées sur les principes de la reconnaissance mutuelle, du respect mutuel et de la responsabilité partagée, et ce, de manière à ce qu'elles soient durables, ou encore du renouvellement des relations de ce type déjà nouées;

    v. l'octroi de la permission aux personnes exclues de la Convention de règlement de signer le pacte de réconciliation;

    vi. l'octroi de la permission à d'autres parties concernées de signer le pacte de réconciliation.

Les gouvernements à tous les niveaux de la société canadienne doivent également montrer leur engagement envers un nouveau cadre de la réconciliation pour guider leurs relations avec les peuples autochtones.

Appel à l'action :

47) Nous demandons aux gouvernements fédéral, provinciaux, territoriaux et municipaux de rejeter les concepts ayant servi à justifier la souveraineté européenne sur les peuples et les territoires autochtones, comme la doctrine de la découverte et celle de la *terra nullius*, et de réformer les lois, les politiques gouvernementales et les stratégies d'instance qui continuent de s'appuyer sur de tels concepts.

Les Églises et les groupes religieux ont également un rôle important à jouer dans la promotion de la réconciliation en soutenant la Déclaration des Nations Unies et la répudiation de la doctrine de la découverte.

Appels à l'action :

48) Nous demandons à l'Église, aux parties à la Convention de règlement et à tous les autres groupes confessionnels et interconfessionnels au Canada qui ne l'ont pas déjà fait d'adopter officiellement et de respecter les normes et les principes de la *Déclaration des Nations Unies sur les droits des peuples autochtones* en tant que cadre de réconciliation. Cela comprend, sans toutefois s'y limiter, les engagements suivants de la part des intervenants en cause :

    i. veiller à ce que leurs institutions, politiques, programmes et pratiques soient conformes à la *Déclaration des Nations Unies sur les droits des peuples autochtones*;

    ii. respecter le droit à l'autodétermination des peuples autochtones dans les cas d'ordre spirituel, y compris le droit d'élaborer, de mettre en pratique et d'enseigner leurs propres traditions, coutumes et cérémonies religieuses et spirituelles, conformément à l'article 12:1 de la *Déclaration des Nations Unies sur les droits des peuples autochtones*;

iii. lancer un dialogue public, voir à ce qu'il se poursuive à long terme et prendre des mesures pour appuyer la *Déclaration des Nations Unies sur les droits des peuples autochtones*;

iv. publier, au plus tard le 31 mars 2016, une déclaration de la part des intervenants de toutes les confessions religieuses et de tous les groupes confessionnels quant à la manière dont ils ont l'intention de mettre en œuvre la *Déclaration des Nations Unies sur les droits des peuples autochtones.*

49) Nous demandons aux intervenants de toutes les confessions religieuses et de tous les groupes confessionnels qui ne l'ont pas déjà fait de répudier les concepts utilisés pour justifier la souveraineté européenne sur les terres et les peuples autochtones, notamment la doctrine de la découverte et le principe de *terra nullius.*

CHAPITRE 2

Le droit autochtone :
vérité, réconciliation et accès à la justice

Tous les Canadiens doivent comprendre la différence entre le droit autochtone et le droit des Autochtones. Bien avant que les Européens n'arrivent en Amérique du Nord, les peuples autochtones, comme toutes les sociétés, avaient des systèmes politiques et des lois pour gouverner leur conduite au sein de leurs propres collectivités et régir leurs relations avec les autres nations. Le droit autochtone est diversifié; chaque nation autochtone du pays dispose de ses propres lois et traditions juridiques. Le droit des Autochtones est l'ensemble de droit du système judiciaire canadien. La Cour suprême du Canada a reconnu la préexistence et la validité permanente du droit autochtone[1]. Selon le juriste John Borrows :

> La reconnaissance des traditions juridiques autochtones au même titre que d'autres systèmes juridiques a des précédents historiques au pays. Avant l'arrivée des Européens et des explorateurs des autres continents, les Premières Nations ont parfois entretenu un pluralisme juridique dynamique entre elles. Les traités, les mariages mixtes, les contrats d'échange et de commerce, et la reconnaissance mutuelle étaient des accords juridiques qui contribuaient à maintenir la paix durablement et à freiner le recours à la guerre en cas de conflit. À leur arrivée en Amérique du Nord, les Européens se sont retrouvés dans ce paysage sociojuridique complexe. [...]

> Des systèmes diplomatiques plus étendus étaient en usage pour maintenir la paix par l'entremise de conseils et de protocoles complexes. Par exemple, les Premières Nations et des personnages puissants prenaient part à des activités comme la cérémonie du calumet de paix, les festins, la cérémonie du potlatch, l'échange d'objets de cérémonie, et de longs discours, discussions et négociations. Les traditions diplomatiques entre Autochtones visaient à prévenir une confrontation plus ouverte. [...]

> Les traités sont une forme d'accord qui peut être très efficace pour assurer le maintien de la paix. [...]

Les Premières Nations maintenaient aussi la paix en entretenant des activités intersociétales afin d'apaiser la division et la discorde. Ces canaux moins formels de maintien de la paix ne doivent pas être sous-estimés; ils offrent des enseignements sur les façons de régler efficacement les problèmes actuels[2].

Si le Canada souhaite transformer sa relation avec les peuples autochtones, les Canadiens doivent comprendre et respecter les concepts de réconciliation des Premières Nations, des Inuits et des Métis. Beaucoup de ces concepts font partie du droit autochtone.

Dans cette tâche, il faut garder en tête que la compréhension et l'application de ces concepts peuvent exiger de grands efforts. À l'instar de la common law et du droit civil, il faut une vie entière pour apprendre le droit autochtone. Il est aussi nécessaire de reconnaître que le droit autochtone existe concrètement et qu'il garde sa pertinence aujourd'hui. Il est notamment d'une grande aide lorsqu'on l'applique aux comportements humains les plus dérangeants.

L'une des séquelles les plus graves des pensionnats est que tant de survivants, leurs familles et des collectivités entières ont perdu leur lien avec leurs propres cultures, langues et lois. On leur a retiré la possibilité d'apprendre, de comprendre et de mettre en pratique les lois héritées de leurs ancêtres qui font partie de leur patrimoine et de leurs droits innés. Néanmoins, malgré des années d'oppression, ce savoir ne s'est pas éteint; de nombreux aînés et gardiens du savoir ont continué à entretenir et à protéger les lois de leur peuple jusqu'à ce jour.

Lors du forum portant sur les gardiens du savoir traditionnel de la Commission de vérité et réconciliation (CVR), l'aîné pied-noir Reg Crowshoe a déclaré :

> Lorsque j'étais jeune, dans ma communauté, ma grand-mère m'emmenait dans les sociétés [...] Je croyais [que] tout était égal : les plantes, les animaux, l'air, la lune, le soleil. Ils étaient tous égaux. C'était le système de croyances que nous avions dans notre culture. À partir de ce système de croyances, nous avons développé des pratiques, nous nous asseyions en cercles dans une société d'apprentissage [...] Et une fois que vous vous joigniez à la société, vous faisiez partie de cette société d'apprentissage et votre responsabilité [était] de participer [aux] pratiques qui vous permettaient de survivre, ce qui comprend la réconciliation et le pardon [...]

> Lorsque nous examinons nos cultures orales et que nous considérons qui nous sommes, et l'environnement, notre territoire géographique d'origine, nous sommes chaque jour confrontés à toutes sortes de défis. Comment pouvons-nous accéder à nos théories? Comment pouvons-nous accéder à nos récits? Comment pouvons-nous accéder à nos aînés? Où payons-nous notre dû et quels sont nos protocoles? Ainsi, nous sommes à la recherche du véritable sens de la réconciliation et du pardon. Il nous faut réaliser ou

réapprendre comment accéder à ces récits de nos aînés, non seulement aux récits, mais aussi aux chants, aux pratiques qui nous donnent ces droits et ces privilèges d'accéder à ces récits […] Donc, lorsque nous considérons [le] concept de réconciliation, il y a beaucoup à apprendre […]

Les aînés disent que nous vivons, en tant que Pieds-Noirs, dans un lieu géographique situé dans le sud de l'Alberta. Nos pouvoirs émanent de nos liens avec cette terre, des chants tirant leur origine de cette terre, c'est de là qu'émanent nos pouvoirs. Les autres Premières Nations ont leur propre lieu géographique, leurs liens avec cette terre. Donc, lorsque je vais sur un autre territoire, j'honore et je respecte ce territoire, et j'utilise ses chants. J'ai des chants pour les pierres, qui me donnent les droits et les privilèges d'utiliser ces pierres pour une suerie, par exemple, mais quand je vais dans un autre territoire, je dois me soumettre aux chants de ce territoire qui permettent aux membres de cette communauté d'utiliser leurs pierres pour la guérison, je dois respecter cela, et pendant des centaines d'années nous nous sommes respectés les uns les autres et nous nous sommes rendu visite. J'encourage toutes les Premières Nations à retourner à leurs théories, à leurs récits, à leurs aînés et à leurs protocoles, et à trouver les solutions parce que nous en avons besoin aujourd'hui[3].

Le droit autochtone émane de nombreuses sources offrant des enseignements importants sur la réconciliation. Une meilleure compréhension et la poursuite du développement du droit autochtone offriraient des ressources inestimables pour la prise de décision, la réglementation et la résolution de conflits. La juriste Val Napoleon explique :

Le droit autochtone est une ressource essentielle pour les Autochtones. Il fait partie intégrante de notre façon de nous représenter et de nous administrer nous-mêmes, autant à l'échelle collective qu'individuelle. Autrement dit, le droit et tout ce qu'il implique sont un aspect fondamental de notre existence collective et individuelle en tant que peuples ayant droit à l'autodétermination. Le droit autochtone concerne l'établissement de la citoyenneté, de la responsabilité et de la gouvernance, la résistance aux facteurs d'oppression internes et externes, la sécurité et la protection, les terres et les ressources, ainsi que les relations politiques externes avec les autres peuples autochtones et l'État[4].

Des collectivités des Premières Nations, des Inuits et des Métis de tout le pays déploient des efforts concertés pour se réapproprier et revitaliser leurs lois et leurs traditions juridiques. Elles doivent être soutenues dans leurs efforts.

Le droit canadien et les peuples autochtones : dévoiler la vérité

Le droit est essentiel pour établir la vérité. Il est aussi indispensable pour parvenir à la réconciliation. Il en est ainsi parce que le droit libère un flot d'informations qui serait autrement retenu. Sans cette transparence, la vérité peut être victime de la manipulation, de la censure et de la dissimulation. Sans processus judiciaire fiable, les faits peuvent être dissimulés au public lorsque des personnes sont accusées d'actes répréhensibles. Le droit offre des espaces publics pour mettre la vérité à l'épreuve. Il le fait grâce à des témoignages sous serment et à des divulgations au sujet de circonstances contestées. Le droit est aussi un outil pour œuvrer à la réconciliation. Lorsqu'un différend survient, le droit favorise le dialogue en assurant l'écoute, la prise en considération, l'intégration, le rejet ou l'admission de différents points de vue. Le droit favorise l'écoute et la délibération. Il est conçu pour atteindre ces objectifs en jugeant des questions en fonction de critères plus larges visant la paix sociale.

Jusqu'à tout récemment, le Canada avait recours au droit canadien pour masquer la vérité et empêcher la réconciliation. La création par le Parlement de lois et de règlements visant l'assimilation a favorisé l'oppression des cultures autochtones et ouvert la voie au système des pensionnats indiens. Qui plus est, les lois canadiennes et les principes juridiques connexes ont nourri une atmosphère de secret et de dissimulation. Lorsque des enfants étaient maltraités dans les pensionnats, les lois et les façons dont elles étaient appliquées (ou non) sont devenues un voile derrière lequel les Églises, les gouvernements et les individus pouvaient se cacher pour éviter les conséquences de réalités horribles. À l'abri d'accusations ou de poursuites, les agresseurs ont pu échapper aux conséquences dévastatrices de leurs actes. En outre, en vertu de la loi, on a retiré aux collectivités autochtones et à leurs dirigeants le droit de fonctionner selon leurs coutumes, leurs traditions, leurs lois et leurs cultures. Ceux qui persistaient à vivre selon ces valeurs pouvaient être et ont été traduits en justice. Les Autochtones en sont venus à considérer le droit comme un outil d'oppression par le gouvernement.

À ce jour, les lois civiles du pays persistent à renier l'évidence que l'extinction de la langue et de la culture d'un peuple constitue une blessure sociale et personnelle des plus graves. Il est difficile de comprendre pourquoi l'assimilation forcée d'enfants par leur retrait de leur famille et leur communauté, et par leur transfert auprès de personnes d'une autre race dans le but de détruire leur race et leur culture d'origine ne constitue pas une transgression civile, alors que cela peut être considéré comme un acte de génocide selon le paragraphe 2(e) de la *Convention pour la prévention et la répression du crime de génocide* des Nations Unies.

L'incapacité de reconnaître de telles réalités est une entrave à la réconciliation. Les Autochtones sont nombreux à entretenir une méfiance profonde et constante envers les systèmes politique et judiciaire canadiens en raison des torts que ceux-ci leur ont causés. Ils considèrent souvent le système judiciaire du Canada comme la branche d'une structure de gouvernance canadienne qui a été diamétralement opposée à leurs intérêts. En dépit des décisions judiciaires, non seulement la justice canadienne a généralement failli à protéger les droits fonciers, les ressources et l'autorité gouvernementale des Autochtones, mais elle a également autorisé, et continue d'autoriser, le retrait d'enfants autochtones par l'entremise d'un système de protection de l'enfance qui isole l'enfant de sa culture. Par conséquent, le droit a été et demeure un obstacle important à la réconciliation. C'est le cas même si les tribunaux ont commencé à reconnaître le déni historique de justice et la nécessité d'y mettre fin. Dans ces circonstances, il ne faut pas s'étonner du fait que le droit formel et les institutions judiciaires canadiennes soient encore perçus avec méfiance dans de nombreuses collectivités autochtones.

Malgré tout, la situation évolue. Des décisions judiciaires rendues depuis le rapatriement de la Constitution canadienne de 1982 rendent aux Autochtones l'espoir que la reconnaissance et la confirmation de leurs droits ancestraux et actuels issus de traités prévues à l'article 35 de la *Loi constitutionnelle de 1982* puissent être un puissant moteur de changement. Néanmoins, beaucoup d'Autochtones considèrent qu'il est risqué de recourir aux tribunaux canadiens. Les dirigeants et les collectivités autochtones s'adressent aux tribunaux canadiens uniquement parce qu'il n'existe aucun autre mécanisme juridique. Lorsqu'ils le font, c'est en sachant que les tribunaux sont toujours réticents à reconnaître leurs propres lois et modes traditionnels de résolution de conflit.

Il sera difficile de parvenir à la réconciliation aussi longtemps que les traditions des peuples autochtones pour révéler la vérité et favoriser la réconciliation ne seront pas reconnues comme une partie intégrante du processus en cours de détermination de la vérité, de résolution de conflits et de réconciliation. Aucun dialogue sur la réconciliation ne peut être amorcé sans respect mutuel déclaré par l'entremise de protocoles et de cérémonies. Tout comme la masse est essentielle à une session parlementaire, par exemple, la présence du calumet, pour certaines tribus, serait nécessaire dans un processus formel de réconciliation.

La voie de la réconciliation exige également une application large, généreuse et libérale des concepts sous-jacents du paragraphe 35(1) de la *Loi constitutionnelle du Canada* afin que les droits des Autochtones soient mis en œuvre d'une manière qui permette l'épanouissement des aspirations collectives et individuelles des peuples autochtones. La vision de la réconciliation qui sous-tend l'article 35 ne devrait pas être perçue comme un moyen d'assujettir les peuples autochtones à une Couronne absolument souveraine, mais comme un moyen d'établir le type de relation qui aurait dû s'épanouir depuis la Confédération, comme le prévoyaient la Proclamation royale de 1763 et les traités conclus après la Confédération. Cette relation ne s'est pas épanouie parce que le Canada ne s'est pas montré à la hauteur de cette vision et de ses promesses. Aussi long-temps que la vision de la réconciliation du paragraphe 35(1) n'est pas mise en œuvre avec assez de force et de vigueur, la justice canadienne restera perçue comme profondément défavorable à l'établissement de la vérité et de la récon-ciliation pour de nombreux représentants des Premières Nations, des Inuits et des Métis. Afin d'améliorer l'accès à la justice pour les Autochtones, des change-ments doivent survenir à au moins deux niveaux : à l'échelle nationale et au sein de chaque collectivité autochtone.

La *Déclaration des Nations Unies sur les droits des peuples autochtones* et l'accès à la justice

La *Déclaration des Nations Unies sur les droits des peuples autochtones* et le « Document final » des Nations Unies proposent un cadre de référence et un mécanisme pour soutenir et améliorer l'accès à la justice pour les peuples autochtones au Canada. Selon l'article 40 de la *Déclaration* :

> Les peuples autochtones ont le droit d'avoir accès à des procédures justes et équitables pour le règlement des conflits et des différends avec les États ou d'autres parties et à une décision rapide en la matière, ainsi qu'à des voies de recours efficaces pour toute violation de leurs droits individuels et collectifs. Toute décision en la matière prendra dûment en considération les coutumes, traditions, règles et systèmes juridiques des peuples autochtones concernés et les normes internationales relatives aux droits de l'homme[5].

En 2013, le Mécanisme d'experts sur les droits des peuples autochtones des Nations Unies a publié une étude, « Accès à la justice dans la promotion et la protection des droits des peuples autochtones ». Elle présentait plusieurs con-clusions importantes qui s'appliquent à la situation du Canada. L'étude inter-nationale soulignait que les États et les peuples autochtones eux-mêmes ont un rôle essentiel à jouer dans l'établissement de l'accès à la justice pour les peuples autochtones. Il est nécessaire d'apporter des changements majeurs au système de justice pénale, en relation avec l'autodétermination politique, le bien-être des collectivités et les droits des peuples autochtones sur leurs terres, leurs territoires et les ressources naturelles[6]. L'étude a produit plusieurs conclusions et recom-mandations clés, notamment :

Le droit à l'autodétermination est un droit essentiel des peuples autochtones, dont découlent tous les autres droits. En ce qui concerne l'accès à la justice, l'autodétermination confère à ces peuples le droit de conserver et de renforcer les institutions juridiques autochtones et d'appliquer leurs propres lois et coutumes.

Les droits culturels des peuples autochtones comprennent la reconnaissance et la pratique de leurs systèmes de justice [...] ainsi que la reconnaissance de leurs coutumes, valeurs et langues traditionnelles par les tribunaux et dans les procédures judiciaires.

Conformément au droit des peuples autochtones à s'autodéterminer et à s'administrer eux-mêmes, les États doivent reconnaître et soutenir les systèmes de justice des autochtones et consulter ceux-ci sur les meilleurs moyens d'entretenir le dialogue et la coopération entre les systèmes autochtones et ceux de l'État.

Les États doivent reconnaître dans leurs lois les droits des peuples autochtones sur leurs terres, leurs territoires et leurs ressources, et doivent harmoniser leurs lois avec les coutumes des peuples autochtones en matière d'occupation et d'utilisation des terres. Lorsque les peuples autochtones ont remporté des droits sur leurs terres et d'autres décisions devant les tribunaux, Les États doivent appliquer ces décisions. Le secteur privé et les pouvoirs publics ne doivent pas faire collusion pour priver les autochtones de l'accès à la justice.

Les peuples autochtones devraient renforcer leur action pour faire reconnaître leurs systèmes de justice.

Les systèmes de justice des peuples autochtones doivent garantir que les femmes et les enfants autochtones sont à l'abri de toute forme de discrimination et assurer l'accès des Autochtones handicapés à la justice.

Les peuples autochtones devraient examiner la mise en place et l'administration de leurs propres mécanismes de recherche de la vérité[7].

Ces conclusions cadrent avec les points de vue de la Commission. Nous appuyons également le rapport de 2014 publié par S. James Anaya, rapporteur spécial des Nations Unies sur les droits des peuples autochtones, à propos de l'état des relations du Canada avec les Autochtones. Il a conclu que :

Le gouvernement du Canada a affirmé qu'il a établi un objectif de réconciliation. Le rapporteur spécial l'a entendu maintes fois, de la bouche des nombreux représentants du gouvernement qu'il a rencontrés. Pourtant, malgré ce contexte, au cours des dernières années, les chefs autochtones se sont dits préoccupés par le fait que ces progrès ont été minés par des actions du gouvernement qui limitent ou ignorent les apports des gouvernements et des représentants autochtones dans diverses décisions qui les concernent [...] Malgré de bons progrès, il reste encore des défis de taille à relever. Le Canada continue de faire face à une crise concernant la situation des peuples autochtones du pays. L'écart en matière de bien-être entre les peuples autochtones et non autochtones au Canada ne s'est pas réduit au fil des dernières années : les enjeux liés aux traités et aux revendications autochtones demeurent non résolus, les femmes et les filles autochtones demeurent vulnérables face aux abus et, globalement, il semble régner une méfiance bien enracinée parmi les peuples autochtones envers le gouvernement, tant au niveau fédéral que provincial[8].

Au Canada, le droit doit cesser d'être un instrument de dépossession et de démantèlement des sociétés autochtones. Il doit être transformé en profondeur pour jouir d'une quelconque légitimité au sein des collectivités des Premières Nations, des Inuits et des Métis. Aussi longtemps que le droit canadien ne deviendra pas un instrument renforçant l'autonomie des peuples autochtones, de nombreux Autochtones continueront à le considérer comme une force malveillante sur les plans moral et politique. Un engagement envers la vérité et la réconciliation exige la transformation du système judiciaire canadien. Il est nécessaire d'assurer aux peuples autochtones un plus grand pouvoir, une meilleure participation et un meilleur accès à ses éléments moteurs.

La Constitution canadienne doit véritablement devenir une constitution qui englobe tous les Canadiens[9]. Les peuples autochtones doivent devenir les architectes et les interprètes de la loi lorsqu'elle s'applique à leurs droits et à leurs intérêts collectifs. Les peuples autochtones doivent avoir une influence plus officielle sur les questions juridiques d'ordre national afin de faire avancer et de réaliser leurs objectifs divers. De même, les Premières Nations, les Inuits et les Métis doivent avoir une plus grande mainmise sur leurs propres lois de nature réglementaire et mécanismes de résolution de conflit.

Renouer avec le droit autochtone et le revitaliser

Il est nécessaire de reconnaître aux peuples autochtones la responsabilité, l'autorité et la capacité de régler leurs mésententes en édictant des lois dans leurs collectivités. Cette démarche est essentielle pour accéder à la vérité et à la réconciliation au sein des sociétés autochtones.

La loi est indispensable pour protéger les collectivités et les individus des préjudices d'autrui. Lorsque de tels préjudices surviennent au sein de collectivités autochtones, le droit autochtone doit prévaloir pour réprimer et corriger les comportements de leurs citoyens que leurs collectivités considèrent comme inacceptables. Toute incapacité de reconnaître le droit des Premières Nations, des Inuits et des Métis traduirait l'incapacité d'affirmer que les peuples autochtones, comme tout autre peuple, ont besoin de détenir le pouvoir de la loi pour relever efficacement les défis auxquels ils font face.

La Commission est d'avis que la revitalisation et l'application du droit autochtone profiteront aux collectivités des Premières Nations, des Inuits et des Métis, aux relations entre les Autochtones et la Couronne, et à la nation dans son ensemble. Pour qu'il en soit ainsi, les peuples autochtones doivent être en mesure de se réapproprier, d'apprendre et de pratiquer leurs propres traditions juridiques distinctes. Cela ne signifie pas que les bandes ou les villages doivent établir des institutions dotées d'autonomie gouvernementale et des lois. Dans son rapport, la Commission royale sur les peuples autochtones parle du développement de l'autonomie gouvernementale au sein des nations autochtones :

> Nous avons conclu que le droit à l'autonomie gouvernementale ne pouvait pas être véritablement exercé par de petites collectivités distinctes, qu'il s'agisse de collectivités indiennes, inuit ou métisses. Ce droit revient à des groupes d'une certaine taille, des groupes qui peuvent revendiquer la qualité de « nation ».

> Malheureusement, les anciennes nations autochtones ont été décimées par la maladie, les réinstallations et tout l'arsenal des politiques gouvernementales assimilatrices. Elles ont été dispersées entre les bandes, les réserves et les petits établissements. Rares sont celles qui fonctionnent encore de façon collective aujourd'hui. Il faudra donc les réédifier en tant que nations[10].

Nous soutenons l'approche recommandée par la Commission royale.

Le droit autochtone, comme de nombreux aspects de la vie des peuples autochtones, a subi les conséquences de la colonisation. Au forum des gardiens du savoir de la CVR tenu en 2014, l'aîné micmac Stephen Augustine a discuté de la notion micmaque de « réparation des torts ». Il a présenté une métaphore sur un canot ayant chaviré dans la rivière. Il a dit : « Nous devons retourner le canot [...]le garder dans l'eau afin qu'il ne heurte pas les rochers ni le rivage. [...] [En retournant le canot] nous pourrions perdre certains de nos biens [...] Avec le temps, nous pourrions les récupérer [mais] ils ne seront plus les mêmes que ceux du passé[11]. »

Nous pouvons appliquer ce concept aux pertes immenses et incontestables infligées par les pensionnats. La notion micmaque de « réparer les torts » implique que, dans certains contextes, les choses peuvent être arrangées, mais parfois le remède ne nous permet pas de récupérer ce qui a été perdu. Réparer les torts pourrait demander de créer quelque chose de nouveau à mesure que nous avançons. Tout comme le système judiciaire canadien a évolué au fil du temps, le droit autochtone n'est pas non plus figé. Le système de droit autochtone s'adapte aux circonstances changeantes. Le développement et l'application du droit autochtone doivent être considérés comme un élément dans une stratégie plus globale pour corriger les répercussions négatives des pensionnats.

L'égalité des sexes, le pouvoir et le droit autochtone

L'ampleur considérable de la discrimination et de la violence contre les femmes et les jeunes filles autochtones, au sein de leur propre collectivité et dans l'ensemble de la société canadienne, est bien documentée. De nombreux rapports et études, au fil des années et notamment à la suite des travaux de la Commission royale sur les peuples autochtones, confirment les effets dévastateurs et très particuliers de la *Loi sur les Indiens* sur les femmes autochtones et leurs enfants[12]. Selon la spécialiste Joyce Green, malgré les garanties d'égalité énoncées dans la *Loi constitutionnelle de 1982* et la *Charte canadienne des droits et libertés*, cela « ne s'est pas traduit par le traitement ou la représentation équitable des femmes *autochtones* dans les institutions politiques ou les politiques autochtones ou coloniales »[13]. La violence à l'encontre des femmes et des jeunes filles autochtones a atteint des proportions épidémiques. La Commission a réclamé une enquête publique sur les causes de l'incidence disproportionnée des agressions contre des femmes et des jeunes filles autochtones, et sur les moyens d'y remédier, y compris une enquête sur la disparition et l'assassinat de femmes et de jeunes filles autochtones, et l'établissement de liens avec les effets intergénérationnels des pensionnats (voir l'Appel à l'action 41).

Les femmes autochtones elles-mêmes ont pris l'initiative de réclamer — et dans certains cas d'obtenir — des changements juridiques et sociaux au sein de leurs propres collectivités, devant les tribunaux canadiens et, à l'échelle internationale, en participant à la négociation de la *Déclaration des Nations Unies sur les droits des peuples autochtones*[14]. La *Déclaration* comprend des articles affirmant spécifiquement le droit collectif et individuel des femmes autochtones de vivre à l'abri de la discrimination sexuelle et de la violence[15]. L'article 44 de la *Déclaration* stipule que : « Tous les droits et libertés reconnus dans la présente Déclaration sont garantis de la même façon à tous les autochtones, hommes et femmes. »

La Commission rejette tout recours à des lois autochtones ou autres qui traitent fondamentalement les hommes ou les femmes d'une manière qui exprime ou engendre la subordination. Toute loi qui crée ou reproduit des liens hiérarchiques fondés sur le sexe assujettissant les hommes ou les femmes doit être contestée ou abrogée. Heureusement, il existe des outils dans les traditions juridiques autochtones, le droit international et la loi constitutionnelle canadienne pour régler énergiquement ces problèmes sans porter atteinte aux systèmes de justice autochtones[16]. En fait, le droit autochtone est considérablement renforcé puisqu'il donne aux femmes et aux hommes autochtones le pouvoir de remettre en question et de renverser les idées reçues et les activités préjudiciables en matière d'égalité des sexes.

Le droit étant un système d'ordre social évolutif, il faut garder à l'esprit que lorsqu'une tradition juridique est appliquée, ses effets ne sont pas définitifs. Il sera toujours opportun d'exercer une surveillance continue de ces questions (comme c'est le cas pour tout ensemble de traditions juridiques, tels la common law ou le droit civil). Comme le soutient Emma LaRocque, spécialiste en études autochtones :

> En tant que femmes, nous devons faire appel aux traditions avec circonspection. Nous devons nous demander si et dans quelle mesure la tradition est émancipatrice pour les femmes. Nous devons nous demander quels sont les moyens à notre disposition pour renforcer notre autonomie. Nous en savons assez sur l'histoire humaine pour ne pas croire que toutes les traditions autochtones respectaient et honoraient les femmes. (Et est-ce que le « respect » et « l'honneur » sont tout ce que nous avons à demander?) [...] [N]ous sommes tenus de changer, de créer et d'adopter des « traditions » conformes aux droits de la personne contemporains et internationaux[17].

L'historienne Kim Anderson fait une mise en garde semblable :

> À mesure que nous recouvrons avec enthousiasme nos traditions spirituelles, nous devons garder en tête qu'une des caractéristiques principales du fondamentalisme est de réglementer le rôle des femmes. Cette mainmise s'exerce par des enseignements normatifs prescrivant comment les femmes doivent se comporter, comment elles doivent se vêtir et, évidemment, comment elles incarnent et garantissent l'ordre moral[18].

Il est essentiel de soulever des questions critiques et constructives sur la tradition et le pouvoir, partout où ils sont déployés. Comme nous l'avons mentionné, cela s'applique autant aux lois canadiennes en général qu'aux lois des peuples autochtones. Personne, dans aucun système juridique, n'est à l'abri de traditions oppressives. Pour s'appliquer de manière convaincante dans le monde actuel, ces lois doivent tenir compte des problèmes contemporains liés aux inégalités entre les sexes et à d'autres formes d'inégalités.

Comme le soutient la sociologue Emily Snyder, travailler avec le droit autochtone demande de discuter de la manière dont l'égalité des sexes, les relations de pouvoir et les conceptions du rôle traditionnel de la femme autochtone peuvent orienter l'interprétation et l'application du droit autochtone de façon à combattre le colonialisme, le sexisme et l'oppression dans les collectivités autochtones[19]. Dans sa réflexion sur les applications actuelles du droit autochtone, elle pose des questions importantes :

> Qui participe aux discussions sur le droit autochtone? Les femmes sont-elles présentes? […] Qui dirige les discussions? […] Y a-t-il des contextes particuliers où les hommes font autorité en tant qu'interlocuteurs et décideurs? Des contextes particuliers où ce sont les femmes qui font autorité? Les hommes et les femmes prennent-ils part au processus judiciaire de manière semblable ou différente? […] L'égalité des sexes est-elle à l'ordre du jour? […] Si des décisions judiciaires sont rendues, leurs effets sur les hommes et les femmes sont-ils différents? […] Comment les principes juridiques (par exemple, de respect et de réciprocité) sont-ils abordés? […] Que manque-t-il? Faut-il faire reconnaître qu'il y a un conflit entre les sexes? Si ce conflit était reconnu, comment cela changerait-il la discussion? […] Est-ce que les processus, les interprétations et les décisions judiciaires renforcent l'autonomie des femmes autochtones? […] Est-il possible aux femmes de contester le processus, si besoin est[20]?

Ces questions doivent être un fondement évolutif de l'application de toutes les lois, y compris celles qui découlent des traditions juridiques autochtones. La Commission insiste pour proclamer que, afin de contribuer productivement à la réconciliation au Canada, le droit autochtone doit être appliqué conformément à toutes les lois internationales et constitutionnelles en matière d'inégalité entre les sexes et d'autres inégalités. Nous croyons que de tels systèmes judiciaires autochtones existent et qu'ils sont capables de favoriser la réconciliation tout en garantissant un exercice et une surveillance appropriés du pouvoir lorsqu'ils appliquent le droit autochtone.

L'exercice du droit autochtone

Les commissaires reconnaissent que chaque nation autochtone en Amérique du Nord dispose de ses propres lois culturellement spécifiques, qui sont adoptées, validées et appliquées par l'entremise de protocoles et de cérémonies spécifiques. Compte tenu des restrictions de temps et de ressources, la Commission n'a pas eu la possibilité de toutes les mettre en évidence dans le présent rapport. Nous estimons cependant qu'il est essentiel d'en fournir quelques exemples pertinents qui permettront à tous les Canadiens, autochtones et non autochtones, de mieux mesurer l'ampleur, la portée et la richesse du droit autochtone, ainsi que son potentiel pour favoriser la justice, la guérison et la réconciliation.

Soulignons encore une fois que ces exemples ne constituent pas un inventaire exhaustif; ils donnent un simple aperçu des façons dont ces systèmes de justice divers et complexes permettaient autrefois de gérer les conflits et de rétablir des relations pacifiques, et dont de telles lois et pratiques sont rétablies et appliquées aujourd'hui. Ce sont les nations autochtones détentrices de ces lois et traditions qui possèdent l'expertise et l'autorité pour les expliquer et les appliquer. Cela met en exergue le besoin urgent de s'assurer que les Premières Nations, les Inuits et les Métis disposent du soutien et des ressources nécessaires pour entreprendre cette tâche eux-mêmes.

Nous tenons également à souligner clairement que la décision d'utiliser les lois, les protocoles et les cérémonies autochtones pour œuvrer à la réconciliation repose *entièrement* entre les mains de chaque nation autochtone en tant que peuple ayant droit à son autodétermination. Ni la Commission ni le gouvernement fédéral ni aucun autre organisme n'ont l'autorité pour entreprendre ces démarches.

Les Haudenosaunee

Les Haudenosaunee (Confédération iroquoise ou des Six-Nations)[21] des forêts de l'Est disposent de traditions juridiques pour l'établissement et le rétablissement de relations, un élément indispensable de la réconciliation. Ces lois prévoient également des pratiques qui pourraient être adoptées plus généralement pour favoriser la guérison. La cérémonie de condoléances est une importante tradition haudenosaunee visant à surmonter l'affliction et à rétablir l'équilibre[22].

Regroupés sous l'égide d'une confédération liée par la Grande loi de la Paix, les Haudenosaunee utilisent la cérémonie de condoléances depuis des milliers d'années dans les protocoles d'établissement de la paix et la diplomatie de négociation de traité. Des ceintures wampum relatent cette histoire et décrivent le processus pour « dégager les obstacles sur la voie, polir la chaîne d'alliance et préparer le feu du conseil, et les procédures à l'orée de la forêt. Les métaphores du feu, de la voie et de la chaîne symbolisent [...] la perspective iroquoienne [selon laquelle] l'alliance est naturellement dans un état de constante dégradation exigeant de l'attention[23]. »

La cérémonie de condoléances permet aux personnes qui ont vécu ensemble des expériences traumatisantes (celles qui sont saines, celles qui sont affligées et celles qui ont fait du mal) de travailler ensemble à remédier aux pertes[24].

Dans le cadre de la cérémonie, le pardon et la réparation sont incarnés dans des représentations expressives alors que les participants sont invités à raconter des récits et à témoigner des pertes liées aux préjudices qu'ils ont subis[25]. La cérémonie se déroule selon une séquence précise, émaillée d'images frappantes, et peut être utilisée dans de nombreuses circonstances où la confiance et l'entente ont été perdues en raison des actes préjudiciables d'une partie[26].

Le juriste Robert A. Williams Junior présente des comptes rendus historiques de la cérémonie de condoléances et décrit son importance pour l'établissement de traités au sein de la Confédération iroquoise et avec les administrateurs coloniaux.

> Après les salutations à l'orée de la forêt, ceux dont l'esprit est lucide, accompagnés de ceux qui sont endeuillés accomplissent le rituel du conseil de condoléances [...] Un représentant des endeuillés « essuie les yeux » des voyageurs fatigués du camp des esprits lucides avec une peau de daim afin qu'ils soient de nouveau en mesure de voir normalement. Ensuite, il « nettoie les oreilles » de tout ce qu'ils ont entendu qui pourrait altérer leurs messages de paix et de condoléances. Puis, il offre une boisson pour « dégager leur gorge » tapissée de la poussière des chemins forestiers afin qu'ils soient en mesure de reparler normalement. [...]

> [L]es endeuillés conduisent [ensuite] les esprits lucides, en les prenant par le bras, à la maison du conseil du village, où la cérémonie de condoléances se poursuit. Au village, les esprits lucides entreprennent une série d'échanges de ceintures et de colliers wampum en guise de présents [...] avec les endeuillés [...]

> Un représentant des esprits lucides offre les présents wampum aux endeuillés en racontant les histoires représentées par les wampums, sur des thèmes tels que : raviver la feu « pour nous rapprocher »; la grande tristesse causée par le décès du chef; dissiper toute animosité entre les deux camps; partager le même bol pour manger ensemble; chasser les nuages et faire revenir le soleil qui éclaire tous les peuples de sa vérité. D'autres chants suivent cet échange ritualisé de wampums afin d'exprimer les condoléances pour la perte du chef décédé. Une fois que les esprits lucides ont terminé leur part de la cérémonie, les endeuillés répondent en offrant leurs présents wampum, leurs récits, leurs condoléances et leurs chants aux esprits lucides.

> Lorsque les rituels de condoléances sont terminés, le nouveau chef iroquois, choisi par les femmes du clan du village endeuillé détentrices du nom et du titre du chef, est nommé. Cette cérémonie est suivie par une grande danse et un festin de clôture. La société est rétablie [...]

Dans l'ensemble de la littérature sur les traités, on constate que les diplomates iroquois mènent presque toutes leurs négociations de traités selon des structures de rituel tirées de celles du conseil de condoléances. Les principes de la diplomatie de la forêt imposaient souvent certaines modifications à la cérémonie de deuil traditionnelle [...] [Par exemple,] des rituels du conseil de condoléances étaient exécutés par des diplomates iroquois pour pleurer la mort d'alliés non iroquois[27].

Denis Foley, conservateur du Lewis Henry Morgan Institute, à Utica, dans l'État de New York, explique comment la cérémonie de condoléances a été adaptée selon les circonstances.

À la fin du XXe siècle, *Hatahts'ikrehtha'* (« celui qui fait descendre les nuages »), le chef Cayuga Jacob (« Jake ») Thomas, est devenu un responsable du rituel de condoléances pour les chefs confédérés dans la réserve des Six-Nations, en Ontario. Les chefs héréditaires y avaient [censément] été démis du pouvoir par les autorités canadiennes en 1923, à l'occasion d'un coup d'état sans effusion de sang. Un conseil électif avait [censément] remplacé les chefs. Après ces événements, l'alliance de condoléances a été modifiée pour souligner le mécontentement envers la suppression des droits des Iroquois par les Blancs. Dans cette cérémonie, Thomas a utilisé les colliers wampum violets traditionnels, qu'il a symboliquement remis par-dessus le feu à ses alliés blancs. Le chef Thomas a toutefois changé les métaphores du séchage des larmes, du débouchage des oreilles et du nettoyage du sang de la natte associées au rituel par des métaphores représentant le vol des terres iroquoises et la violation des promesses et des traités. Il a aussi ajouté des récriminations à l'intention des participants non iroquois à l'aide de nouvelles métaphores : dissiper le brouillard qui empêche de voir la vérité; déboucher les oreilles afin que l'histoire des Iroquois puisse être entendue; et nettoyer les mains des Blancs du sang des Iroquois afin qu'ils puissent reconnaître la poignée de main d'une véritable amitié[28].

Le spécialiste mohawk Taiaiake Alfred explique en quoi la cérémonie de condoléances demeure pertinente aujourd'hui pour les Rotinoshonni[29] dans leur quête pour honorer et revitaliser leurs lois et leurs enseignements traditionnels.

C'est en écoutant la voix de nos ancêtres que nous serons en mesure de restaurer nos nations et de rétablir la paix, le pouvoir et la droiture dans le cœur et l'esprit des nôtres. Le rituel de condoléances apaise l'esprit et met un baume sur le cœur des endeuillés en transformant la perte en force. Dans la culture rotinoshonni, c'est la principale façon de recouvrer la sagesse qui semble perdue après la mort d'un chef respecté. Les condoléances représentent le deuil de la perte subie par une famille et vécu par ceux qui restent forts et lucides. C'est un cadeau qui promet réconfort, retour à l'équilibre, et renaissance de l'esprit à ceux qui souffrent. Le rituel de condoléances guérit en renforçant les liens familiaux, en partageant le savoir et en célébrant le pouvoir des enseignements traditionnels. Il repousse la destruction de l'âme et restaure les cœurs et les esprits. Il ravive l'esprit des gens et favorise l'émergence de nouveaux leaders porteurs de la sagesse ancienne et d'un nouvel espoir[30].

La cérémonie de condoléances est une tradition vivante qui peut être adaptée aux idées, aux protocoles et aux besoins des dirigeants actuels. L'expérience des pensionnats répond sans contredit aux exigences pour la tenue d'une cérémonie de condoléances. Grâce à son caractère évolutif, cette tradition juridique, diplomatique et spirituelle pourrait être adaptée à ce contexte. À titre d'exemple, la cérémonie de condoléances a été utilisée par des femmes mohawks en réponse aux problèmes intergénérationnels causés par les agressions, les traumatismes et les deuils[31].

Le caractère physique de la cérémonie pourrait aider le gouvernement, les Églises et les victimes à reconnaître que tout ce qui est arrivé dans les pensionnats autochtones avait des dimensions physiques, spirituelles, émotionnelles et métaphysiques. Une cérémonie de condoléances mettrait en évidence les séquelles douloureuses éprouvées par tous les survivants, peu importe leur expérience individuelle dans les pensionnats. En même temps, la cérémonie aiderait la population en général à prendre conscience du caractère spirituel, émotionnel et métaphysique des pertes découlant des pensionnats.

Tout recours à la cérémonie devrait respecter les principes observés par la Confédération haudenosaunee en vertu de la Grande loi de la Paix[32]. Cependant, si les peuples haudenosaunee décidaient eux-mêmes d'appliquer ces pratiques et ces principes, ils mettraient plus amplement en évidence la nature des préjudices causés par l'expérience des pensionnats. De telles cérémonies serviraient également à montrer la voie pour de nouvelles actions en vue de tisser de meilleures relations. Elles aideraient à rétablir le bien-être de tous les participants et offriraient aux responsables du gouvernement et des Églises l'occasion de présenter des excuses et d'offrir une réparation conformément aux principes et aux protocoles de la loi haudenosaunee.

Les Cris

Les Cris des Prairies et du bassin de la Baie d'Hudson utilisent le cercle comme symbole et véhicule de la réconciliation. Le cercle rappelle les grands mouvements de la vie, qui doivent tôt ou tard être réconciliés en lien avec la Terre mère. La Terre est ronde, ses saisons se succèdent comme dans un cercle et le cheminement de chaque être humain dans la vie fait partie intégrante de ce cercle.

Les êtres humains naissent bébés, deviennent des enfants, puis des adultes, des parents, et même parfois des aînés avant de retourner à leur mère qui leur a donné la vie. Lorsque des mesures doivent être prises pour faciliter la réconciliation, les Cris se réunissent souvent en cercle. Ces cercles servent à rappeler aux participants ces enseignements sacrés et les effets que leurs délibérations auront sur le cheminement dans la vie d'une personne et d'une collectivité. En recourant aux cercles, les Cris réaffirment leur unité sous les lois du Créateur et leur conception du grand cycle de la vie[33]. Black Elk (en français, Wapiti noir), un chef spirituel des Prairies célèbre et hautement respecté du XIXe siècle, a souligné l'importance du cercle.

> Les forces du monde agissent toujours en cercle. Le ciel est arrondi et j'ai entendu dire que la terre est ronde comme une boule, et toutes les étoiles aussi. Le vent, quand il souffle avec force, tourbillonne. Les oiseaux construisent leurs nids en rond, car ils pratiquent une religion identique à la nôtre. Le soleil décrit un cercle au-dessus de nous. La lune fait de même et les deux astres sont ronds. Même les saisons forment un grand cercle en se succédant dans un ordre immuable. La vie humaine est aussi un cercle menant de l'enfance à l'enfance, et il en est ainsi de tout ce qui est animé. Nos tipis étaient ronds comme des nids d'oiseaux et disposés en cercle, anneau de la nation, le nid des nids où, selon la volonté du Grand Esprit, nous élevions nos enfants[34].

Il existe d'autres traditions et approches pour la réconciliation dans la société crie, mais les cercles sont particulièrement importants pour œuvrer à la réconciliation dans le droit cri. En fait, les Cris peuvent faire appel à de nombreux types de cercles, notamment des cercles de prière, des cercles de discussion et des cercles de guérison[35]. Ces cercles peuvent être convoqués lorsqu'une personne perd l'équilibre et commet un acte préjudiciable. Ils sont l'occasion pour de telles personnes de discuter des causes et des conséquences de leurs actes avec des membres de leur famille, des aînés cris, des dirigeants et des guérisseurs afin de tenter de rétablir l'équilibre dans leur vie et dans leur collectivité[36].

Ces lois ont fait l'objet d'une analyse lors d'une assemblée de gardiens du savoir cris et d'aînés du territoire du Traité 6 tenue les 22 et 23 mars 2011. Lors de l'assemblée, on a expliqué que *nêhiyaw wiyasowêwina* (le droit cri) s'appuyait sur une matrice riche de principes complexes. Les aînés ont énoncé les huit principes de leurs lois qui contribuent à maintenir l'équilibre de leurs collectivités. Ces principes sont *pimâtisiwin* (la vie), *pimâcihowin* (les moyens de subsistance), *pâstâhowin* (la transgression des lois à l'encontre des humains), *ohcinêwin* (la transgression des lois à l'encontre de tout ce qui n'est pas humain), *manâtisiwin* (le respect), *miyo-ohpikinâwasowin* (la bonne éducation des enfants), *wahkôtowin* (la parenté) et *tâpowakêyihtamowin* (la foi, la spiritualité). Tous ces principes sont reconnus comme des parties intégrantes de la vie des Cris[37]. Ces principes juridiques ont une valeur évidente pour la réconciliation puisque chaque concept est orienté vers de meilleures relations.

La juriste Val Napoleon analyse également des aspects du droit cri pouvant contribuer à dévoiler la vérité et à favoriser la réconciliation. Dans sa bande dessinée « *Mikomosis and the Wetiko* », elle souligne l'importance de considérer le droit cri comme un mécanisme garantissant que les personnes sont responsables les unes des autres[38]. À cet effet, elle montre comment le droit cri doit s'appuyer sur des principes et sur la collaboration. Elle note que « le droit cri, comme tout autre système de droit, traite de contestation, de règlement collectif des problèmes et de gestion collaborative des grands groupes »[39]. Cela se traduit notamment par la reconnaissance de quatre groupes de décideurs dans le système juridique cri : les guérisseurs; les aînés; les membres de la famille; et le groupe étendu. Elle précise que chaque groupe est important parce que des « vérités incontestées » pourraient s'imposer en l'absence d'un engagement pratique plus large. À cet égard, elle met notamment en garde de ne pas confier l'autorité judiciaire aux aînés uniquement en raison du risque de voir se perpétuer des préjugés sexistes, culturels ou autres à défaut d'appliquer une approche plus holistique. Ses travaux suggèrent également que le droit cri devrait incorporer les notions de sécurité collective et de respect pour les personnes touchées par la quête de la réconciliation[40].

Les Inuits

Les Inuits du Nord circumpolaire ont des traditions juridiques consacrées à la réparation et à la réconciliation. Leurs façons de faire sont issues de leur occupation plurimillénaire de la terre dans des camps territoriaux où ils entretenaient de forts liens de solidarité. La vie était souvent très précaire dans ces régions extrêmement froides. La nourriture pouvait être rare et la collectivité dépendait de l'apport productif de chacun de ses membres. Les Inuits ne pouvaient se permettre de laisser des conflits couver trop longtemps parce que cela risquait de mettre toute la collectivité en danger[41].

Par conséquent, historiquement, lorsque des étrangers arrivaient en territoire inuit, ils veillaient à suivre les coutumes de leurs hôtes. Cette déférence était une marque de respect pour la puissance des territoires nordiques et pour les lois des peuples à qui ils rendaient visite[42].

Évidemment, comme tous les peuples, les Inuits ne suivaient pas toujours leurs valeurs à la lettre[43]. Lorsque quelqu'un ne témoignait pas de suffisament de déférence et de reconnaissance, un méfait pouvait s'ensuivre. Les traditions juridiques inuites offraient alors des options pour régler le problème (comme c'est encore le cas de nos jours). En tant que collectivités humaines, ils recouraient à la fois à la raison et à la coutume pour faire face aux défis qui se posaient. Ce processus permet d'ajuster et d'actualiser la tradition quand cela est nécessaire[44].

Lorsqu'un méfait survenait dans la société inuite, une des possibilités de réconciliation était de désigner une personne dans une collectivité qui organiserait une réunion pour prendre en charge le méfait[45]. Lors de la rencontre, « tout le monde discutait de ce qui n'allait pas et ce qu'il fallait faire pour régler leurs problèmes. Tout le monde avait la possibilité de présenter sa version des faits (aniaslutik) »[46]. Cela permettait d'interpréter ou de traiter un problème en adoptant plusieurs perspectives. On pouvait aussi recourir à d'autres formes de règlement; par exemple, on procédait à des duels de chants pour faciliter la communication lorsqu'on ne pouvait pas aisément désigner le fautif[47].

Ces assemblées étaient souvent accompagnées d'un festin durant lequel les convives pouvaient discuter des problèmes de manière plus informelle. Il existe des mécanismes de freins et contrepoids dans le développement et l'application des traditions lorsque les faits et les normes soumis à un jugement émanent de procédures multiples, afin d'éviter autant que possible qu'une seule personne ou une seule méthode ait préséance dans le règlement des problèmes[48].

Durant ces rencontres, lorsqu'il devenait évident qu'un acte répréhensible avait été commis, l'intention était de susciter l'embarras chez le fautif[49]. En effet, les malfaiteurs devaient être amenés jusqu'aux larmes lorsqu'ils prenaient conscience des critiques de tous les participants[50]. La reconnaissance et les remords sont des étapes importantes dans ce volet de la tradition inuite. Personne ne peut présenter d'excuses et une communauté ne peut parvenir à la réconciliation tant que les fautifs n'ont pas pris entièrement connaissance du préjudice qu'elles ont fait subir à autrui, et ne l'ont pas affronté et reconnu sincèrement. Même s'il était embarrassant pour les malfaiteurs de se retrouver dans cette situation, on estimait cette catharsis moins humiliante que les conséquences que pourrait entraîner le déni ou la dissimulation du préjudice[51].

La société inuite régissait la conduite de ses membres par l'entremise d'attentes clairement définies, et ces « règles de conduite et ces manières de traiter les infractions ont été transmises de génération en génération par la tradition orale du groupe et par l'exemple des aînés »[52].

Évidemment, les Inuits disposaient d'autres traditions juridiques en matière de préjudice, de pardon et de réconciliation. Le droit et la coutume inuits sont constitués d'un ensemble complexe de notions et de pratiques s'appuyant sur les expériences du passé et les préoccupations du présent pour régler les différends et régir les comportements. Les traditions juridiques constituent des ressources et des normes pour l'action présente; elles ne devraient pas être vues comme un ensemble rigide de modèles figés dans un lointain passé.

Si le Canada s'aidait des traditions inuites pour faire face aux problèmes de préjudice, de pardon et de réconciliation, cela mettrait en évidence la nécessité de faire preuve de respect envers les savoirs autochtones en matière juridique. Cela deviendrait un important symbole de respect et une reconnaissance que, au Canada, nous vivons tous dans des conditions précaires. Tous les Canadiens ont besoin du droit autochtone pour faire face à l'héritage colonial dévastateur auquel nous demeurons confrontés en tant que nation, et dont les pensionnats ne sont que la pointe de l'iceberg.

En plus du rôle essentiel de l'embarras et des remords des auteurs d'un méfait, le droit inuit souligne l'importance d'une large participation dans la qualification et la gestion d'un méfait, ainsi que la place qu'il faut accorder au festin, au chant et au récit de méfaits passés, qui peuvent enseigner aux parties comment gérer les méfaits passés et présents, et comment éviter des actes répréhensibles à l'avenir. Elle met encore de l'avant le rôle de la raison *et* de la coutume pour mettre en lumière et gérer les méfaits. Ce mode de gestion des conflits fait usage des valeurs culturelles coutumières en tant que traditions juridiques évolutives. Le droit inuit offre ainsi d'importantes ressources pour répondre aux besoins actuels, surtout en ce qui a trait aux excuses, à la réparation et à la réconciliation.

Les Micmacs

Les Micmacs de la région Atlantique ont des traditions juridiques pertinentes pour considérer les excuses et la réconciliation dans un cadre plus large. Par exemple, le chef micmac Andrew Denny, détenteur du titre de Kji Keptin (grand capitaine) dans l'organe de gouvernance micmac appelé le Grand Conseil, décrit le rôle réciproque de l'Église, du gouvernement ainsi que des lois, des valeurs et des concepts micmaques pour favoriser la réconciliation.

> Les excuses [du gouvernement et des Églises] ont ouvert la voie au renouvellement par le Mawio'mi de notre alliance avec l'Église et il devient maintenant possible de reprendre, sur cette route sacrée, une démarche de réconciliation et de paix. L'entreprise ne sera pas facile. Il va être nécessaire d'engager un dialogue suivi entre les dirigeants des organisations du Mawio'mi et des Micmacs, et les évêques et les prêtres, et travailler de concert pour que les Micmacs retrouvent leur unité et leur intégrité. Nous devons revenir aux enseignements spirituels que notre Créateur a donnés à nos aînés. […]

> Les Micmacs et les non-Micmacs doivent tous reconnaître la spiritualité partagée avec l'environnement et notre humanité commune, qui nous impose la responsabilité de rétablir la relation défaillante au cours des cent prochaines années[53].

Cet appel à un dialogue ininterrompu pour ouvrir la voie à la réconciliation est profondément enraciné dans les lois et les pratiques micmaques. Le droit micmac repose sur des liens étroits entre les divers environnements et les peuples[54], qui invitent au respect et à la réciprocité[55]. Il porte notamment sur *netukulimk*, un concept juridique complexe qui oriente l'action des collectivités de génération en génération lorsque les gens interagissent avec le monde qui les entoure[56].

L'application du droit micmac en matière de réconciliation est illustrée sur l'ensemble du Mi'kma'ki (territoire micmac) à divers moments de l'année[57]. Un exemple survient chaque été à Potlotek (Chapel Island). Lors de cette célébration, des milliers de membres de la Nation micmaque se réunissent à St. Anne's Mission pour festoyer, discuter, participer à des cérémonies et écouter les enseignements des aînés du Grand Conseil. Des ceintures wampum sont interprétées, des baptêmes sont administrés, et le Sakamaw (grand chef) et le Kji Keptin (grand capitaine) discutent de thèmes importants pour le Mi'kma'ki. Dans ces conditions, l'intégrité de la communauté et la responsabilité sont mises en valeur[58].

Dans les collectivités micmaques, les préjudices sont pris en charge dès qu'ils surviennent parce qu'ils sont largement connus par les réseaux familiaux et collectifs. Si un préjudice est causé, les proches de l'auteur du préjudice recueillent les faits, puis on prend des mesures pour gérer et réparer les méfaits. Si les torts sont confirmés, on s'attend à des excuses de leur auteur ou de sa famille immédiate. Dans les cas les plus graves, un aîné de la famille peut diriger le processus de réconciliation.

Les cas les plus graves sont pris en charge par le Kji Keptin ou des membres du Grand Conseil puisqu'ils peuvent être appelés à favoriser le processus de réconciliation entre les *sakamowati* (districts) de la Nation micmaque ou entre les Micmacs et d'autres peuples. Avant de déterminer les modalités d'excuses formelles, on procède à des discussions approfondies avec des dirigeants et des aînés respectés pour décider de la meilleure façon de répondre au préjudice[59].

Ces traditions juridiques micmaques vivantes véhiculent une grande sagesse qui serait utile pour éclairer notre cheminement vers la réconciliation. Des mesures de réparation doivent être prises à l'échelle nationale entre les gouvernements, les institutions et les peuples autochtones, mais la réconciliation doit aussi avoir lieu dans les communautés et les familles pour atteindre son plein potentiel.

Les Métis

Les Métis ont également des traditions juridiques dont l'application pourrait favoriser la réconciliation. Les lois métisses sont à la fois orales et écrites. Les lois historiques de Saint-Laurent, par exemple, étaient très détaillées. En revanche, même si les lois sur la chasse au bison étaient moins explicites, elles révèlent encore beaucoup de détails sur les conséquences d'une violation de la loi[60]. Les lois métisses sont également modernes et, de ce fait, elles concernent aussi la réconciliation.

Dans une analyse des origines du droit coutumier métis, les spécialistes Lawrence J. Barkwell et Amanda Rozyk ainsi que l'aînée métisse Anne Carrière-Acco soulignent que, historiquement, « le gouvernement métis s'appuyait sur la démocratie par consensus [...] Tout le monde participait à l'élaboration des lois [...] [Aujourd'hui] la justice métisse cherche notamment à rétablir et à faire reconnaître le processus non accusatoire traditionnel de règlement de conflit. Il comprend le recours aux aînés comme conseillers et médiateurs[61]. »

À propos des enseignements de la communauté métisse-crie de Cumberland House, en Saskatchewan, l'aînée Carrière-Acco explique :

> Pour être compris, le droit doit être enseigné à l'échelle de la communauté. C'est le moyen par lequel tous les membres de la communauté demeurent dans le cercle du bien-être. Minoh nani mohwin.

> Le droit doit être appuyé par des ressources humaines et matérielles pour maintenir l'état de bien-être. Une communauté ne peut pas simplement parler de ce qu'elle peut faire pour maintenir l'ordre; elle doit avoir la volonté, les moyens et le soutien en ressources humaines en son sein. Ekota pohko ka isi ka pohieyan. [...]

> Un forum doit disposer de protocoles pour faire appel à des savants, aux gardiens de la sagesse sur tous les aspects de la vie. Cela rend possible l'ordre civil qu'il est nécessaire de maintenir. Les savants, « Ahneegay-kaashigakick », viennent pour offrir leurs expertises. Puis, dans le cadre du forum communautaire, les gens décident par consensus du sens de ces conseils en ce qui concerne les actions de la famille et de la collectivité. Kawaskimohn laisse place à Kawaskimohin[62].

Le récit est un aspect important des traditions juridiques métisses.

> Le contrôle social commence au niveau familial, puis il est transmis à l'échelle de la collectivité et de la nation. [...] Les enfants métis apprennent les conséquences des comportements à travers les enseignements de leurs grands-mères et les récits traditionnels. [...] Ces récits transmettent des enseignements sur les normes admises dans la collectivité et sur les sanctions

naturelles, supranaturelles et culturelles encourues à la suite de la violation des normes et des principes[63].

À titre d'exemple, Jean Teillet, avocat métis réputé, relate l'histoire d'une jeune fille mordue par un chien dans une collectivité métisse[64]. Après l'incident, une infirmière et un représentant du ministère des Ressources naturelles ont capturé le chien. Pensant bien faire, mais contrevenant ainsi aux coutumes de la communauté, ils ont tué le chien, l'ont mis dans un sac qu'ils ont placé dans le congélateur communautaire. Ces actes contrevenaient à la loi métisse, qui impose l'application des principes métis pour rétablir l'équilibre.

Premièrement, les aînés avaient de nombreuses questions à poser aux parties impliquées. Ils se demandaient pourquoi la petite fille était sortie seule, pourquoi le chien n'était pas attaché, pourquoi l'infirmière ou l'agent des Ressources naturelles avait tué le chien et pourquoi le chien avait été mis au congélateur (rempli de viande de caribou et d'autres viandes).

Dans leurs délibérations sur ce qu'il fallait faire pour réconcilier les parties dans ces circonstances et rétablir l'harmonie après cet incident, les aînés n'ont pas ressenti le besoin de prendre des mesures punitives. Ils se sont assurés que la petite fille allait bien. Ils ont demandé une compensation pour les maîtres du chien tué. Ils ont aussi demandé à ceux qui avaient mis le chien dans le congélateur communautaire de réapprovisionner celui-ci parce que le chien mort avait contaminé la viande de caribou et les autres viandes.

Ce processus montre que le droit métis est pertinent pour parvenir à la réconciliation dans le contexte d'une collectivité. Les principes qu'ils ont suivis pourraient également s'appliquer dans le cadre plus large des problèmes découlant des préjudices causés par les pensionnats.

Les principes juridiques métis ressortent clairement des diverses discussions nationales auxquelles ont participé des survivants, des aînés et des dirigeants politiques métis pour s'exprimer sur leur expérience dans les pensionnats et les externats. Leurs récits et leurs commentaires montrent à l'évidence que, pour de nombreux survivants métis qui ont fréquenté des écoles non visées par la Convention de règlement relative aux pensionnats indiens, la réconciliation n'était pas réalisable[65]. Ils ont souligné l'importance du soutien de la collectivité métisse pour les survivants et leur famille.

Lors du Dialogue de la Nation métisse sur les pensionnats tenu à Saskatoon, en Saskatchewan, en mars 2012, John Morrisseau, membre du comité des survivants de la CVR a déclaré :

> Il y aurait tant à dire sur ce qui est arrivé dans les collectivités métisses. Ce dialogue était un premier pas vers l'avenir pour les Métis. Pour livrer nos témoignages convenablement, nous allons devoir apprendre à nous faire

confiance comme dans une famille. En ce moment, tout le monde veut entendre, mais a peur de parler. Mais il faut passer par-dessus cela pour partager et ressentir une confiance et une sollicitude mutuelles sincères. Nous y [parviendrons] après avoir eu quelques autres occasions de nous rassembler [...] Les Métis ont été exclus [...] [C]'est l'histoire de notre vie. Le problème auquel nous sommes confrontés est [...] un problème moral [...] Je ne veux pas recevoir de l'argent pour ma guérison, car je ne crois pas que l'argent résoudra quoi que ce soit; par contre, si les gens pouvaient me regarder et me respecter pour ce que je suis, cela serait un grand pas dans la bonne direction[66].

La survivante Angie Crera a déclaré :

Je parle avec des aînés qui ont été mon soutien. Mais cette horreur nous habite. Ce n'est pas une belle histoire. Comment pourrait-il en être autrement? [...] J'ai des cicatrices sur mon corps, dans mon cœur et dans mon âme qui ne disparaîtront jamais. Certaines sont des cicatrices d'honneur, parce que peu importe ce qu'ils ont fait, ils n'ont pas ébranlé mon esprit. [...] Nous parcourrons ce chemin ensemble. Ce dialogue est un point de départ pour le soutien, pour notre présence les uns pour les autres, pour partager ce que nous avons appris ainsi que notre douleur. Voilà ce que nous sommes. Nous nous aidons réciproquement et nous ne serons jamais seuls. [...] Notre travail sera toujours inachevé, mais ensemble, avec nos enfants et nos petits-enfants, nous ferons un pas en avant. Ce n'est pas à nos représentants élus de tout faire, cela dépend de chacun d'entre nous. À quel point sommes-nous fiers de notre héritage? À quel point sommes-nous fiers de notre identité? [...] Nous sommes des Métis et nous le serons toujours[67].

Pour ceux qui ont assisté aux dialogues nationaux, que les survivants et leurs enfants aient eu l'occasion de livrer leurs histoires, leur vérité, a été essentielle à leur propre guérison et à celle de la Nation métisse. Jaime Koebel, du Ralliement national des Métis, a affirmé : « Tout le monde n'est pas encore prêt à parler, mais avec le temps, quelque part, les histoires doivent être racontées et entendues pour faire avancer la justice dans ce domaine[68]. » Les principes et pratiques du droit et des traditions juridiques métis seront essentiels dans un tel processus de réconciliation.

Dans le cadre plus large de la réconciliation, le droit métis, comme les autres traditions juridiques autochtones, peut aussi inspirer un large éventail de processus de règlement des différends et de négociation entre les Autochtones et la Couronne, au sujet des droits ancestraux et issus de traités, des revendications territoriales et des conflits sur l'utilisation des ressources. Elmer Ghostkeeper, un aîné métis et ancien président de la Fédération des établissements métis en Alberta, souligne que les approches autochtones du règlement des différends et de l'établissement de relations mutuellement respectueuses sont souvent ignorées par les représentants du gouvernement. Il précise que pour lui, la notion de « savoir traditionnel » est problématique « parce qu'elle évoque [quelque chose] d'ancien et de suranné. En tant que peuple, nous sommes tout aussi créatif et moderne que les autres. Nous avons effectivement des traditions anciennes, mais nous avons aussi des pratiques modernes qui font partie intégrante de notre sagesse. » Il affirme que le terme « sagesse autochtone » décrit plus précisément « l'ensemble d'informations, de règles, de croyances, de valeurs et d'expériences de comportement et d'apprentissage qui a rendu possible et a donné un sens à l'existence pour les Métis »[69]. L'aîné Ghostkeeper explique que « notre sagesse [métisse] repose sur notre expérience personnelle et sur l'expérience des autres. Ce savoir à la fois ancien et actuel est avant tout transmis par des histoires et des récits comportant de nombreux enseignements et leçons sous de nombreuses formes[70]. »

Les Tlingits

Les Tlingits de Teslin, au Yukon, ont récemment établi un tribunal de conciliation en vertu de leur accord de revendications territoriales inspiré des lois modernes et traditionnelles pour favoriser la paix, l'ordre et la bonne gouvernance[71]. Ce tribunal est semblable à de nombreux tribunaux tribaux américains qui recourent aux codes, aux coutumes et aux traditions autochtones pour régler les litiges.

Le tribunal de conciliation des Tlingits a le pouvoir d'entendre les litiges survenant dans leurs collectivités. Il s'appuie sur la *Peacemaker Court and Justice Council Act* (Loi sur le tribunal de conciliation et le conseil de justice) qui codifie certains des importants principes, procédures et obligations en lien avec la réconciliation[72]. Par exemple, la collectivité se compose de cinq clans : les Corbeaux (Kùkhhittàn); les Grenouilles (Ishkìtàn); les Loups (Yanyèdí); les Castors (Dèshitàn); et les Aigles (Dakhl'awèdí)[73]. En vertu des pratiques traditionnelles, chacun de ces clans assume certains rôles et responsabilités dans le processus de justice et de réconciliation.

Dans le tribunal de conciliation, cinq représentants de chacun des cinq clans composent le cercle décisionnel. L'article 9(2) de la *Peacemaker Court and Justice Council Act* énumère certains principes directeurs importants du tribunal. Ces principes déterminent la voie à suivre pour arriver à la paix et à la réconciliation :

9(2) Les principes suivants guideront le tribunal lorsqu'il exercera son autorité :

(a) Les valeurs de respect, d'intégrité, d'honnêteté et de responsabilité;

(b) La nature collective de la société des Tlingits de Teslin;

(c) L'obligation de préserver la terre, l'environnement et toutes les ressources sur le territoire traditionnel des Tlingits de Teslin pour le bien-être des générations présentes et futures des Tlingits de Teslin; et

(d) La culture des Tlingits de Teslin, fondée sur le savoir traditionnel, les coutumes, la langue, l'histoire orale et les croyances et pratiques spirituelles, et qui est importante pour le bien-être des générations présentes et futures[74].

On pourrait envisager l'application par le Canada des principes énoncés dans cet article de la *Peacemaker Court and Justice Council Act* pour aiguiller ses tentatives de réconciliation avec les Tlingits et autres peuples autochtones. La portée de la démarche serait optimale si les gouvernements se montraient sensibles aux nuances culturelles des peuples autochtones et appliquaient leurs principes juridiques comme le prescrit la *Peacemaker Court and Justice Council Act* dans son contexte.

Voici, à titre d'exemple, comment la *Peacemaker Court and Justice Council Act* pourrait être interprétée dans le contexte de la présentation d'excuses pour les pensionnats. Dans son ensemble, elle avance que les meilleurs forums pour la réconciliation devraient être fondés sur les règles autochtones. Le gouvernement canadien pourrait ainsi donner suite à ses excuses officielles en travaillant avec divers groupes autochtones pour présenter ses excuses dans un forum autochtone. Le paragraphe a) de l'article 9 2) de la *Peacemaker Court and Justice Council Act* laisse entendre que de telles excuses et autres démarches devraient être guidées par les « valeurs de respect, d'intégrité, d'honnêteté et de responsabilité », selon l'interprétation des Autochtones. Le paragraphe b) sous-entend que l'effort de réconciliation devrait tenir compte de l'ensemble de la collectivité des Tlingits de Teslin.

Puisque tous les membres de la société — aînés, adultes, jeunes et enfants — ont droit à la considération, un préjudice qui les affecte tous devrait être réparé d'une manière qui s'adresse au plus grand nombre possible d'entre eux. Les paragraphes c) et d) indiquent que ce sont les histoires, langues, traditions, coutumes, croyances et pratiques autochtones qui devraient guider la réconciliation. Les références à la terre, à l'environnement et aux ressources suggèrent que la réconciliation devrait aussi tenir compte des politiques globales que le gouvernement met en œuvre à leur propos dans ses efforts de réconciliation. Cette liste n'est pas exhaustive, mais elle donne une idée des mesures que le gouvernement canadien pourrait prendre en collaboration avec les Tlingits de Teslin et d'autres peuples autochtones à la suite de ses excuses pour les préjudices causés par les pensionnats.

Les peuples anishinaabe

Les peuples anishinaabe du centre du Canada ont des concepts juridiques en matière de pardon, de réparation et de réconciliation. Certains de ces principes sont d'ailleurs profondément enchâssés dans leur vocabulaire. La notion d'équilibre est essentielle pour bien comprendre le droit autochtone. Les Anishinaabe disposent de nombreuses traditions et pratiques juridiques qui favorisent *mino-bimaadiziwin* (la bonne vie) et qui sont pertinentes pour la réconciliation.

Même si de nombreux exemples historiques de ces lois pourraient être cités[75], des pratiques anishinaabe récentes mettent aussi en évidence les sept enseignements ancestraux (*Seven Grandfather and Grandmother Teachings*)[76]. Ces lois invitent les Anishinaabe à vivre en conformité avec les principes de *nibwaakaawin* (sagesse), *zaagi'idiwin* (amour), *mnaadendiwin* (respect), *aakwaadiziwin* (bravoure), *dbaadendiziwin* (humilité), *gwekwaadiziwin* (honnêteté) et *debwewin* (vérité). Ces principes directeurs sont des traditions vivantes mises en pratique dans la vie de nombreux habitants d'Anishinaabe-akiing (le territoire des Anishinaabe), même si beaucoup d'entre eux y dérogent dans la vie quotidienne (comme c'est le cas de tout être humain qui cherche à vivre selon les règles de vie les plus élevées). Néanmoins, ces traditions sont un phare qui guide les gens vers une meilleure façon d'être dans le monde. Elles se manifestent dans la vie quotidienne, mais elles sont aussi consignées dans de nombreux récits, chants, dictons, enseignements et cérémonies assurant le lien entre les humains et le vaste monde[77].

Un puissant vent de changement soufflerait sur le processus de réconciliation si la sagesse, l'amour, le respect, le courage, l'humilité, l'honnêteté et la vérité étaient élevés au rang de principes directeurs du pays[78]. Si les sept enseignements ancestraux étaient appliqués, le Canada renouvellerait un ensemble fondamental d'aspirations pour orienter ses actes au-delà des principes généraux actuellement énoncés dans la *Charte canadienne des droits et libertés* et d'autres traditions constitutionnelles. Ces enseignements aideraient les Canadiens à bâtir leur pays en honorant ses relations initialement établies par traité, qui découlaient des perspectives des Anishinaabe et d'autres Autochtones, dans le cadre desquelles la paix, l'amitié et le respect étaient au cœur de liens fondés sur la famille qui encourageaient l'accueil de tous les nouveaux arrivants comme des frères et des sœurs[79].

S'il n'y avait qu'une seule chose à retenir des traditions juridiques autochtones dans ce rapport, ce serait la nécessité de faire de la sagesse, de l'amour, du respect, de la bravoure, de l'humilité, de l'honnêteté et de la vérité nos valeurs fondamentales pour nous guider. Que ces principes s'accordent également aux plus anciens engagements établis par les traités au Canada pourrait nous aider à mieux asseoir les fondements politiques de leur développement et de leur mise en œuvre dans un contexte contemporain aux termes du paragraphe 35(1) de la *Loi constitutionnelle* du Canada.

Évidemment, même si ces traditions sont compatibles avec un contexte constitutionnel laïque, elles peuvent aussi le transcender. Dans un contexte anishinaabe, les sept enseignements ancestraux sont mis en évidence lors de rassemblements cérémoniaux tenus pour implorer le monde des esprits et pour se rapprocher de la création, de ses frères et de ses sœurs. *Asemaa* (le tabac) est une plante sacrée offerte au début de ces événements pour exprimer la gratitude, la modestie, l'humilité et la douceur. L'offrande d'asemaa témoigne de la dépendance des Anisihinaabe envers les esprits, les pierres, les plantes, les animaux et d'autres entités pour leur survie, même dans un environnement urbain contemporain. Au moment de l'offrande, on dit souvent une prière pour affirmer le caractère redevable et fragile de l'être humain. Ces prières confessent que nous faisons tous des erreurs et que nous devons implorer la pitié et *zhawenimaan* (la bénédiction) dans tout ce que nous faisons[80].

L'aîné Basil Johnston, détenteur d'un doctorat honorifique, donne un exemple de cette approche lorsqu'il analyse la prière d'un père avec son fils en préparation pour la quête d'une vision : « À son arrivée, Ogauh [le père] a déposé une offrande de tabac au centre du cercle. "Pardonnez-nous", dit-il. "Pardonnez mon fils. Je vous l'amène afin qu'il puisse recevoir la vision. Nous vous demandons d'être généreux et de lui accorder des rêves."[81] » Il ne s'agit là que d'un petit exemple, mais il illustre que de nombreux Anishinaabe considèrent les excuses comme une étape nécessaire de leur préparation pour travailler ensemble afin de bien vivre dans *mino-bimaadiziwin* (le monde).

À la lumière de notre analyse précédente, il pourrait être instructif de donner aux excuses une dimension constitutionnelle, c'est-à-dire de les intégrer à ce qui nous constitue en tant qu'êtres humains et en tant qu'État-nation. Comme le tabac et les excuses ont un caractère constitutionnel, du moins dans leur premier sens, ils font partie intégrante du processus de réconciliation anishinaabe dans de nombreux contextes. Parallèlement, l'utilisation d'asemaa et des excuses pourrait aussi être considérée comme constitutionnelle dans un sens plus formel. Lorsque asemaa est utilisé dans une cérémonie du calumet, comme c'était le cas au moment de la conclusion de la plupart des traités, il est nécessaire d'employer un cadre plus formel. Lorsqu'on offre du tabac par l'entremise d'un calumet, le tabac devient un véhicule de réconciliation entre les participants[82], comme c'était le cas pour la conclusion des traités. Le recours aux sept enseignements ancestraux, au tabac et aux excuses pourrait avoir une signification constitutionnelle pour l'ensemble des Canadiens, qui délimiterait les droits sur la terre et sur la gouvernance dans ce pays selon les traités[83].

L'exigence pour les Anishinaabe de présenter des excuses et d'œuvrer à la réconciliation est illustrée dans l'exemple de quatre dirigeants anishinaabe respectés qui ont personnellement appliqué ces lois et traditions à leur expérience des pensionnats. Ces quatre dirigeants étaient Tobasonakwut Kinew (aîné anishinaabe, gardien du calumet et membre de la Société de la grande médecine, ou Midewiwin), Fred Kelly (aîné anishinaabe, membre de Midewiwin et de l'équipe qui a négocié la Convention de règlement relative aux pensionnats indiens), Phil Fontaine (ancien grand chef de l'Assemblée des Premières Nations, considéré comme le principal artisan de la Convention de règlement relative aux pensionnats indiens de 2005 et de la présentation d'excuses officielles par le gouvernement canadien en 2008) et Bert Fontaine (le frère de Phil, un dirigeant de la Première Nation Sagkeeng du Manitoba). Le 14 avril 2012, ces hommes ont adopté l'archevêque catholique James Weisgerber de Winnipeg en tant que frère[84]. Ils ont appliqué pour ce faire les principes décrits ci-dessus dans le cadre d'une cérémonie traditionnelle Naabaagoondiwin tenue à Thunderbird House, à Winnipeg, au Manitoba.

Au cours de la cérémonie, Phil Fontaine a offert ses excuses personnelles à l'Église catholique. Il a reconnu que sa réaction publique à son expérience personnelle en pensionnat « avait tenu dans l'ombre la bonté de nombreuses personnes »[85]. Il a déclaré : « Mon amertume et ma colère ont blessé de nombreuses bonnes personnes dévouées à notre bien-être et je ne me suis arrêté qu'aux personnes qui nous ont fait du mal. [...] J'avais mis tout le monde dans le même sac et j'avais tort. Vous m'avez présenté vos excuses à plusieurs reprises et je vous présente mes excuses à mon tour[86]. » La cérémonie comportait des chants accompagnés de tambours, un échange de cadeaux et le partage du calumet de cérémonie. En signe de réconciliation, Tobasonakwut Kinew a déclaré :

> J'ai accueilli James Weisgerber comme un membre de ma famille, comme mon frère. Nous sommes maintenant prêts à avancer ensemble comme des frères et des sœurs. Je laisse le passé des pensionnats derrière moi.
>
> La cérémonie est un événement public afin que d'autres survivants, la génération suivante qui subit encore les séquelles et les dirigeants puissent être témoins du lien historique et indissoluble qui sera formé[87].

L'importance de cet événement comme modèle de réconciliation personnelle entre des peuples autochtones et leurs voisins ne devrait pas être négligée. Ce modèle met en relief les valeurs de sagesse, d'amour, de respect, de bravoure, d'humilité et de vérité des hommes participant à l'événement. Ils ont reconnu leurs faiblesses et ont présenté leurs excuses, même si leur propre faute est sans doute moindre compte tenu des abus physiques et autres qu'ils ont subis dans les pensionnats. Si ceux qui ont souffert peuvent s'excuser pour leurs actes en lien avec les pensionnats, cela pourrait servir d'exemple à d'autres personnes du pays qui n'ont pas souffert autant et qui souhaitent améliorer leurs relations au sens large.

Nous avons tous des faiblesses. Si nous considérons cette question dans une perspective politique autochtone, nous pouvons voir que la faiblesse de chaque personne a contribué, à certains égards, à notre malaise collectif sur notre façon de traiter l'enjeu de la réconciliation au Canada. Nous reconnaissons que ceux qui entretiennent des philosophies qui ne s'appuient pas sur ces lois et traditions pourraient rejeter de telles interprétations; néanmoins, à la lumière de l'examen de ces questions sous différentes perspectives par la Commission et après avoir entendu des témoignages dans tout le pays, nous affirmons que la présentation d'excuses a un effet déterminant dans la vie de notre nation et des personnes qui y vivent.

Si nous reconnaissons l'importance générale de la présentation d'excuses au Canada, nous devons souligner que les excuses présentées par les quatre dirigeants anishinaabe précités ne constituaient pas un événement politique officiel; l'événement n'était pas financé par des institutions telles que les gouvernements, des Églises ou des organismes autochtones. Cela montre que la réconciliation peut progresser énormément même quand les grandes institutions n'y participent pas. La cérémonie Naabaagoondiwin est centrée sur les personnes et les familles. Elle vise à tisser des liens sur une base familiale, du moins initialement. Conformément aux principes illustrés dans cet exemple, on pourrait faire davantage pour étendre les liens de parenté entre Autochtones et non-Autochtones de manière plus décentralisée. Il n'est pas nécessaire d'attendre que les institutions entreprennent et poursuivent l'œuvre de réconciliation. Par ailleurs, rien n'empêche l'application institutionnelle plus étendue de ces traditions juridiques si elle est soutenue par les dirigeants d'une institution.

Certains diront que les principes de sagesse, d'amour, de respect, de bravoure, d'humilité, d'honnêteté et de vérité sont beaucoup trop vagues pour avoir une pertinence juridique. Les tenants de cet argument pourraient s'interroger sur l'indétermination d'autres valeurs juridiques centrales au Canada. On peut en effet se demander si des concepts comme ceux de liberté de religion, de conscience, d'expression, de réunion, de vie, de liberté, de sécurité, d'égalité et ainsi de suite ne sont pas tout aussi vagues comme pierres d'assise pour protéger les droits fondamentaux des personnes. Néanmoins, malgré les difficultés de définition qu'ils posent, ces concepts demeurent au centre du régime constitutionnel canadien parce qu'ils sont soumis à une application et une analyse systématiquement approfondies. L'indétermination n'est pas une raison suffisante pour rejeter les sept enseignements ancestraux en tant que normes juridiques; en fait, à l'instar des concepts de la Charte canadienne, c'est peut-être justement en raison des vastes aspirations qu'ils véhiculent, qui permettent de leur donner tant de sens différents pour différentes personnes et qui motivent nos actions les plus élevées, que nous devrions les adopter.

Les Hul'q'umi'num

Les peuples Hul'q'umi'num' salish du littoral du sud de l'île de Vancouver et des îles Gulf, dans la mer des Salish, offrent un autre exemple de la manière dont les peuples autochtones appliquent leurs traditions pour régler les différends par les excuses, la réparation et la réconciliation[88]. Ces pratiques s'appuient sur leur *snuw'uyulh* (enseignements), qui contient les « règles fondamentales de la vie, les vérités de la vie qui sont fondées sur le concept hul'q'umi'num de respect »[89]. L'aînée salish du littoral Ellen White Rice décrit ce concept comme le « [r]espect envers les autres et leurs différences, et envers le pouvoir de l'amour. Les enseignements montrent que nous sommes tous différents, mais que le pouvoir de l'amour et de l'engagement transcende toutes les différences[90]. »

Le respect est indispensable à la réconciliation et doit toujours ressortir dans une présentation d'excuses et une offre de réparation sincères. Lorsque le *snuw'uyulh* est mis en pratique pour favoriser la réconciliation, il faut garder en tête que ce concept se décline en degrés de profondeur et d'enseignement[91]. Par ailleurs, soulignons que chaque collectivité hul'q'umi'num « peut disposer d'un *snuw'uyulh* légèrement différent des autres, selon son contexte et son environnement »[92].

Un des enseignements à tirer du *snuw'uyulh* est que les excuses et la réparation sont nécessaires pour rétablir l'équilibre dans une communauté lorsque quelqu'un a subi un préjudice. Habituellement, ces actions sont entreprises et présentées par les personnes et les familles le plus directement touchées par le préjudice. Les processus d'excuses et de réconciliation sont souvent circonscrits au sein de la société des Hul'q'umi'num, puisqu'il est considéré honteux de demander à quelqu'un d'autre de régler ses problèmes[93]. La famille d'une personne qui a blessé quelqu'un ou qui a été blessée elle-même est la plus apte à l'aider à libérer son cœur et sa tête. Pour ce qui a trait à l'administration du système, ce sont souvent les aînés de la famille qui montrent aux fautifs comment présenter des excuses[94].

Le processus d'excuses et de réparation comprend souvent le don de présents et un aveu verbal par les auteurs du préjudice, y compris la reconnaissance de la cause et des conséquences du tort[95]. Le chef héréditaire Frank Malloway, dans sa description de ces pratiques, a dit :

> Si vous avez fait quelque chose de mal, la famille en assume la responsabilité et offre un présent. Ils appellent cela un présent . Par le passé, cela pouvait être un canot, car ils étaient l'équivalent des voitures aujourd'hui. « Eh, je te donne ma voiture si tu oublies ce qui est arrivé. » Mais à l'époque, c'étaient des canots. Je ne crois pas que cela pouvait vraiment être de la nourriture parce que la nourriture était si abondante qu'elle ne coûtait pas cher. Plus tard, disait mon père, au temps de la colonisation, c'étaient des chevaux. Ils ont pris la place des canots. Il disait qu'on apportait des chevaux directement dans la maison longue pour les remettre à quelqu'un[96].

Si ceux qui ont subi le préjudice acceptent les excuses et les présents, ils peuvent adresser une forme de reconnaissance au fautif.

La présentation d'une offrande et d'excuses est réputée « ramener de bons sentiments »[97]. Cela fait partie du *snuw'uyulh*. Comme un aîné l'a mentionné, un échange de présents signifie que « nous ne sommes plus en colère contre toi »[98]. Un autre aîné explique :

> Je crois que s'ils, la famille, conviennent que cette personne est désolée et qu'elle essaie réellement d'offrir une réparation en faisant différentes choses [,] ils accepteront, « OK, peut-être que tu en as fait assez ». Peut-être qu'ils tiendront alors une petite cérémonie pour dire « OK, nous sommes d'accord de nous entendre avec cette famille-ci et cette famille-là », qu'ils la feront publiquement dans un festin ou un potlatch, ou autre chose [...] Évidemment, ils doivent d'abord être d'accord de le faire[99].

Certains préjudices peuvent être plus graves que d'autres en raison de l'étendue de leurs conséquences. Dans ces cas, la réconciliation commande une approche plus globale; les excuses doivent être présentées en public au cours d'un potlatch ou d'un autre rassemblement cérémoniel[100]. On peut offrir des cadeaux à titre de compensation ou d'autres formes de réparation à la partie lésée au cours de festins ou d'autres cérémonies[101].

Le Canada pourrait tirer parti des enseignements du *snuw'uyulh* en manifestant des remords, en offrant des présents et en tenant des cérémonies après avoir présenté ses excuses. À défaut d'accomplir ces gestes, les traditions juridiques hul'q'umi'num enseignent que de mauvais sentiments subsisteront entre les parties assurément jusqu'à ce que le gouvernement offre quelque chose de très important et montre son engagement sérieux à changer ses rapports avec les peuples autochtones.

Les Gitxsan

En Colombie-Britannique, les festins et le système de potlatch sont des moyens juridiques et politiques utilisés depuis des millénaires pour gérer les méfaits de manière à permettre aux gens d'obtenir justice et à rétablir des relations harmonieuses. Le juriste John Borrows décrit le rôle central des festins dans la vie juridique, politique et socio-économique des peuples autochtones dans certaines régions de Colombie-Britannique.

> Depuis des millénaires, leurs histoires relatent leur organisation en maisons et en clans, au sein desquels les chefs héréditaires étaient responsables de l'allocation, de l'administration et du contrôle des terres ancestrales. Au sein des maisons, les chefs transmettent les histoires, les chants, les emblèmes, les terres, les rangs et les propriétés importants d'une génération à la suivante. Ces droits juridiques, politiques, sociaux et économiques sont transmis devant témoins dans le cadre de festins. Les festins donnent substance aux liens territoriaux. La maison hôte sert les repas, distribue des cadeaux, annonce les successeurs aux chefs décédés de la maison, décrit le territoire, dresse les totems et raconte l'histoire orale de la maison. Les chefs des autres maisons sont témoins des actes accompagnant le festin et, à la fin des procédures, ils valident les décisions et les déclarations de la maison hôte. Le festin est ainsi une institution importante permettant au peuple de se gouverner lui-même[102].

Dans un texte sur le *bah'lats* (potlatch) des Ned'u'ten (Première Nation du lac Babine, en Colombie-Britannique), la juriste June McCue décrit les cérémonies d'humiliation et de purification auxquelles le Canada devrait se soumettre pour rétablir sa réputation. Elle explique que, pour rétablir l'honneur de la Couronne, le Canada doit entrer dans la salle de festin. Elle souligne que là, « le bilan colonial du Canada pourrait être entendu [...] Le Canada reconnaîtrait ses fautes, présenterait des excuses et serait prêt à compenser les Ned'u'ten avec des cadeaux pour ces gestes. Il faudrait peut-être une série de *bah'lats* pour que le Canada rétablisse sa réputation[103]. »

Dans la même perspective, tout en admettant que les systèmes juridiques autochtones ont été dégradés par la colonisation Val Napoleon signale que, malgré cette réalité concrète, le droit gitxsan est toujours viable aujourd'hui; il s'agit encore d'un système juridique vivant.

De nombreuses lois gitxsan ont été violées par des Gitxsan et des non-Gitxsan, et cela contribue à une paralysie culturelle [...] La réconciliation, à cet égard, exigerait une reconnaissance explicite et une acceptation des changements apportés aux lois gitxsan pour s'adapter au contexte contemporain, et l'application des lois gitxsan pour régler leurs transgressions [...] Il serait difficile de forcer le transgresseur à y participer, mais le règlement des transgressions grâce au système gitxsan, même sans les transgresseurs, serait néanmoins sain et constructif pour les Gitxsan[104].

L'exemple d'un festin de bienvenue à la maison et d'excuses pour des survivants gitxsan qui avaient fréquenté le pensionnat d'Edmonton, organisé en 2004, fait foi de cette observation. Le festin de présentation d'excuses était exceptionnel parce qu'il était organisé par le gouvernement canadien et l'Église Unie. Ces institutions ont été tenues responsables conformément au droit gitxsan. Ce festin, qui mettait en pratique les traditions juridiques gitxsan, « reliait la perte culturelle éprouvée par [...] les survivants à une puissante revendication publique touchant l'histoire, la culture, la famille, la communauté et la nation d'une manière qui conviait aussi le Canada et l'Église Unie dans la salle du festin, à titre d'hôtes ayant des responsabilités particulières à exercer »[105].

Le fait que deux institutions non autochtones agissaient à titre d'hôtesses du festin montre le caractère pratique et vivant du droit autochtone; les Gitxsan ont adapté leurs protocoles coutumiers de festin de manière créative pour donner l'occasion à ces institutions de présenter leurs excuses pour leur façon d'administrer les pensionnats. Ces changements au protocole avaient préalablement été négociés minutieusement pour s'assurer que le Canada et l'Église Unie procèderaient conformément au droit gitxsan[106].

Ce « processus vivant d'établissement de la paix » montre comment les systèmes juridiques autochtones peuvent « adapter d'anciens principes diplomatiques et juridiques afin de tenir compte de l'évolution des circonstances »[107]. « En donnant des responsabilités d'hôtes au gouvernement et à une Église, les Gitxsan ont utilisé leur système juridique pour répondre de manière constructive aux séquelles des pensionnats. Ils ont cherché un moyen de réintégrer dans la société gitxsan ceux qui avaient été perdus[108]. » La cérémonie elle-même a permis au gouvernement canadien et à l'Église Unie de présenter leurs excuses pour leur façon d'administrer les pensionnats; elle a aussi permis à la communauté de célébrer publiquement la mémoire « de tous les enfants gitxsan, ceux qui sont toujours en vie et ceux que leur famille et la nation ont perdus », alors que leurs noms ont été « lus afin de se souvenir d'eux et de les honorer »[109].

La présentation des excuses a été intégrée à l'histoire orale du droit gitxsan. Ceux qui ont assisté à la cérémonie ont pu constater de quelle manière le droit gitxsan offrait la possibilité de commencer à rétablir la relation entre les Gitxsan, la Couronne et l'Église. Les représentants du gouvernement et de l'Église ont travaillé directement avec les survivants, les aînés et les chefs héréditaires pendant plusieurs semaines pour se préparer au festin et assumer leurs responsabilités à titre d'hôtes. En travaillant de concert à l'échelle communautaire, tous les participants ont pu commencer à nouer des rapports différents, reposant sur le respect mutuel et l'empathie. La salle de festin a offert un espace pour reconnaître l'expérience des survivants, ainsi que les honorer et leur souhaiter un bon retour dans la collectivité.

Un des convives non autochtones du festin décrit les puissants enseignements donnés par le droit autochtone à tous les Canadiens.

> Le festin m'a donné d'importantes leçons. Il m'a amené à reconsidérer mes présupposés culturels sur le sens de l'histoire, de la vérité, de la justice et de la réconciliation. J'ai appris que l'histoire n'appartient pas aux livres poussiéreux, mais qu'elle vit dans les récits que nous portons dans notre cœur, notre tête et notre esprit en tentant de comprendre, reconnaître et transformer le passé qui est toujours présent. J'ai appris que la vérité n'est pas seulement une affaire de faits, mais qu'elle repose aussi sur les dures réalités d'une expérience coloniale commune enracinée dans des rapports humains. J'ai appris que la justice ne se trouve pas seulement dans la jurisprudence et les tribunaux, mais aussi dans la beauté incomparable des danses sacrées, des symboles et des chants, dans les paroles puissantes des aînés, *simgigyat, sigid'm hanaak* et des familles, et dans les cérémonies et rituels de guérison de la salle de festin qui expriment les lois de la nation gitxsan. J'ai appris que la réconciliation n'est pas un objectif, mais un lieu de rencontres transformatrices, où tous les participants trouvent le courage de faire face à notre histoire tourmentée sans minimiser les torts qui ont été causés, au moment où nous trouvons de nouvelles approches de décolonisation pour travailler ensemble en changeant les rapports de pouvoir et les perceptions. J'ai appris que les lieux sacrés autochtones sont puissants. Ils nous permettent de nous unir, d'échanger des témoignages, de présenter des excuses et d'offrir réparation en accord avec nos valeurs humaines les plus chères[110].

À titre de commissaires, nous avons participé à de nombreux festins communautaires et autres événements cérémoniels en lien avec le droit autochtone et l'établissement de la paix. Nous sommes convaincus qu'il y a des raisons urgentes et impérieuses de tirer des enseignements de ces traditions juridiques; celles-ci sont très importantes pour les peuples autochtones et les Canadiens d'aujourd'hui. Elles devraient être considérées comme les lois du pays et appliquées au processus de réconciliation global.

Les concepts juridiques autochtones traitant de pardon, de réparation et de réconciliation sont enchâssés dans les langues des Premières nations, des

Inuits et des Métis. Les mots véhiculent les principes qui déterminent comment nous réglons notre conduite et résolvons nos différends afin de maintenir ou de rétablir l'équilibre entre les personnes, dans les collectivités et à l'échelle de la nation. La revitalisation du droit et des systèmes de gouvernance autochtones est tributaire de la revitalisation des langues autochtones.

Qu'il soit codifié dans le tribunal de conciliation, pratiqué de manière plus informelle à l'échelle de la collectivité ou utilisé avec les gouvernements, les Églises et d'autres institutions, le droit autochtone est actuellement réapproprié et revitalisé par les peuples autochtones de tout le pays. Ce travail ne fait que commencer; il reste encore beaucoup à accomplir.

Aller de l'avant : le projet Accessing Justice and Reconciliation

La *Déclaration des Nations Unies sur les droits des peuples autochtones* et l'étude du Mécanisme d'experts sur les droits des peuples autochtones de des Nations Unies mentionnée précédemment affirment que le droit des peuples autochtones à l'autodétermination constitue le principe central dont découlent tous les autres droits, notamment le droit d'accéder à leurs propres lois et de les mettre en pratique. La Commission est d'avis que de nombreuses communautés autochtones réclament et ont besoin de pouvoir davantage travailler avec leurs aînés et leurs gardiens du savoir afin d'apprendre et de mettre en pratique leurs propres traditions juridiques. La création de structures de recherche et d'enseignement communautaires collaboratives, l'échange de pratiques exemplaires et la production de ressources pédagogiques sur le droit autochtone permettraient de soutenir durablement les communautés pour atteindre cet objectif.

En 2012, la CVR s'est associée à l'Association du Barreau Autochtone et à la Clinique de droit autochtone de la Faculté de droit de l'Université de Victoria pour mettre sur pied le projet national de recherche « Accessing Justice and Reconciliation » (AJR). En collaboration avec sept partenaires communautaires, le projet AJR a examiné les traditions juridiques de six collectivités à l'échelle du pays : Salish du littoral (Première Nation Snuneymuxw, Nation Tsleil-Waututh); Tsilhqot'in (gouvernement de la Première Nation Tsilhqot'in); Secwepemc du Nord (bande de Williams Lake - T'exelc); Cri (Première Nation Aseniwuche Winewak); Anishinabek (Première Nation non cédée numéro 27 des Chippewas de Nawash); et Mi'kmaq (Réseau des services juridiques micmacs, bande d'Eskasoni).

La vision et les objectifs du projet AJR sont décrits dans son rapport final :

La vision globale de ce projet était d'honorer les forces intérieures et la résilience des sociétés autochtones, notamment les ressources offertes par les propres traditions juridiques de ces sociétés. Les objectifs du projet AJR étaient de mieux comprendre comment les sociétés autochtones utilisaient leurs propres traditions juridiques pour gérer efficacement les méfaits et les conflits au sein des groupes et entre ceux-ci, et de déterminer et d'expliciter les principes juridiques accessibles et applicables dès maintenant pour encourager le développement de collectivités saines et fortes[111].

Le projet a démarré par un appel de manifestation d'intérêt pour la collaboration à son élaboration, lancé aux collectivités autochtones de tout le pays. Après que les collectivités ont répondu et convenu de collaborer au projet, les étudiants chercheurs ont suivi une formation intensive sur les théories juridiques autochtones, les lois autochtones et les compétences en recherche communautaire. Avec l'accord des sept collectivités participantes, les chercheurs ont ensuite analysé les récits accessibles au public traitant des moyens employés par les peuples autochtones pour gérer les méfaits. La question centrale des chercheurs était la suivante : « comment les collectivités [autochtones] gèrent-elles les méfaits en leur sein et entre elles? » Après des analyses, des recoupements et des mises en corrélation considérables, des principes juridiques ont été tirés de chaque tradition.

À la suite de ce travail préliminaire, les chercheurs ont approché les collectivités qui avaient accepté de participer; ils ont présenté le fruit de leurs recherches aux collectivités qu'ils avaient étudiées. Le principe de réciprocité commandait cette préparation de base. Conformément aux principes de respect, il fallait se préparer sérieusement avant de rencontrer les gardiens du savoir connaissant le droit autochtone; il importait de ne pas leur demander candidement de raconter leurs récits. Les chercheurs ont plutôt approché les gardiens du savoir avec quelque chose à leur donner. Les récits constituaient un excellent point de départ pour la discussion, alors que les membres des collectivités ont discuté de leurs enseignements et des manières de les appliquer ou non aujourd'hui aux méfaits.

Les chercheurs ont rédigé des rapports, puis les ont présentés aux collectivités. À la suite de l'analyse des processus, des réponses et règlements, des obligations et des droits sur le plan judiciaire, et des principes généraux sous-jacents tirés des récits et des traditions orales de collectivités précises, le projet a apporté un éclairage sur l'application du droit autochtone, dans toute sa diversité et ses interconnexions, dans des situations concrètes. Le projet AJR a également produit un volet d'éducation publique visant à rendre largement accessibles le rapport du projet, les rapports communautaires et tous les autres documents et ressources[112]. Le site Web du projet AJR présente des liens pour accéder aux rapports publiés, aux travaux, à un guide d'enseignement et à un roman graphique sur le droit cri[113].

Le rapport final du projet AJR présente les conclusions et les recommandations suivantes :

> Il n'y a pas d'approche uniformisée au sein des traditions juridiques autochtones ou entre elles. Dans chaque tradition juridique, il existe une grande variété de mesures de réponse et de règlement fondées sur des principes pour gérer les préjudices et les conflits.

> Recommandation 1.1
> Il faut poursuivre la recherche pour déterminer et expliciter l'éventail complet des mesures de réponse et de règlement judiciaires fondées sur des principes contenues dans les traditions juridiques autochtones.

> Recommandation 1.2
> Il faut poursuivre la recherche i) pour définir plus clairement ou développer les processus judiciaires nécessaires pour faire reconnaître la légitimité d'une décision par ses parties prenantes, et ii) pour déterminer les principes constitutifs directeurs ou sous-jacents posant les balises interprétatives dans chaque système juridique autochtone.

> Les traditions juridiques autochtones montrent leur cohérence et leur continuité au fil de l'histoire, ainsi que leur flexibilité et leur adaptabilité face à des contextes changeants.

> Recommandation 2.1
> Soutenir la recherche et les processus de participation communautaires afin de permettre aux communautés de déterminer et d'analyser les principes juridiques pour les rendre plus explicites et accessibles aux communautés elles-mêmes.

> Recommandation 2.2
> Soutenir les projets de justice et de bien-être communautaires pour déterminer et énoncer les principes juridiques directeurs ou sous-jacents, aux fins d'élaborer, d'asseoir et d'évaluer les pratiques et programmes courants touchant les problèmes sociaux immédiats au sein des communautés[114].

La Commission est d'accord avec ces constatations et ces recommandations. Nous concluons que les lois autochtones doivent faire l'objet d'une attention, d'un encouragement et d'un soutien accrus pour assurer que leur croissance, leur développement et leur application continus profitent aux collectivités des Premières Nations, des Inuits et des Métis.

Les auteurs du rapport final du projet AJR concluent que de nombreuses autres communautés autochtones de tout le pays profiteraient de la réappropriation et de la revitalisation de leurs lois. Cela permettrait aux communautés des Premières Nations, des Inuits et des Métis de remédier aux torts qu'ils ont subis et de résoudre les conflits internes ainsi que les conflits externes avec les gouvernements de manière plus efficace. Val Napoleon, juriste et directrice universitaire du projet, et Hadley Friedland, coordonnatrice du projet, affirment :

> Nous sommes sûres que même la poursuite intentionnelle et sérieuse [...] [de ce travail] contribuera à une réconciliation réelle et durable au Canada. [...] Ces travaux sont essentiels pour la santé et la force futures des sociétés autochtones et peuvent offrir beaucoup au Canada dans son ensemble. [...] Les traditions juridiques ne sont pas seulement normatives, elles sont descriptives. Elles donnent un sens aux défis, aux aspirations et aux événements humains. Elles sont des ressources intellectuelles que nous pouvons utiliser pour encadrer et interpréter l'information, pour raisonner et agir en regard des problèmes et projets actuels, et pour réaliser nos plus grandes aspirations sociétales.
>
> Trouver des moyens de soutenir les communautés autochtones afin qu'elles puissent avoir accès à leurs propres principes juridiques, les comprendre et les appliquer aujourd'hui, ce n'est pas seulement une question de réparation des immenses dommages infligés par le colonialisme. Comme le chef Doug S. White III (Kwulasultun) le dit si bien [...] : « Le droit autochtone constitue le projet le plus important du Canada et le travail indispensable que nous avons à faire maintenant. Cette entreprise exige beaucoup de courage, c'est un travail difficile. Nous devons créer des occasions véritables pour les peuples autochtones et non autochtones de s'engager dans ce combat essentiel, car c'est notre avenir à tous qui en dépend[115]. »

Le Canada à la croisée des chemins : choisir notre voie

Dans son article « The Duty to Learn: Taking Account of Indigenous Legal Orders in Practice » présenté dans une conférence tenue en 2012 sur les systèmes juridiques autochtones et la common law à Vancouver, en Colombie-Britannique, le juge en chef Lance Finch a parlé de comment les Canadiens pouvaient participer à la réconciliation.

Dans le cadre de ce processus, j'avance que le système juridique canadien actuel doit se réconcilier avec la coexistence des systèmes juridiques autochtones préexistants. [...] Comment pouvons-nous faire de la place dans le paysage juridique pour les systèmes juridiques autochtones? La réponse repose, du moins en partie, sur l'inversion des termes de la question : une étape cruciale du processus consiste à trouver une place pour nous-mêmes, les étrangers et les nouveaux arrivants, dans les systèmes juridiques autochtones eux-mêmes. [...]

Pour les avocats, juges et étudiants non autochtones, cet effort de conscientisation ne se limite pas simplement à reconnaître l'étendue de notre ignorance. Il faut reconnaître que nous ignorons à quel point nous sommes ignorants[116].

L'affirmation du juge Finch évoque le besoin de recourir aux sept enseignements ancestraux (*Seven Grandfather and Grandmother Teachings*) décrits précédemment : sagesse, amour, respect, bravoure, humilité, honnêteté et vérité.

Les systèmes de connaissances autochtones regorgent d'enseignements fondamentaux, notamment en matière juridique. Mis en pratique dans des contextes contemporains, ils peuvent aider ce pays à instituer des rapports plus harmonieux entre tous les habitants de l'île de la Tortue (l'Amérique du Nord). Le juge Finch a le mieux exprimé cette aspiration. Nous avons tous un « devoir d'en apprendre davantage » sur le droit autochtone. Nous avons le devoir d'écouter les voix de ceux qui ont habité cette terre depuis des milliers d'années. L'ignorance nous fera faire fausse route. Il est nécessaire de déployer des efforts sincères pour apprendre et appliquer les principes autochtones de pardon, de réparation et de réconciliation.

Dans notre mise en œuvre du droit et de la diplomatie autochtones pour favoriser la réconciliation, nous devons garder à l'esprit que les traditions juridiques ne sont jamais statiques[117]. Les traditions deviennent non pertinentes, voire dangereuses et discriminatoires, si elles ne répondent plus aux besoins changeants de chaque génération. Les traditions juridiques canadiennes de la common law et du droit civil se sont développées et ont évolué au fil du temps. Par exemple, les principes de common law en matière de délit, de contrat et de propriété ont été modifiés depuis la révolution industrielle. Ils ont été transformés pour offrir des recours pour les nouveaux préjudices qui sont apparus à mesure que la société s'est complexifiée. Ainsi, le Code civil du Québec a été adapté pour répondre aux nouvelles réalités sociales. De nouvelles dispositions ont été ajoutées pour tenir compte de l'inégalité entre les conjoints, de la confidentialité et des droits individuels. En outre, le droit constitutionnel canadien et d'autres lois publiques ont évolué pour tenir compte des lois internationales en matière de droits et de libertés de la personne.

Les traditions juridiques autochtones continuent aussi à croître et à se développer. Elles évoluent au fil du temps pour s'adapter à de nouvelles complexités. À l'instar des juristes exerçant le droit canadien plus généralement, les spécialistes du droit autochtone redoublent de créativité pour maintenir l'ordre au fil de l'évolution de leurs collectivités. Malheureusement, le droit canadien a limité de manière discriminatoire la saine croissance du droit autochtone, à l'encontre de ses principes supérieurs[118]. Néanmoins, de nombreux Autochtones continuent de régir leur vie selon leurs coutumes et leurs principes juridiques[119].

Ces traditions juridiques sont importantes en elles-mêmes. Elles peuvent aussi être appliquées à la réconciliation pour le Canada, particulièrement en ce qui a trait au pardon, à la réparation et à la réconciliation. S'assurer que les Autochtones puissent accéder à leurs propres lois et les appliquer au sein de leurs propres communautés ainsi que pour régler des différends et négocier des traités et d'autres accords avec la Couronne est essentiel à la réconciliation.

Aussi longtemps que les parties ne se rejoindront pas sur un terrain d'entente circonscrit par le droit et les protocoles autochtones, la réconciliation demeurera inachevée. Simultanément, nous reconnaissons que les modes de réconciliation autochtones ne seront pas accessibles à l'État canadien tant que les Premières Nations, les Inuits et les Métis ne décideront pas de les offrir, ce qui laisse un pouvoir considérable entre les mains des peuples autochtones. Le Canada n'est pas la seule partie appelée à œuvrer à la guérison et la justice à l'échelle nationale. Les nations autochtones sont des collectivités ayant droit à l'autodétermination. Elles sont aptes à décider si elles veulent recevoir ou répondre aux ouvertures du Canada à l'égard de la réconciliation.

Sur le plan pratique, les peuples autochtones répondront véritablement aux excuses du Canada ou présenteront leurs propres offres seulement lorsqu'ils seront convaincus que le Canada aura créé en toute sincérité les conditions permettant au droit et aux protocoles autochtones d'être pleinement reconnus et appliqués[120]. Tant que ce ne sera pas le cas, les peuples autochtones seront peu susceptibles d'offrir au Canada les conditions nécessaires à la réconciliation.

Entre-temps, notre pays continuera à souffrir sur le plan de son unité, de sa réputation et de sa productivité. Ce sera une perte énorme pour tous les Canadiens. Cependant, lorsqu'une personne est gravement blessée, il est injuste d'attendre autre chose d'elle. Les nations autochtones demeurent libres de rejeter les actions entreprises par le Canada au nom de la réconciliation jusqu'à ce qu'elles jugent que le Canada agit de bonne foi pour instaurer un ensemble significatif de meilleures relations. Il sera donc indispensable de donner le ton en énonçant les principes de l'établissement de rapports respectueux avec une déclaration publique officielle, comme une proclamation royale de réconciliation (voir l'Appel à l'action 45), qui engage tous les Canadiens à l'égard de la réconciliation.

La Commission souligne que l'enseignement et l'application des lois et des traditions juridiques des Premières Nations, des Inuits et des Métis offrent de réelles promesses de réconciliation à tout le pays, car ils poseraient les balises pour avancer sur les voies de la vérité, de la guérison et de la justice. C'est seulement lorsque le Canada respectera enfin l'esprit et l'intention des traités, selon ce qui avait été, et est toujours, le point de vue des nations autochtones. Les Canadiens seront tous enfin véritablement liés par les traités; le travail de réconciliation est entre nos mains à tous.

Appel à l'action :

50) Conformément à la *Déclaration des Nations Unies sur les droits des peuples autochtones*, nous demandons au gouvernement fédéral de financer, en collaboration avec les organisations autochtones, la création d'instituts du droit autochtone pour l'élaboration, la mise en application et la compréhension des lois autochtones ainsi que l'accès à la justice en conformité avec les cultures uniques des peuples autochtones du Canada.

CHAPITRE 3

Passer des excuses à l'action : le Canada et les Églises

D epuis sa création, la Commission insiste pour soutenir qu'une réconciliation n'est pas un événement isolé; c'est un parcours qui s'étend sur plusieurs générations et qui inclut tous les Canadiens. Les excuses publiques et l'indemnisation des survivants des pensionnats, de leurs familles et de leurs communautés par le Canada et les Églises qui administraient les pensionnats ont marqué le début, et non la fin, de ce parcours. Les survivants avaient besoin d'entendre les dirigeants du gouvernement et des Églises admettre que les abus culturels, spirituels, émotionnels, physiques et sexuels qu'ils ont subis dans les pensionnats étaient des erreurs et qu'ils n'auraient jamais dû se produire, mais ils ont besoin de beaucoup plus.

Les enfants et les petits-enfants des survivants avaient besoin d'entendre la vérité sur ce qui est arrivé à leurs parents et grands-parents dans les pensionnats. Dans le cadre des événements publics de la Commission, de nombreux survivants ont parlé pour la première fois en présence de leurs enfants et petits-enfants des abus dont ils avaient souffert lorsqu'ils étaient enfants et des comportements destructeurs qu'ils avaient appris au pensionnat. De nombreux survivants ont offert leurs propres excuses sincères à leurs familles pour leur demander pardon d'avoir été abusifs, d'avoir manqué à leurs devoirs parentaux ou tout simplement de ne pas avoir su dire « je t'aime ».

Les excuses sont essentielles pour les victimes de violence et d'abus. Elles ont le potentiel de restaurer la dignité humaine et de redonner aux victimes le pouvoir de décider d'accepter les excuses de leur agresseur et de pardonner. Lorsqu'aucune excuse n'est formulée, ou si une victime croit que ces excuses sont offertes dans le but d'essayer de justifier le comportement des agresseurs et d'échapper à la responsabilité, la réconciliation est difficile voire impossible à réaliser. Les excuses officielles du Canada et des Églises ont lancé un message important à tous les Canadiens disant que les peuples autochtones ont souffert de graves préjudices aux mains de l'État et des institutions religieuses dans les pensionnats, et que, en tant que responsables de ces torts, l'État et les Églises ont pris la mesure de leur responsabilité. Les excuses étaient une première étape nécessaire dans le processus de réconciliation.

L'histoire et les séquelles destructrices des pensionnats nous ouvrent les yeux et nous rappellent qu'intervenir ne donne pas nécessairement des résultats positifs. Les tentatives d'assimilation des peuples des Premières Nations, des Inuits et des Métis dans la société canadienne en général ont été des échecs lamentables. Malgré les effets dévastateurs de la colonisation, les peuples autochtones ont toujours résisté (pas toujours avec succès selon les circonstances) aux attaques contre leurs cultures, leurs langues et leurs modes de vie.

Si les Canadiens doivent respecter les promesses faites en leur nom, comme celle du « jamais plus! », nous devons nous garder de simplement répéter aujourd'hui sous de nouvelles formes les politiques d'assimilation du passé. Comme l'a affirmé Wab Kinew, témoin honoraire de la CVR : « En vérité, la réconciliation ne doit pas être une deuxième tentative d'assimilation. Elle ne doit pas être une évangélisation plus douce et plus tolérante, exempte des horreurs de l'époque des pensionnats. Une réconciliation réelle est plutôt une deuxième chance de bâtir une relation fondée sur le respect mutuel[1]. »

Les excuses ne seront que des vœux pieux si les gestes du Canada ne réussissent pas à apporter des changements sociaux, culturels, politiques et économiques nécessaires qui profitent aux peuples autochtones et à tous les Canadiens.

Une réconciliation juste requiert plus que de simplement parler de la nécessité de guérir les profondes blessures de l'histoire. Les excuses ne suffisent pas; des actions concrètes sur les plans tant symbolique que matériel sont nécessaires. Les réparations pour les injustices historiques doivent inclure non seulement des excuses, des indemnisations, une réforme du système de justice et un changement dans les politiques, mais également la réécriture de l'histoire nationale et une commémoration publique.

De toutes les régions du pays, les survivants et autres ont envoyé un message clair qui a été reçu par la Commission : pour que le processus de réconciliation puisse avancer dans les années à venir, le Canada doit passer des excuses à l'action.

Pourquoi les excuses officielles sont-elles importantes pour la réconciliation?

Les excuses officielles peuvent jouer un rôle important dans la réconciliation nationale. Même si les victimes peuvent demander des excuses, le pouvoir d'y donner suite ou non revient en fin de compte à l'État. La juriste Martha Minow souligne que « les excuses officielles peuvent rétablir des faits, reconnaître publiquement une violation, imputer une responsabilité et réaffirmer les principes moraux pour définir la violation des normes fondamentales »[2].

Une excuse officielle constitue la reconnaissance publique que des normes et des valeurs sociétales acceptables ont été violées et, par le fait même, que la confiance civique a été rompue[3].

Contrairement à des excuses personnelles présentées par un individu à un individu ou à un groupe d'individus particulier pour reconnaître qu'il ou elle lui a causé du tort, des excuses officielles sont présentées par un haut responsable institutionnel ou gouvernemental qui détient l'autorité de parler au nom de ses commettants. Les excuses officielles peuvent contribuer à changer les attitudes publiques à l'égard de questions historiques et confirmer la crédibilité des victimes dont les demandes ont été mises en doute.

La présentation d'excuses sincères doit montrer au grand public en quoi une politique gouvernementale ou une mesure institutionnelle particulière était inappropriée et que son auteur accepte la responsabilité des torts individuels et collectifs causés. Cette reconnaissance publique confère la logique et la justification nécessaires aux autres formes de réparations offertes aux victimes, comme la compensation financière et la commémoration[4]. Toutefois, les excuses officielles ne concernent pas uniquement le passé : elles ont également des conséquences sur l'avenir[5].

Le contexte mondial : peuples autochtones et excuses gouvernementales

Au cours des dernières années du XXe siècle et au début du nouveau millénaire, les victimes de violence et de violations des droits de la personne du monde entier ont recherché la vérité et demandé justice à l'État. Cette quête a donné lieu, particulièrement dans les pays de l'Ouest, à ce que certains décrivent comme une « ère des excuses »[6].

Lorsqu'une injustice historique met en cause des Autochtones, les excuses officielles soulèvent la question de leur authenticité, de leur objectif et de leur rôle, parce que le colonialisme et l'oppression définissent toujours leur relation avec l'État. Les gouvernements de l'Australie, des États-Unis, de la Nouvelle-Zélande et du Canada ont tous, à divers moments et pour diverses raisons, présenté des excuses aux peuples autochtones comme mesures pour corriger leur triste passé colonial. Le chercheur en études autochtones Jeff Corntassel et la philosophe Cindy Holder avancent que :

la décolonisation et la restitution sont des éléments nécessaires à la réconciliation, car elles sont nécessaires à la transformation des relations avec les collectivités autochtones d'une façon que la justice requiert. Que le mécanisme visant à corriger l'injustice subie par les peuples autochtones et les torts prenne la forme d'excuses ou d'une commission de vérité et réconciliation, il doit d'abord reconnaître le droit inhérent des peuples autochtones à l'autodétermination[7].

Leurs observations rapportent judicieusement les controverses et les tensions relatives aux excuses du Canada. Les nombreuses références aux excuses entendues par la Commission montrent que certains les considèrent comme un pas important vers la guérison individuelle, collective et nationale, alors que d'autres n'y voient que de beaux mots choisis pour bien faire paraître le gouvernement. Il est important de déterminer si des excuses sont sincères car, comme le souligne l'historien Michael Marrus, « même des excuses bien présentées peuvent échouer »[8]. Des excuses fallacieuses risquent plus d'aggraver la situation que l'absence d'excuses, car les victimes peuvent croire qu'elles ont été encore une fois abusées.

Le politologue Matt James s'appuie sur les travaux de différents spécialistes en excuses politiques pour conclure que des excuses authentiques :

(1) sont consignées officiellement par écrit;

(2) nomment les torts en cause;

(3) acceptent la responsabilité;

(4) expriment le regret;

(5) promettent la non-répétition;

(6) ne demandent pas le pardon;

(7) ne sont ni hypocrites ni arbitraires;

8) s'engagent — au moyen de mesures de publicité, de cérémonie et de réparation concrète — à mobiliser moralement ceux au nom desquels les excuses sont présentées et à garantir au groupe lésé que les excuses sont sincères[9].

Les excuses officielles présentées aux peuples autochtones par l'État et ses institutions doivent non seulement satisfaire aux critères des cultures juridiques et politiques du monde occidental, mais également aux critères des Autochtones. Les peuples autochtones ont recours à la tradition orale afin de perpétuer leurs histoires, y compris l'enregistrement officiel des excuses et de la restitution présentées pour corriger les torts. De cette façon, ils s'en remettent à leurs propres lois, cérémonies et protocoles culturels[10].

Les excuses du Canada

Le 11 juin 2008 a été un grand jour pour les peuples autochtones du Canada, et pour l'ensemble du pays. Il est maintenant connu sous le nom de « Jour des excuses », où le premier ministre Stephen Harper, ainsi que les chefs de tous les autres partis politiques fédéraux, ont présenté des excuses officielles à la Chambre des communes pour tous les torts causés par le système des pensionnats. Lors de leur présentation à la CVR, de nombreux survivants se souvenaient clairement du jour des excuses. Ils se souvenaient de l'endroit où ils étaient, avec qui ils étaient et, surtout, comment ils se sentaient. Nombre d'entre eux ont parlé des émotions intenses ressenties lorsqu'ils ont entendu le premier ministre reconnaître que le gouvernement avait mal agi en les retirant de leur famille afin de « tuer l'indien » en eux. Ils ont parlé des larmes versées lorsqu'ils ont entendu les mots « nous le regrettons ».

Les survivants et leurs familles avaient besoin d'entendre ces mots. Ils ont vécu dans la douleur, la peur et la colère presque toute leur vie en raison de la séparation brutale d'avec leur famille et de leurs expériences dans les pensionnats; ils cherchaient désespérément à commencer leur guérison. Ils devaient valider l'impression que ce qu'ils avaient subi était injuste. Ils voulaient croire que les choses commenceraient à changer — non pas les pensionnats, fermés depuis longtemps — mais l'attitude et les comportements qui se cachaient derrière l'existence des pensionnats. Ils voulaient croire que le gouvernement, qui avait si longtemps eu une emprise sur leur vie et qui avait commis des abus dans sa relation avec eux, « voyait maintenant la lumière ». Ils voulaient croire que le futur de leurs enfants et de leurs petits-enfants serait différent de leurs propres expériences, que leur vie serait meilleure que la leur. Les excuses leur ont donné une raison de croire que leur patience et leur persévérance, tout au long de leurs expériences traumatisantes et négatives pendant et après l'époque des pensionnats, ont valu la peine. Cela leur a donné de l'espoir.

Lors de l'événement national de Saskatchewan de la CVR, le chef national de l'Assemblée des Premières Nations, Shawn A-in-chut Atleo, a déclaré :

> Je pense, comme on l'a entendu ici, que ce qui me rend si reconnaissant est qu'il y a une expérience croissante [...] du travail de réconciliation. [...] Comment les collectivités se réconcilient-elles? Eh bien, cela commence par chacune et chacun d'entre nous. J'ai eu tant de chance, dans ma jeunesse, d'avoir passé du temps avec ma grand-mère maintenant décédée. Je lui

tenais la main. Elle était âgée de 87 ans et avait toute sa tête. Pendant que les excuses étaient présentées, elle a dit : « Petit-fils, ils commencent à nous voir, ils commencent tout juste à nous voir. » C'est ce qu'elle a dit. Et elle a trouvé cela encourageant, car c'était la première étape, de se voir mutuellement, de rompre le silence et de commencer à raconter nos histoires. [...] Je pense que c'est par là que ça commence, non? Entre nous, en tant qu'individus qui racontent leurs histoires de tant de points de vue différents afin qu'on puisse comprendre[11].

L'honneur de la Couronne : rétablir la confiance et assurer la responsabilisation

Les survivants sont bien plus que des simples victimes de la violence. Ils sont également détenteurs de droits issus de traités, de droits constitutionnels et de droits de la personne[12]. Ce sont des femmes et des hommes qui font preuve de résilience, de courage et de vision. Nombre de ces personnes sont devenues des aînés, des dirigeants communautaires, des éducateurs, des avocats et des activistes politiques qui se consacrent à la revitalisation de leurs cultures, de leurs langues, de leurs traités, de leurs lois et de leurs systèmes de gouvernance. Par les expériences vécues, elles ont acquis une profonde compréhension de ce dont les victimes de violences ont besoin pour guérir. En outre, elles ont donné de sages conseils aux chefs politiques, aux législateurs, aux responsables de l'élaboration des politiques et à tous les citoyens sur la façon d'éviter que ce type de violences se reproduise.

La Commission est d'accord avec la spécialiste et activiste anishinaabe Leanne Simpson, qui demande aux Canadiens de ne pas penser à la réconciliation de façon simpliste et de ne pas considérer les survivants seulement comme des victimes.

> Si la réconciliation ne cible que les pensionnats plutôt qu'un ensemble plus vaste de relations qui ont généré des politiques, des lois et des pratiques visant l'assimilation et le génocide politique, alors il y a un risque que la réconciliation ne serve qu'à « aplanir les obstacles » aux yeux des Canadiens. [...] Je m'inquiète également que l'institutionnalisation d'une définition étroite de la réconciliation n'asservisse la participation des nations et des traités en enfermant nos aînés — ceux qui ont le plus directement souffert aux mains du système des pensionnats — dans un rôle de victime. Ils sont loin, très loin d'être des victimes. Ils sont nos plus grands visionnaires et ils nous inspirent la vision de diverses possibilités d'avenir[13].

À l'événement national de la Colombie-Britannique, l'ancien lieutenant-gouverneur de la Colombie-Britannique et témoin honoraire, l'honorable Steven Point, a déclaré :

> Nous sommes ici aujourd'hui, en ce moment, parce que des survivants autochtones ont porté la cause des pensionnats devant la Cour suprême du Canada. Les Églises et les gouvernements ne sont pas venus un jour en disant : « Je crois que nous avons mal agi et nous en sommes désolés. Pouvez-vous nous pardonner? » Les aînés ont dû porter cette cause devant la Cour suprême du Canada. Cette situation ressemble beaucoup à celle que nous avons avec les droits autochtones, où chaque nation, l'une après l'autre, continue de demander la reconnaissance de leur titre autochtone sur leurs propres territoires[14].

La Commission est d'avis que les survivants, ceux qui se sont mobilisés pour mettre en lumière le caractère tragique de l'histoire et des séquelles des pensionnats, qui sont allés devant les tribunaux pour se confronter à leurs agresseurs et qui ont ratifié la Convention de règlement, ont fait une contribution importante à la réconciliation. La Commission de vérité et réconciliation du Canada n'a pas été créée en raison de virulentes protestations du public qui réclamaient justice pour les survivants des pensionnats[15]. La Convention de règlement, ainsi que la CVR, n'a pas plus vu le jour uniquement parce que les défendeurs des gouvernements et des Églises, face à d'énormes recours collectifs, auraient décidé qu'elle était préférable à un procès. Se concentrer uniquement sur les motivations des défendeurs ne rend pas compte de tous les faits. Il est important de ne pas perdre de vue toutes les façons dont les peuples autochtones ont réussi à élargir les limites de la réconciliation au Canada.

Dès le début des années 1990, les peuples autochtones et ceux qui les soutenaient ont demandé une enquête publique sur le système des pensionnats. La Commission royale sur les peuples autochtones a fait cette même recommandation en 1996. Une majorité de survivants ont ratifié la Convention de règlement relative aux pensionnats indiens, en partie parce qu'ils étaient insatisfaits du processus judiciaire. Les survivants voulaient une tribune publique comme une commission de vérité et de réconciliation pour que le Canada puisse entendre la dure vérité sur les pensionnats. Les survivants voulaient aussi des excuses officielles de la part du Canada qui reconnaîtraient les méfaits du pays[16]. C'est en grande partie grâce à leurs efforts que le premier ministre a présenté des excuses officielles aux survivants au nom du Canada.

Même si l'empathie de la société pour les victimes autochtones d'abus est considérable, ce n'est pas suffisant pour empêcher la répétition d'actes de violence similaires sous de nouvelles formes institutionnelles. Il est nécessaire d'offrir aux Autochtones une reconnaissance claire et publique que ceux-ci doivent être reconnus et traités comme bien plus que de simples bénéficiaires de la bonne volonté du public. À titre de détenteurs de droits issus de traités, de droits constitutionnels et de droits de la personne, ils ont droit à la justice et à la responsabilisation du Canada pour veiller à ce que leurs droits ne soient pas violés.

Dans son rapport initial, présenté en août 2012, Pablo de Greiff, le premier Rapporteur spécial sur la promotion de la vérité, de la justice, de la réparation et des garanties de non-répétition des Nations Unies, a souligné que, dans les pays où il est difficile de traduire en justice les auteurs des actes criminels concernant des violations des droits de l'homme, d'autres mesures comme les forums sur la recherche de la vérité, les réparations et les réformes institutionnelles sont d'une importance critique. Ces mesures permettent aux victimes de violences perpétrées par l'État de reprendre confiance en la légitimité et la crédibilité du système de justice du pays. De Greiff prévient toutefois que la seule mise en œuvre de ces mesures ne garantit pas qu'une réconciliation surviendra. Des excuses, une commémoration, des témoignages publics et une réforme du système d'éducation sont également requis pour transformer les attitudes sociales et favoriser la réconciliation à long terme[17].

Les violations des droits issus de traités, des droits constitutionnels et des droits de la personne qui ont entouré le système des pensionnats confirme les dangers qui existent pour les peuples autochtones lorsque leurs droits de disposer d'eux-mêmes sont ignorés ou limités par l'État, sous prétexte d'agir « dans leur meilleur intérêt ». Historiquement, lorsque des peuples autochtones ont été ciblés comme un groupe particulier qui, selon le gouvernement, est réputé avoir besoin de lois et de politiques de protection, les résultats ont été destructeurs sur les plans tant culturel qu'ethnique.

Pour les peuples autochtones au Canada, la protection et l'exercice de leur droit à l'autodétermination sont le meilleur garant contre de nouvelles violations de leurs droits. Dans les années à venir, les gouvernements doivent se tenir responsables de veiller à ce que les droits des peuples autochtones soient protégés et que les actions du gouvernement rétablissent réellement la confiance et favorisent la réconciliation. Rétablir la confiance commence par des excuses, mais demande beaucoup plus que cela.

Le rapport de la Commission royale sur les peuples autochtones souligne que, pendant un certain temps après le contact avec les colons, la relation entre les Autochtones et les non-Autochtones était faite de soutien mutuel, de coopération et de respect. Malgré certains incidents conflictuels, les Autochtones ont accepté l'arrivée des Européens et ont montré leur volonté de participer aux activités économiques des nouveaux arrivants, de faire alliance avec eux dans leurs guerres et de conclure des traités avec eux à des fins diverses; cette attitude montrait leur souhait de coexister dans une relation de confiance et de respect mutuel[18]. Du côté des non-Autochtones, cet aspect des relations a été confirmé par certaines preuves, comme la Proclamation royale de 1763 et le traité de Niagara de 1764, comme il a été précédemment mentionné.

La confiance et le respect établis initialement ont fini par être trahis. Depuis la Confédération de 1867, l'approche des gouvernements fédéraux du Canada successifs à l'égard de l'obligation fiduciaire de la Couronne d'assurer l'éducation des peuples autochtones a été très imparfaite. Il est tout aussi important de comprendre que les conséquences de ces abus de confiance ont de graves répercussions qui vont bien au-delà des pensionnats. La relation de confiance et l'obligation particulière du Canada de préserver l'honneur de la Couronne relativement aux peuples autochtones sont au cœur même de la relation.

En tant que premiers occupants, et ce pendant des milliers d'années, de ces terres et territoires qui allaient un jour devenir le Canada, les Autochtones ont des droits juridiques et constitutionnels particuliers. Ces droits leur étaient conférés par leur occupation et leur possession initiales du territoire, droits confirmés dans la Proclamation royale de 1763, qui a également décrété que la Couronne avait un devoir spécial de traiter équitablement et de protéger les Autochtones et leurs territoires. Par la suite, le Dominion du Canada a assumé l'obligation fiduciaire en vertu de l'article 91(24) de la *Loi constitutionnelle de 1867*, qui accordait au Parlement l'autorité législative sur les « Indiens et les terres réservées aux Indiens ». L'article 35 de la *Loi constitutionnelle de 1982* a également reconnu et affirmé l'existence de droits ancestraux et de droits issus de traités.

Dans plusieurs décisions clés, les tribunaux canadiens ont affirmé que le gouvernement fédéral doit toujours préserver l'honneur de la Couronne dans ses rapports avec les peuples autochtones. Dans l'affaire *R. c. Sparrow* (1990), la Cour suprême a statué que « le gouvernement a la responsabilité d'agir en qualité de fiduciaire à l'égard des peuples autochtones. Les rapports entre le gouvernement et les autochtones sont de nature fiduciaire plutôt que contradictoire [...] l'honneur de Sa Majesté est en jeu lorsqu'elle transige avec les peuples autochtones. » Dans l'arrêt *Nation haïda c. Colombie-Britannique (Ministre des Forêts)* (2004), la Cour suprême a statué que « dans tous ses rapports avec les peuples autochtones, qu'il s'agisse de l'affirmation de sa souveraineté, du règlement de revendications ou de la mise en œuvre de traités, la Couronne doit agir honorablement », et qu'en ce qui a trait à « l'honneur de la Couronne [...] Il ne s'agit pas simplement d'une belle formule, mais d'un précepte fondamental qui peut s'appliquer dans des situations concrètes ». Autrement dit, l'honneur de la Couronne n'est pas un principe abstrait, mais un principe qui doit être appliqué avec diligence[19].

Dans l'affaire de la *Manitoba Métis Federation inc. c. Canada (Procureur général)* (2013), la nation métisse a soutenu qu'au moment de négocier une entente avec le gouvernement fédéral qui permettrait au Manitoba d'entrer dans la Confédération, « ils avaient confiance que le Canada agirait dans leurs meilleurs intérêts [...] [et] qu'il les traiterait équitablement »[20]. La Cour suprême a affirmé que, en 1870 :

> l'objectif de l'art. 31 de la *Loi sur le Manitoba* était de réconcilier la communauté des Métis et la souveraineté de la Couronne et de permettre la création de la province du Manitoba. Cette réconciliation devait être réalisée par la prise d'une mesure plus concrète, soit le transfert rapide et équitable des terres aux enfants des Métis (paragr. 98).

Donnant raison aux Métis du Manitoba, le tribunal a fait remarquer que ces « observations allaient au-delà de l'argument selon lequel le principe de l'honneur de la Couronne avait engendré une obligation fiduciaire, soulevant la question plus large de savoir si la conduite du gouvernement en général respectait le principe de l'honneur de la Couronne » (paragr. 87). Le tribunal a observé que malgré la promesse de l'article 31 de concéder les terres aux Métis « de la façon la plus efficace et équitable possible », ça n'a pas été le cas. « Or, cette mise en œuvre a été inefficace et inéquitable. Cela n'est pas dû à une négligence passagère, mais plutôt à une série d'erreurs et d'inactions qui ont persisté pendant plus d'une décennie. Un gouvernement ayant l'intention sincère de respecter l'obligation que lui commandait son honneur pouvait et aurait dû faire mieux » (paragr. 128).

Pour les peuples visés par des traités ou les Premières Nations, l'imposition unilatérale de la *Loi sur les Indiens*, qui incluait le système des pensionnats, constitue une violation fondamentale des obligations issues de traités et des obligations fiduciaires de la Couronne, qui exigent de les traiter honorablement, tant en principe qu'en pratique.

La position de la Couronne en qualité de fiduciaire à l'égard des Autochtones est une posture clairement complexe et potentiellement conflictuelle en matière d'obligations légales. En tant que fiduciaire, la Couronne, par l'entremise du gouvernement du Canada, a l'obligation légale d'agir dans les meilleurs intérêts des peuples autochtones. Il s'agit du même statut que celui du Bureau des affaires indiennes des États-Unis, généralement désigné comme un « fiduciaire ». À titre de fiduciaire, le Bureau des affaires indiennes a la même obligation d'agir dans les meilleurs intérêts des Autochtones américains et de s'assurer que les autres ministères du gouvernement n'agissent pas d'une façon qui contrevient aux droits et intérêts tribaux ou aux obligations légales du gouvernement.

Aux États-Unis, les « Solicitor's Opinions » (avis du solliciteur) émis de temps à autre par le département de l'Intérieur, qui a autorité sur le Bureau des affaires indiennes, sont utilisés pour donner une orientation générale au gouvernement ainsi que pour expliquer et justifier les mesures du gouvernement. Au Canada, il faut reconnaître que le ministère fédéral de la Justice a deux fonctions importantes et potentiellement conflictuelles relativement aux peuples autochtones :

1. Le ministère de la Justice du Canada fournit des avis juridiques au ministère des Affaires autochtones et du Développement du Nord Canada (AADNC) afin d'orienter l'élaboration de politiques, les initiatives législatives et les mesures du ministère. Ces avis, et les mesures qui en découlent, ont invariablement une incidence notable sur les gouvernements autochtones et sur la vie des Autochtones. Ces avis concernent souvent la portée et l'étendue des droits issus de traités et des droits des Autochtones, et constituent souvent les bases de l'élaboration et de l'application des politiques autochtones fédérales.

2. Justice Canada agit également à titre de conseiller juridique de l'AADNC et du gouvernement en cas de conflits juridiques entre le gouvernement et les Autochtones. À ce titre, le ministère reçoit les directives des hauts fonctionnaires du ministère des Affaires autochtones quand ce dernier se trouve mêlé à une action en justice relativement à ses responsabilités. Le ministère de la Justice émet son avis sur la conduite des litiges, la position légale à avancer, la mise en œuvre de la stratégie légale et la décision de porter ou non en appel le jugement de la cour.

La nécessité d'à la fois préserver l'honneur de la Couronne et de contester une objection judiciaire à l'égard d'une mesure ou d'une décision d'un fonctionnaire ou du ministère peut parfois donner lieu à des obligations légales conflictuelles.

Selon la Commission, ces avis légaux doivent être, de plein droit et sur demande, à la disposition des peuples autochtones, pour lesquels la Couronne est un fiduciaire. Les gouvernements canadiens et leur ministère de la Justice ont la responsabilité de cesser d'agir comme s'ils se trouvaient dans une relation contradictoire avec les peuples autochtones et de commencer à agir comme de réels fiduciaires. Le ministère de la Justice du Canada doit être davantage transparent et responsable à l'égard des peuples autochtones; cette exigence comprend le partage de ces avis légaux sur les droits ancestraux. Comme déja mentionné, il existe un précédent qui justifie ce changement. Le bureau du solliciteur des États-Unis a non seulement rendu public ses avis légaux sur une série de questions concernant les Autochtones américains, mais ces avis sont également largement accessibles en ligne[21].

Appel à l'action :

51) Nous demandons au gouvernement du Canada d'élaborer, en tant qu'obligation dans le cadre de sa responsabilité fiduciaire, une politique de transparence en publiant des avis juridiques qu'il élabore, invoque ou entend invoquer en ce qui concerne la portée et l'étendue des droits ancestraux et issus de traités des Autochtones.

Un volet de la doctrine de la découverte toujours en vigueur aujourd'hui est le fait que les affaires judiciaires mettant en cause des revendications territoriales des Autochtones imposent une lourde charge aux demandeurs autochtones; ces derniers doivent prouver qu'ils occupaient le territoire lors du premier contact et que les droits réclamés sur le territoire ont persisté jusqu'à aujourd'hui. La Commission croit qu'il existe de bonnes raisons de remettre en question cette exigence, particulièrement si on tient compte du fait que la plupart des pièces invoquées par les tribunaux sont des preuves documentaires et les témoignages oraux d'aînés experts reconnus. L'histoire montre que, pendant de nombreuses années après la Confédération, les demandeurs autochtones étaient privés de l'accès à des conseils juridiques ou aux tribunaux pour faire valoir leurs droits, et que nombre de leurs meilleurs aînés experts sont décédés sans avoir eu l'occasion de faire enregistrer leur déposition.

La Commission croit qu'il est manifestement injuste que le fardeau de la preuve revienne aux demandeurs autochtones tout au long des procédures judiciaires. Il est toutefois raisonnable que le demandeur autochtone prouve l'occupation du territoire pendant une période de temps requise. Cette période pourrait être celle du premier contact ou de l'affirmation de la souveraineté de la Couronne. Nous sommes d'avis qu'une fois l'occupation prouvée, le fardeau de prouver que le droit ne tient plus doit revenir à l'autre partie, qui peut invoquer l'extinction, la cession ou tout autre moyen légal valide[22]. Par conséquent, nous concluons que les revendications des Autochtones en matière de droits et de titres doivent être acceptées sur affirmation, et que le fardeau de la preuve doit revenir à ceux qui s'opposent à ces revendications.

Appel à l'action

52) Nous demandons au gouvernement du Canada, aux gouvernements provinciaux et territoriaux, ainsi qu'aux tribunaux d'adopter les principes juridiques ci-dessous :

i. les revendications de titres ancestraux seront acceptées lorsque le revendicateur autochtone aura établi qu'il a occupé le territoire en cause à un moment en particulier.

ii. lorsque le titre autochtone aura été établi, le fardeau de prouver toute limitation à l'exercice d'un droit résultant de l'existence de ce titre reviendra à la partie qui soutient l'existence d'une telle limitation.

Le rapport de la Commission royale sur les peuples autochtones a souligné que la restauration de la confiance des citoyens est essentielle à la réconciliation. Il conclut que « cette démarche n'a pas pour but d'enfermer les Autochtones et les non-Autochtones dans un schème où ils seront continuellement en train de s'accuser ou de s'excuser, mais plutôt d'amener les uns et les autres à accepter le passé afin de pouvoir embrasser l'avenir en toute confiance ». Il a également ajouté que « la pacification passe selon nous par une restauration de la confiance »[23]. La Commission de vérité et réconciliation est d'accord avec ces conclusions.

Pour que la réconciliation prenne racine, le Canada, en tant que partie à la relation qui a rompu cette confiance, a l'obligation première de faire le travail nécessaire pour regagner la confiance des peuples autochtones. Nous sommes d'avis que, au moment de la Confédération et dans les négociations subséquentes des traités, les peuples autochtones ont mis beaucoup de foi dans la parole de ceux qui traitaient au nom de la Couronne et ils s'attendaient donc à ce que la nouvelle relation soit positive pour les uns comme pour les autres. Cette foi a toutefois été trahie par l'imposition de la *Loi sur les Indiens*, du système des pensionnats et de toute une série d'autres mesures répressives.

Les survivants ont indiqué que malgré la Convention de règlement et les excuses présentées par le Canada, la confiance n'était pas encore rétablie. Eugene Arcand, membre du Comité des survivants des pensionnats de la Commission de vérité et réconciliation, a déclaré :

> J'y étais, à la présentation des excuses. Je pensais que j'étais sur la voie de la réconciliation quand j'ai entendu les paroles du premier ministre, dans un certain sens, quand sa voix a tremblé. [...] Il serait hypocrite de ma part vis-à-vis des survivants de la Saskatchewan et d'ailleurs au pays de ne pas parler de ce qui est arrivé depuis les excuses. Il a été difficile pour moi de parler de réconciliation et de vérité par ma bouche, alors que du côté de mon cœur, j'ai de très forts sentiments au sujet des actions du gouvernement fédéral, du premier ministre Harper qui a présenté ces excuses et du ministère des Affaires indiennes dans l'administration de cette convention et d'autres actes du gouvernement qui constituent une attaque contre nos peuples. [...]

> Nous, gens des Premières Nations, des Métis et des Inuits, surtout les survivants des pensionnats, voulons la réconciliation. Nous la voulons vraiment, vraiment. Mais c'est difficile, compte tenu de ce que nous voyons, ressentons et lisons de ce qui sort des parlements provinciaux et fédéral par rapport à notre bien-être. Tout d'abord, les coupures à la Fondation autochtone de guérison et d'autres coupures qui ont eu lieu dans l'éducation, dans nos moyens de subsistance[24].

À Winnipeg, lors de l'événement national du Manitoba de la CVR, le survivant Allan Sutherland a dit : « J'enseigne dans les écoles. Je demande aux enfants à quoi ils s'attendent lorsqu'une personne leur présente des excuses. Ils vont me répondre, la sincérité, est-ce qu'elle le pense vraiment? Et, bien sûr, le comportement. Qu'elle ne refasse pas ce qu'elle a fait, ou ce qu'elle fait. En 2008, je nourrissais de grands espoirs dans les excuses. Je suis depuis consterné par la lenteur avec laquelle nous avançons[25]. » Lors de l'événement régional de Victoria de la CVR en Colombie-Britannique, la survivante Lisa Scott a déclaré : « Les excuses étaient bien. [...] Je suis heureuse que quelqu'un ait présenté des excuses, mais comment les accepter s'il s'agit seulement d'une déclaration qui n'est pas suivie d'actions? [...] Une excuse n'est qu'une excuse. [...] Maintenant, montrez-nous. Faites amende honorable[26]. »

S'adressant à la Commission à Batoche, en Saskatchewan, le survivant intergénérationnel Ron McHugh a déclaré ceci :

> La réconciliation? Je crois qu'il faut mettre beaucoup d'intégrité derrière ce mot. Nous avons eu droit à un discours théorique de la part du gouvernement à bien des égards, et [...] même les excuses nationales [...] étaient un événement symbolique. [...] Action, voilà ce que signifie réconciliation pour moi; c'est une action. [...] De l'action de la part des deux parties [...] pour nous [peuples autochtones], nous défaire du ressentiment et, pour le gouvernement, se défaire de sa mentalité impérialiste déviante [...] [Nous devons] trouver ensemble une solution réellement solide[27].

Des excuses du gouvernement envoient un message symbolique puissant aux citoyens avouant que les actions de l'État étaient déplorables[28]. Les excuses sont importantes non seulement parce qu'elles marquent la clôture d'un passé, mais également parce qu'elles créent pour les Canadiens une ouverture vers un dialogue national sur le rétablissement des peuples autochtones dans leur juste et légitime statut au sein du Canada. Dans leur évaluation de l'état de la situation dans les années suivant immédiatement les excuses, les chefs autochtones ont relevé un écart entre les aspirations des excuses du Canada et la réalité quotidienne des peuples autochtones. Il est essentiel de combler cet écart en vue de la réconciliation.

Lors du premier anniversaire des excuses du Canada, le 11 juin 2009, le chef national de l'Assemblée des Premières Nations, également un survivant, s'est adressé au Sénat en ces termes :

> Dans le contexte faisant suite aux excuses, l'honneur de l'État doit constituer un élément crucial d'une nouvelle relation dans laquelle les obligations juridiques sont respectées avec vigilance, les Premières Nations sont consultées avec diligence, leurs besoins pris en compte pour les questions liées à leur vie et leur droit à un consentement préalable libre et éclairé est respecté [...] Il doit être bien clair que les membres des Premières Nations tiennent profondément au respect des droits de la personne — notamment ceux des femmes dans les réserves, des enfants, des familles et, enfin, des collectivités.
>
> Les principes de la réconciliation, tels le respect mutuel, la coexistence, l'équité, le dialogue positif et la reconnaissance mutuelle, ne sont pas des mots creux. Ces principes parlent de mesures positives, des mesures qui donnent une forme et une expression aux éléments matériels, politiques et juridiques de la réconciliation. Depuis juin dernier, les événements ont été nombreux, tant dans le monde politique canadien et international que dans la société et dans la vie économique. Les Premières Nations ont été touchées par les décisions prises par le gouvernement du Canada pendant cette période [...] Compte tenu du niveau de pauvreté que l'on retrouve dans les Premières Nations, nos collectivités et nos économies courent un grand risque de sombrer encore davantage dans la morosité et le désespoir causés par la pauvreté. La société canadienne ne doit pas permettre que cela se produise [...]
>
> Pour que ce partenariat entre tous les partenaires fondateurs de la fédération fonctionne, la relation doit aussi s'appuyer sur le partage des responsabilités et la reddition de comptes [...] Qui dit réconciliation dit devoir solennel d'agir, responsabilité de s'engager et obligation de tenir les promesses liées à une citoyenneté morale, démocratique et évoluée. Autrement dit, le gouvernement du Canada — en fait, tous les parlementaires des deux Chambres — a une responsabilité à assumer en ce qui concerne la participation, la consultation et l'implication des Premières Nations lorsqu'il s'agit de jeter un pont entre le passé et un avenir où l'écart entre les non-Autochtones et les Autochtones sous les rapports de la qualité de vie et du bien-être disparaîtra, où la pauvreté des Premières Nations sera éradiquée, où nos enfants jouiront des mêmes possibilités et avantages dans la vie que les autres enfants et où les promesses que contiennent nos traités se concrétiseront.

> La réconciliation doit s'accompagner de changements réels pour tous les nôtres, où qu'ils choisissent de vivre, des changements qui redressent les torts d'une façon qui favorise les rapprochements. Les droits de la personne, l'espoir, les possibilités à exploiter et l'épanouissement de l'être humain ne sont pas l'apanage d'un seul groupe ou d'un seul segment de la société canadienne; cela nous appartient [à] tous. Les excuses ne marquent pas un point final[29].

La réconciliation nationale exige le respect des différences et la recherche d'un terrain d'entente afin que nous puissions construire ensemble un avenir meilleur. La réalisation des espoirs entrevus par les survivants le jour des excuses du Canada repose sur notre capacité à trouver ce terrain d'entente.

Nous croyons ainsi que tous les paliers de gouvernement doivent prendre un nouvel engagement envers la réconciliation et la responsabilité. Le gouvernement fédéral, les Premières Nations, les Inuits, les Métis et tous les Canadiens profiteront de l'établissement d'un organisme de surveillance dédié à de nombreux objectifs, notamment la participation aux discussions sur la réconciliation et la production régulière de rapports d'évaluation de la progression des engagements envers la réconciliation. La progression de la réconciliation à tous les paliers du gouvernement et des organismes de la société civile requiert une attention particulière et des mesures pour quantifier les avancées. En ce qui concerne l'éducation publique, il sera important d'assurer que tous les Canadiens disposent des ressources éducatives et des outils pratiques nécessaires pour faire progresser la réconciliation.

Appels à l'action :

53) Nous demandons au Parlement du Canada d'adopter, en consultation et en collaboration avec les peuples autochtones, des dispositions législatives visant à mettre sur pied un conseil national de réconciliation. Plus particulièrement, nous demandons que ces dispositions établissent le conseil en tant qu'organisme de surveillance indépendant de portée nationale dont les membres, autochtones et non autochtones, sont nommés conjointement par le gouvernement du Canada et des organisations autochtones nationales. Le mandat de ce conseil comprendrait, sans toutefois s'y limiter, ce qui suit :

    i. surveiller et évaluer les progrès réalisés en matière de réconciliation une fois les excuses faites, présenter un rapport annuel à ce sujet au Parlement et à la population du Canada et s'assurer que le gouvernement continue de s'acquitter, au cours des prochaines années, de sa responsabilité d'établir une bonne relation entre les peuples autochtones et l'État;

ii. surveiller et évaluer les progrès réalisés en matière de réconciliation à tous les niveaux et secteurs de la société canadienne et présenter un rapport à cet égard au Parlement et à la population du Canada, notamment en ce qui touche la mise en œuvre des appels à l'action de la Commission de vérité et réconciliation;

iii. élaborer et mettre en œuvre un plan d'action pluriannuel national pour la réconciliation, ce qui englobe des activités de recherche et d'élaboration de politiques, des programmes d'éducation du public et des ressources;

iv. promouvoir le dialogue public, les partenariats publics-privés de même que les initiatives publiques de réconciliation.

54) Nous demandons au gouvernement du Canada de fournir un financement pluri-annuel pour les besoins du conseil national de réconciliation qui sera créé afin de s'assurer qu'il dispose des ressources humaines, financières et techniques nécessaires pour mener ses travaux, y compris la dotation d'une fiducie de la réconciliation nationale pour faire avancer le dossier de la réconciliation.

55) Nous demandons à tous les ordres de gouvernement de fournir des comptes rendus annuels ou toutes données récentes que demande le conseil national de réconciliation afin de permettre à celui-ci de présenter des rapports sur les progrès réalisés en vue de la réconciliation. L'information ainsi communiquée comprendrait, sans toutefois s'y limiter :

i. le nombre d'enfants autochtones pris en charge — y compris les enfants métis et inuits — par comparaison avec les enfants non autochtones, les motifs de la prise en charge d'enfants par l'État ainsi que les dépenses totales engagées pour les besoins des services de prévention et de nature autre offerts par les organismes de protection de l'enfance;

ii. une comparaison en ce qui touche le financement destiné à l'éducation des enfants des Premières Nations dans les réserves et à l'extérieur de celles-ci;

iii. une comparaison sur les plans des niveaux de scolarisation et du revenu entre les collectivités autochtones et les collectivités non autochtones du Canada;

iv. les progrès réalisés pour combler les écarts entre les collectivités autoch-tones et les collectivités non autochtones en ce qui a trait à divers indica-teurs de la santé dont la mortalité infantile, la santé maternelle, le suicide, la santé mentale, la toxicomanie, l'espérance de vie, les taux de natalité, les problèmes de santé infantile, les maladies chroniques, la fréquence des cas de maladie et de blessure ainsi que la disponibilité de services de santé appropriés;

v. les progrès réalisés pour ce qui est d'éliminer la surreprésentation des jeunes autochtones dans le régime de garde applicable aux adolescents, au cours de la prochaine décennie;

vi. les progrès réalisés dans la réduction du taux de la victimisation criminelle des Autochtones, y compris des données sur les homicides, la victimisation liée à la violence familiale et d'autres crimes;

vii. les progrès réalisés en ce qui touche la réduction de la surreprésentation des Autochtones dans le système judiciaire et correctionnel.

56) Nous demandons au premier ministre du Canada de répondre officiellement au rapport du conseil national de réconciliation en publiant un rapport annuel sur la « situation des peuples autochtones », dans lequel on pourrait présenter les intentions du gouvernement pour ce qui est de faire avancer le dossier de la réconciliation.

Ces nouveaux cadres et engagements ne pourront réussir sans une compréhension et une sensibilité accrues des personnes qui les administrent.

Appel à l'action :

57) Nous demandons aux gouvernements fédéral, provinciaux, territoriaux et municipaux d'assurer l'éducation des fonctionnaires sur l'histoire des peuples autochtones, incluant l'histoire et les séquelles des pensionnats, la *Déclaration des Nations unies sur les droits des peuples autochtones*, les traités et les droits des autochtones, le droit autochtone et les relations entre les Autochtones et la Couronne. Cet enseignement requiert une formation de perfectionnement en matière de compétences interculturelles, de résolution de conflits, de droits de la personne et de lutte contre le racisme.

Les Églises

La violence spirituelle et les pensionnats

Selon un vieil adage, « pour élever un enfant, il faut tout un village ». Le retrait des enfants autochtones de leur village était vu comme une mesure nécessaire pour réussir leur assimilation. Toutefois, non seulement le gouvernement du Canada a arraché les enfants à leurs foyers et à leurs villages, mais il a aussi entrepris de détruire l'intégrité culturelle et fonctionnelle de leurs villages, dans lesquels ils ont été renvoyés par la suite.

L'enseignement de la foi chrétienne comptait parmi les missions fondamentales des pensionnats. On a appris aux enfants autochtones à rejeter les traditions spirituelles de leurs parents et de leurs ancêtres en faveur de la religion prédominante dans la société colonisatrice. En dénigrant et rejetant leurs pratiques religieuses traditionnelles, on a dévalorisé les enfants eux-mêmes. En tant que membres des Premières Nations, des Inuits ou des Métis, ils étaient exclus de l'affection que le Tout-Puissant accordait à tous les autres êtres humains. En effet, leurs enseignants chrétiens les considéraient comme des êtres inférieurs qu'il fallait « élever » dans l'échelle humaine par le christianisme, en les façonnant au moule des idéaux chrétiens racistes ayant cours à l'époque. Les conséquences de ce traitement ont été exacerbées par les lois et les politiques fédérales qui interdisaient les pratiques spirituelles autochtones traditionnelles dans les collectivités d'origine des enfants pendant la plus grande partie de l'époque des pensionnats.

Il y a violence spirituelle :

- lorsqu'on interdit à une personne de suivre sa tradition spirituelle ou religieuse préférentielle;

- lorsqu'on impose à une personne une voie ou une pratique spirituelle ou religieuse qui lui est étrangère;

- lorsqu'on dénigre les traditions, les croyances ou les pratiques spirituelles ou religieuses d'une personne;

- lorsqu'on incite une personne à ressentir de la honte envers la pratique de ses croyances traditionnelles ou familiales.

Ce ne sont pas les preuves qui manquent pour étayer notre conclusion que la violence spirituelle était monnaie courante dans les pensionnats.

Les effets de cette violence sont profonds et n'ont pas cessé avec la fin du système des pensionnats. Lors de l'événement national de l'Alberta, un survivant, Théodore (Ted) Fontaine a dit, sans doute comme bien des survivants l'auraient fait : « J'ai subi des abus sexuels, des abus physiques, mentaux, spirituels. Et je vais vous dire [...] la chose dont nous avons le plus souffert est la violence mentale et spirituelle qu'on a gardée avec nous pour le reste de nos vies[30]. »

À l'événement national en Saskatchewan, l'aîné et survivant Noel Starblanket, chef national de la Fraternité des Indiens du Canada (qui deviendra l'Assemblée des Premières Nations), a abordé l'incidence spirituelle intergénérationnelle des pensionnats. Il a rapporté : « Mon arrière-grand-père [...] a été le premier à subir les violences de ces Églises et de ces gouvernements, et ils ont forcé ses enfants à aller dans des pensionnats indiens et c'est ainsi qu'a commencé ce terrible héritage. Ils l'ont traité d'impie, de païen [...] et ça, c'était à la fin du XIXe siècle. J'ai vécu avec ça dans ma famille depuis cette époque[31]. »

Dans l'ensemble du pays, les survivants ont décrit comment le personnel des pensionnats les diabolisait, les punissait et les terrorisait pour qu'ils acceptent les croyances chrétiennes.

Geraldine Bob nous a déclaré :

> Nous avons commencé par prier [...] et nous avons prié de nouveau après le déjeuner [...] Nous sommes allés à l'école et nous avons prié avant l'école; nous avons eu du catéchisme. Et avant d'aller dîner, nous devions encore prier; et après le dîner nous devions encore prier. Après l'école, nous devions suivre d'autres leçons de catéchisme. Et nous devions prier de nouveau avant le souper, après le souper, puis dans la soirée. Je me souviens de toutes ces prières parce que je n'acceptais pas ni ne reconnaissais leur Dieu ni leur religion [...] Je ne voulais pas participer à la [communion, mais] ils nous y forçaient et nous battaient physiquement si nous refusions [...] C'est en quelque sorte de la brutalité spirituelle que j'ai vécue là-bas[32].

Le survivant et ancien premier ministre des Territoires du Nord-Ouest Stephen Kakfwi a dit :

> La sœur disait « Tu sais, Steve, tu n'écoutes pas. Tu es comme un démon. » Je me posais souvent des questions à ce propos. Vous savez, vous faites une dépression et toutes ces choses, et vous pensez, peut-être qu'elle avait raison, vous savez, peut-être qu'à neuf ans, peut-être que j'étais un démon. Pour quelle autre raison pourrais-je avoir été puni par une sœur? Pourquoi m'aurait-elle frappé? Pourquoi m'aurait-elle battu? Je dois être vraiment méchant pour que les gens de Dieu me traitent ainsi[33].

Robert Keesick a déclaré :

> Lorsque je suis arrivé au pensionnat, deux sœurs m'ont reçu. Je n'étais pas
> le bienvenu. L'une d'elles a dit [...] « Connais-tu tes parents? » J'ai répondu
> « Je connais ma maman. » Elle m'a demandé de nouveau « Connais-tu ton
> papa? » [J'ai dit] « Pas vraiment. » Elle a dit « Alors tu es un bâtard. Nous
> n'acceptons pas l'œuvre du diable dans cette école. » [...] À partir de ce mo-
> ment, ç'a été l'enfer. On m'appelait bâtard, sauvage, démon. Je n'étais pas
> autorisé à jouer avec les autres enfants[34].

Elaine Durocher a dit :

> Nous priions tout le temps. Nous étions toujours à genoux. Ils nous di-
> saient que nous étions des petits sauvages stupides et qu'ils devaient nous
> éduquer. Comme nous étions des enfants métis, nous aurions dû en savoir
> plus que les enfants autochtones, car nous avons du sang de blanc en nous.
> Alors, comme nous étions trop stupides, ils allaient nous battre, nous battre
> pour que nous comprenions. Nous priions tout le temps, car nous étions
> des enfants diaboliques. Comme nous étions nés métis, nous étions stupi-
> des, ils devaient nous éduquer[35].

Non seulement la violence spirituelle était pratiquée dans les pensionnats et
imposée par les enseignants, mais les enfants eux-mêmes ont également appris
et accepté que cette violence fasse partie de leur vie; ils ont perpétué ces pratiques lorsqu'ils sont retournés dans leur collectivité et qu'ils sont devenus des
parents et des adultes. La survivante intergénérationnelle Ava Bear nous a dit que
son grand-père et son père ont tous deux fréquenté un pensionnat.

> Mon père n'a jamais pu se remettre de son séjour au pensionnat, il avait
> l'habitude d'appeler les gens de notre propre peuple sales païens, parce
> que c'est ce qu'on lui avait enseigné à l'école [...] Mon père n'a jamais cru à
> rien de culturel. Nous n'avons jamais mangé de gibier. Nous n'avons jamais
> parlé notre langue. La première fois que le sorcier est venu dans notre
> communauté, ma sœur et moi nous sommes toutes deux engagées dans le
> comité du pow-wow. Un jour, ma mère a dit : « Papa dit que vous, les filles,
> vous n'êtes pas censées participer au comité du pow-wow, car c'est trop
> païen. » Alors j'ai arrêté, mais ma sœur y participe toujours. Ainsi, nous
> avons perdu notre culture. Nous avons perdu notre langue[36].

La survivante Iris Nicholas a expliqué que, en tant qu'adultes, d'autres survivants et elle-même portent toujours une peur profonde de l'Église qui leur a
été inspirée lorsqu'ils étaient enfants.

Au pensionnat, on nous disait que nous étions des païens et que nous grandirions pour devenir des bons à rien d'Indiens. Réalisaient-ils l'impact que leurs mots avaient sur nous? Ça n'aidait pas les enfants de savoir que nous irions en enfer si nous ne faisions pas ce que les sœurs demandaient. Cette peur m'habite encore. Je suis sûr que d'autres survivants ressentent encore la peur, et particulièrement depuis que nous révélons la vraie nature du gouvernement et de l'Église catholique qui utilisaient la force et la peur comme une tactique pour soumettre des enfants indiens innocents[37].

Que des chrétiens du Canada, au nom de leur religion, aient causé de graves préjudices aux enfants autochtones, à leurs familles et à leurs collectivités était en contradiction fondamentale avec ce qu'ils prétendaient être leurs convictions profondes. Pour que les Églises évitent de répéter leurs erreurs du passé, il leur faut comprendre comment et pourquoi elles ont perverti la doctrine chrétienne pour justifier leur comportement. Il s'agit d'un savoir essentiel qu'elles peuvent puiser dans l'expérience des pensionnats.

Les excuses des Églises

Les survivants, que les représentants ecclésiastiques n'ont pas crus pendant de nombreuses années lorsqu'ils révélaient les sévices subis dans les pensionnats, avaient besoin d'entendre les Églises dire la vérité. Ils avaient besoin de voir que ces dernières se tenaient maintenant responsables autant par leurs mots que par leurs actes. Entre 1986 et 1998, les quatre Églises parties à la Convention de règlement ont présenté des excuses ou une déclaration de regrets sous une forme ou une autre, pour avoir tenté de détruire les cultures, les langues, la spiritualité et les modes de vie des Autochtones, et plus précisément pour leur implication dans les pensionnats.

Les Églises Unie, anglicane et presbytérienne ont suivi un parcours semblable : des membres ou des comités à l'échelon national de chacune d'elles ont pris conscience de la nécessité de présenter des excuses; elles ont établi un processus décisionnel au plus haut niveau de l'organisation; enfin, elles ont présenté leurs excuses par l'intermédiaire de leur modérateur ou de leur primat qui s'exprimait au nom de l'Église dans son ensemble.

Contrairement aux trois confessions protestantes, l'Église catholique romaine du Canada ne dispose pas d'un interlocuteur ayant le pouvoir de représenter l'ensemble des nombreux diocèses et ordres religieux qui la composent. La présentation d'excuses ou la déclaration de regrets a donc été laissée à l'initiative de chacun. Il en a résulté une mosaïque de déclarations dont bon nombre de survivants et de religieux n'auront jamais connaissance.

Les catholiques du Canada et du monde entier obéissent à l'autorité spirituelle et morale du pape. Par conséquent, les survivants et autres intervenants ne cachent pas leur déception devant le fait que le pape n'ait pas encore offert, au Canada, des excuses publiques claires et franches pour les violences perpétrées dans les pensionnats administrés par les catholiques dans tout le pays.

Le 29 avril 2009, le chef national de l'Assemblée des Premières Nations, Phil Fontaine, quatre autres chefs autochtones et cinq dirigeants de la communauté catholique canadienne se sont rendus à Rome pour une audience privée auprès du pape Benoît XVI. Aucun enregistrement de la rencontre n'a été autorisé, mais le Vatican a ensuite publié un communiqué résumant les paroles du chef de l'Église.

> Vu les souffrances que des enfants autochtones ont subies dans le système des pensionnats canadiens, le Saint-Père a exprimé ses regrets pour l'angoisse causée par la conduite déplorable de certains membres de l'Église et a offert sa sympathie et sa solidarité dans la prière. Sa Sainteté a souligné que les gestes d'abus ne sauraient être tolérés dans la société. Le pape a prié pour que les personnes affectées connaissent la guérison et il a encouragé les peuples des Premières Nations à continuer d'aller de l'avant, portés par une espérance renouvelée[38].

Les médias ont rapporté que le chef Fontaine et d'autres chefs autochtones présents à l'audience considéraient cette déclaration comme importante pour tous les survivants. Le chef Fontaine a déclaré au service des nouvelles de la CBC que même si la déclaration n'équivalait pas à des excuses officielles, il espérait que les regrets du pape permettraient aux survivants de clore l'histoire des pensionnats. « Le fait que le mot "excuse" n'ait pas été utilisé ne diminue pas [l'importance] de ce moment d'aucune façon, a-t-il dit. Cette expérience m'est d'un grand réconfort[39]. »

Même si toutes les personnes présentes ont trouvé les regrets du pape sincères, même s'ils ont été largement diffusés dans les médias, on peut douter de leur pertinence, s'ils en ont, pour les survivants, leurs familles et leurs collectivités, qui n'ont pu entendre ces paroles de leurs propres oreilles. Bon nombre de survivants ont souligné que l'absence d'excuses claires de la part du Vatican montre que l'Église catholique n'a pas encore admis la gravité de ses actes dans les pensionnats, ce qui permet encore à beaucoup de sœurs et de prêtres catholiques de mettre en doute la véracité des allégations contre leurs collègues. Une simple déclaration de regrets quant au mal fait aux enfants dans les écoles demeure bien loin d'une présentation d'excuses en bonne et due forme reconnaissant la responsabilité pour les torts causés.

La Commission remarque que, en 2010, le pape Benoît XVI a réagi différemment à la question du mauvais traitement des enfants en Irlande; il s'est montré plus clair en publiant une lettre pastorale, une déclaration publique distribuée aux membres de toutes les églises catholiques d'Irlande. Il y reconnaissait que l'Église avait failli à régler les problèmes d'abus sur des enfants dans les établissements catholiques.

> Ce n'est qu'en examinant avec attention les nombreux éléments qui ont donné naissance à la crise actuelle qu'il est possible d'entreprendre un diagnostic clair de ses causes et de trouver des remèdes efficaces. Il est certain que parmi les facteurs qui y ont contribué, nous pouvons citer: des procédures inadéquates pour déterminer l'aptitude des candidats au sacerdoce et à la vie religieuse; une formation humaine, morale, intellectuelle et spirituelle insuffisante dans les séminaires et les noviciats; une tendance dans la société à favoriser le clergé et d'autres figures d'autorité, ainsi qu'une préoccupation déplacée pour la réputation de l'Église et pour éviter les scandales, qui a eu pour résultat de ne pas appliquer les peines canoniques en vigueur et de ne pas protéger la dignité de chaque personne. Il faut agir avec urgence pour affronter ces facteurs, qui ont eu des conséquences si tragiques pour les vies des victimes et de leurs familles[40].

Il s'est adressé directement aux personnes qui, durant leur enfance, ont subi des maltraitances de la part de membres du clergé.

> Vous avez terriblement souffert et j'en suis profondément désolé. Je sais que rien ne peut effacer le mal que vous avez subi. Votre confiance a été trahie, et votre dignité a été violée. Beaucoup d'entre vous, alors que vous étiez suffisamment courageux pour parler de ce qui vous était arrivé, ont fait l'expérience que personne ne vous écoutait. Ceux d'entre vous qui ont subi des abus dans les collèges doivent avoir eu l'impression qu'il n'y avait aucun moyen d'échapper à leur souffrance. Il est compréhensible que vous trouviez difficile de pardonner ou de vous réconcilier avec l'Église. En son nom, je vous exprime ouvertement la honte et le remord que nous éprouvons tous. Dans le même temps, je vous demande de ne pas perdre l'espérance [...]

> En m'adressant à vous comme pasteur, préoccupé par le bien de tous les fils de Dieu, je vous demande avec humilité de réfléchir sur ce que je vous ai dit. [...] Je suis confiant que [...] vous serez capables de trouver la réconciliation, une guérison intérieure profonde et la paix[41].

Au Canada, pendant plus d'un siècle, des milliers d'enfants des Premières Nations, des Inuits et des Métis ont été soumis à des violences spirituelles, émotionnelles, physiques et sexuelles dans les pensionnats catholiques. Hormis une brève audience privée avec le pape Benoît XVI en 2009, le Vatican a gardé le silence sur la participation de l'Église catholique romaine dans le système canadien des pensionnats. Lors des audiences de la Commission, de nombreux survivants nous ont dit savoir que le pape s'était excusé auprès des survivants des pensionnats catholiques en Irlande. Ils se demandent pourquoi il n'en a pas fait de même envers eux. Parmi les propos recueillis : « Je n'ai pas entendu le pape me dire "Je suis désolé" ». Ces mots sont très importants pour moi [...] mais il ne les a pas dits aux gens des Premières Nations[42]. »

Appel à l'action :

58) Nous demandons au pape de présenter, au nom de l'Église catholique romaine, des excuses aux survivants, à leurs familles ainsi qu'aux collectivités concernées pour les mauvais traitements sur les plans spirituel, culturel, émotionnel, physique et sexuel que les enfants des Premières Nations, des Inuits et des Métis ont subis dans les pensionnats dirigés par l'Église catholique. Nous demandons que ces excuses soient semblables à celles faites en 2010 aux Irlandais qui avaient été victimes de mauvais traitements et à ce qu'elles soient présentées par le pape au Canada, dans un délai d'un an suivant la publication du présent rapport.

Les réactions des survivants aux excuses de l'Église

Les survivants ont fait de nombreuses déclarations à la Commission sur les excuses du Canada, mais on ne peut en dire autant sur les excuses de l'Église. Il est frappant de constater que, même s'ils nous ont beaucoup parlé de combien les Églises avaient affecté leur vie et de leur propension à pratiquer ou non le christianisme à l'âge adulte, les survivants ont rarement mentionné les excuses ou les éventuelles activités de guérison et de réconciliation des Églises. Ils ont pourtant entendu des représentants religieux leur présenter des excuses lors des événements nationaux de la CVR. Leurs contacts avec les entités religieuses ont souvent été plus informels et personnels. Des survivants ont consulté les archives des établissements religieux exposées dans les aires d'apprentissage de la CVR, ont emporté des exemplaires des excuses et ont parlé directement avec des représentants des autorités religieuses. Ils ont également discuté avec leurs représentants dans les cercles d'écoute des Églises et dans les cercles de partage publics[43].

Lorsque le regretté Alvin Dixon, président du Comité des survivants des pensionnats indiens de l'Église Unie du Canada, s'est adressé à la Commission durant l'événement national du Nord à Inuvik en 2011, il a exprimé ce que beaucoup d'autres survivants ont pu penser des excuses présentées par les Églises.

Les excuses ne viennent pas naturellement. Elles ne viennent pas facilement. Quand nous avons entendu les excuses en 1986, nous, les membres de l'Église Unie des Premières Nations, ne les avons pas acceptées, mais nous avons accepté de les recevoir et d'observer, et d'attendre, et de travailler avec l'Église Unie pour donner un peu d'étoffe, un peu de poids à ces excuses. Nous pensions tous que des excuses devaient être des paroles d'action, des paroles de sincérité qui devaient signifier quelque chose. [...] Notre tâche, c'est de nous assurer que l'Église Unie fasse suivre ses excuses de gestes significatifs. [...]

Vous savez, notre travail ne fait que commencer et nous allons laisser cette Église, les autres Églises et le Canada marcher sur des braises afin que cette démarche de guérison dure aussi longtemps que nécessaire pour que nous puissions nous remettre des répercussions de nos expériences dans ces pensionnats.

L'autre problème à régler, c'est que nos pratiques spirituelles traditionnelles n'ont pas été condamnées à l'origine uniquement par l'Église Unie, mais par toutes les Églises [...] eh bien, notre Église soutient à présent nos assemblées spirituelles autochtones et nous allons organiser une assemblée spirituelle autochtone nationale à Prince-Rupert cet été. [...] Donc, nous allons laisser cette Église marcher sur des braises et nous assurer qu'elle s'engage réellement à donner vie à ses excuses[44].

La déclaration d'Alvin Dixon a rejoint celles que la Commission a recueillies auprès des survivants au sujet des excuses du Canada. Les excuses officielles faites au nom d'institutions ou de gouvernements ont certes été accueillies favorablement mais, comme il fallait s'y attendre, avec scepticisme. Quand la confiance a été rompue aussi profondément, seul le temps peut la restaurer, sous le regard des survivants qui observent comment les Églises interagissent avec eux dans leur quotidien. Il a expliqué, en langage concret, comment les survivants continueraient de tenir les Églises responsables de leurs actions. Les excuses marquaient le point de départ du parcours de la réconciliation; la preuve de leur sincérité repose sur les gestes qui suivront les paroles. Il a insisté sur l'importance, pour les survivants, de voir les Églises non seulement admettre qu'elles ont eu tort de condamner la spiritualité autochtone, mais aussi aller plus loin en soutenant activement les assemblées spirituelles traditionnelles. Cette ligne de conduite, toutefois, nécessite un engagement à long terme de sensibiliser les congrégations religieuses à l'importance de ces actions.

Appel à l'action :

59) Nous demandons aux représentants de l'Église qui sont parties à la Convention de règlement d'élaborer des stratégies d'éducation pour que leurs congrégations apprennent le rôle joué par l'Église en ce qui a trait à la colonisation de même qu'à l'histoire et aux séquelles des pensionnats, de même que les raisons pour lesquelles des excuses aux anciens élèves des pensionnats et à leurs familles de même qu'aux collectivités concernées sont nécessaires.

Honorer la spiritualité autochtone

De nombreux survivants ont déclaré à la Commission que la reprise de contact avec les enseignements et les pratiques autochtones traditionnels en matière de spiritualité s'est révélée essentielle à leur guérison, certains allant jusqu'à affirmer qu'elle leur avait « sauvé la vie ». L'un d'eux a déclaré : « Les danses du Soleil et tous les autres enseignements, les pavillons de ressourcement, les huttes de sudation [...] Je sais que c'est tout ça qui m'a aidé à rester sain d'esprit; à ne pas m'effondrer et devenir complètement fou. C'est ce qui m'a aidé : les enseignements de notre culture et notre langue[45]. »

La perte de contact avec leur langue et leur culture dans les pensionnats a eu des effets dévastateurs sur les survivants, leurs familles et leurs collectivités. La terre, la langue, la culture et l'identité sont indissociables de la spiritualité; ce sont des éléments fondamentaux du mode de vie, de l'existence même d'un peuple autochtone. En tant que survivant et en qualité d'aîné anishinaabe, Fred Kelly explique :

Le fait qu'on se soit emparé des terres territoriales de ces populations autochtones dont l'esprit collectif est lié intrinsèquement à la Mère Terre les a dépouillées de leur âme et de l'essence même de leur existence, le résultat étant la déstructuration de l'intégralité des nations autochtones. Affaiblies par la maladie et privées de leurs sources alimentaires traditionnelles et de leurs « médecins », les Premières nations n'ont eu aucune défense contre d'autres empiètements gouvernementaux sur leur vie. Pourtant, elles ont continué à se conformer aux termes des traités faisant confiance en vain à la probité de la Couronne. Les membres des Premières nations ont été mortellement blessés dans leur intelligence, leur corps, leur cœur et leur esprit, ce qui les a transformés en « morts-vivants ». Le rétablissement prendra du temps; heureusement ils ont continué clandestinement à pratiquer leurs traditions spirituelles jusqu'au jour de leur résurgence qui ne devrait plus tarder à venir [...] Je suis heureux que mes ancêtres ont été capables de conserver clandestinement leurs croyances spirituelles à l'époque où celles-ci ont été interdites et ont fait l'objet de persécution. Grâce à ces croyances et au Créateur, les coutumes et les traditions de mon peuple sont préservées et elles m'ont fourni les réponses que je cherchais[46].

Jennie Blackbird, qui a fréquenté l'Institut Mohawk à Brantford, en Ontario, a expliqué la situation de cette façon :

> Nos aînés nous ont appris que la langue est l'âme de la nation et que le son de notre langue est son ciment. L'anishinaabemowin [nous] donne la capacité de voir dans notre avenir. […] L'anishinaabemowin nous donne la capacité d'écouter [...] ce qui se passe autour de nous et la capacité d'écouter ce qui se passe à l'intérieur de nous. En voyant et en écoutant, nous pouvons récolter ce qui nous est nécessaire pour nous soutenir et accéder aux valeurs qui nous guériront. Aussi loin que je me souvienne, quand je parlais ma langue pendant mon enfance, cela m'aidait à rétablir mon harmonie intérieure en préservant mon bien-être mental, émotionnel, physique et spirituel[47].

La crainte spirituelle, la confusion et les conflits sont les conséquences directes de la violence avec laquelle les peuples autochtones ont été arrachés à leurs croyances traditionnelles. Ces tourments rendent particulièrement urgent de comprendre le rôle des Églises du Canada dans une réelle réconciliation avec les peuples autochtones. Un bon nombre de survivants nous ont parlé des nombreuses contradictions qu'ils perçoivent à présent entre leur connaissance adulte de l'éthique chrétienne et des enseignements bibliques et les traitements subis dans les pensionnats. Ces contradictions montrent la crainte spirituelle et la confusion que tant de survivants ont connues.

Les enfants qui rentraient chez eux après leur séjour au pensionnat n'avaient plus de liens avec des familles qui parlaient encore leur langue traditionnelle et pratiquaient leur spiritualité traditionnelle. Les survivants qui voulaient apprendre les enseignements spirituels de leurs ancêtres ont été critiqués et parfois ostracisés par les membres chrétiens de leur famille et par l'Église. Les survivants et leurs proches ont rapporté que ces tensions ont conduit à l'éclatement de familles; voilà quelle est la profondeur de ce conflit spirituel.

La survivante Martina Fisher a dit que, à l'âge adulte, elle s'était rapprochée des pratiques spirituelles autochtones avec une certaine appréhension. Elle avait peur que l'Église et sa famille désapprouvent ce qu'elle faisait.

> Lorsque je suis allée pour la première fois dans une hutte de sudation, je tremblais. J'avais tellement peur. Et [ma sœur cadette] m'a demandé [...] pourquoi j'avais peur. J'ai répondu : « Eh bien, je vais faire mal à l'Église et je fais faire mal à papa et à maman. » Elle a dit : « Non. Ça va aller. ». [...] J'étais déjà au début de la trentaine, et j'avais toujours peur. Je suis donc entrée dans la hutte de sudation avec elle. Et je suis tellement heureuse d'y être allée [...] car lorsque tout a été terminé [...] c'était comme si tout était

devenu plus léger. Je me sentais si légère, et je sentais que j'avais retrouvé mon foyer [...] J'ai essayé de continuer d'aller à l'Église, mais lorsqu'ils ont appris que je participais à la danse du soleil, que j'allais à la suerie [...] on me disait dans ma propre communauté [...] que j'étais un démon. [...] Lorsque nous avons participé à une suerie [...] et qu'une personne est morte, ils nous ont blâmés. Ils croyaient que nous faisions entrer le diable dans la communauté. Voilà à quel point notre petite communauté est christianisée. C'est difficile pour eux d'accepter ce qu'ils sont. Je leur dis toujours : « Vous devez être fiers de ce que vous êtes. Vous êtes Anishinaabe. Vous ne pouvez être quelqu'un d'autre[48]. »

En somme, les pensionnats ont eu pour conséquence de priver les Premières Nations, les Inuits et les Métis de leurs droits de naissance et de leur patrimoine spirituel. À notre avis, il est nécessaire de soutenir le droit des peuples autochtones à l'autodétermination dans le domaine spirituel comme une haute priorité dans le cadre du processus de réconciliation, en respect de la *Déclaration des Nations Unies sur les droits des peuples autochtones*. Les peuples autochtones auxquels on a refusé le droit de pratiquer et d'enseigner leurs propres croyances et traditions spirituelles et religieuses doivent maintenant être en mesure de le faire librement et selon leur volonté[49]. Pour nombre d'entre eux, cela ne sera pas facile.

Beaucoup de survivants ainsi que leurs familles continuent de vivre dans la crainte spirituelle de leurs propres traditions. Une telle crainte est le résultat direct des croyances religieuses qui leur ont été imposées par ceux qui géraient les pensionnats. Cette crainte longuement intériorisée s'est répercutée sur plusieurs générations, et il est difficile de s'en défaire. Elle est exacerbée par le fait que la doctrine chrétienne aujourd'hui ne parvient toujours pas à consentir un respect plein et approprié aux systèmes de croyances spirituelles autochtones.

Si les survivants étaient seuls à faire face à ce dilemme, on pourrait dire qu'ils devraient être en mesure de le résoudre par eux-mêmes de la manière qui s'offre à eux, notamment avec l'aide d'alliés de confiance au sein de l'Église. Cependant, le dilemme du conflit spirituel n'affecte pas que les survivants. En effet, il touche aussi leurs enfants et leurs petits-enfants qui, de nos jours, se rendent compte qu'ils ont hérité de bien plus de choses que ce que les pensionnats et la société canadienne leur ont transmis. Ils se rendent compte que chaque nation autochtone a aussi sa propre histoire et que ces histoires font partie de ce qu'ils sont. De nos jours, les jeunes des Premières Nations, des Inuits et des Métis sont à la recherche de leur identité, ce qui inclut leurs langues et leurs cultures.

Les parents autochtones aimeraient que leurs enfants soient élevés dans un environnement communautaire qui leur offre tout cela. Cependant, des conflits éclatent souvent au sein des collectivités lorsque ceux qui ont été influencés par les doctrines des Églises croient qu'enseigner les croyances culturelles autochtones aux enfants revient à propager le mal. Certains continuent à s'opposer aux croyances spirituelles autochtones et à vouloir empêcher ou interdire leur pratique[50].

Avoir un droit qu'on a peur d'exercer équivaut à ne pas avoir ce droit du tout. D'après la Déclaration, les gouvernements (et autres parties) ont désormais l'obligation d'aider les collectivités autochtones à rétablir leurs propres systèmes de croyance spirituelle et de pratiques religieuses, si ceux-ci ont été compromis ou ont fait l'objet de violences spirituelles à cause de lois, de politiques ou de pratiques antérieures. Nul ne doit se faire dicter qui est son Créateur, ou comment l'adorer. C'est un choix individuel et, pour les peuples autochtones, c'est également un droit collectif. Aussi, les Premières Nations, les Inuits et les Métis doivent avoir l'assurance qu'ils ont effectivement la liberté de choisir et que leur choix sera respecté.

Toutes les confessions religieuses au Canada doivent respecter ce droit, et les Églises unie, anglicane, presbytérienne et catholique qui sont parties à la Convention de règlement ont une responsabilité particulière quant à la reconnaissance officielle de la spiritualité autochtone comme forme valide de culte égale à la leur. Il ne revient pas à des individus au sein des Églises d'élever la voix quand une telle liberté de culte est niée. En fait, c'est plutôt aux Églises, en tant qu'institutions religieuses, de rendre à la spiritualité autochtone ses pleins droits. Sans cette reconnaissance officielle, une réconciliation complète et durable demeurera impossible. La guérison et la réconciliation ont une dimension spirituelle dont les Églises doivent prendre soin en partenariat avec les chefs spirituels autochtones, les survivants, leurs familles et leurs communautés.

De nombreux peuples autochtones qui ne croient plus aux enseignements chrétiens ont trouvé que la reconquête de leur spiritualité était une étape importante de leur guérison et de leur sentiment d'identité. Certains n'ont aucun désir d'intégrer la spiritualité autochtone dans les institutions religieuses chrétiennes. Ils estiment plutôt que la spiritualité autochtone et la religion occidentale devraient coexister sur des chemins séparés, mais parallèles.

Devant la Commission, l'aîné Jim Dumont a parlé de l'importance de la non-ingérence et du respect mutuel.

> [L]es sévices et les préjudices commis dans les pensionnats, c'est l'Église qui en est l'une des principales sources. L'Église doit en accepter la responsabilité. Mais ce qui me dérange à ce propos, c'est que l'Église continue à avoir une emprise sur notre peuple. [...] Vous devez juste vous écarter de notre chemin pendant quelque temps afin que nous puissions faire ce que nous devons faire, car aussi longtemps que vous êtes là, à penser que vous nous soutenez, vous nous empêchez en fait de parvenir à notre propre vérité et à

notre propre guérison, et je pense qu'une autre chose que l'Église évite, c'est son propre besoin de se réconcilier avec l'Esprit. [...] Je pense que l'Église doit se réconcilier avec le Créateur. [...] Je ne suis pas chrétien, mais j'ai une haute estime pour cet Esprit [...] qu'on appelle Jésus. [...] À mon avis, quand l'Église sera capable de se réconcilier avec son Dieu et son Sauveur pour ce qu'elle a fait, alors peut-être pourrons-nous lui parler d'une réconciliation entre nous[51].

En revanche, les chrétiens autochtones qui pratiquent également la spiritualité autochtone cherchent la coexistence religieuse et spirituelle chrétienne et autochtone au sein des Églises elles-mêmes. Le révérend de l'Église Unie Alf Dumont, premier intervenant de la All Native Circle Conference, a déclaré :

Le respect est l'un des plus grands enseignements qui viennent des peuples d'origine de cette terre. Nos ancêtres ont suivi cet enseignement lors de leur rencontre avec leurs frères et sœurs chrétiens, il y a tant d'années. Ils ont vu une part de vérité et de sacré qu'ils ne pouvaient nier dans les enseignements chrétiens. Beaucoup ont voulu adopter ces enseignements et délaisser leurs enseignements traditionnels. Certains étaient prêts à adopter ces enseignements, mais sans abandonner les leurs. Certains n'ont pas voulu délaisser leurs propres traditions et, face à la persécution, se sont cachés soit profondément dans les montagnes, soit au plus profond d'eux-mêmes. Beaucoup se méfiaient à cause de la façon dont les enseignements [chrétiens] étaient présentés et de la façon dont ils étaient vécus. Ils se méfiaient du fait qu'on leur demandait de rejeter leurs propres coutumes et enseignements sacrés et d'adopter *uniquement* les nouveaux enseignements qui leur étaient donnés. Pourquoi ne pouvaient-ils pas prendre ce dont ils avaient besoin dans ces nouveaux enseignements et vivre quand même les leurs? C'était la façon de comprendre et d'enseigner le respect pour les croyances d'autrui. C'était la façon de faire des premiers peuples[52].

La révérende presbytérienne Margaret Mullin (Thundering Eagle Woman) l'a exprimé ainsi :

La révérende Margaret Mullin, Thundering Eagle Woman, du clan de l'ours peut-elle être à la fois une femme anishinaabe forte et une chrétienne? Oui je le peux, parce que je ne plante pas mes pieds dans deux mondes différents, deux religions différentes ou deux compréhensions différentes de Dieu. Les deux moitiés de moi sont unies dans le même Esprit. Je peux apprendre de mes grands-parents européens et autochtones qui ont tous marché sur le même chemin devant moi. Je peux apprendre de Jésus et je peux apprendre de mes aînés[53].

Chaque Église de la Convention de règlement s'est battue avec les défis théologiques et les réformes institutionnelles nécessaires que soulèvent les pratiques et les croyances spirituelles autochtones. Parallèlement, les membres autochtones des Églises assument un rôle de premier plan en assurant la défense des perspectives autochtones et leur pleine représentation dans les structures, les programmes et les services institutionnels de leurs Églises respectives.

En 2013, l'assemblée générale de l'Église presbytérienne du Canada a approuvé un rapport sur l'élaboration d'un cadre théologique pour la spiritualité autochtone au sein de l'Église. Le rapport soulignait « le besoin des chrétiens autochtones de demeurer fidèles à leur *identité autochtone* et à leur foi [chrétienne] », puis concluait entre autres que « cette conversation peut non seulement nous aider à rétablir notre relation avec les Autochtones en tant que presbytériens; mais peut également contribuer au renouveau de notre Église »[54].

L'Église anglicane a élaboré la vision d'une Église autochtone autonome qui coexisterait au sein de la structure institutionnelle élargie de l'Église. En 2001, le synode général de l'Église a adopté un plan stratégique nommé « A New Agape » qui établit la vision de l'Église pour :

> une nouvelle relation [...] fondée sur un partenariat qui met l'accent sur l'autonomie culturelle, spirituelle, sociale et économique des collectivités autochtones. Pour officialiser cette nouvelle relation, l'Église anglicane du Canada travaillera principalement avec [...] les peuples autochtones afin de créer une Église véritablement autochtone et anglicane au Canada. C'est une étape importante dans la quête globale de l'autonomie[55].

En 2007, l'Église a nommé son premier évêque national autochtone, le révérend Mark MacDonald.

L'Église Unie a également examiné ses fondements théologiques. Dans un rapport de 2007, « Vivre avec foi au sein de l'Empire : Rapport présenté au 39ᵉ Conseil général 2006 », l'Église Unie a répondu à un appel précédemment lancé par le Conseil œcuménique des Églises, qui demandait de « réfléchir à la question du pouvoir et de l'Empire dans la perspective biblique et théologique, et de prendre une position ferme et inspirée par la foi contre les puissances hégémoniques, car tout pouvoir est responsable devant Dieu »[56]. Le rapport recommandait de poursuivre les travaux, et un rapport de suivi, « Reviewing Partnership in the Context of Empire », a été publié en 2009. La réflexion théologique exposée dans le rapport soulignait :

> En développant notre modèle de partenariat, nous voulions dépasser le paternalisme et le colonialisme des missions du XIXᵉ siècle. Les travaux en cours pour développer des relations justes avec les peuples autochtones représentent une tentative de surmonter un passé marqué par la colonisation et le racisme. Cette lutte pour dépasser le cadre de l'Empire nécessite de reconnaître que notre théologie et notre interprétation biblique ont souvent favorisé le sexisme, le racisme, le colonialisme et l'exploitation de

la création. [...] Les théologies impérialistes voyaient Dieu et les hommes comme distincts et supérieurs aux femmes, aux peuples autochtones et à la nature[57].

En 2012, l'assemblée exécutive du Conseil général a publié un rapport de suivi des rapports de 2006 et 2009 sur une nouvelle façon d'envisager l'objectif théologique de l'Église et de restructurer ses institutions, en passant d'une théologie de l'impérialisme à une théologie du partenariat[58].

La Commission a demandé à toutes les Églises parties à la Convention de règlement de lui donner leurs points de vue sur la spiritualité autochtone et de lui dire quelles mesures ont été prises au sein de leurs institutions respectives pour respecter les pratiques spirituelles autochtones. En 2015, deux de ces Églises ont répondu à cet appel.

Le 29 janvier 2015, l'Église presbytérienne du Canada a publié une déclaration sur les pratiques spirituelles autochtones. Elle a notamment déclaré que :

> Dans le cadre de l'engagement des Églises à l'égard d'un cheminement vers la vérité et la réconciliation, l'Église presbytérienne du Canada a appris que de nombreuses facettes des spiritualités traditionnelles autochtones célèbrent la vie et l'unité avec la création. Il a parfois été difficile pour l'Église presbytérienne du Canada d'accepter cela. Nous savons maintenant qu'il existe une grande variété de pratiques spirituelles autochtones, et nous reconnaissons que notre Église doit, en toute humilité, continuer d'apprendre la signification profonde de ces pratiques et les respecter, ainsi que les aînés autochtones qui sont les gardiens des vérités sacrées traditionnelles. [...]
>
> Nous reconnaissons et respectons les membres autochtones de l'Église presbytérienne au Canada qui souhaitent intégrer des pratiques traditionnelles dans leurs congrégations et les membres autochtones qui ne sont pas à l'aise ou disposés à le faire. L'Église doit être une communauté où tous sont valorisés et respectés. Il n'appartient pas à l'Église presbytérienne du Canada de valider ou d'invalider les spiritualités et les pratiques autochtones. Notre Église, cependant, est profondément respectueuse de ces traditions[59].

Le 18 février 2015, l'Église Unie du Canada a publié une déclaration sur la reconnaissance des autres voies spirituelles. Le document fait état de différentes déclarations et demandes de pardon présentées par l'Église à l'égard de la spiritualité autochtone, y compris une expression de réconciliation à l'événement national de la CVR en Alberta le 27 mars 2014. L'Église a notamment déclaré :

> En toute humilité, l'Église reconnaît sa complicité dans la dégradation de la sagesse et de la spiritualité autochtones, et elle propose les déclarations

suivantes au regard de son histoire récente. Ce faisant, l'Église reconnaît avec douleur que cela constitue une question complexe et sensible pour certains au sein des communautés de foi autochtones qui, à la suite de notre travail de christianisation et en regard de l'héritage du colonialisme, ont entamé un cheminement pour rétablir leur harmonie et leur équilibre spirituel. [...]

Nous avons appris que les « bonnes intentions » ne sont jamais suffisantes, surtout quand elles sont dévoyées par un zèle issu d'un sentiment de supériorité culturelle et spirituelle. Ainsi, nous avons appris que nous avions tort de rejeter, de discréditer et même de proscrire la pratique et les cérémonies spirituelles autochtones traditionnelles; lors d'incroyables cercles de grâce, alors que nous avons commencé à écouter la sagesse des anciens, nous avons vu notre propre foi enrichie et approfondie. Et nous en sommes reconnaissants. Nous savons qu'il nous reste beaucoup de chemin à parcourir. Nous sommes déterminés à faire ce voyage dans un esprit d'humilité et de partenariat, en entamant un travail de guérison afin de rétablir notre propre spiritualité, et en reconnaissant qu'il est possible de conserver à la fois votre spiritualité et la nôtre, grâce à l'écoute et à l'apprentissage avec un cœur ouvert[60].

Contrairement aux Églises protestantes, qui ont mené leur réflexion théologique et leur réforme institutionnelle à l'échelle nationale, l'Église catholique romaine du Canada aborde la spiritualité autochtone en privilégiant la prise de décision à l'échelon des diocèses locaux. Toutefois, dans son mémoire à la Commission royale sur les peuples autochtones en 1993, la Conférence des évêques catholiques du Canada a exprimé ses vues sur la spiritualité autochtone :

La voix de cette spiritualité est maintenant entendue non seulement dans l'Église catholique, mais aussi dans les autres milieux chrétiens et sociaux du monde entier. Il se développe donc une théologie qui intègre la prière, la culture et l'expérience des Autochtones. [...] Comme évêques, nous avons encouragé les dirigeants catholiques autochtones à assumer une plus grande responsabilité à l'égard de la vie de foi de leurs communautés. [...]

Nous reconnaissons également que, pour certains peuples autochtones, la spiritualité chrétienne et la spiritualité amérindienne s'excluent mutuellement. C'est donc animés d'un grand respect et d'un souci de dialogue que nous encourageons les Premières Nations à se pencher sur cette question des rapports entre le christianisme et la spiritualité autochtone. [...] Nous continuerons d'explorer la possibilité d'établir de meilleures voies de communication entre notre propre patrimoine spirituel et celui des Autochtones[61].

En ce qui concerne la réforme institutionnelle, le Conseil autochtone catholique du Canada, fondé en 1998, conseille la Conférence des évêques catholiques du Canada sur des questions touchant les peuples autochtones au sein de l'Église catholique. Le mandat du conseil est d'étudier et d'analyser « les questions reliées à la spiritualité et à l'éducation autochtones », d'encourager « le leadership autochtone au sein de la communauté chrétienne », d'appuyer et d'encourager « la réconciliation en contexte catholique » et de constituer « un lien important entre catholiques autochtones et catholiques non autochtones »[62].

La Commission note que toutes les Églises parties à la Convention de règlement ont reconnu la nécessité de fournir une éducation et une formation théologiques à leurs membres autochtones afin qu'ils puissent assumer des fonctions de direction au sein des Églises et travailler dans des missions autochtones. Depuis 2007, le Conseil des Églises sur l'éducation théologique au Canada a tenu une série de conférences qui visaient à encourager et à approfondir l'exploration de questions par rapport aux croyances autochtones et chrétiennes et l'intégration de pratiques culturelles et spirituelles autochtones dans les pratiques chrétiennes. À travers ces événements, le Conseil a également cherché à inciter les établissements d'enseignement postsecondaire à examiner la meilleure façon de préparer les étudiants en théologie pour le ministère au Canada, en tenant compte non seulement des peuples autochtones, de leur culture et de leur spiritualité, mais aussi de la nécessité pour les Églises de se consacrer à la guérison et à la réconciliation entre les peuples autochtones et non autochtones.

L'École de théologie de Toronto s'est engagée publiquement à accorder le même respect académique à la connaissance autochtone, notamment aux enseignements spirituels autochtones traditionnels, que celui accordé aux « traditions de la philosophie grecque et à la science moderne »[63]. Cette promesse a été faite au Lieu de rencontre (*Meeting Place*), un événement coparrainé par le Council Fire Native Cultural Centre et le Synode de Toronto de l'Église Unie en juin 2012.

Toutefois, il reste encore beaucoup à faire en matière d'éducation et de formation afin de concilier la spiritualité autochtone et le christianisme de manière à soutenir l'autodétermination des Autochtones. En 2009, l'ancien archidiacre de l'Église anglicane et membre fondateur de la Conférence œcuménique autochtone, le révérend John A. (Ian) MacKenzie, a déclaré :

> Les Églises doivent instamment envisager d'entreprendre un dialogue ouvert avec les théologiens, les docteurs et les guérisseurs autochtones qui représentent [...] la tradition intellectuelle de l'Amérique du Nord. [...] [Les peuples autochtones] demandent une reconnaissance des injustices passées et le respect de leur civilisation. Ils demandent avant tout que l'on respecte leurs convictions et leurs pratiques religieuses traditionnelles.

La seule tradition intellectuelle légitime d'Amérique du Nord est celle des diverses sociétés tribales qui vivent parmi nous! [...]

Il n'y aura de réconciliation durable que lorsque chaque séminaire canadien comprendra un cours sur les traditions religieuses autochtones, lorsque chaque congrégation tiendra compte de la tradition intellectuelle nord-américaine en organisant des discussions et en invitant des chefs religieux autochtones à les diriger [...] lorsque les Autochtones parviendront à une véritable autonomie gouvernementale au sein de leurs églises, et lorsque la théologie chrétienne non seulement respectera la pensée autochtone, mais en tirera des enseignements[64].

Appel à l'action :

60) Nous demandons aux représentants de l'Église qui sont parties à la Convention de règlement ainsi qu'à toutes les autres confessions religieuses concernées, en collaboration avec les chefs spirituels autochtones, les survivants des pensionnats, les écoles de théologie, les séminaires et d'autres centres de formation, d'élaborer un programme d'études sur la nécessité de respecter en soi la spiritualité autochtone, sur l'histoire et les séquelles des pensionnats et le rôle de l'Église dans ce système, sur l'histoire des conflits religieux et leurs répercussions sur les familles et les collectivités autochtones, et sur la responsabilité de l'Église pour ce qui est d'atténuer ces conflits et de prévenir la violence spirituelle, et d'offrir ce programme à tous les séminaristes, membres du clergé et employés de ce milieu qui travaillent dans les collectivités autochtones.

Les projets de guérison et de réconciliation des Églises

À partir des années 1990, les quatre Églises de la Convention de règlement ont commencé à allouer des fonds aux projets de guérison et de réconciliation communautaires. Ce travail s'est poursuivi conformément aux modalités de la Convention. Chaque Église défenderesse a accepté de fournir et de gérer des fonds spécialement dédiés à la guérison et à la réconciliation. Toutes ont mis sur pied des comités, incluant des représentants autochtones, afin d'examiner et d'approuver les projets. Les projets cités ci-dessous sont représentatifs de centaines de projets dans l'ensemble du pays. D'une façon générale, les projets de réconciliation financés par les églises de la Convention de règlement présentaient trois objectifs principaux :

1. **Guérison.** Le Toronto Urban Native Ministry, financé par l'Église anglicane, l'Église Unie et l'Église catholique, « tend la main aux Autochtones dans la rue, les hôpitaux, les prisons, les refuges et les foyers »[65]. Il travaille avec tous les Autochtones pauvres et marginalisés sur le plan social, y compris les survivants et les membres intergénérationnels de familles dont la vie a été affectée par les pensionnats. L'Anamiewigumming Kenora Fellowship Centre, avec des fonds de l'Église presbytérienne au Canada, a créé le programme « A Step Up - Tools for the soul », en partenariat avec des organismes autochtones locaux. En vertu de ce programme, une série de dix ateliers dirigés par des aînés autochtones, des enseignants et des professionnels ont eu lieu afin d'aider les survivants et les membres de leur famille dans leur guérison. Ces événements comprenaient des cours sur la culture et la tradition et visaient à faciliter la réconciliation[66].

2. **Revitalisation de la langue et de la culture.** Le cours de fabrication de canot par immersion linguistique à Tofino, en Colombie-Britannique, financé par l'Église Unie, visait à recréer un lien entre les jeunes autochtones, leur terre d'origine et leur culture. Pendant un mois, de jeunes autochtones de l'île de Vancouver, y compris de la communauté des Ahousaht où l'Église Unie tient une école, ont été emmenés dans un vieux village hesquiaht isolé pour apprendre la langue Hesquiah tout en renouant avec la fabrication de canots[67].

   Les camps culturels Four Season de la Première Nation de Serpent River en Ontario, financés par l'Église anglicane, faisaient la promotion de la langue et de la culture autochtone en utilisant des pratiques traditionnelles de récolte, de stockage des aliments et de narration, ainsi que des cérémonies connexes[68]. Les anglicans ont aussi financé des retraites en pleine nature destinées aux jeunes dans la Première Nation Nibinamik, à Summer Beaver, en Ontario. Ces séjours visaient à enseigner aux jeunes les modes de vie traditionnels et à leur donner confiance en eux par leur succès dans l'accomplissement des activités du camp[69].

3. **Éducation et établissement de liens.** L'Église anglicane et l'Église catholique ont toujours beaucoup de membres autochtones. Par conséquent, un grand nombre de leurs initiatives visaient à réunir leurs membres autochtones et non autochtones. L'Église anglicane s'est efforcée d'améliorer la compréhension mutuelle et de lutter contre les stéréotypes parmi ses membres en leur offrant une formation contre le racisme. Les organismes catholiques figurent parmi les principaux fondateurs de l'initiative « Returning to Spirit — Residential School

Healing and Reconciliation Program » (programme de guérison et de réconciliation des pensionnats). Ce programme réunit des participants autochtones et non autochtones afin d'offrir de nouvelles connaissances sur l'expérience des pensionnats et de promouvoir de nouvelles compétences en communication et en établissement de liens[70].

Les Églises de la Convention de règlement sont notamment tenues de soutenir les besoins à long terme liés à la guérison des survivants, de leur famille et de leurs communautés, là où ils luttent toujours contre diverses répercussions sanitaires, sociales et économiques. La fermeture de la Fondation autochtone de guérison en 2014, lorsque le gouvernement a mis fin à son financement, a entraîné un important problème de financement pour les projets communautaires de guérison, alors que le processus de guérison venait juste de commencer pour beaucoup de personnes et de communautés[71].

Les Églises doivent aussi poursuivre l'éducation de leurs propres congrégations et faciliter le dialogue entre Autochtones et non-Autochtones. Les projets de guérison et de réconciliation des Églises de la Convention de règlement ont permis d'accomplir beaucoup de progrès, mais il reste encore beaucoup à faire.

Appel à l'action :

61) Nous demandons aux représentants de l'Église qui sont parties à la Convention de règlement de collaborer avec les survivants et les représentants d'organisations autochtones en vue d'établir un fonds permanent destiné aux Autochtones pour les besoins de ce qui suit :

    i. Projets de guérison et de réconciliation menés par la collectivité.

    ii. Projets liés à la revitalisation de la langue et de la culture menés par la collectivité.

    iii. Projets d'éducation et de création de liens menés par la collectivité.

    iv. Rencontres régionales de chefs spirituels et de jeunes autochtones afin de discuter de la spiritualité autochtone, de l'autodétermination et de la réconciliation.

Élargir le cercle

La Commission croit que le cercle de réconciliation doit s'élargir au-delà des Églises signataires de la Convention de règlement afin d'inclure toutes les confessions religieuses. Ensemble, les croyants ont un rôle essentiel à jouer dans le processus de réconciliation. De nombreuses confessions religieuses ont présenté leurs vœux de réconciliation aux événements nationaux de la CVR. Les exemples représentatifs ci-dessous sont empreints de la portée et de l'étendue de ces déclarations publiques.

Lors de l'événement national de Saskatchewan, le révérend Bruce Adema, de l'Église chrétienne réformée d'Amérique du Nord, a présenté un livre sur la série de peintures Kisemanito Pakitinasuwin — Le sacrifice du Créateur, de l'artiste cri Ovide Bigetty. En présentant le livre, Adema, à titre de directeur des ministères du Canada, a présenté les premières excuses à l'égard des pensionnats et des politiques colonialistes offertes par une Église qui n'avait administré aucun pensionnat.

> Notre Église n'a pas participé directement à l'administration des pensionnats au Canada. Toutefois, comme membres du Corps du Christ au Canada, nous confessons que les péchés de l'assimilation et du paternalisme dans les pensionnats indiens, et dans le contexte élargi de la politique gouvernementale, sont les nôtres, ceux de l'Église chrétienne réformée. Nous sommes profondément désolés et nous nous engageons sur la voie de la réconciliation et de la guérison avec vous.
>
> Ces œuvres d'art témoignent également de la présence de la vérité et de la beauté du Créateur dans la culture autochtone. Elles nous rappellent que la voie de la vérité, de la guérison et de la réconciliation est une voie de partage et de respect mutuel. L'Église et la nation canadienne se sont appauvries, car nous avons refusé de reconnaître la voie et la vérité du Créateur comme elles ont été révélées aux Autochtones[72].

Les membres du Comité central mennonite de la Saskatchewan ont siégé au groupe de travail régional et aux sous-comités qui ont participé à l'élaboration du plan de l'événement national de la Saskatchewan. Ils ont également travaillé comme bénévoles à l'événement. En leur nom, la révérende Claire Ewert Fisher, directrice générale du Comité, a parlé de la complicité des mennonites comme membres de la société eurocanadienne dominante ayant soutenu les politiques d'assimilation du gouvernement, y compris le système des pensionnats.

> De nombreuses personnes de la communauté mennonite sont venues à ce rassemblement à titre bénévole, pour écouter et apprendre. Nous sommes sur le chemin menant à une plus grande compréhension. Comme membres de la culture dominante, nous regrettons notre participation à une pratique d'assimilation qui a fait disparaître l'usage de langues et de pratiques culturelles. Nous nous repentons d'avoir participé aux actes destructeurs de la société dominante. Nous vous remercions de nous accueillir dans cette

marche vers un avenir meilleur et plus sain. Nous nous engageons à marcher avec vous, avec votre aide[73].

Lors de l'événement national de la Colombie-Britannique, les représentants des confessions juive, bahá'í et sikh ont exprimé des souhaits de réconciliation qui ont établi des liens entre leurs croyances spirituelles et le besoin de justice, de guérison et de réconciliation.

Le rabbin Jonathan Infeld, de la Congrégation Beth Israël de Vancouver, a parlé de l'importance de nourrir l'empathie de sa propre expérience de souffrance pour devenir des témoins actifs à l'égard des histoires de souffrance des autres. Pour les membres de la communauté juive, leur expérience de l'Holocauste est une source d'empathie dans l'approche de la question des pensionnats. Pour exprimer le souhait de la communauté juive de réconciliation au Canada, il a invité toutes les personnes rassemblées à se lever pour un moment sacré pendant qu'il sonnait du shofar — une sorte de trompette fabriquée dans une corne de bélier — qu'il a ensuite présenté à la CVR. Le rabbin Infeld a expliqué que le shofar a sonné au cours des deux semaines précédentes pendant les jours saints juifs, notamment le Rosh Hashanah et le Yom Kippur — le jour des Expiations — qui demande aux croyants de se repentir des péchés commis. Citant un extrait des enseignements de Maïmonide, un rabbin juif du XIIe siècle, Infeld a parlé du shofar en ces termes : « Comme un réveille-matin, le shofar a pour but de nous éveiller à la nécessité du sacrifice, d'abandonner ou de renoncer aux anciennes façons de penser et d'agir, et d'expier les torts que nous avons causés aux autres[74]. »

Deloria Bighorn, présidente de l'Assemblée spirituelle nationale des bahá'ís du Canada, également une survivante, a parlé de certains des enseignements de la foi bahá'íe relatifs au processus de réconciliation et à son importance spirituelle. Les souhaits de réconciliation de l'Assemblée affirmaient, entre autres :

> Nous croyons que la poursuite de la vérité et de la réconciliation est intimement liée au principe de justice. La justice est essentielle à la vérité comme à la réconciliation. La justice est d'abord possible en développant la capacité de rechercher la vérité avec nos propres yeux [...] Nous devons chercher à reconnaître les injustices, puis nous assurer que la justice est restaurée au sein de notre société et de nos institutions.

> Lorsque nous parlons de réconciliation, nous faisons référence au mouvement vers la paix et l'unité, ainsi qu'à la transformation individuelle et collective requise afin d'atteindre cet objectif. La réconciliation met en œuvre un processus qui contribue à l'atteinte progressive de degrés plus élevés d'unité et de confiance. Fondamentalement, la réconciliation est un proces-

sus spirituel. Il s'agit du processus qui nous amène à réaliser l'essentiel de l'unité de l'humanité dans toutes les sphères de la vie humaine [...]

Le Canada partage la tâche de la réconciliation avec le reste de la famille humaine. Dans nos relations internationales, comme dans nos relations intérieures, nous devons reconnaître que nous faisons tous partie d'un tout. Comment créer des liens d'unité qui respectent et puisent leur force dans notre diversité? Comment pouvons-nous surmonter les forces du paternalisme et des préjugés avec le pouvoir de l'amour et de la justice? Quels changements devons-nous apporter aux structures de gouvernance et à l'utilisation des ressources matérielles afin de régler les injustices passées et les inégalités sociales? Voilà les questions que nous nous posons comme citoyens d'un pays qui recherche la réconciliation[75].

Huit chefs de la communauté sikhe, dont Prem Singh Vinning, président de l'Organisation mondiale des sikhs du Canada, et les chefs des gurdwaras sikhs de la vallée du bas Fraser en Colombie-Britannique, ont présenté une déclaration et quatre vidéos à la CVR comme une expression de réconciliation. Les vidéos explorent les raisons pour lesquelles la question des pensionnats est importante pour les sikhs en tant que Canadiens, en tant que croyants et en tant que sikhs. Elles ont également servi à instruire les autres membres de la communauté sikhe en comparant l'histoire des pensionnats à l'expérience historique des sikhs en matière de discrimination et d'oppression culturelle. Les chefs sikhs ont affirmé leur engagement envers la réconciliation au Canada.

Notre foi nous demande de venir en aide à nos voisins lorsqu'ils en ont besoin. Comme communauté, nous, les sikhs, savons également ce que c'est de voir des personnes aimées nous être enlevées et de ne jamais les revoir. Tout au long de notre histoire, nous avons également connu des générations perdues, et nous savons ce que c'est de lutter pour pratiquer librement notre foi et préserver notre langue.

Il faut une détermination et un courage incroyables pour faire briller de la lumière sur une blessure profonde qui a été cachée depuis si longtemps. Nous souhaitons reconnaître tous les survivants qui se sont tenus debout et qui ont commencé ce processus. Ce n'est pas facile d'être le premier. Votre courage, votre ténacité et votre force ont ouvert la voie pour que d'autres survivants des pensionnats s'avancent également.

Mais ce que vous avez accompli ne se limite pas à cela. Votre courage a donné un exemple et a créé un espace au Canada où les Canadiens de divers horizons peuvent parler de leurs propres expériences de génocide, de tyrannie et de persécution. De nombreux immigrants dans ce pays comprennent trop bien ces questions.

> Comme sikhs, nous n'avons pas eu l'occasion de nous engager dans la voie de la vérité et de la réconciliation en tant que communauté pour le respect des milliers de personnes disparues en Inde en 1984 et par la suite. Dans cette voie, nous nous tournons vers nos frères et nos sœurs des Métis, des Premières Nations et des Inuits pour nous inspirer, au moment où nous travaillons ensemble à poser les fondations d'une nouvelle voie vers l'avenir[76].

Lors de l'événement national de l'Alberta, les représentants du Conseil canadien des Églises ont lu une déclaration signée par les dirigeants des vingt-cinq confessions qui composent le conseil, un organisme qui représente 85 % des Canadiens chrétiens.

> En tant que chrétiens, nous avons été membres de communautés et de gouvernements qui ont exercé sur vous de vives pressions et qui, par privilège, préjugé et discrimination, ont cherché à assimiler les peuples autochtones de ce pays. L'un des gestes les plus destructifs de cette nature a été la création des pensionnats indiens, un système d'assimilation dans lequel des Églises membres du Conseil canadien des Églises ont joué un grand rôle. [...]
>
> [D]es confessions chrétiennes qui n'ont pas été directement impliquées dans la création et l'administration des pensionnats indiens sont également représentées aujourd'hui. En tant que complices, volontaires ou non, des terribles effets produits sur la vie de votre peuple par des attitudes et des politiques prétendument chrétiennes, nous aussi sommes héritiers des Pensionnats indiens. [...]
>
> Nous nous engageons à respecter le droit et la liberté des communautés autochtones de pratiquer leur spiritualité et leurs enseignements traditionnels. Nous nous engageons à apprécier les dons des enseignements traditionnels autochtones dans le culte chrétien et la pratique pastorale, le cas échéant, en consultation avec vos aînés[77].

Le groupe de jeunes chrétiens « Marcheurs de l'honneur », incluant des mennonites, a parlé à la Commission de la marche de 550 kilomètres qui les a menés de Stony Knoll, en Saskatchewan, jusqu'à l'événement national de l'Alberta, à Edmonton; une marche faite en l'honneur des histoires des survivants. Un marcheur a expliqué :

> Même si nous n'étions que quatre marcheurs pendant vingt jours, il y avait également des groupes d'étudiants et des congrégations qui ont jeûné et prié chez eux pour la reconnaissance des survivants des pensionnats et des externats. Notre groupe de marcheurs représente les collectivités qui souhaitent et ont besoin de connaître l'histoire des pensionnats. Lorsque notre groupe a traversé les territoires du Traité 6, nous en avons appris

davantage sur la difficile histoire des pensionnats grâce aux rassemblements communautaires et aux passants qui s'arrêtaient pour raconter leurs
récits. Nous avons célébré les forces et les dons des Autochtones par la
cérémonie et l'hospitalité. Nous avons également été bénis par de nombreuses congrégations qui nous ont ouvert leurs portes pour discuter des
problèmes entre colons et Autochtones, notamment sur les pensionnats,
les traités et la justice territoriale[78].

Les souhaits de réconciliation présentés lors des événements nationaux de la
cvr indiquent que le cercle s'élargit à mesure que d'autres confessions reconnaissent la nécessité de participer à la réconciliation autant pour des questions
de spiritualité que de justice sociale.

CHAPITRE 4

L'éducation en vue de la réconciliation

Une grande partie de l'état actuel des relations entre les Canadiens autochtones et non autochtones est attribuable aux établissements d'enseignement et à ce qu'ils ont enseigné, ou omis d'enseigner, pendant de nombreuses générations. Malgré cette histoire ou, peut-être plus exactement en raison de son potentiel, la Commission de vérité et réconciliation (CVR) croit que l'éducation est aussi la clé de la réconciliation. Éduquer la population canadienne en vue de la réconciliation ne revient pas seulement aux écoles et aux établissements d'enseignement postsecondaire, mais également à des forums de discussion et aux institutions publiques consacrées à l'histoire, telles que les musées et les archives. L'éducation doit remédier aux lacunes dans les connaissances historiques qui perpétuent l'ignorance et le racisme.

Toutefois, pour éduquer la population en vue de la réconciliation, il faut aller encore plus loin. En effet, d'après les survivants, pour changer leur perception, tant dans leur esprit que dans leur cœur, les Canadiens doivent être davantage informés sur l'histoire et sur les séquelles des pensionnats. Lors de l'événement national du Manitoba, à Winnipeg, Allan Sutherland a déclaré :

> Beaucoup d'émotions n'ont pas encore été abordées. Les gens ont besoin de raconter leur histoire. [...] Nous devons être en mesure d'aller de l'avant ensemble, mais vous devez comprendre comment tout a commencé, avec Christophe Colomb, la christianisation, la colonisation et finalement l'assimilation. [...] Si nous y mettons notre esprit et notre cœur, nous pouvons [sortir du] statu quo[1].

Lors de l'audience communautaire de la Commission à Thunder Bay en Ontario, en 2010, Esther Lachinette-Diabo a pour sa part souligné :

> Je prends part à cette audience dans l'espoir que nous puissions utiliser ce qui en découle comme outil pédagogique pour apprendre à nos jeunes ce qui est arrivé. [...] Peut-être qu'un jour le ministère de l'Éducation collaborera avec la CVR pour concevoir une sorte de programme d'études axé sur les Autochtones et sur l'apprentissage autochtone. Un tel programme permettrait non seulement aux Autochtones d'apprendre ce que nous avons subi — les expériences de tous les Anishinaabe qui sont allés dans les

pensionnats — mais également à la population canadienne de comprendre que les pensionnats autochtones ont bel et bien existé. Grâce à ce partage des connaissances, les Canadiens pourraient entendre les récits de survivants comme moi et mieux les comprendre[2].

À Lethbridge en Alberta, en 2013, Charlotte Marten a affirmé :

J'aimerais que des mesures soient prises à la suite des conclusions de cette Commission. J'aimerais que l'histoire du système des pensionnats fasse partie des programmes scolaires dans tout le Canada. Je veux que mes petits-enfants et les générations futures de notre société connaissent toute la vérité derrière la politique des pensionnats et comment cette politique a détruit des générations entières de notre peuple. J'ai espoir que le partage de la vérité [...] aidera la population à mieux comprendre les difficultés auxquelles nous sommes confrontés en tant que Premières Nations[3].

Les Canadiens non autochtones entendent parler des problèmes des communautés autochtones, mais ils n'ont presque aucune idée de la façon dont ces problèmes sont apparus. Ils comprennent mal comment le gouvernement fédéral a contribué à cette réalité par l'entremise des pensionnats autochtones, des politiques et des lois en vigueur au cours de leur existence. Notre système d'éducation, volontairement ou par omission, n'aborde pas cette histoire. Il porte ainsi une grande part de responsabilité quant à l'état actuel des relations entre les Autochtones et les non-Autochtones.

Dans le cadre des travaux de la Commission, il apparaît évident que la majeure partie de la population canadienne adulte n'a reçu aucun enseignement, ou bien peu d'enseignement, sur les pensionnats. Plus généralement, elle a appris que l'histoire du Canada a commencé avec l'arrivée des premiers explorateurs européens dans le Nouveau Monde. Depuis longtemps, l'édification de la nation est le thème principal des programmes d'histoire du Canada, et les Autochtones, mis à part quelques exceptions notables, sont dépeints comme des spectateurs, pour ne pas dire des obstacles, à cette entreprise.

Avant 1970, les manuels scolaires de tout le pays représentent les peuples autochtones soit comme des guerriers sauvages, soit comme de simples spectateurs sans grande importance relativement à la grande histoire du Canada : l'histoire de la colonisation européenne. À compter du début des années 1980, l'histoire des peuples autochtones est parfois présentée de façon plus positive, mais on souligne la pauvreté et les dysfonctions sociales observées dans les communautés autochtones sans toutefois présenter le contexte historique nécessaire pour aider les élèves à comprendre comment et pourquoi ces conditions sont survenues. En raison de cette omission, la plupart des Canadiens croient que les peuples autochtones étaient et sont toujours responsables des situations dans lesquelles ils se trouvent et qu'il n'existe pas de causes externes. Les Autochtones sont ainsi présentés comme un problème social et économique qui doit être résolu.

Dans les années 1990, les manuels soulignent le rôle des Autochtones en tant que défenseurs de leurs droits. La plupart des Canadiens n'arrivent pas à comprendre ou à reconnaître l'importance de ces droits, compte tenu de la perspective dominante de l'assimilation des Autochtones dans le système d'éducation du Canada.

Bien que, depuis les trois dernières décennies, les manuels scolaires présentent davantage les perspectives autochtones, le rôle des peuples autochtones dans l'histoire du Canada pendant la majeure partie du XXe siècle demeure invisible. Les cours d'histoire abordent les peuples autochtones avant les premiers contacts et pendant la période de l'exploration, de la traite des fourrures et de la colonisation. La résistance des Métis dans les années 1880 et la signature des traités sont également couvertes. Puis, les peuples autochtones disparaissent pratiquement des manuels scolaires jusqu'aux années 1960 et 1970, où ils refont surface en tant que militants politiques et défenseurs de la justice sociale. La période intermédiaire pourtant marquante est largement passée sous silence[4]. Ainsi, une grande partie de l'histoire des peuples autochtones, de leur point de vue, est encore absente de l'histoire canadienne.

De l'avis de la Commission, tous les élèves — autochtones et non autochtones — doivent savoir que l'histoire de ce pays ne commence pas avec l'arrivée de Jacques Cartier sur les rives du fleuve Saint-Laurent. Ils doivent découvrir les nations autochtones que les Européens ont rencontrées, leur riche patrimoine linguistique et culturel, leurs sentiments et leurs réflexions lorsqu'ils ont négocié avec les premiers explorateurs comme Samuel de Champlain et Pierre Gaultier de Varennes et de La Vérendrye ou avec les représentants de la Compagnie de la Baie d'Hudson. Les Canadiens doivent savoir pourquoi les nations autochtones ont négocié les traités et comprendre qu'elles les ont négociés avec intégrité et de bonne foi. Ils doivent apprendre pourquoi les chefs autochtones et les aînés continuent de lutter avec autant d'acharnement pour défendre ces traités, ce qu'ils représentent à leurs yeux et pourquoi ils ont été ignorés par les colons et les gouvernements européens. Ils doivent apprendre la signification d'avoir des droits inhérents, quels sont ces droits pour les peuples autochtones et quelles sont les obligations politiques et juridiques des gouvernements colonisateurs là où aucun traité n'a été négocié. Ils doivent savoir pourquoi beaucoup de ces enjeux sont encore d'actualité. Ils doivent apprendre à connaître la doctrine de la découverte — le fondement socialement et politiquement accepté pour les présomptions de revendications des terres et des ressources de ce pays par les Européens — et aussi comprendre que cette même doctrine est maintenant répudiée dans le monde entier, et plus récemment par les Nations Unies et le Conseil œcuménique des Églises.

De l'avis des survivants, la connaissance des différents éléments de l'histoire n'est toutefois pas suffisante. Notre système d'éducation publique doit également influencer le comportement des élèves en enseignant aux enfants autochtones et non autochtones comment parler respectueusement aux autres et des autres à l'avenir. La réconciliation est une question de respect.

Le rapport intérimaire de la Commission (2012) formule trois recommandations adressées aux gouvernements provinciaux et territoriaux :

> Recommandation 4
> La Commission recommande que chaque gouvernement provincial et territorial procède à un examen des programmes d'études actuellement offerts dans les écoles publiques afin de déterminer, le cas échéant, ce qu'ils enseignent au sujet des pensionnats indiens.

> Recommandation 5
> La Commission recommande que les ministères provinciaux et territoriaux de l'Éducation travaillent de concert avec la Commission afin d'élaborer, à l'intention des écoles publiques, du matériel didactique relatif aux pensionnats indiens adapté à l'âge de l'élève.

> Recommandation 6
> La Commission recommande que chaque gouvernement provincial et territorial élabore, de concert avec la Commission, des campagnes de sensibilisation visant à instruire le grand public à propos de l'histoire des pensionnats indiens et de leurs séquelles sur leur territoire.

À divers moments, la Commission a rencontré les ministres de l'Éducation provinciaux et territoriaux de tout le Canada. En juillet 2014, le Conseil des ministres de l'Éducation du Canada lui a notamment présenté une mise à jour sur l'état des engagements en matière d'élaboration de programmes d'études au pays[5]. La Commission est satisfaite de voir que des progrès ont été réalisés. Elle remarque toutefois que certaines provinces et certains territoires n'ont pas encore promu de programme abordant les pensionnats et que certains cours ne couvrent pas le sujet en profondeur.

Les Territoires du Nord-Ouest et le Nunavut ont joué un rôle prépondérant dans l'élaboration et la mise en œuvre d'un programme d'études obligatoire sur les pensionnats pour tous les élèves du secondaire, en faisant participer directement des survivants à l'élaboration du matériel didactique et en s'assurant que les enseignants reçoivent la formation et le soutien appropriés, notamment par l'entremise de discussions avec les survivants. En partenariat avec la Fondation autochtone de l'espoir, les gouvernements des Territoires du Nord-Ouest et du Nunavut ont dévoilé le nouveau programme d'études intitulé *The Residential School System in Canada: Understanding the past; Seeking Reconciliation;*

Building Hope for Tomorrow (le système de pensionnats au Canada : Comprendre le passé; la quête de réconciliation; construire l'espoir pour demain), en octobre 2012[6]. Au moment d'écrire ces lignes, le Yukon entreprend l'adaptation du matériel didactique des Territoires du Nord-Ouest et du Nunavut afin de promouvoir son utilisation sur son territoire. Parmi les provinces, l'Alberta a quant à elle déclaré publiquement qu'elle lance sa propre initiative pour concevoir un programme d'études obligatoire pour tous ses élèves, qui porte sur les traités et les pensionnats.

Ces initiatives d'enseignement sont importantes, mais il faut impérativement veiller à ce qu'elles ne perdent pas leur élan après la fin du mandat de la Commission. Afin d'en assurer la réussite à long terme, ces initiatives, et d'autres similaires, doivent pouvoir compter sur un soutien réaffirmé et soutenu de la part des gouvernements provinciaux et territoriaux, des enseignants et des commissions scolaires. Il est par ailleurs essentiel d'obtenir l'engagement à long terme des ministres de l'Éducation de tout le pays. La Commission souligne que, le 9 juillet 2014, le Conseil des ministres de l'Éducation du Canada a annoncé que les ministres de l'Éducation :

> ont de plus convenu d'entreprendre d'autres initiatives pancanadiennes au service de l'éducation des Autochtones au cours des deux prochaines années, axées [sur] quatre orientations clés : le soutien aux Autochtones qui souhaitent poursuivre une carrière en enseignement; l'élaboration de ressources d'apprentissage axées sur l'histoire et les séquelles des pensionnats indiens au Canada qui pourraient être utilisées dans le cadre de programmes de formation du personnel enseignant; la mise en commun des pratiques exemplaires relatives à l'éducation des Autochtones; et la promotion continue de l'apprentissage traitant des pensionnats indiens dans les systèmes d'éducation primaire-secondaire[7].

Dans les régions où un programme d'études et la formation des enseignants sur les pensionnats sont en place, il faudra s'appuyer sur les premiers succès de ces initiatives et en évaluer les progrès régulièrement. Ainsi, les gouvernements provinciaux et territoriaux des régions où l'enseignement sur les pensionnats est moindre ou inexistant pourront tirer profit des leçons apprises dans les provinces et les territoires où cet enseignement est obligatoire.

La Commission remarque que, tout au long de la période des pensionnats, les écoles confessionnelles catholiques et protestantes se sont contentées d'enseigner leur propre religion aux élèves. Ces derniers étaient ainsi mal préparés pour comprendre ou respecter d'autres points de vue religieux ou spirituels, notamment ceux des peuples autochtones. De l'avis de la Commission, aucune école confessionnelle financée par des fonds publics ne devrait être autorisée à n'enseigner qu'une seule religion au détriment de toutes les autres. Cet avis est conforme à la décision rendue par la Cour suprême du Canada dans l'affaire *S. L. c. Commission scolaire des Chênes* en 2012. La question était d'établir si le programme Éthique et culture religieuse obligatoire du Québec, introduit en 2008 pour remplacer les programmes d'enseignement moral et religieux catholique et protestant par un cours de religion comparative donné d'un point de vue neutre et objectif, contrevenait aux droits garantis par la Charte des parents et des enfants catholiques de recevoir uniquement un enseignement religieux catholique[8]. Toutefois, la Cour a statué que :

> Le fait même d'exposer les enfants à une présentation globale de diverses religions sans les obliger à y adhérer ne constitue pas un endoctrinement des élèves qui porterait atteinte à la liberté de religion [...] De plus, l'exposition précoce des enfants à des réalités autres que celles qu'ils vivent dans leur environnement familial immédiat constitue un fait de la vie en société. Suggérer que le fait même d'exposer des enfants à différents faits religieux porte atteinte à la liberté de religion de ceux-ci ou de leurs parents revient à rejeter la réalité multiculturelle de la société canadienne et méconnaître les obligations de l'État québécois en matière d'éducation publique[9].

La Commission estime que les cours sur la diversité religieuse doivent être obligatoires dans toutes les provinces et dans tous les territoires. Toute école confessionnelle financée par des fonds publics doit être tenue de donner au moins un cours d'études religieuses comparatives comprenant un segment sur les croyances et les pratiques spirituelles autochtones.

Appels à l'action :

62) Nous demandons aux gouvernements fédéral, provinciaux et territoriaux, en consultation et en collaboration avec les survivants, les peuples autochtones, et les éducateurs, de :

    i. rendre obligatoire, pour les élèves de la maternelle à la douzième année, l'établissement d'un programme adapté à l'âge des élèves portant sur les pensionnats, les traités de même que les contributions passées et contemporaines des peuples autochtones à l'histoire du Canada;

    ii. prévoir les fonds nécessaires pour permettre aux établissements d'enseignement postsecondaire de former les enseignants sur la façon d'intégrer les méthodes d'enseignement et les connaissances autochtones dans les salles de classe;

iii. prévoir le financement nécessaire pour que les écoles autochtones utilisent les connaissances et les méthodes d'enseignement autochtones dans les salles de classe;

iv. créer des postes de niveau supérieur au sein du gouvernement, à l'échelon du sous-ministre adjoint ou à un échelon plus élevé, dont les titulaires seront chargés du contenu autochtone dans le domaine de l'éducation.

63) Nous demandons au Conseil des ministres de l'Éducation (Canada) de maintenir un engagement annuel à l'égard des questions relatives à l'éducation des Autochtones, notamment en ce qui touche :

i. l'élaboration et la mise en œuvre, de la maternelle à la douzième année, de programmes d'études et de ressources d'apprentissage sur les peuples autochtones dans l'histoire du Canada, et sur l'histoire et les séquelles des pensionnats;

ii. la mise en commun de renseignements et de pratiques exemplaires en ce qui a trait aux programmes d'enseignement liés aux pensionnats et à l'histoire des Autochtones;

iii. le renforcement de la compréhension interculturelle, de l'empathie et du respect mutuel;

iv. l'évaluation des besoins de formation des enseignants relativement à ce qui précède.

64) Nous demandons à tous les ordres de gouvernement qui fournissent des fonds publics à des écoles confessionnelles d'exiger de ces écoles qu'elles offrent une éducation religieuse comparative comprenant un segment sur les croyances et les pratiques spirituelles autochtones élaboré conjointement avec des aînés autochtones.

Transformer le système d'éducation : créer des environnements d'apprentissage respectueux

La Commission estime que, pour contribuer efficacement à la réconciliation, les programmes d'enseignement sur les pensionnats autochtones doivent faire partie de l'enseignement général de l'histoire et devraient notamment intégrer les voix, les perspectives et les expériences des Premières Nations, des Inuits et des Métis, afin de contribuer à créer un terrain d'entente entre les Autochtones et les non-Autochtones. En outre, le système d'éducation doit lui-même être transformé afin d'éliminer toute trace du racisme intrinsèque aux systèmes d'enseignement coloniaux et d'aborder les systèmes de connaissances autochtones et eurocanadiens avec le même respect[10].

Cette perspective est cohérente avec la *Déclaration des Nations Unies sur les droits des peuples autochtones,* qui énonce la responsabilité de l'État en matière d'éducation publique et de promotion de relations respectueuses entre les citoyens.

> Les peuples autochtones ont droit à ce que l'enseignement et les moyens d'information reflètent fidèlement la dignité et la diversité de leurs cultures, de leurs traditions, de leur histoire et de leurs aspirations [article 15:1].

> Les États prennent des mesures efficaces, en consultation et en coopération avec les peuples autochtones concernés, pour combattre les préjugés et éliminer la discrimination et pour promouvoir la tolérance, la compréhension et de bonnes relations entre les peuples autochtones et toutes les autres composantes de la société [article 15:2].

La pleine mise en œuvre de ce cadre d'enseignement à l'échelle nationale prendra de nombreuses années, mais elle permettra de s'assurer que les enfants et les jeunes autochtones, ainsi que leurs cultures, leurs langues et leurs histoires, soient représentés respectueusement dans les salles de classe. Les élèves non autochtones tireront également profit de cet enseignement. Ce faisant, tous les élèves, tant autochtones que non autochtones, acquerront des connaissances historiques tout en développant la notion de respect de l'autre et d'empathie. Ces deux éléments sont essentiels pour soutenir la réconciliation dans les prochaines années.

Développer du respect et de la compréhension pour la situation des autres est une partie importante, mais souvent ignorée, du processus de réconciliation. Les témoignages des survivants ont poussé les personnes qui les ont écoutés à réfléchir profondément au sens réel de la justice face à des violations massives des droits de la personne. L'enseignement et l'apprentissage de la matière concernant les pensionnats peuvent s'avérer aussi difficiles pour les enseignants que pour les élèves. Le sujet peut engendrer des sentiments de colère, de tristesse, de honte, de culpabilité et de déni, mais il peut aussi apporter la compréhension de la situation et modifier la perception du monde[11].

L'éducation en vue de la réconciliation exige non seulement de veiller à la mise en place d'un programme adapté à l'âge, mais également de s'assurer que les enseignants ont les compétences, le soutien et les ressources nécessaires pour enseigner l'histoire des pensionnats aux élèves canadiens d'une manière qui favorise un dialogue constructif et le respect mutuel. Un enseignement qui cible tant le cœur que l'esprit aidera les jeunes à devenir des penseurs critiques qui sont aussi des citoyens engagés et solidaires[12].

En 2008, Sylvia Smith, une enseignante d'Ottawa, perturbée par le manque de connaissances sur les pensionnats transmises au sein du système éducatif de l'Ontario, lance l'initiative *Project of Heart*, qui propose une approche pratique et collaborative de l'apprentissage sur les pensionnats alliant histoire, art et action sociale. Le projet a évolué et des centaines d'écoles et de groupes communautaires de tout le pays y participent maintenant.

Par l'entremise de ce projet, les élèves et les enseignants rencontrent des survivants et des aînés pour connaître l'histoire des pensionnats et ses séquelles ainsi que pour en apprendre davantage sur les langues, les valeurs, les traditions culturelles et les enseignements autochtones. Ensemble, ils ont créé un réseau national d'œuvres commémoratives afin de célébrer et d'honorer les enfants qui ne sont pas revenus des pensionnats et les survivants. En témoignant de ces faits, le projet permet notamment aux participants de convertir l'empathie qu'ils ressentent en actions plus concrètes et en efforts de solidarité à l'égard des enjeux sociaux touchant la vie des Premières Nations, des Inuits et des Métis du pays[13].

En 2011, Sylvia Smith remporte le prix du Gouverneur général pour l'excellence en enseignement pour son travail dans le cadre de l'initiative *Project of Heart*. Lors d'une entrevue, elle discute de l'importance pour les jeunes de connaître la vérité quant à leur propre histoire et d'utiliser ces connaissances comme fondement pour l'action.

> Le changement ne s'opère pas simplement par la volonté de changement. L'empathie à elle seule n'est pas suffisante pour engendrer le changement. Elle est importante, mais il faut faire plus. Nous devons transformer cette empathie en quelque chose de plus grand, et les jeunes en sont conscients. Les élèves veulent hériter d'un monde meilleur que celui dans lequel nous vivons présentement. Dès qu'ils mettent la main à la pâte, dès qu'ils commencent réellement à prendre part à ce genre d'initiative, ils deviennent contagieux. L'envie de participer se propage d'élève en élève, puis dans les écoles, puis hors des écoles. Je crois que l'initiative *Project of Heart* en est la preuve concrète. Elle a été adoptée par des écoles dans la plupart des provinces, par des groupes religieux ou autres. Des groupes et des organismes se l'approprient et l'adaptent pour répondre à leurs besoins particuliers, ce qui montre bien qu'il s'agit d'une bonne initiative. [...] Ce genre d'apprentissage ne peut pas se faire par les livres, et une grande partie de nos expériences d'enseignement ne touche malheureusement pas le cœur et l'esprit. Pourtant, comme enseignants, je crois que nous savons tous que la composante affective est la plus importante de toutes. C'est ce que nous

gardons en nous. [...] Nous pouvons enseigner l'empathie, la compassion et la justice sociale par l'entremise de l'histoire[14].

La Commission a eu le privilège de voir la plupart des œuvres créées dans le cadre de l'initiative *Project of Heart*. Lors de l'événement final à Ottawa en juin 2015, la Commission a nommé Sylvia Smith témoin d'honneur en reconnaissance de son rôle prédominant en éducation en vue de la réconciliation.

Des jeunes autochtones et non autochtones trouvent également leurs propres façons d'apprendre l'histoire des pensionnats et les séquelles. Grâce au dialogue, ils établissent de nouvelles relations qui renforcent le respect mutuel et permettent des actions.

Lors de l'événement national de la Commission en Alberta, une délégation de jeunes du forum jeunesse Les plumes de l'espoir, un projet parrainé par le Bureau de l'intervenant provincial en faveur des enfants et des jeunes de l'Ontario, a présenté un geste de réconciliation. Samantha Crowe parle de ce projet :

> Au départ, Les plumes de l'espoir était un forum jeunesse des Premières Nations, mais le projet est rapidement devenu un mouvement d'espoir, de guérison et de changement positif au sein des communautés des Premières Nations du nord de l'Ontario. Vous avez parlé avec passion de votre désir de connaître le passé, et vous avez précisé que les membres et les non-membres des Premières Nations doivent comprendre notre histoire et ses répercussions qui se font sentir encore aujourd'hui sur tout ce qui nous entoure. [...] Les peuples des Premières Nations et les autres peuples doivent comprendre en quoi la colonisation, le racisme et les pensionnats continuent d'avoir des effets négatifs sur la qualité de la vie dans nos collectivités.
>
> Tout le monde, en particulier les jeunes [...], doit apprendre l'histoire du Canada, notre passé, afin de véritablement tenter de comprendre notre présent. Cette histoire doit être enseignée à l'école bien sûr, mais elle doit aussi être abordée par nos familles, nos amis et les autres membres de la communauté. De cette façon, nous pourrons entreprendre le processus de guérison tous ensemble, comme une famille ou une communauté. Nous ne pouvons pas vivre plus longtemps dans ce silence qui cache notre douleur. Même si les jeunes veulent connaître leur passé, ils sont également prêts à aller de l'avant. Ils comprennent que des changements positifs doivent s'opérer, mais ils ne veulent pas les réaliser seuls. Nous devons tous nous unir afin de partager notre histoire, de grandir et de nous soutenir les uns les autres, puisque c'est ça, la réconciliation[15].

L'apprentissage de la vérité *sur* les pensionnats est crucial pour la réconciliation, mais il ne peut être efficace que si les Canadiens tirent des leçons *de* cette histoire afin de rétablir le lien de confiance, de renforcer le sens de la responsabilité citoyenne et de stimuler la prise de mesures correctives et constructives[16].

À l'ère numérique, où les élèves ont facilement accès à une foule de renseignements concernant les traités, les droits des autochtones ou les torts historiques comme les pensionnats, les élèves doivent apprendre à évaluer eux-mêmes la crédibilité de ces sources. En tant que citoyens actifs, ils doivent avoir la capacité de participer à des débats sur ces questions grâce à des connaissances factuelles et à une compréhension approfondie du passé.

Il est tout aussi important pour les élèves de comprendre le côté éthique de l'histoire. Ainsi, ils doivent être en mesure de porter des jugements éthiques sur les actions de leurs ancêtres tout en reconnaissant que les valeurs morales de l'époque pouvaient être très différentes des leurs. Ils doivent être capables de prendre des décisions éclairées au sujet des obligations que doit respecter la société d'aujourd'hui pour corriger des injustices historiques[17]. Cette prise de conscience éthique permettra de nous assurer que les citoyens de demain soient conscients et se soucient des injustices du passé qui ont des répercussions sur leur propre avenir.

Rassembler de nouvelles connaissances : la recherche sur la réconciliation

Pour faire avancer le processus de réconciliation dans les années à venir, les gouvernements fédéral, provinciaux et territoriaux, les universités et les organismes de financement devront également investir dans la recherche sur la réconciliation et la soutenir. Dans le cadre de ses travaux, la Commission a examiné un large éventail de projets de recherche aux quatre coins du pays consacrés au sens, aux concepts et aux pratiques de la réconciliation. Toutefois, il reste encore beaucoup à apprendre sur les circonstances et les conditions dans lesquelles les processus de réconciliation se soldent par un échec ou un succès. Tout aussi important, le processus de recherche révèle des enseignements précieux sur la guérison et la réconciliation. Deux projets de recherche parrainés par la Commission illustrent bien ce point.

Grâce à un projet du Centre for Youth and Society de l'Université de Victoria parrainé par la CVR, sept jeunes chercheurs autochtones se sont lancés dans un projet de narration numérique, *Residential Schools Resistance Narratives: Significance and Strategies for Indigenous Youth* (récits de la résistance dans les pensionnats : stratégies et importance pour la jeunesse autochtone). Le projet a permis aux jeunes chercheurs d'en apprendre davantage sur le rôle crucial que l'opposition et la résilience ont joué dans l'histoire des pensionnats et, par la suite, de réfléchir à leur propre identité et à leur rôle au sein de leur famille et des communautés. Un des chercheurs a déclaré que « ce qui a commencé comme un travail de recherche s'est transformé en une quête personnelle pour connaître l'histoire de ma famille dans les pensionnats ». D'autres ont souligné l'importance de respecter et d'intégrer les cérémonies et les protocoles à leur projet de narration numérique. Asma Antoine, coordonnatrice du projet, signale que le groupe a notamment appris l'importance de :

> savoir que lorsqu'on discute avec un survivant [...], il faut le laisser parler de son passé avant de pouvoir comprendre sa perception de la résistance. Ce projet nous a [offert] un processus d'apprentissage qui entremêle les connaissances traditionnelles [autochtones] et occidentales afin de bâtir nos récits sur la résistance. [...] Ce projet de recherche a allumé une flamme qui est perceptible dans chaque récit numérique. La passion de la résistance qui atteste pleinement de la survie et de la résilience des peuples et des communautés des Premières Nations donne de l'espoir pour la guérison et la réconciliation pour les sept prochaines générations[18].

En 2012, des femmes autochtones du Centre d'excellence pour la santé des femmes — région des Prairies ont entrepris elles aussi un projet de narration numérique intitulé *Nitâpwewininân: Ongoing Effects of Residential Schools on Aboriginal Women;Towards Inter-generational Reconciliation* [Nitâpwewininân : les effets persistants des pensionnats sur les femmes autochtones — vers une réconciliation intergénérationnelle]. Le premier atelier de ce projet ponctué de cérémonies et de protocoles a débuté par une cérémonie du calumet suivie d'un cercle de partage où les participantes ont parlé de leur vie et du soutien dont elles ont besoin individuellement et collectivement. Plus tard, elles ont enregistré leurs récits individuels dans des vidéos présentées à l'Université de Winnipeg en mars 2012[19]. Une des participantes, Lorena Fontaine, explique :

> La réconciliation repose sur nos récits et notre capacité à les raconter. Je crois que la part intellectuelle de nous-mêmes veut commencer à chercher des mots pour définir la réconciliation. Puis, il y a nos connaissances du cœur qui découlent de nos expériences de vie. Le défi est de réunir ces deux éléments et de les utiliser pour la réconciliation. [...] Sans même penser au terme « réconciliation », je me souviens de la puissance du récit. [...] Les gens qui ont visionné les vidéos ont dit que, en voyant les visages des femmes autochtones et en entendant leurs voix dans les vidéos, elles ont perçu l'assimilation d'un autre œil. Elles ont ressenti les effets de l'assimilation. [...] C'est beaucoup plus puissant de voir et d'entendre des Autochtones parler des effets de l'assimilation et de leur espoir pour la réconciliation que de simplement lire des mots dans un rapport[20].

La recherche est essentielle à la réconciliation. Elle fournit notamment des idées et des exemples pratiques illustrant la raison et la façon dont l'enseignement au public canadien des divers concepts et principes et des diverses pratiques de réconciliation contribue à la guérison et à des changements sociaux transformateurs.

Les bienfaits de la recherche vont au-delà de la gestion des séquelles des pensionnats. La recherche sur le processus de réconciliation oriente la façon dont la société canadienne peut atténuer les conflits interculturels, renforcer la confiance des citoyens et bâtir les capacités sociales et les compétences pratiques requises pour une réconciliation à long terme. La contribution des Premières Nations, des Inuits et des Métis est essentielle dans ce travail.

Des partenariats de recherche entre les universités et les collectivités ou les organismes constituent des exemples de collaborations fructueuses qui peuvent fournir la structure nécessaire pour documenter, analyser et rapporter les résultats de la recherche sur la réconciliation à un public plus vaste.

Appel à l'action :

65) Nous demandons au gouvernement fédéral, par l'intermédiaire du Conseil de recherches en sciences humaines du Canada, et en collaboration avec les peuples autochtones, les établissements d'enseignement postsecondaire, les éducateurs de même que le Centre national pour la vérité et réconciliation et ses institutions partenaires, d'établir un programme national de recherche bénéficiant d'un financement pluriannuel pour mieux faire comprendre les facteurs associés à la réconciliation.

Les forums de la CVR sur l'éducation publique : les journées éducatives et les dialogues jeunesse

L'éducation en vue de la réconciliation ne doit pas se confiner dans un cadre éducatif formel, comme celui des écoles primaires et secondaires et des établissements postsecondaires, mais elle doit également avoir lieu dans un cadre plus informel. La Commission remplit son mandat d'éducation du public notamment grâce à des forums tels que les journées éducatives des événements nationaux et les Dialogues jeunesse. La Commission croit que l'établissement de fondations solides pour la réconciliation repose sur l'estime de soi et sur le respect mutuel entre les Canadiens autochtones et non autochtones. Ce principe, valable pour les adultes, est bien plus crucial pour les jeunes, qui constituent les forces vives de la réconciliation pour les années à venir.

Mary Ellen Turpel-Lafond, de la nation crie de Muskeg, anciennement juge à la Cour provinciale de la Saskatchewan, est maintenant responsable de la protection des enfants et des jeunes de la Colombie-Britannique. Les arrière-grands-parents de ses enfants ont été placés dans le pensionnat Michael à Duck Lake, en Saskatchewan[21]. Dans une déclaration écrite à la suite de sa participation à l'événement régional de la CVR à Victoria en avril 2012, elle signale que la *Convention relative aux droits de l'enfant* et la *Déclaration des Nations Unies sur les droits des peuples autochtones* constituent des outils essentiels pour « considérer la vie des enfants autochtones du point de vue des droits de la personne, ce qui aide à mieux comprendre les injustices passées, à reconnaître la pleine mesure des violations de leurs droits de la personne et à chercher des moyens pour remédier à ces abus[22] ». À propos de l'importance de l'engagement des enfants et des jeunes dans le processus de réconciliation, elle ajoute que : « la réconciliation comporte de multiples facettes qui peuvent être présentes au sein des familles, des communautés, de la société canadienne et de la communauté internationale. [...] Nous sommes de plus en plus conscients du rôle potentiel des enfants dans les processus de réconciliation sociale et du besoin d'accorder une attention spéciale à leurs considérations particulières[23]. »

La Commission est d'accord avec ces observations. Il existe par ailleurs un consensus international grandissant voulant que les enfants et les jeunes doivent prendre part aux processus de réconciliation[24]. Les conclusions de commissions de vérité et réconciliation précédentes indiquent que les enfants sont souvent marginalisés dans les processus qui sont pourtant conçus pour remédier aux conséquences de la violence sur la vie des jeunes. À la fois victimes et témoins de la violence, les enfants et les jeunes apportent des perspectives uniques quant à ce qui est nécessaire pour lutter contre les méfaits intergénérationnels de la violence et pour promouvoir la réconciliation au sein des familles, des communautés et de la société en général[25].

Dans le cadre de l'événement national de la Saskatchewan, Brooklyn Rae, une élève de huitième année participant à la journée éducative, a déclaré : « Je crois qu'il est très important que les jeunes expriment leurs opinions, pas seulement pour se prouver qu'ils en sont capables et que leur opinion compte, mais également pour prouver aux adultes qu'ils ont une voix et qu'ils ont une opinion forte et importante dans le monde[26]. » L'aîné Barney Williams, membre du Comité des survivants de la CVR et l'un des experts des journées éducatives et des Dialogues jeunesse, a quant à lui affirmé :

> Je crois que de plus en plus de personnes se rendent compte que la participation des jeunes est cruciale. Pour ma part, en tant que survivant, j'ai été vraiment impressionné par l'ampleur de leurs connaissances. J'ai été très impressionné par les questions que le public a posées. Tout ça me laisse croire, en tant que personne qui porte cette douleur depuis plus de 68 ans, qu'il y a de l'espoir. Enfin, une lueur d'espoir se dessine à l'horizon, et elle provient du bon endroit. Elle vient des jeunes[27].

La Commission est d'accord et estime qu'il faut accorder une place importante à la voix des enfants et des jeunes dans le cadre de l'élaboration de politiques, de programmes et de pratiques en vue d'une réconciliation pour le futur. Il est donc essentiel de concevoir des stratégies d'éducation publique appropriées pour favoriser la participation continue des enfants et des jeunes à des initiatives et à des projets de réconciliation adaptés à leur âge et à l'échelle communautaire, régionale et nationale.

Grâce à leur participation directe à des événements nationaux de la CVR, des milliers de jeunes et leurs enseignants de tout le pays ont eu l'occasion d'apprendre la vérité sur les pensionnats et de réfléchir à leur rôle et à leur responsabilité dans le processus de réconciliation. Les journées éducatives de la CVR sont conçues sur mesure pour les élèves des écoles primaires et secondaires et leurs enseignants. Les jeunes ont l'occasion d'écouter des aînés et des survivants et d'interagir avec eux. Ils assistent à des ateliers interactifs abordant l'histoire des pensionnats, la résilience des survivants et la guérison par les arts — peinture, sculpture, contes, musique et films. Ils visitent les aires d'apprentissage et peuvent voir l'exposition *100 ans de perte* de la Fondation autochtone de l'espoir ainsi que des affiches et des photographies d'archives des pensionnats de leur région.

Les journées éducatives accueillent beaucoup d'élèves. Par exemple, environ 5 000 élèves du primaire et du secondaire de toute la province ont passé la journée à l'événement national de la Colombie-Britannique à Vancouver. En prévision de cette journée éducative, les enseignants de chaque région reçoivent du matériel d'orientation pour les aider à se préparer et à préparer leurs élèves. Au total, près de 15 000 jeunes de tout le pays ont participé aux journées éducatives, et la plupart d'entre eux y sont allés avec l'intention de retenir ce qu'ils apprenaient et voyaient afin de partager ces nouvelles connaissances à leur retour avec des milliers d'autres camarades d'école.

Tout au long de son mandat, la Commission a travaillé en partenariat avec le programme axé sur les enfants et les jeunes du Centre international pour la justice transitionnelle (ICTJ) afin d'organiser une série de petites retraites et d'ateliers. Des Dialogues jeunesse ont également été intégrés aux activités des journées éducatives lors des événements nationaux. L'objectif était de faire participer les jeunes au dialogue et de soutenir leurs efforts pour adresser leurs déclarations à la CVR. Par exemple, en octobre 2010, la Commission a coparrainé une retraite pour les jeunes autochtones et non autochtones près de Vancouver, en Colombie-Britannique. Les jeunes se sont réunis pour apprendre l'histoire des pensionnats, pour discuter avec des aînés et pour prendre part à des activités de consolidation d'équipe. Lors de la retraite, un jeune participant a déclaré : « Nous en apprenons plus sur les uns et les autres et sur le passé. C'est très important, puisque nous apprenons réellement. Les histoires qu'on nous raconte nous touchent et nous inspirent à devenir de meilleures personnes[28]. »

En juin 2011, Molly Tilden et Marlisa Brown, deux jeunes femmes qui ont participé à cette retraite, produisent un documentaire vidéo, *Our Truth: The Youth Perspective on Residential Schools* (notre vérité : le point de vue des jeunes sur les pensionnats). Dans ce documentaire, elles interrogent leurs camarades de classe à Yellowknife sur leurs connaissances concernant les pensionnats. Le documentaire a été présenté à l'événement national du Nord à Inuvik, dans les Territoires du Nord-Ouest[29]. Virginie Ladisch, directrice du programme axé sur les enfants et les jeunes de l'ICTJ, a résumé les observations des deux jeunes femmes et les répercussions ultérieures du projet :

> Les réponses sont choquantes : certains élèves ne connaissent pas du tout l'histoire des pensionnats et d'autres sont complètement indifférents à la question. Ces élèves sont principalement de jeunes non-Autochtones. D'autres élèves parlent des répercussions durables qu'ils constatent, notamment en ce qui touche les taux élevés d'alcoolisme, de suicide et de grossesses chez les adolescentes.
>
> Il y a donc un énorme décalage quant à la façon dont les jeunes perçoivent la pertinence de cet héritage et les connaissances qu'ils en ont. Lorsque les personnes chargées d'élaborer le programme d'enseignement secondaire pour les Territoires du Nord-Ouest et le Nunavut ont visionné la vidéo, elles ont eu du mal à croire les réactions de leurs jeunes.
>
> Ainsi, le programme d'études sur les pensionnats, sujet qui était à peine abordé en classe par le passé, a été revu. Il s'agit maintenant d'un programme obligatoire de 25 heures d'enseignement, et le documentaire de Brown et Tilden en est maintenant une composante essentielle[30].

En octobre 2011, l'initiative CVR-ICTJ prépare et soutient un groupe de jeunes journalistes micmacs pour l'événement national des provinces Atlantique à Halifax, en Nouvelle-Écosse. Ces journalistes interrogent des survivants et documentent l'événement de la CVR. Lors d'une retraite ultérieure dans la communauté, les jeunes journalistes discutent de leurs expériences et produisent un documentaire intitulé *Our Legacy, Our Hope* (notre héritage, notre espoir)[31]. En 2012, le documentaire est présenté à l'occasion du Dialogue jeunesse de l'événement national de la CVR en Saskatchewan[32]. Certains jeunes présentent également le documentaire aux décideurs internationaux à l'Instance permanente sur les questions autochtones des Nations Unies en 2012[33].

Les interactions de la Commission avec les jeunes indiquent qu'ils se soucient profondément du passé. Ils comprennent que la connaissance de tous les pans de l'histoire du Canada est importante pour aujourd'hui et essentielle pour leur avenir. Dans le cadre du Dialogue jeunesse de l'événement national de la CVR en Colombie-Britannique, Rory Shade a déclaré à la Commission :

> Je crois fermement que tous les jeunes doivent apprendre l'histoire des pensionnats [...] puisqu'il s'agit d'une partie de l'histoire de notre nation. Nous ne pouvons pas progresser en tant que société aussi longtemps que nous n'apprenons pas des erreurs que nous avons commises par le passé. [...] La connaissance est le pouvoir et il faut la partager. L'histoire et les répercussions du système des pensionnats doivent être enseignées. On ne peut pas renier une partie de notre histoire simplement parce qu'elle est déplaisante ou controversée; cela nous empêcherait d'évoluer en tant que société. [...] La réconciliation est un processus d'acceptation du passé et de croissance à la lumière des leçons apprises. [...] Nous devons écouter les témoignages de ceux qui ont survécu à ces événements. [...] Nous devons apprendre à vivre ensemble et pour y arriver, nous devons d'abord nous réconcilier avec notre passé[34].

Dans une expression de réconciliation présentée à l'occasion de l'événement national de la CVR en Alberta le 27 mars 2014 par un groupe de jeunes autochtones et non autochtones du Centre for Global Citizenship Education and Research d'Edmonton, Hanshi Liu, un des jeunes non autochtones, nous a parlé de leur projet. Tout d'abord, le groupe — composé de jeunes provenant de réserves des Premières Nations, de communautés rurales de High Prairie et de Fort MacLeod, ainsi que de la ville d'Edmonton — a passé un mois à étudier les pensionnats et à discuter sur leur histoire commune. Les jeunes ont ensuite organisé une assemblée virtuelle au cours de laquelle plus de 300 élèves ont parlé de leur vision de la réconciliation.

Emerald Blesse, de la nation crie de Little River, nous a dit que « les jeunes croient que la réconciliation permettra de rétablir la confiance perdue et de préparer la voie à des communications positives et productives. En affirmant la fierté de chaque culture pour son patrimoine, la guérison peut s'opérer. » Hayley Grier-Stewart, qui représente les Premières Nations Kainai, Siksika, Tsuu T'ina et Stoney, a pour sa part affirmé :

> Les jeunes croient que nous devons enseigner et instaurer la sensibilisation, l'appréciation culturelle, la guérison et la restauration dans nos communautés. Si nous initions les jeunes à notre culture dès le plus jeune âge, grâce à des programmes éducatifs et à la pratique de la justice réparatrice, nous enseignerons à la nouvelle génération à être proactive plutôt que réactive.

Shelby Lachlan, jeune métisse, a ajouté :

> Les jeunes Albertains croient que, pour progresser vers la guérison et la réconciliation, il est important de prendre des mesures à l'échelle nationale et provinciale. Nous devons d'abord rétablir la confiance entre ces deux collectivités [autochtones et non autochtones], et nous croyons qu'il est possible d'y parvenir en honorant, en reconnaissant et en respectant tous les traités et toutes les conventions de règlement.

Hanshi Liu a ensuite repris la parole :

> Nous, les jeunes de l'Alberta, nous formons un groupe diversifié et dynamique. Ensemble, avec des représentants des Traités 6, 7 et 8, un établissement métis et les communautés non autochtones, nous avons créé notre vision pour l'avenir. Cette vision servira d'espoir pour notre province et nos nations alors que nous cherchons à favoriser la guérison et la réconciliation pour les survivants du système des pensionnats. Plusieurs générations et de nombreuses parties prenantes devront s'engager pour parvenir à la réconciliation, mais lorsque nous y serons arrivés, le Canada n'en sera que meilleur. Aujourd'hui, nous [les jeunes] représentons 11 % de la population [...], mais nous représentons 100 % de l'avenir, et nous sommes un allié puissant. Nous n'avons qu'une seule requête : nous voulons participer activement au dialogue. Nous voulons participer activement à la solution. Nous voulons contribuer à créer un Canada meilleur et plus fort que nous serons tous fiers de considérer comme notre patrie[35].

Ce projet est un exemple de l'importante tâche entreprise par les organisations à but non lucratif qui travaillent avec les jeunes sur les questions liées à la compréhension interculturelle, à la réconciliation et à l'édification de la paix. Il y a de nombreux autres projets en cours dans tout le pays.

En 2012, le programme Échanges Racines Canadiennes met sur pied l'initiative Youth Reconciliation. Cette initiative nationale offre aux jeunes autochtones et non autochtones des occasions de bénévolat dans lesquelles ils peuvent mener ensemble des activités pour l'éducation et la réconciliation dans leur région. L'initiative permet aux jeunes de renforcer leur leadership, d'offrir des ateliers communautaires, de planifier et d'organiser des échanges et de participer à un programme d'échange sur le leadership ou à une conférence jeunesse nationale[36].

En 2014, Réconciliation Canada lance un nouveau programme pour les jeunes intitulé *Through our Eyes: Changing the Canadian Lens* (à travers nos yeux : changer la perspective canadienne). Ce programme offre des possibilités pour les jeunes provenant de diverses communautés de la Colombie-Britannique de renforcer leur leadership et de développer des compétences en production cinématographique et de vidéos tout en se renseignant sur les pensionnats et le processus de vérité et de réconciliation. Les participants reçoivent également une formation afin de pouvoir offrir des ateliers de dialogue sur la réconciliation[37].

Les forums et les dialogues pour jeunes forment une composante essentielle de l'éducation en vue de la réconciliation. Les organismes à but non lucratif peuvent jouer un rôle clé en fournissant aux jeunes autochtones et non autochtones des occasions régulières de participer au dialogue interculturel et de travailler activement à la réconciliation.

Appel à l'action :

66) Nous demandons au gouvernement fédéral d'établir un financement pluriannuel destiné aux organisations communautaires œuvrant auprès des jeunes pour leur permettre d'offrir des programmes sur la réconciliation, et de mettre en place un réseau national de mise en commun de renseignements et de pratiques exemplaires.

Le rôle des musées et des archives du Canada dans l'éducation en vue de la réconciliation

Les musées et les archives, en tant que lieux publics de préservation de notre mémoire collective et de notre histoire nationale, ont un rôle clé à jouer dans le processus de réconciliation nationale. À titre d'institutions financées par l'État, les musées et les archives des anciennes colonies comme le Canada, la Nouvelle-Zélande, l'Australie et les États-Unis ont interprété le passé d'une façon qui a marginalisé ou exclu les perspectives culturelles et l'expérience historique des peuples autochtones. Habituellement, les musées sont conçus comme des lieux où l'histoire d'une nation est présentée de façon neutre et objective. De nos jours, alors que l'histoire qui avait autrefois été passée sous silence est révélée au grand jour, il est devenu évident que les musées du Canada n'ont en fait présenté qu'une partie de l'histoire[38].

Dans le même ordre d'idées, les archives ont fait partie de l'« architecture de l'impérialisme » — en tant qu'institutions détenant les documents historiques de l'État[39]. À mesure que le Canada a affronté son passé colonial, les musées et les archives sont progressivement passés d'institutions au service de la colonie et de l'Empire à des institutions plus inclusives reflétant mieux toute la richesse de l'histoire canadienne.

Les événements politiques et juridiques sur les scènes nationale et internationale ont contribué à ce changement. À l'échelle mondiale, l'adoption de la *Déclaration des Nations Unies sur les droits des peuples autochtones* a entraîné une reconnaissance croissante du droit à l'autodétermination des peuples autochtones et du devoir de l'État de protéger les connaissances traditionnelles et les droits culturels autochtones. La Déclaration stipule également que les mesures prises par l'État touchant les peuples autochtones requièrent leur consentement préalable libre et éclairé. Les États ont l'obligation de prendre des mesures efficaces pour protéger les droits des peuples autochtones ou de faire réparation lorsque le savoir traditionnel ou des droits culturels ont été violés. Ces dispositions ont des répercussions importantes pour les musées et les archives nationales ainsi que pour les fonctionnaires qui y travaillent[40].

La Commission souligne que plusieurs articles de la Déclaration sont particulièrement pertinents pour les musées et les archives nationales du Canada. Notamment :

- Les peuples autochtones ont le droit d'observer et de revivifier leurs traditions culturelles et leurs coutumes. Ils ont notamment le droit de conserver, de protéger et de développer les manifestations passées, présentes et futures de leur culture, telles que les sites archéologiques et historiques, l'artisanat, les dessins et modèles, les rites, les techniques, les arts visuels et du spectacle et la littérature [article 11:1].

- Les États doivent accorder réparation par le biais de mécanismes efficaces — qui peuvent comprendre la restitution — mis au point en concertation avec les peuples autochtones, en ce qui concerne les biens culturels, intellectuels, religieux et spirituels qui leur ont été pris sans leur consentement préalable, donné librement et en connaissance de cause, ou en violation de leurs lois, traditions et coutumes [article 11:2].

- Les peuples autochtones ont le droit de manifester, de pratiquer, de promouvoir et d'enseigner leurs traditions, coutumes et rites religieux et spirituels; le droit d'entretenir et de protéger leurs sites religieux et culturels et d'y avoir accès en privé; le droit d'utiliser leurs objets rituels et d'en disposer; et le droit au rapatriement de leurs restes humains [article 12:1].

- Les États veillent à permettre l'accès aux objets de culte et aux restes humains en leur possession et/ou leur rapatriement, par le biais de mécanismes justes, transparents et efficaces mis au point en concertation avec les peuples autochtones concernés [article 12:2].

La Déclaration, conjointement avec l'article 35 de la *Loi constitutionnelle de 1982* du Canada (qui reconnaît et confirme les droits ancestraux et issus de traités existants) et avec diverses décisions judiciaires relatives aux droits autochtones ont fondamentalement modifié le paysage dans les institutions publiques consacrées à l'histoire au Canada. À la lumière des jugements déclarant que l'État a le devoir de faire respecter le principe de l'honneur de la Couronne dans tous ses rapports avec les peuples autochtones et que l'histoire orale des peuples autochtones doit être « placée sur un pied d'égalité » avec les documents historiques écrits, les musées et les archives nationales ont été contraints de s'adapter[41]. Les structures de gouvernance, les politiques, les codes d'éthique et les activités quotidiennes des musées et des archives nationales ont dû être modifiés pour tenir compte des réalités constitutionnelles et juridiques de l'évolution de la relation du Canada avec les peuples autochtones[42].

Les musées nationaux du Canada

En 1996, le *Rapport de la Commission royale sur les peuples autochtones* formule une recommandation précisément à l'endroit des musées du Canada :

> Que les musées et autres établissements culturels adoptent des codes d'éthique régissant tous les aspects du collectionnement, du retrait d'inventaire, de l'exposition et de l'interprétation d'objets se rapportant à la culture et au patrimoine autochtone et, à cette fin :
>
> a) fassent participer les Autochtones à la rédaction, à l'adoption et à la mise en œuvre des codes d'éthique;
>
> b) créent des répertoires de fonds pertinents et mettent ces répertoires à la disposition des Autochtones;
>
> c) cataloguent les fonds, et indiquent comment les utiliser et les exposer de façon appropriée;
>
> d) restituent sur demande les objets sacrés ou faisant partie intégrante de l'histoire et de la continuité de certaines nations et collectivités;
>
> e) retournent les restes humains aux familles, aux collectivités et aux nations, à leur demande, ou consultent les conseillers autochtones quant à la bonne façon de se départir de ces restes, lorsque ceux-ci ne peuvent être rattachés à une nation particulière;
>
> f) veillent à ce que les Autochtones et leurs collectivités aient effectivement accès aux programmes d'éducation et de formation culturelles offerts par les musées et d'autres établissements culturels [recommandation 3.6.4][43].

Dans les années suivant le rapport de la Commission royale, les musées du pays ont mis en œuvre un grand nombre de ses recommandations[44]. De nombreux musées collaborent avec les communautés pour rapatrier des restes humains ou des artéfacts culturels. Dans certains établissements, les consultations et les partenariats de collaboration avec les communautés autochtones deviennent pratique courante, et des stages pour Autochtones et d'autres possibilités de formation sont mis en place. Toutefois, il faut en faire encore plus, même si les musées sont confrontés à des défis importants pour obtenir un financement approprié et stable échelonné sur des années afin de soutenir adéquatement ces initiatives essentielles[45].

Au cours des trois dernières décennies, les musées canadiens qui présentaient l'histoire de la nation sans grand égard pour celle des Premières Nations, des Inuits et des Métis se sont lentement transformés. Bien que le dialogue entre les musées et les peuples autochtones se soit considérablement amélioré depuis les années 1980, un débat plus général se poursuit à propos de qui les musées racontent l'histoire et de comment elle est interprétée. Ici, nous nous concentrons sur deux musées nationaux : le Musée canadien de l'histoire, anciennement le Musée canadien des civilisations[46], et le Musée canadien pour les droits de la personne. En tant qu'institutions publiques consacrées à l'histoire nationale, ces deux musées assument la responsabilité particulière de raconter l'histoire du Canada de façon à ce qu'elle reflète non seulement la diversité des cultures, du passé et des expériences des Premières Nations, des Inuits et des Métis, mais également la violence collective et les injustices historiques que ces peuples ont subies aux mains de l'État. Il est instructif d'examiner comment ces deux institutions comptent interpréter l'histoire des peuples autochtones et aborder les injustices historiques dans les années à venir.

Le Musée canadien de l'histoire

S'adressant au Comité permanent du patrimoine canadien en juin 2013, Mark O'Neill, président-directeur général de la Société du Musée canadien des civilisations, reconnaît que de nombreux aspects et jalons importants de l'histoire canadienne — notamment les pensionnats — ne sont pas présentés au musée.

> Dès que l'on entre dans cette salle [salle du Canada], on peut constater ce qui constitue peut-être sa lacune la plus importante. Notre histoire nationale y débute non pas avec l'arrivée des Premiers Peuples, mais avec la venue des Européens au XIe siècle. La colonisation est une notion ou un terme qui est entièrement passé sous silence dans la salle du Canada.

C'est un problème auquel nous comptons remédier. Les Canadiens nous ont signifié très clairement, lors de notre processus de participation publique, que les voix et les expériences des Premiers Peuples doivent s'inscrire dans toute trame narrative de l'histoire du Canada. [...]

Les Canadiens souhaitent que nous présentions leur histoire sous tous ses aspects avec franchise et équité. Ils veulent que nous leur fassions découvrir les bons et les mauvais épisodes de notre passé. Ils nous ont exhortés à alimenter leur sentiment de fierté nationale, mais sans passer sous silence nos lacunes, nos erreurs et nos controverses[47].

En juillet 2013, le Musée canadien des civilisations et son partenaire, le Musée canadien de la guerre, publient une stratégie de recherche commune destinée à orienter les activités de recherche dans les deux établissements jusqu'en 2023. Parmi les thèmes de recherche clés se trouve « Mémoire et commémoration », dont les objectifs comprennent la présentation de récits historiques décisifs et de sujets difficiles de la Confédération et des deux guerres mondiales ainsi que l'utilisation de « commémorations choisies pour explorer les concepts de mythe, de mémoire et de Nation ». Les musées comptent s'efforcer de « présenter honnêtement et respectueusement au public les enjeux historiques d'importance, controversés ou sujets à débat [...] Exemples [...] Exploration d'un passé traumatisant (Africville, les pensionnats autochtones, etc.)[48] ».

En s'appuyant sur des recherches montrant que les Canadiens ont à cœur leurs « liens personnels et familiaux [...] avec l'histoire », le Musée canadien de l'histoire explique qu'il compte « explorer la réalité de la vie des Premiers Peuples du Canada d'aujourd'hui [notamment] l'engagement culturel envers la modernité, les changements environnementaux et la mondialisation, et l'évolution des concepts de tradition, de mobilisation politique et de nouvelles avenues d'expression sociale [...] et l'impact des changements rapides dans le Nord du Canada, surtout pour les Inuits[49] ». Un autre thème de recherche clé est celui des « Premiers Peuples », avec un accent particulier sur l'histoire des Autochtones.

Les histoires et les cultures des peuples autochtones sont au cœur de la connaissance de notre passé commun. L'exploration respectueuse de l'histoire interreliée, souvent difficile, des contacts entre Autochtones et non-Autochtones représente une contribution responsable et opportune au Canada d'aujourd'hui et à la compréhension des questions autochtones globales. [...] Quatre principaux objectifs guident l'exploration et la dissémination de l'histoire des Autochtones. [...] 1) Présenter les histoires et cultures autochtones au sein de l'histoire canadienne dans son ensemble. [...] 2) Explorer l'engagement interculturel et ses impacts continus. [...] 3) Mieux comprendre les histoires autochtones avant les contacts avec le monde européen. [...] 4) Approfondir les efforts pour appuyer l'intendance des Premiers Peuples[50].

La Commission est heureuse de constater qu'une grande part de ce que souligne la stratégie de recherche du Musée est conforme à ses propres conclusions : les Canadiens, notamment les jeunes et les enseignants, croient qu'ils doivent en apprendre davantage sur l'histoire et les séquelles des pensionnats, et plus généralement sur l'histoire des Autochtones. La Commission retient particulièrement la prééminence accordée à la présentation à la fois des aspects positifs et négatifs de l'histoire du Canada, montrant bien la pertinence du passé pour le présent, y compris les voix et les perspectives marginalisées, encourageant la collaboration et établissant des liens entre l'histoire personnelle et publique.

Le Musée canadien pour les droits de la personne

En tant qu'institution publique consacrée à l'histoire nationale, le nouveau Musée canadien pour les droits de la personne (MCDP) à Winnipeg a le mandat d'« étudier le thème des droits de la personne en mettant particulièrement, mais non exclusivement, l'accent sur le Canada, dans le but d'accroître la compréhension qu'a le public des droits de la personne, de promouvoir le respect des autres et de favoriser la réflexion et le dialogue[51] ». Dans le cadre du forum de la CVR au Centre national de recherche à Vancouver le 3 mars 2011, le président-directeur général du MCDP, Stuart Murray, parle de la vision du Musée pour la réconciliation et de son rôle par rapport à celle-ci. Il souligne le rôle de premier plan des conseillers des Premières Nations, des Inuits et des Métis du MCDP ainsi que du Conseil consultatif des aînés, du Conseil des jeunes autochtones et de la collectivité autochtone au sens large pour la planification des activités et l'élaboration des programmes du Musée[52].

Compte tenu des vives controverses entourant l'histoire du système des pensionnats, il n'est peut-être pas surprenant que le MCDP a été critiqué par la Southern Chiefs Organization (organisation des chefs du Sud) au Manitoba en juin 2013, à la suite de rapports dans les médias selon lesquels le Musée « n'utilise pas le terme génocide pour qualifier les violations des droits de la personne perpétrées à l'encontre des Premières Nations ». Du point de vue de l'organisation des chefs du Sud, le Musée « aseptise la véritable histoire du traitement honteux réservé aux Premières Nations par le Canada[53] ». Le 26 juillet 2013, Stuart Murray publie une déclaration clarifiant la position du Musée :

Dans le Musée, nous examinerons la violation flagrante et systémique des droits de la personne liés aux peuples autochtones. Ceci comprendra de l'information sur les efforts que mène la communauté autochtone, et d'autres groupes, pour faire reconnaître ces violations comme un génocide — et nous utiliserons ce mot. [...] Bien que nous ayons choisi de ne pas utiliser le terme « génocide » pour le moment dans le titre de l'une de nos expositions au sujet de cette expérience, nous nous servirons de ce mot dans l'exposition même pour décrire les efforts menés par la communauté afin de faire reconnaître le génocide. Les visiteurs pourront en arriver à leurs propres conclusions en s'appuyant sur les faits historiques et les renseignements actualisés que nous leur présenterons.

Un musée n'a pas le pouvoir de faire des déclarations de génocide, mais notre Musée peut certainement, en poursuivant son partenariat avec la communauté autochtone elle-même, favoriser un examen honnête de l'histoire du Canada en matière des droits de la personne, dans l'espoir que le respect et la réconciliation triompheront[54].

Le Musée signale son intention de créer des occasions pour les Canadiens d'amorcer un dialogue public beaucoup plus large et souhaitable depuis longtemps sur la question de génocide en ce qui concerne le système des pensionnats. Le MCDP envisage la création d'un lieu d'éducation du public pour inviter tous les Canadiens à réfléchir de façon plus critique à l'histoire des violations des droits de la personne envers les peuples autochtones.

Lors d'une allocution concernant la commémoration de la Confédération du Canada en 2017, Stuart Murray observe que les antécédents du Canada en matière des droits de la personne ne sont pas sans tache, et que :

pour bien des communautés autochtones, ce n'est pas forcément un événement méritant d'être célébré. En regardant notre passé avec honnêteté et ouverture, en mobilisant une diversité de voix et de perspectives et en célébrant ce qui a été accompli pour corriger les erreurs, nous œuvrerons à rendre notre nation plus unie, plus fière et plus juste. Cet anniversaire, nous pouvons en faire une étape-clé sur le chemin de la réconciliation[55].

La Commission estime que, alors que le 150e anniversaire du Canada en 2017 arrive à grands pas, la réconciliation nationale est le cadre le plus approprié pour orienter la commémoration de ce repère historique important de l'histoire du Canada. Cette célébration peut fournir une occasion pour les Canadiens de faire le bilan de leur passé et de célébrer les réalisations du pays sans toutefois se dérober à la responsabilité de ses manquements. Encourager la tenue d'un discours public plus inclusif sur le passé, dans une perspective de réconciliation, permettrait d'offrir de nouvelles possibilités passionnantes pour un avenir dans lequel les peuples autochtones prennent la place qui leur revient dans l'histoire du Canada en tant que peuple fondateur ayant contribué grandement et de façon unique à ce pays.

De l'avis de la Commission, il y a un besoin urgent au Canada de former des citoyens instruits sur le plan historique et qui comprennent pourquoi et comment le passé est pertinent dans leur vie et pour l'avenir du pays. Les musées ont la responsabilité éthique de favoriser la réconciliation nationale plutôt que de simplement présenter la version du passé d'une seule partie. Ils peuvent s'acquitter de cette responsabilité en présentant l'histoire des pensionnats et des peuples autochtones de façons qui sollicitent de multiples perspectives, parfois contradictoires, pour en fin de compte encourager l'empathie, le respect mutuel et un désir de réconciliation enraciné dans la justice.

Le Musée canadien de l'histoire et le Musée canadien pour les droits de la personne, en collaboration avec les peuples autochtones, les musées régionaux et locaux ainsi que l'Association des musées canadiens doivent jouer un rôle de chefs de file pour faire de la réconciliation le thème central de la commémoration du 150ᵉ anniversaire de la Confédération du Canada en 2017.

Notons que, même si la Commission s'est concentrée ici sur les musées nationaux, les musées régionaux et locaux ont également un rôle crucial à jouer pour mettre de l'avant des occasions d'examiner les injustices historiques subies par les Premières Nations, les Inuits et les Métis, d'engager un dialogue public à propos de ce qui a été fait et de ce qu'il reste à faire pour remédier à ces souffrances et de se pencher sur l'esprit et sur l'intention de la réconciliation. Grâce à leurs diverses expositions, à leurs efforts de sensibilisation du public et à leurs programmes de recherche, tous les musées sont bien placés pour contribuer à l'éducation en vue de la réconciliation.

Appels à l'action :

67) Nous demandons au gouvernement fédéral de fournir des fonds à l'Association des musées canadiens pour entreprendre, en collaboration avec les peuples autochtones, un examen national des politiques et des pratiques exemplaires des musées, et ce, dans le but de déterminer le degré de conformité avec la *Déclaration des Nations Unies sur les droits des peuples autochtones* et de formuler des recommandations connexes.

68) Nous demandons au gouvernement fédéral, en collaboration avec les peuples autochtones et l'Association des musées canadiens, de souligner le 150ᵉ anniversaire de la Confédération canadienne en 2017 en établissant un programme de financement national pour les projets de commémoration sur le thème de la réconciliation.

Les Archives nationales du Canada : entre relais de l'histoire autochtone et gardiennes des documents de l'État

Bibliothèque et Archives Canada (BAC), à titre de détenteur des archives nationales du Canada, a une double fonction par rapport à ses fonds documentaires concernant les peuples autochtones. Elle est à la fois une institution publique consacrée à l'histoire et chargée d'assurer l'accessibilité pour le public de documents pertinents à l'histoire autochtone et la gardienne des archives historiques ministérielles du gouvernement fédéral.

En 2005, BAC publie le *Cadre de travail du développement de la collection* qui établit les principes et les pratiques guidant l'acquisition et la préservation de ses fonds. Le cadre établit des engagements précis sur les documents touchant les peuples autochtones :

> BAC reconnaît l'apport des peuples autochtones au patrimoine documentaire du Canada, et convient que, pour constituer une collection de ces documents, elle doit tenir compte de la diversité des cultures autochtones, des relations entre le gouvernement du Canada et les peuples autochtones, et des besoins et réalités propres aux collectivités autochtones. L'élaboration d'une stratégie nationale sera effectuée en consultation et en collaboration avec les collectivités et les organisations autochtones, et se conformera aux modes de préservation du savoir et du patrimoine autochtones ou à la façon dont ces connaissances et ce patrimoine devraient être conservés et protégés au sein ou hors des collectivités autochtones[56].

Bibliothèque et Archives Canada a produit divers guides et diverses ressources relatifs à la recherche sur le patrimoine autochtone[57]. Toutefois, une tension fondamentale existe entre le mandat d'éducation du public de BAC, notamment en travaillant en collaboration avec les peuples autochtones afin de documenter leur histoire culturelle et sociale, et son obligation légale de servir l'État. Cette tension est particulièrement évidente à l'égard des documents archivés qui concernent les injustices historiques subies par les peuples autochtones. En effet, certains documents historiques préservés à BAC ont été largement utilisés comme preuves, tant par les demandeurs autochtones que par les défenseurs de la Couronne, dans les litiges portant sur les pensionnats, les traités, les titres et les droits ancestraux et les revendications territoriales.

Dans le cas des documents relatifs aux pensionnats, les problèmes liés à la double fonction de BAC sont devenus évidents au cours des litiges précédant la Convention de règlement. Pendant cette période, dans le cadre de son mandat d'éducation du public, BAC publie en 2002 « Pensionnats autochtones au Canada :

une bibliographie sélective » et assiste les Autochtones, les universitaires et d'autres chercheurs qui souhaitent accéder à ces documents[58]. Cependant, puisque le litige concernant les pensionnats place le gouvernement fédéral au banc de principal accusé d'une affaire judiciaire, la priorité absolue de BAC, en tant que gardienne des archives ministérielles du gouvernement fédéral, est de remplir ses obligations légales envers la Couronne.

Ian Wilson, Ph.D., bibliothécaire et archiviste émérite, et ancien archiviste national du Canada, décrit cette tension. Il explique que, à mesure que le litige des pensionnats s'intensifie :

> Les avocats assiègent les archives. Les archivistes, pris entre les aléas des vieilles pratiques informelles de tenue de documents dans les écoles confessionnelles de tout le pays, les exigences juridiques d'accès complet et immédiat à tous les documents et leurs obligations envers leur employeur et leur profession, luttent pour défendre leur idéal de gestion honnête des archives. [...] Ce processus a mis à l'épreuve la capacité des archives et notre aptitude professionnelle à réagir[59].

Ces défis n'ont pas disparu avec la mise en œuvre de la Convention de règlement de 2007. Les difficultés rencontrées par la CVR pour accéder aux documents gouvernementaux conservés à BAC montrent bien pourquoi les archives contrôlées par l'État ne sont pas nécessairement les mieux adaptées pour répondre aux besoins des survivants, de leurs familles et de leurs communautés.

En 2009, dans le cadre de son mandat d'éducation du public, BAC conclut un partenariat avec la Fondation autochtone de l'espoir et la Fondation autochtone de guérison pour présenter deux expositions : *Que sont les enfants devenus? L'expérience des pensionnats autochtones* et *Nous étions si loin : L'expérience des Inuits dans les pensionnats*[60]. Bibliothèque et Archives Canada produit également une version en ligne et mise à jour de la bibliographie « Les séquelles du régime de pensionnats au Canada : une bibliographie sélective »[61]. En 2010, BAC publie un guide pour la recherche en ligne appelé « Faire une recherche sur les pensionnats : Guide pour les documents du Programme des Affaires indiennes et inuites et les ressources connexes à Bibliothèque et Archives Canada »[62].

Dans l'esprit de réconciliation, les archivistes de BAC (ainsi que les archivistes des Églises) apportent des classeurs contenant des photographies des pensionnats sur les aires d'apprentissage des événements nationaux de la CVR, où les survivants et autres peuvent les consulter et obtenir des copies de leurs photos de classe et d'autres activités de l'école. Pour de nombreux survivants, particulièrement ceux qui n'ont aucune trace visuelle de leur propre enfance ni aucune photo de leurs frères et sœurs décédés depuis, ces classeurs s'avèrent l'un des aspects les plus précieux des événements nationaux. Toutefois, pendant cette même période, les fonds et le rôle de BAC dans le respect des obligations juridiques du gouvernement fédéral pour la production de documents, selon les termes de la Convention de règlement, deviennent l'objet d'une procédure judiciaire entre la CVR et le gouvernement fédéral.

La CVR cherche à avoir un accès complet aux collections de BAC

L'annexe N de la Convention de règlement relative aux pensionnats décrit le mandat de la CVR ainsi que les obligations des parties à la convention quant au soutien à accorder à la Commission dans ses travaux. Une disposition de l'annexe traite notamment de l'obligation des parties de lui fournir les documents pertinents.

> Afin d'assurer l'efficacité du processus de vérité et de réconciliation, le Canada et les organismes religieux fourniront tous les documents pertinents en leur possession ou sous leur contrôle à la Commission de vérité et réconciliation (la « Commission ») et pour son usage, sous réserve du droit à la protection des renseignements personnels d'une personne prévu par la loi applicable relative à la protection des renseignements personnels, et sous réserve de la législation sur l'accès à l'information et sur la protection des renseignements personnels applicable, à l'exception des documents auxquels le secret professionnel de l'avocat s'applique lorsqu'il est invoqué;

> Dans les cas où le droit à la protection des renseignements personnels d'une personne est en cause et sous réserve de la législation applicable en matière de protection de renseignements personnels et d'accès à l'information, les chercheurs de la Commission auront accès aux documents, à la condition que les renseignements personnels soient protégés. Dans les cas où le secret professionnel de l'avocat est invoqué, la partie l'invoquant fournira une liste de tous les documents pour lesquels ce secret professionnel est invoqué.

> Le Canada et les organismes religieux ne sont pas tenus de renoncer à la possession de documents originaux en faveur de la Commission. Ils sont tenus de compiler tous les documents pertinents de façon organisée à des fins d'examen de la part de la Commission et de permettre l'accès à leurs archives afin que la Commission puisse remplir son mandat. La production de documents ne requiert pas la production de documents originaux. Les originaux ou copies certifiées conformes, peuvent être fournis ou les originaux peuvent être fournis temporairement à des fins de photocopie si les renseignements originaux ne doivent pas être conservés par la Commission.

> Dans la mesure où en conviennent les intéressés, et sous réserve des exigences du processus, les informations provenant du Processus d'évaluation indépendant (PEI), des litiges en cours et des processus de règlement des différends peuvent être transférées à la Commission à des fins de recherche et d'archivage[63].

L'accès aux dossiers historiques du gouvernement concernant l'administration du système des pensionnats est une partie importante du mandat de la Commission de vérité et réconciliation du Canada. Cet accès est essentiel pour comprendre l'évolution des politiques et des pratiques du gouvernement en ce qui concerne les peuples autochtones en général et les pensionnats en particulier. Il est également crucial pour remplir le mandat de la Commission d'assurer un accès public permanent à ces documents par l'intermédiaire du Centre national pour la vérité et réconciliation. La Commission, dans ses tentatives pour obtenir les documents requis, se bute à une série d'obstacles bureaucratiques et juridiques.

En avril 2012, la Commission est contrainte de déposer une « demande d'instruction » à la Cour supérieure de justice de l'Ontario en ce qui concerne l'accès aux documents fédéraux pertinents conservés dans les archives nationales. La question en litige étant de savoir quelles sont les obligations du Canada, en vertu de la Convention de règlement, en ce qui concerne la remise à la CVR des documents gouvernementaux archivés et conservés à Bibliothèque et Archives Canada. La Commission, Affaires autochtones et Développement du Nord Canada, le ministère de la Justice et Bibliothèque et Archives Canada ont des opinions divergentes quant à la façon dont la CVR doit obtenir ces documents.

De l'avis de BAC, son rôle est celui de gardienne neutre des documents gouvernementaux dont la tâche est de faciliter et d'habiliter les ministères fédéraux à faire des recherches dans leurs propres fonds d'archives.

Face à la lourde tâche d'effectuer ses propres recherches parmi les vastes avoirs de BAC, le Canada, quant à lui, estime que son obligation se limite à localiser et à produire les documents pertinents à partir des dossiers actifs et semi-actifs de divers ministères. Ainsi, de l'avis du gouvernement, les ministères doivent conférer à la CVR le statut de chercheur du ministère, afin que la Commission puisse accéder aux documents ministériels archivés par BAC et mener ses propres recherches.

Pour sa part, la CVR estime que le Canada a l'obligation de produire tous les documents pertinents, notamment ceux conservés à BAC, en plus de l'obligation de fournir à la Commission l'accès à BAC afin de mener ses propres recherches. Bien que la CVR, dans un esprit de coopération, ait accepté le statut de chercheur du ministère, elle maintient que ce statut est inutile puisque la Convention de règlement lui confère déjà un accès inconditionnel aux archives. Le résultat final est que le Canada a effectivement pleinement remis à la CVR sa responsabilité de produire des documents conservés par BAC.

En rendant sa décision en faveur de la Commission, le juge Stephen Goudge a statué :

> À mon avis, le premier alinéa de l'article 11 énonce l'obligation de base du Canada concernant les documents en sa possession ou sous son contrôle. Le sens ordinaire de l'énoncé est facile à comprendre. Tous les documents pertinents doivent être fournis à la CVR. L'obligation est énoncée sans réserve à l'égard de l'endroit où les documents sont conservés au sein du gouvernement du Canada. L'obligation n'est pas non plus limitée aux documents réunis par le Canada aux fins de production relativement au litige [paragr. 69].

> Je conclus donc que, compte tenu de son sens, le libellé de l'article 11 de l'annexe N n'exclut pas les documents archivés à BAC de l'obligation du Canada envers la CVR. Le contexte dans lequel la Convention de règlement a été rédigée soutient d'autant plus cette conclusion pour plusieurs raisons [paragr. 71].

> En premier lieu, au moment où la Convention de règlement a été rédigée, il était clair que l'un des aspects centraux de la CVR était de présenter l'histoire des pensionnats indiens. Puisque le Canada a joué un rôle vital dans le système de pensionnats, les documents du Canada, peu importe où ils sont conservés, ne peuvent qu'avoir été considérés comme une ressource historique très importante [paragr. 72].

> En deuxième lieu, la Convention de règlement a chargé la CVR de compiler un dossier historique du système des pensionnats qui sera accessible au public à l'avenir. Ici aussi, les documents du Canada, peu importe où ils sont conservés, ne peuvent qu'avoir été considérés comme essentiels à cette fin [paragr. 73].

> En troisième lieu, l'histoire des pensionnats, et le dossier historique devant être colligé, couvre une période de plus de 100 années et remonte au XIXe siècle. Ainsi, pour une telle période de temps, il est raisonnable de croire que, au moment de la Convention de règlement, la majeure partie de la preuve documentaire pertinente en la possession du Canada devait être archivée à BAC et ne se trouverait donc plus dans les dossiers actifs ou semi-actifs des ministères du gouvernement du Canada [paragr. 74].

> En quatrième lieu, il aurait été évident que le personnel chevronné de BAC serait bien plus habilité à repérer et à organiser les documents pertinents à BAC que ne le serait le personnel nouvellement embauché de la CVR réce-

mment constituée. Il aurait été peu sensé de déléguer cette tâche à ces derniers plutôt qu'au personnel de BAC, surtout compte tenu de son importance dans le cadre du mandat de la CVR [paragr. 75][64].

En 2014, le rapport du vérificateur général, « Le patrimoine documentaire du gouvernement du Canada; Bibliothèque et Archives Canada », conclut que les problèmes systémiques qui sévissent au sein de BAC présentent des obstacles importants à l'accès aux documents d'archives.

> Dans l'ensemble, nous avons constaté que Bibliothèque et Archives Canada n'acquérait pas tous les documents d'archives qu'elle devait acquérir des institutions fédérales. [...] Pour ce qui est des documents acquis, Bibliothèque et Archives Canada avait un arriéré de quelque 98 000 boîtes de documents d'archives fédéraux en date d'avril 2014, et elle ne sait pas quand elle sera en mesure de terminer le traitement de ces documents et d'en faciliter l'accès au public. Ce fait est important, car les Canadiens ignorent quels documents d'archives fédéraux n'ont pas encore été transférés par les institutions à Bibliothèque et Archives Canada et lesquels sont encore dans l'arriéré de l'Institution[65].

Plus précisément, à l'égard de la CVR, le vérificateur général a constaté que les recherches de la Commission avaient été entravées par des lacunes dans la qualité des instruments utilisés par les chercheurs afin de trouver les documents pertinents.

> À l'automne 2013, les chercheurs ont mené un projet pilote en vue d'identifier le plus grand nombre possible de dossiers médicaux d'élèves. Ce projet pilote a démontré que, dans le cas de 77 % des dossiers médicaux, il n'existait pas d'instruments de recherche ou ceux-ci étaient incomplets. [...] Par exemple, un chercheur a trouvé une boîte, qui n'était pas assortie d'une description, contenant des rapports de présence d'élèves sur trois ans dans les pensionnats. Au printemps 2014, Bibliothèque et Archives Canada a établi un plan de travail pour recenser et corriger les lacunes dans les instruments de recherche[66].

Même si les difficultés rencontrées par la CVR pour obtenir des documents de BAC sont spécifiques au mandat de la Commission, elles mettent en lumière des questions plus larges quant au rôle des archives et des archivistes de l'État dans la fourniture d'un accès aux documents qui révèlent de façon factuelle pourquoi et comment un groupe ciblé de personnes a subi des sévices à grande échelle. Dans le contexte d'exigences croissantes envers une meilleure reddition de comptes et une plus grande transparence de la part du gouvernement et en raison de l'apparition de nouvelles lois concernant la protection de la vie privée et l'accès à l'information, les archives sont devenues plus directement liées aux luttes pour les droits de la personne et la justice[67].

Les archives et l'accès à la justice

Les archives ministérielles du gouvernement fédéral Bibliothèque et Archives Canada concernant les peuples autochtones sont essentielles pour comprendre comment les violations des droits de la personne se sont produites et leurs répercussions. En 2005, les Nations Unies adoptent les *Principes Joinet/Orentlicher*, qui énoncent des mesures correctives que les États doivent prendre pour satisfaire à leur devoir de se prémunir contre l'impunité de violations passées des droits de la personne et d'éviter qu'elles se reproduisent. Cela comprend le droit des victimes de connaître la vérité sur ce qui leur est arrivé, à elles et aux autres membres disparus de leur famille. La société en général a également le droit de connaître la vérité sur ce qui est arrivé dans le passé et sur les circonstances qui ont mené à ces violations massives des droits de la personne. L'État a le devoir de protéger ce savoir et de s'assurer que la documentation pertinente est conservée dans les archives et les manuels d'histoire.

Les *Principes Joinet/Orentlicher* énoncent que « l'exercice plein et effectif du droit à la vérité est assuré par la conservation des archives ». Il est tout aussi important d'assurer un accès facile aux archives en faveur des victimes et de leurs proches, et aussi à des fins de recherche (principes 5, 14, 15, 16)[68].

La Commission souligne que, dans son rapport d'août 2013 au Conseil des droits de l'homme des Nations Unies, Pablo de Greiff, rapporteur spécial sur la promotion de la vérité, de la justice, de la réparation et des garanties de non-répétition, fait expressément référence à l'importance des archives. Il constate que les dossiers constitués par une commission de vérité et ceux conservés dans des archives nationales, régionales et locales contribuent à prolonger la durée de vie et le legs du travail d'une telle commission. Les archives constituent un site permanent où la reddition de comptes après une commission et le droit à la vérité peuvent être satisfaits[69]. Il explique par ailleurs que les archives « permettent d'assurer que les voix des victimes ne sombreront pas dans l'oubli et qu'elles contribuent à une culture de commémoration et de souvenir. Elles assurent également une protection contre le révisionnisme et le déni, ce qui est essentiel compte tenu de la longue durée et de l'aspect non linéaire des processus de réconciliation et d'intégration sociales[70]. » Il conclut en ajoutant que « les commissions de vérité et les archives nationales contribuent de façon importante à concrétiser le droit à la vérité en permettant de lancer des poursuites pénales, d'entamer des procédures de réparations et des réformes tant sur le plan institutionnel que personnel ». Il recommande la mise en place de normes archivistiques internationales[71].

Bien que Pablo de Greiff ne fasse pas précisément référence aux peuples autochtones dans son rapport, la Commission note que dans de nombreux pays, dont le Canada, l'accès à des documents historiques protégés a contribué à l'avancement des droits de ces peuples et a permis de documenter les actions injustes de l'État. Dans la foulée de commissions de vérité formées en Afrique du Sud et ailleurs, certains archivistes en sont venus à se voir non seulement en tant que gardiens neutres de l'histoire nationale, mais également comme des professionnels chargés de veiller à ce que les dossiers documentant les injustices du passé soient conservés et utilisés pour renforcer la responsabilisation du gouvernement et soutenir la justice[72].

Appels à l'action :

69) Nous demandons à Bibliothèque et Archives Canada :

   i. d'adopter et de mettre en œuvre de façon intégrale la *Déclaration des Nations Unies sur les droits des peuples autochtones* et les *Principes Joinet/Orentlicher* des Nations Unies, plus particulièrement en ce qui touche le droit inaliénable des peuples autochtones de connaître la vérité sur les violations des droits de la personne commises à leur endroit dans les pensionnats et sur les raisons pour lesquelles une telle situation s'est produite;

   ii. de veiller à ce que les fonds documentaires liés aux pensionnats soient accessibles au public;

   iii. d'affecter plus de ressources à l'élaboration de matériel pédagogique et de programmes de sensibilisation du public sur les pensionnats.

70) Nous demandons au gouvernement fédéral de fournir des fonds à l'Association des archivistes canadiens pour entreprendre, en collaboration avec les peuples autochtones, un examen national des politiques et des pratiques exemplaires en matière d'archives, et ce, afin de :

   i. déterminer le degré de conformité avec la *Déclaration des Nations Unies sur les droits des peuples autochtones* et les « Principes Joinet/Orentlicher » des Nations Unies en ce qui touche le droit inaliénable des peuples autochtones de connaître la vérité sur les violations des droits de la personne commises à leur endroit dans les pensionnats et sur les raisons pour lesquelles une telle situation s'est produite;

   ii. produire un rapport assorti de recommandations en vue de la mise en œuvre complète de ces instruments internationaux en tant que cadre de réconciliation en ce qui a trait aux archives canadiennes.

Les enfants disparus, les tombes anonymes et les cimetières des pensionnats

Tout au long des travaux de la Commission, de nombreux témoins autochtones nous ont parlé des enfants qui ne sont jamais revenus des pensionnats. Les familles et les communautés sont hantées par le sort de leurs proches et de ne pas savoir où ils reposent. Tout au long de l'histoire des pensionnats au Canada, aucun effort n'a été fait pour documenter, dans l'ensemble du système, le nombre d'enfants qui sont morts chaque année alors qu'ils fréquentaient des pensionnats.

Le Registre national des élèves décédés dans les pensionnats, établi par la Commission de vérité et réconciliation du Canada, représente le premier effort national pour documenter les noms des élèves décédés dans les pensionnats. Le registre est toutefois loin d'être complet. En effet, de nombreux documents pertinents n'ont pas encore été obtenus, colligés et examinés.

Certains de ces documents ont été retrouvés dans des registres provinciaux. En juin 2012, lors de leur assemblée générale annuelle, les coroners en chef et les médecins légistes du Canada approuvent une résolution unanime pour soutenir le projet Enfants disparus de la CVR en mettant à la disposition de la Commission leurs dossiers sur les décès d'enfants autochtones confiés aux soins des autorités scolaires dans les pensionnats. À cet égard, le Bureau du coroner en chef de l'Ontario avait, pour sa part, déjà fait œuvre de pionnier dans la sélection et l'examen de ses dossiers, relevant 120 cas possibles de décès d'élèves autochtones dans les pensionnats. La CVR sollicite donc l'aide des coroners en chef de tout le pays afin de trouver les documents liés à des décès dans les pensionnats. Dès 2014, les bureaux des coroners en chef de la Saskatchewan, des Territoires du Nord-Ouest, du Manitoba et de la Nouvelle-Écosse répondent à la demande de la Commission.

D'autres organismes régionaux détiennent également des renseignements cruciaux dans leurs dossiers et c'est pourquoi la CVR a communiqué avec les bureaux provinciaux de l'état civil de tout le pays. Lors de l'événement national de l'Alberta, Peter Cunningham, sous-ministre adjoint, Relations et Réconciliation avec les Autochtones de Colombie-Britannique, offre une clé USB dans une petite boîte sculptée en bois cintré dans un esprit de réconciliation.

> Je crois qu'il est très important que tous les renseignements soient révélés concernant cet événement très sombre et troublant de l'histoire du Canada [...] les pensionnats autochtones. [...] Je suis ici aujourd'hui pour apporter un ajout à ce corpus de connaissances au nom du gouvernement de la Colombie-Britannique et de l'Agence de l'état civil de la Colombie-Britannique. [...] Cette clé USB contient des renseignements sur des enfants autochtones âgés

de 4 ans à 19 ans qui sont décédés en Colombie-Britannique entre 1870 et 1984[73].

En date de 2014, en plus du bureau de la Colombie-Britannique, les bureaux de l'état civil de l'Alberta, de la Nouvelle-Écosse, de l'Ontario, de la Saskatchewan, du Yukon et du Nunavut ont répondu à la demande de la Commission. Pour achever le travail entamé par la Commission sur le registre national des élèves décédés dans les pensionnats, il est essentiel que le Centre national pour la vérité et réconciliation obtienne tous les documents relatifs aux décès d'élèves dans les pensionnats.

Appel à l'action :

71) Nous demandons à tous les coroners en chef et les bureaux de l'état civil de chaque province et territoire qui n'ont pas fourni à la Commission de vérité et réconciliation leurs dossiers sur le décès d'enfants autochtones dont les autorités des pensionnats avaient la garde de mettre ces documents à la disposition du Centre national pour la vérité et réconciliation.

L'établissement et la tenue à jour du registre national des élèves décédés dans les pensionnats nécessiteront un soutien financier continu.

Appel à l'action :

72) Nous demandons au gouvernement fédéral de mettre suffisamment de ressources à la disposition du Centre national pour la vérité et réconciliation pour lui permettre de tenir à jour le registre national de décès des élèves de pensionnats établi par la Commission de vérité et réconciliation du Canada.

Il faut également transmettre des renseignements aux familles des personnes décédées dans les pensionnats. Comme l'indiquent les dossiers historiques, les familles n'étaient pas suffisamment informées de l'état de santé de leurs enfants et le gouvernement fédéral doit maintenant trouver des moyens appropriés pour les informer du sort de leurs enfants et s'assurer que la mémoire de ces enfants soit honorée de façon acceptable pour les familles.

Appels à l'action :

73) Nous demandons au gouvernement fédéral de travailler de concert avec l'Église, les collectivités autochtones et les anciens élèves des pensionnats afin d'établir

et de tenir à jour un registre en ligne des cimetières de ces pensionnats, et, dans la mesure du possible, de tracer des cartes montrant l'emplacement où reposent les élèves décédés.

74) Nous demandons au gouvernement fédéral de travailler avec l'Église et les dirigeants communautaires autochtones pour informer les familles des enfants qui sont décédés dans les pensionnats du lieu de sépulture de ces enfants, pour répondre au souhait de ces familles de tenir des cérémonies et des événements commémoratifs appropriés et pour procéder, sur demande, à la ré-inhumation des enfants dans leurs collectivités d'origine.

En tant que commissaires, nous avons le grand honneur d'assister aux cérémonies de commémoration organisées par les communautés pour rendre hommage aux enfants décédés dans les pensionnats. Ces cérémonies jouent un rôle important dans le processus de réconciliation. À l'événement national de l'Alberta, les membres du conseil d'administration de la Remembering the Children Society offrent un gage de réconciliation. Ils parlent du processus qu'ils ont entrepris afin d'identifier les enfants décédés lorsqu'ils fréquentaient l'école industrielle de Red Deer. Richard Lightning a notamment déclaré :

> Mon père, Albert Lightning, et son jeune frère, David, de la Première Nation Samson, sont allés à l'école industrielle de Red Deer, administrée par l'Église méthodiste de 1893 à 1919. Albert Lightning a survécu à cette expérience, mais David est mort de la grippe espagnole en 1918. En 1986, Albert a visité le Red Deer and District Museum and Archives, et a dit à un préposé, Lyle Keewatin-Richards : « Ah, vous voilà. C'est vous qui allez trouver mon petit frère. » Lyle a ainsi appris qu'à l'instar de trois autres élèves morts à la même époque, David avait été enterré dans le cimetière de la ville de Red Deer. Lyle a également pris connaissance de l'existence du cimetière de l'école à côté de Sylvan Creek.

La révérende Cecile Fausak[74] a expliqué :

> Vers 2004 [...] les membres de l'Église Unie de Sunnybrook ont commencé à se demander s'ils pouvaient faire quelque chose pour établir de meilleures relations avec les Autochtones dans la région. Lyle, qui s'est souvenu de cette anecdote à propos d'Albert Lightning, a alors suggéré : « Il y a bel et bien un projet qui pourrait aider et qui vise à honorer la mémoire des enfants enterrés dans le cimetière du pensionnat laissé à l'abandon et dans celui de la ville ». L'église a donc mis sur pied un comité [...] et au cours des années suivantes, les membres du comité, après avoir fouillé le site et les archives de l'école, ont personnellement rendu visite aux sept communautés

cries et stoney ainsi qu'à la nation des Métis d'où provenaient les élèves. En septembre 2009, plus de 30 personnes des communautés des Premières Nations et des Métis touchées se sont rendues à Red Deer, où elles ont mangé du ragoût et de la bannique à l'Église Unie de Sunnybrook, puis visité le cimetière de l'école pour la première fois, accueillies par le propriétaire [actuel] de l'endroit.

Muriel Stanley Venne, de l'Église Unie de Sunnybrook, a poursuivi :

Nous avons formé un groupe de travail afin d'organiser la première céré-monie (commémorative) à avoir lieu à Fort Normandeau le 30 juin 2010. Pendant que les noms des 325 élèves étaient lus à haute voix, un silence de plomb s'est établi dans la foule. [...] Depuis, les travaux menés en collabora-tion avec les Premières Nations signataires des Traités 6 et 7, la Nation Métis de l'Alberta, les membres de l'Église Unie, le Red Deer Museum and Art Gallery, la municipalité et le comté de Red Deer, le Centre d'accueil (autoch-tone) et les conseils scolaires se poursuivent et ont notamment engendré la création de la Remembering the Children Society en 2011. [...] La société vise à offrir un soutien continu pour rétablir les cimetières des pensionnats autochtones en Alberta et leur histoire, informer la population de l'exis-tence de ces cimetières et de leur histoire, rendre hommage aux survivants et à ceux qui sont morts dans les pensionnats et identifier les tombes ano-nymes. Chaque année au cours des trois années suivantes, nous avons tenu une cérémonie commémorative. Lors de la troisième cérémonie, beaucoup de descendants ont parlé des répercussions de l'école industrielle de Red Deer sur leur vie et sur celle de leurs parents et grands-parents.

Charles Wood a alors dit :

La société a collaboré avec le musée afin de créer une nouvelle exposi-tion permanente ainsi qu'avec l'administration du parc Waskasoo pour concevoir de nouveaux panneaux d'interprétation concernant l'histoire du pensionnat de Fort Normandeau. Nous sommes reconnaissants du dévoilement de cette histoire commune douloureuse, des amitiés que nous avons formées et du processus de guérison qui s'est opéré et qui est le fruit d'une collaboration de plus de cinq années. Nous perpétuerons le souvenir des enfants du passé et du présent. Dans la boîte en bois cintré, symbo-lisant notre travail commun, nous plaçons un programme de la première cérémonie, un DVD sur l'exposition du musée, des épinglettes représentant le ruban et la fleur de la troisième cérémonie et un exemplaire des lignes directrices que nous avons publiées sur notre expérience à l'intention des personnes souhaitant entreprendre un projet similaire de réhabilitation d'un cimetière de pensionnat[75].

Les cimetières et les lieux de sépulture des pensionnats documentés par la Commission sont, pour la plupart, abandonnés, désaffectés et susceptibles d'être endommagés. Bien que des initiatives communautaires de commémoration soient prises à certains endroits, il est nécessaire de mettre en place une stratégie nationale pour documenter, entretenir, commémorer et protéger les cimetières des pensionnats. Il s'agit d'un travail complexe et délicat. En effet, même si les anciens pensionnats ont pu être liés à des communautés autochtones précises, leurs cimetières peuvent contenir des corps d'enfants issus de nombreuses communautés. Ils peuvent aussi contenir les corps d'enseignants (ou de leurs enfants) décédés tandis qu'ils travaillaient dans l'établissement. Un seul ensemble de recommandations ne permettra pas de répondre à chaque circonstance.

Appel à l'action :

75) Nous demandons au gouvernement fédéral de collaborer avec les gouvernements provinciaux et territoriaux de même qu'avec les administrations municipales, l'Église, les collectivités autochtones, les anciens élèves des pensionnats et les propriétaires fonciers actuels pour élaborer et mettre en œuvre des stratégies et des procédures qui permettront de repérer, de documenter, d'entretenir, de commémorer et de protéger les cimetières des pensionnats ou d'autres sites où des enfants qui fréquentaient ces pensionnats ont été inhumés. Le tout doit englober la tenue de cérémonies et d'événements commémoratifs appropriés pour honorer la mémoire des enfants décédés.

À l'heure où les projets de développement des infrastructures et des ressources prennent rapidement de l'ampleur au Canada, le risque d'endommager les cimetières des pensionnats non documentés augmente. Selon la province ou le territoire, des évaluations des impacts environnementaux, dont une évaluation des sites patrimoniaux, sont généralement requises avant de procéder à l'aménagement du terrain. Ces évaluations comprennent notamment un examen des documents existants, une évaluation de la présence éventuelle de sites patrimoniaux dans la zone d'aménagement et une fouille du terrain. Ces travaux sont souvent effectués par étapes, avec un examen préliminaire des archives et des bases de données centralisées afin d'éclairer les enquêtes subséquentes. Il est possible que les planificateurs, les gestionnaires de ressources et les évaluateurs des impacts environnementaux provenant de l'extérieur manquent de connaissances locales concernant les cimetières de pensionnats. Par conséquent, il est important que les données recueillies localement soient transmises aux organismes responsables de la planification de l'aménagement du territoire, des évaluations des impacts environnementaux ainsi que de la protection et de la réglementation des cimetières.

Une documentation restreinte, les incertitudes quant au secteur de compétence et la mauvaise coordination du regroupement des données nuisent à l'échange de renseignements. Ces problèmes peuvent être résolus en créant un registre des cimetières de pensionnats en ligne. Ce registre doit comprendre au minimum les renseignements suivants : identification, durée et affiliation de chaque cimetière, description juridique, propriétaire foncier et état actuels, et coordonnées de l'emplacement géographique.

Le travail complexe et délicat de documentation, d'entretien, de commémoration et de protection des cimetières de pensionnats doit suivre un ensemble de principes directeurs fondés sur les priorités et les connaissances de la communauté. Toute investigation physique des cimetières doit : être menée en étroite collaboration avec les communautés concernées, établir des objectifs axés sur la communauté et des méthodes d'enquête adaptées, et porter une attention aux sensibilités spirituelles et émotives.

Par ailleurs, il faut apparier les documents écrits, généralement épars, avec les connaissances locales. Souvent, ces renseignements sont oraux et détenus par les survivants, les familles, le personnel ou les résidents locaux. Ils peuvent servir à vérifier, à corriger et à étoffer les archives. Ce travail peut comprendre des initiatives locales pour documenter matériellement la superficie et l'emplacement d'un cimetière et pour identifier chaque tombe dans la zone du cimetière et autour de celle-ci. Pour entreprendre une inspection et une documentation matérielles des cimetières dans les meilleures conditions, la stratégie consiste à recueillir et à regrouper les données documentaires et les connaissances locales avant d'amorcer le travail sur le terrain. Cela permet de rendre les fouilles plus efficaces et de sélectionner les meilleures méthodes sur le terrain. Cette stratégie permet également aux chercheurs de déterminer les attentes communautaires concernant les approches les plus appropriées pour l'investigation sur le site, notamment l'adhésion aux protocoles privilégiés concernant le respect des prières et des actes cérémoniels avant une visite du site.

Appel à l'action :

76) Nous demandons aux parties concernées par le travail de documentation, d'entretien, de commémoration, et de protection des cimetières des pensionnats d'adopter des stratégies en conformité avec les principes suivants :

   i. la collectivité autochtone la plus touchée doit diriger l'élaboration de ces stratégies;

ii. de l'information doit être demandée aux survivants des pensionnats et aux autres détenteurs de connaissances dans le cadre de l'élaboration de ces stratégies;

iii. les protocoles autochtones doivent être respectés avant que toute inspection technique ou enquête potentiellement envahissante puisse être effectuée sur les lieux d'un cimetière.

La Commission est d'avis qu'aider les familles à connaître le sort des enfants morts dans les pensionnats, à localiser les tombes anonymes et à entretenir, à protéger et à commémorer les cimetières des pensionnats est essentiel au processus de guérison et de réconciliation. Les archives et les ministères et organismes gouvernementaux ont un rôle crucial à jouer dans ce processus. Par ailleurs, les dossiers d'archives peuvent aider les survivants, leurs familles et les communautés à reconstruire leur histoire. Pourtant, il peut être difficile d'accéder à ces ressources documentaires.

Les limites des archives

La Commission a présenté la démarche adoptée par Bibliothèque et Archives Canada pour gérer les archives relatives aux pensionnats. D'autres documents pertinents sur l'histoire et les séquelles du système des pensionnats sont disséminés dans les archives provinciales, territoriales, municipales et locales du pays ainsi que parmi des ministères et des organismes gouvernementaux qui n'ont pas signé la Convention de règlement. Les survivants ainsi que leurs familles et leurs communautés ont donc beaucoup de mal à trouver les archives qui contiennent des renseignements essentiels sur leur propre passé et sur l'histoire de leur communauté.

Les services d'archivage des Églises signataires de la Convention de règlement, à des degrés divers, s'efforcent de rendre les archives de leurs pensionnats plus accessibles aux survivants, à leurs familles, à leurs communautés, aux chercheurs et au grand public[76]. Par exemple, l'Église Unie du Canada, en « guise de restitution aux communautés des Premières Nations[77] », a publié en ligne toutes les photographies et toute l'histoire de ses pensionnats afin que ces renseignements soient davantage accessibles aux survivants et à toute personne.

Le Centre national pour la vérité et réconciliation : un nouveau modèle

Les archives peuvent être considérées avec méfiance par les Premières Nations, les Inuits et les Métis. Beaucoup pensent que leur vie est contenue dans des documents (qu'ils n'ont jamais vus pour la plupart) que l'État conserve pour les étudier et les catégoriser de manière dépersonnalisée[78]. De diverses manières, les archives actuelles ne parviennent pas à combler les besoins des survivants, de leurs familles et de leurs communautés. Les Autochtones ont besoin d'un centre à eux, soit d'un espace culturel servant de lieu d'archivage et de musée pour abriter la mémoire collective des survivants et des autres Autochtones dont la vie a été affectée par l'histoire et les séquelles du système des pensionnats.

Dans cette optique, le mandat de la CVR exige la création d'un nouveau Centre national de recherche (CNR) afin de conserver les documents historiques, les documents nouvellement créés ainsi que les déclarations orales liées aux pensionnats, et de les rendre accessibles pour l'avenir. Ce CNR, mis sur pied par la Commission de vérité et réconciliation du Canada et rebaptisé Centre national pour la vérité et réconciliation (CNVR), est un modèle d'éducation évolutif axé sur les survivants en vue de la réconciliation. Ce centre, qui repose sur une nouvelle approche en matière d'éducation du public, de recherche et de tenue des dossiers, servira de « lieu de conscience » de la mémoire publique; il sera le témoin permanent des témoignages des survivants ainsi que de l'histoire et des séquelles du système des pensionnats[79]. Tout comme d'autres musées et services d'archivage du pays, il façonnera la compréhension et la mémoire du public sur la période des pensionnats.

Le concept du Centre national pour la vérité et réconciliation a de profondes racines. Depuis de nombreuses années, les survivants et les personnes qui les soutiennent réclament la création d'un centre qui constituerait un héritage durable de leur propre histoire et de la mémoire nationale du Canada. En mars 2011, la CVR a organisé un forum international à Vancouver intitulé « Sharing Truth: Creating a National Research Centre on Residential Schools ». Le forum a abordé la façon dont les dossiers et les autres documents des commissions de vérité et de réconciliation ailleurs dans le monde ont été archivés[80]. Dans le cadre de ce forum, plusieurs intervenants ont présenté leur vision du CNVR. Georges Erasmus, ancien coprésident de la Commission royale sur les peuples autochtones, puis président de la Fondation autochtone de guérison, a déclaré :

> Les gardiens des archives deviennent des intendants de récits et de relations humaines, de ce qui constitue une dotation pour l'avenir. Aucun héritage ne peut être enrichi par la contrefaçon, et une nation ne peut qu'être desservie par une histoire qui n'est pas honnête. La tâche est noble, et il faut avouer

que, trop souvent, les promesses et les possibilités d'une telle intendance n'aboutissent à rien. [...] Si les histoires de nos peuples ne sont pas accessibles au grand public, ce sera comme si ce qu'ils ont vécu ne s'était pas produit. Et si leurs paroles deviennent des pièces de musée, ce sera comme si leurs expériences étaient figées dans le temps. Nous avons besoin d'espaces ouverts, dynamiques et interactifs ainsi que de récits, de connaissances et de recherches participatifs. Ce serait là une façon adaptée de progresser au XXIe siècle vers un nouveau type de relations. [...] Le Centre national de recherche doit être un trésor valorisé par toutes sortes de personnes[81].

Charlene Belleau, survivante et directrice du département des pensionnats de l'Assemblée des Premières Nations, parle de l'importance pour le Centre de fournir un accès aux communautés et aux survivants :

Lorsque je pense au Centre national de recherche, je le vois comme un processus communautaire et un effort de conseil tribal, je crois qu'il devrait donc être établi à une échelle régionale ou tribale, dans la mesure du possible, afin d'être accessible aux anciens élèves ou au public dans notre région. [...] Si nous mettons tous nos œufs dans le même panier, et que nous réalisons un projet de trente millions de dollars en Alberta ou en Saskatchewan, qui y aura accès? Il est évident que les survivants qui vivent de l'aide sociale, ceux qui n'ont pas d'argent, ne se rendront jamais à un tel endroit. Je crois que nous devons être réalistes et nous assurer que nous avons accès à ce centre afin de poursuivre la guérison et de travailler ensemble[82].

James Scott, directeur général du Conseil pour l'Église Unie du Canada, a pris part aux négociations de la Convention de règlement. Il a rappelé que :

Nous [les parties] voulons honorer et reconnaître l'expérience des survivants, de leurs familles et des communautés. Nous voulons créer un véhicule pour faire en sorte que cette histoire soit à jamais protégée et accessible afin qu'elle puisse être bien comprise, qu'elle ne sombre pas dans l'oubli et qu'elle ne se répète jamais. Le Centre national de la recherche était, et demeure, ce véhicule [...]

Le centre de recherche a le potentiel d'être tellement plus qu'un centre d'archives ou un musée. Il peut être [...] un catalyseur pour l'éducation et la transformation. [...] Bien que le système des pensionnats n'existe plus, d'autres moyens utilisés par les colonisateurs pour dominer, déposséder et assimiler les peuples autochtones dans ce pays sont encore utilisés. Ainsi, le Centre national de recherche, à mon avis, doit constituer un rappel flagrant et apparent pour tous les Canadiens que la lutte pour la justice, l'égalité, le respect et le droit à l'autodétermination des Autochtones n'est pas terminée. Nous devons continuer à la mener quotidiennement pour l'avenir de notre pays, pour nos enfants et pour les enfants de nos enfants[83].

La Commission a ensuite lancé une invitation ouverte aux organismes qui souhaitaient soumettre leurs propositions pour le CNVR, d'après des critères particuliers. En juin 2013, la CVR a annoncé que l'Université du Manitoba hébergerait le nouveau centre.

Le Centre national pour la vérité et réconciliation jouera un rôle éducatif clé en veillant à ce que les préjudices passés et les violations des traités, des droits constitutionnels et des droits de la personne commises à l'encontre des peuples autochtones ne se répètent pas. En tant que lieu de conscience hautement visible, il permettra d'intervenir dans la mémoire publique et l'histoire nationale du pays. En tant qu'organisme indépendant du gouvernement, le Centre sera guidé par un cercle de gouvernance constitué en majorité de membres autochtones de même que de représentants des survivants. En sa qualité d'organe directeur, il sera notamment chargé de prendre des décisions et de fournir des conseils sur les cérémonies et les protocoles, et de mettre en place un cercle des survivants[84].

Le Centre abritera les archives de la CVR, y compris les déclarations orales historiques des survivants, des œuvres d'art, des expressions de réconciliation et d'autres documents rassemblés par la Commission ainsi que par le gouvernement et les Églises. Le Centre se veut un lieu accueillant et sûr qui permet aux survivants, à leurs familles et à leurs communautés d'avoir accès à leur propre histoire. Il s'engage à créer un environnement culturel enraciné et propice à la guérison où tous les Canadiens peuvent rendre hommage, apprendre et commémorer l'histoire et les séquelles des pensionnats.

Lorsque le Centre sera entièrement opérationnel, il sera en mesure de jouer un rôle prépondérant pour établir de nouvelles orientations dans les recherches sur les pensionnats et les droits autochtones, et pour mettre en place de nouvelles normes et de nouveaux paramètres de référence pour les politiques de gestion et d'exploitation des archives et des musées, d'après les principes et les pratiques exemplaires autochtones et occidentaux.

L'Université du Manitoba et ses partenaires[85] ont souligné que le Centre reconnaît :

> l'importance considérable de l'accessibilité des archives pour les survivants autochtones, les membres de leurs familles et les chercheurs, et s'engage à reconnaître les peuples autochtones comme des cocréateurs des dossiers sur les pensionnats par l'entremise de la conservation conjointe et de l'archivage participatif, ainsi qu'à poursuivre les travaux de la CVR en ce qui concerne la collecte de déclarations, l'éducation du public, la mobilisation et la diffusion[86].

Le CNVR comprendra :

> un système et une méthode d'archivage visant à « rapprocher les dossiers »; […] soutenir les structures autochtones de connaissance, de mémoire et de témoignage, et à repositionner […]les communautés autochtones en tant que cocréatrices des archives qui les concernent, y compris celles du gouvernement. Ces approches reconnaissent des droits en matière d'archives qui vont au-delà de l'accès à un travail collaboratif avec des établissements d'archivage en ce qui a trait à la gestion de l'évaluation, de la description et de l'accessibilité des dossiers concernant les collectivités autochtones[87].

Le Centre s'engage à « établir une relation de confiance avec les communautés autochtones en travaillant avec elles à l'atteinte de leurs propres objectifs au moyen d'un archivage participatif. […] Le processus d'archivage participatif en interaction avec des archives aussi complètes que possible sera un outil puissant pour la réconciliation et la guérison[88]. » Par ailleurs, le Centre national pour la vérité et la réconciliation s'engage à :

> soutenir de façon personnalisée les survivants, leurs familles et tous les chercheurs dans la navigation, l'utilisation et la compréhension des dossiers, dans un environnement culturellement respectueux. Le CNVR apportera notamment un soutien sur le plan émotionnel reconnaissant que l'accès à ses documents peut être traumatisant et difficile ou susciter de l'émotion chez beaucoup d'utilisateurs. Un aîné sera sur place ou pourra l'être sur appel (il se trouve dans un bâtiment proche) la plupart du temps où le CNR sera ouvert au public. Bibliothèque et Archives Canada et d'autres ministères n'ont ni le mandat ni la capacité d'offrir ces aides diverses, qui sont essentielles pour établir des relations avec les Autochtones et lutter contre leur perception négative des archives, qui seraient selon eux un mécanisme supplémentaire de colonisation, d'appropriation culturelle de la société occidentale, de surveillance exacerbée et de chosification des peuples autochtones[89].

Le 27 octobre 2011, à l'événement national de l'Atlantique, David T. Barnard, président et vice-chancelier de l'Université du Manitoba, présente des excuses au nom de l'Université aux survivants, à leurs familles et à leurs communautés ainsi qu'aux étudiants, aux professeurs et au personnel autochtones. Il reconnaît la complicité de l'Université dans le système des pensionnats et le rôle joué par tous les établissements d'enseignement pour « perpétuer le système d'assimilation nocif et défaillant qui était au cœur du système des pensionnats ». Il souligne d'ailleurs que cette complicité s'est poursuivie au-delà du système des pensionnats, s'appliquant également à la rafle des années soixante, au cours de laquelle des milliers d'enfants autochtones ont été retirés de leurs familles pour être adoptés par des familles non autochtones. Il admet que « l'Université du Manitoba a formé et encadré des personnes qui sont devenues des membres du clergé, des enseignants, des travailleurs sociaux, des fonctionnaires et des politiciens qui ont mené les politiques d'assimilation visant les peuples autochtones du Manitoba[90] ».

En reconnaissant la douleur infligée par l'Université, le président Barnard espère que « nous pouvons entamer le processus de restauration de la confiance ». Il engage l'Université à veiller à ce que « les valeurs des cultures et des communautés inuites, métisses et des Premières Nations soient ancrées dans l'érudition et la recherche au sein de l'Université ». Pour y parvenir, il ajoute que « nous devons reconnaître nos erreurs, apprendre de celles-ci, présenter nos excuses et aller de l'avant dans un esprit de réconciliation[91] ».

Le Centre national de recherche pour la vérité et réconciliation ne constitue pas seulement une démonstration tangible et un effort à long terme de la façon dont l'Université concrétise les excuses qu'elle a présentées, mais également un exemple des contributions concrètes que les universités peuvent apporter à l'éducation en vue de la réconciliation.

Le 21 juin 2013, des survivants et des aînés des Premières Nations, des Inuits et des Métis, la CVR, l'Université du Manitoba et ses organismes partenaires ainsi que d'autres dignitaires, se sont réunis sur le territoire du Traité 1 des Anishinaabe, patrie de la nation des Métis, pour assister à une cérémonie de signature à l'Université du Manitoba[92]. Cette signature d'un acte de fiducie avec l'Université marque le transfert d'un principe sacré : une promesse solennelle faite par la Commission de vérité et réconciliation aux survivants et à toutes les personnes touchées par les pensionnats tandis qu'elle sillonne le pays, attestant ainsi leurs témoignages.

Le CNVR s'engage à mettre tous ses fonds de documentation à la disposition des survivants, de leurs familles et des communautés, ainsi qu'à celle du public, du personnel scolaire et des chercheurs[93]. Pour soutenir les efforts de réconciliation régionaux, la Commission estime qu'il est crucial de s'assurer que les collectivités ont accès aux fonds de documentation et aux ressources du Centre afin qu'elles puissent elles aussi y ajouter leurs propres expériences des pensionnats et leur participation au processus de vérité, de guérison et de réconciliation.

Le Centre sera un patrimoine dynamique, un lieu d'enseignement et d'apprentissage public qui servira à promouvoir la compréhension et la réconciliation grâce à la collecte continue de déclarations, à de nouveaux travaux de recherche, à des cérémonies commémoratives, à la tenue de dialogues sur la réconciliation ainsi qu'à une célébration des cultures, des récits oraux et des traditions juridiques autochtones[94].

Appels à l'action :

77) Nous demandons aux bureaux d'archives provinciaux, territoriaux, municipaux et communautaires de travailler en collaboration avec le Centre national pour la vérité et réconciliation afin de trouver et de recueillir des copies de tous les documents qui se rapportent à l'histoire et aux séquelles des pensionnats, et de fournir ces documents au Centre national pour la vérité et réconciliation.

78) Nous demandons au gouvernement du Canada de s'engager à fournir une contribution financière de dix millions de dollars sur sept ans au Centre national pour la vérité et réconciliation ainsi qu'un montant supplémentaire pour aider les collectivités à faire de la recherche afin de produire des récits sur leur propre expérience des pensionnats et sur leur participation aux démarches associées à la vérité, à la guérison et à la réconciliation.

CHAPITRE 5

La mémoire publique : le dialogue, les arts et la commémoration

Pour les survivants qui se sont présentés aux événements de sensibilisation et aux audiences communautaires de la Commission de vérité et réconciliation (CVR), se remémorer leur enfance signifiait souvent revivre d'atroces souvenirs marqués par les mauvais traitements, la faim et la négligence. Cela signifiait ramener à la surface de douloureux sentiments de solitude, d'abandon et de honte. Beaucoup luttent encore pour guérir leurs profondes blessures du passé. Les mots manquent pour rendre justice au courage dont ils ont fait preuve en se présentant devant la Commission et en s'exprimant.

Il y avait également d'autres souvenirs — de résilience, d'amitiés nouées pour la vie avec des camarades de classe et des enseignants, de fierté tirée de réalisations artistiques, musicales ou sportives, et de personnes devenues des chefs de file dans leur communauté et dans la vie de leur nation. Les survivants ont partagé leurs souvenirs avec le Canada et avec le monde afin que la vérité ne puisse plus être niée. Les survivants se sont aussi souvenu pour que d'autres Canadiens puissent apprendre de ces dures leçons du passé. Ils veulent que les Canadiens sachent, se souviennent, se sentent concernés et changent.

Un des torts les plus graves des pensionnats a été la bataille menée contre la mémoire autochtone. La politique d'assimilation du gouvernement fédéral cherchait à briser la chaîne de la mémoire qui reliait le cœur, l'intellect et l'esprit des enfants autochtones à leur famille, à leur communauté et à leur nation. Beaucoup des survivants, mais pas tous, ont trouvé des moyens de restaurer ces liens. Ils croient que la réconciliation avec les autres Canadiens requiert un changement de l'histoire nationale collective du pays afin qu'elle soit fondée sur la vérité sur ce qu'ils ont subi dans leur enfance, ainsi que ce que leur famille, leur communauté et leur nation ont subi.

La mémoire publique est essentielle. Il est particulièrement important de reconnaître que la transmission de cette mémoire collective de génération en génération d'individus, de familles et de communautés des Premières Nations, des Inuits et des Métis a été compromise par les actes des administrateurs des pensionnats.

Pour que toute société fonctionne correctement et à sa pleine capacité, elle doit élever et éduquer ses enfants afin qu'ils puissent répondre à ce que les philosophes et les aînés appellent « les grandes questions de la vie ». Ces questions sont :

D'où est-ce que je viens?

Où vais-je?

Pourquoi suis-je ici?

Qui suis-je?

Les enfants ont besoin de connaître leur histoire personnelle, y compris la partie qui précède leur naissance. Nous avons besoin de connaître l'histoire de nos parents et de nos grands-parents, de nos ancêtres directs et indirects, et de nos méchants et de nos héros, réels et mythologiques. Dans le cadre de cette histoire, nous avons également besoin de connaître la collectivité à laquelle nous sommes liés — notre histoire collective — en remontant jusqu'à notre place dans la création de ce monde. Nous avons tous un récit de la création, et nous avons tous besoin de le comprendre. Nous avons aussi besoin d'apprendre que, si tous les récits de la création ne sont pas identiques, ils renferment tous une part de vérité. Il s'agit d'un enseignement important sur le respect.

Savoir où nous allons est le résultat naturel de la connaissance de notre provenance. Il ne s'agit pas seulement de savoir où nous serons la semaine prochaine ou l'année prochaine ou dans vingt-cinq ans. Il s'agit aussi de ce qui nous arrivera quand nous mourrons. Il s'agit du monde des esprits, de la vie après la mort et d'une réaffirmation du rôle du Créateur en matière de vie et de mort. Il s'agit de croyance, de foi et d'espérance.

Savoir pourquoi nous sommes ici est également lié aux deux autres questions. Connaître son récit de la création renferme toujours des enseignements sur les raisons pour lesquelles le Créateur a façonné ce monde, en premier lieu, et quelle est la place qui nous y est destinée en tant qu'êtres humains. Mais la réponse à cette question touche aussi la compréhension du rôle que nous jouons dans le collectif global. Elle consiste à savoir si nous correspondons à notre raison d'être en étant un artiste, un chef, un guerrier ou un soignant, un guérisseur ou un facilitateur. Les enseignements des clans et les cérémonies de baptême dans les cultures autochtones fournissent des réponses à cette question, mais la réponse est également influencée par la connaissance des besoins de notre famille et de notre communauté, puis par la réponse à ces besoins et par la satisfaction qui en découle.

La quatrième question — « Qui suis-je? » — est la plus importante, car c'est la question qui se pose constamment. Sa réponse est influencée par tout et par tout le monde. Nous luttons pour manifester la réponse qui nous plaît, et nous luttons pour changer et améliorer la réponse qui nous déplaît. Nous nous efforçons d'atteindre la réponse parfaite avant notre mort, sans nous rendre compte que, en fait, il n'y a pas de bonne ou de mauvaise réponse. Elle dépend de notre compréhension de la vie. C'est une question d'identité. Il s'agit de ce que nous sommes devenus, mais aussi de ce que nous voudrions devenir. Voilà pourquoi elle est constante. À bien des égards, la réponse découle de la connaissance des réponses aux trois autres questions. Si l'une d'entre elles reste sans réponse ou si celle-ci n'est pas convaincante, le besoin de répondre à cette question reste inassouvi. Notre vie n'est pas équilibrée.

Pour les enfants des pensionnats, ces questions sont restées sans réponse, et leur sentiment d'appartenance à une collectivité est resté inassouvi. Les réponses qu'ils ont été forcés d'accepter allaient à l'encontre d'un grand nombre de leurs connaissances. Le but des pensionnats était de changer leur identité et le risque de conflit interne était considérable. La perte de leur sentiment de mémoire collective résultait directement de la rupture des liens familiaux, de la négation de leur langue et de leur culture, et du refus de les laisser accéder à quelque renseignement que ce soit sur leur propre histoire, unique et particulière. Ces pertes ont ensuite été transmises aux générations suivantes.

Dans leur enfance, les survivants étaient des chaînons vulnérables dans la chaîne de la mémoire[1]. Autrement dit, leur lien avec leur propre mémoire familiale et communautaire était plus facile à couper ou à dégrader que s'ils avaient été des adultes. Cette rupture dans la mémoire a aussi eu une incidence notable sur leurs enfants et sur leurs petits-enfants, qui ont perdu leur culture et leur langue, normalement transmises par la mémoire familiale et communautaire. Souvent, ces derniers n'avaient pas entendu parler du système des pensionnats ou de ce que leurs parents plus âgés avaient subi. Des générations de jeunes ont ainsi grandi dans l'ignorance de l'histoire de leur propre famille et de leur collectivité, alors qu'ils étaient également exclus de l'histoire du Canada. À l'événement national de la CVR à Edmonton, lors d'une table ronde sur « Les souvenirs et la mémoire collective dans une société divisée », Jennifer Adese, une chercheuse métisse, a déclaré :

C'est un honneur d'être ici avec vous [...] en territoire métis du Traité 6 [...] si près des terres où mon père [...] et ma grand-mère sont nés [...] et si près du foyer de tous nos parents qui sont venus avant nous [...] J'ai eu la chance de grandir connectée à une communauté autochtone active en milieu urbain, mais il m'a fallu au moins ces dix dernières années pour me reconnecter avec ma famille ici, proche et étendue, et pour [...] reprendre ma place dans la toile des liens de parenté dont j'ai été séparée à un jeune âge. [...]

Je ne peux pas vous dire comment combler le fossé et rapprocher les souvenirs des Métis et ceux des colons [mais] quand je pensais à ce que je voudrais partager avec vous aujourd'hui, je ne cessais de penser à l'expression « le train est parti sans moi ». [...] Le rôle que la vision du premier ministre canadien Sir John A. Macdonald quant à la construction d'un chemin de fer à travers le territoire des Premières Nations et des Métis [a joué dans] le déplacement de nos parents. [...] Cette expression fait également allusion à l'utilisation du chemin de fer pour transporter des Métis dans les colonies agricoles au XX\ :sup:`e` siècle, les déplaçant des foyers qu'ils tentaient continuellement de créer pour eux-mêmes après leurs déplacements en 1869-1870 et en 1885 [...]

Pour les Métis, nous entrons dans une ère de réconciliation alors que les répercussions intergénérationnelles des systèmes de colonisation dans leur ensemble sur les peuples métis ont à peine été abordées. Quand on parle de réconciliation et de souvenirs, les gens oublient souvent le fait très important que les pensionnats n'étaient qu'un moyen parmi des centaines d'autres utilisés par l'Église et l'État dans leur volonté de changer et d'assimiler les peuples autochtones. [...]

L'assimilation des peuples autochtones n'a pas commencé ni pris fin avec la scolarisation. Elle se poursuit encore aujourd'hui. Elle n'a pas non plus existé isolément, et elle ne visait pas seulement la culture. Son but était de tout prendre : la langue, les liens familiaux, les récits, les souvenirs, les structures politiques, les structures de gouvernance et les relations économiques. Ce sont des choses dont nous devons nous souvenir[2].

Les femmes autochtones — les aînées et les gardiennes du savoir dans leurs communautés, de même que celles qui sont coupées de leurs racines — jouent un rôle indispensable dans la réconciliation nationale.

Des femmes autochtones ont parlé à la Commission des rapports difficiles avec leurs parentes, des niveaux élevés de violence familiale et sociale, et du racisme sexiste qu'elles ont vécu toute leur vie. Elles nous ont également dit que l'apprentissage de leur propre histoire — les rôles traditionnels des femmes dans la vie politique, culturelle, sociale et économique de leurs communautés — a été le catalyseur de leur revalorisation pour leur guérison. Elles ont souligné l'importance de la narration dans la restauration de leur dignité et des liens familiaux. Des femmes, des conteuses, des universitaires et des militantes autochtones sont elles-mêmes à l'avant-garde de ce travail, et refaçonnent la mémoire publique et l'histoire nationale au moyen des contes et des cérémonies qui commémorent et honorent les biographies, les expériences et les luttes de leurs grands-mères, de leurs mères, de leurs sœurs, de leurs filles et de leurs tantes. Bien qu'une importante part de la mémoire familiale et communautaire ait été perdue, il en reste encore beaucoup. Dans de nombreuses communautés, les femmes occupent toujours des postes de statut élevé et de pouvoir qui ont été transmis de génération en génération[3].

Le pouvoir des récits des femmes et le partage de ces récits renforcent la guérison, la résilience et la réconciliation sur les plans familial, communautaire et national. Voici comment l'aîné saulteaux Danny Musqua l'explique.

> Nous avons toujours su sans le moindre doute que les femmes formaient le centre et le cœur de notre collectivité et de notre nation. Aucune nation n'a jamais existé sans le courage de nos grands-mères, et tous ces enseignements doivent être récupérés d'une manière ou d'une autre. C'est à ces jeunes de le faire [...] ils devront *déterrer les remèdes* pour guérir le peuple. Et les remèdes, dans ce cas-ci, sont les enseignements[4].

La notion du rôle thérapeutique des récits des femmes trouve un écho chez nous, les commissaires. Aux événements nationaux et régionaux et aux audiences communautaires de la CVR, ainsi que dans les déclarations publiques, les témoignages privés et les observations écrites, la Commission a entendu des milliers de femmes autochtones de tous les milieux et de tous les coins du pays.

À l'événement national de la Colombie-Britannique à Vancouver, une réunion de dialogue, « Honorer la sagesse des femmes : chemins de vérité, de résilience et de réconciliation », a eu lieu le 21 septembre 2013. Une des intervenantes, Sharon Jinkerson-Brass, agente de liaison en santé communautaire de l'Association des femmes des Premières Nations du Pacifique, a signalé que de nombreuses femmes autochtones en milieu urbain ont perdu contact avec les enseignements et les cérémonies de leurs grands-mères. Elle a souligné l'importance de faire revivre les traditions culturelles matriarcales dans les contextes contemporains. Elle a déclaré que les femmes sont les « porteuses des germes » de la connaissance culturelle et a expliqué que bien que « beaucoup de nos cérémonies dorment encore [...] beaucoup de brins manquent, nous sommes poussées par le souffle de nos ancêtres et nous sommes ici pour apporter de la beauté dans le monde ». Elle a parlé de la réunion d'un groupe de femmes autochtones citadines qui ont tissé des capes en écorce de cèdre pour une cérémonie des grands-mères dans la réserve Musqueam. Après la cérémonie, les capes sont devenues un bien communautaire que les femmes peuvent utiliser dans les cérémonies de rites de passage.

L'importance des cérémonies de femmes dans la guérison était manifeste dans la discussion qui a suivi les présentations des intervenantes. Une conférencière a déclaré que toutes les femmes ont la responsabilité de veiller à ce que leurs enfants bénéficient de l'influence d'une grand-mère dans leur vie, et elle a expliqué que « le tissage du cèdre est devenu notre médecine »[5].

Depuis longtemps, les femmes autochtones ont assumé un fort rôle politique en plaidant pour un changement réel dans leurs communautés et dans leur nation. Ce sont des modèles de résilience qui contribuent à résoudre les problèmes d'héritage culturel en revitalisant les systèmes matriarcaux, les traditions, les cérémonies et les lois qui garantissaient l'égalité des sexes avant la colonisation. Ce sont des aînées, des mères de clan, des gardiennes du savoir et des enseignantes qui puisent dans la sagesse collective de leurs aïeules des sept générations précédentes. Elles sont les porteuses de la mémoire, mais leur capacité de transmettre l'histoire familiale et communautaire à leurs enfants et petits-enfants a été gravement amoindrie par les pensionnats.

Malgré leurs avancées des trois dernières décennies, les femmes autochtones continuent d'être marginalisées et mal représentées dans la mémoire publique et l'histoire nationale de ce pays. Au fil du temps, l'histoire populaire et les médias ont renforcé des perceptions erronées à propos des femmes autochtones, en les décrivant souvent comme de « nobles princesses indiennes » ou en termes méprisants et racistes[6]. Il est clair que les attitudes sociales et les stéréotypes négatifs qui alimentent la violence raciste et sexiste persistent.

Bien qu'on ne puisse pas établir de lien de causalité direct entre les stéréotypes néfastes sur les femmes autochtones profondément ancrés dans la psyché canadienne et les violences persistantes envers les femmes et les jeunes filles autochtones, la Commission estime qu'il s'agit d'un facteur puissant. Nous sommes d'accord avec la professeure de droit et historienne du droit Constance Backhouse, qui soutient que l'inaction du Canada en ce qui a trait aux femmes et aux jeunes filles autochtones disparues et assassinées, et d'autres formes de violence systémique peuvent être attribuées en partie à « l'héritage de misogynie et de racisme qui est au cœur de l'histoire canadienne »[7]. La Commission estime qu'il est essentiel, dans une perspective de réconciliation, de corriger les textes historiques en ce qui concerne les femmes autochtones.

En tant que commissaires, nous sommes guidés dans notre approche de la réconciliation par cette réflexion : la façon dont nous avons tous été éduqués dans ce pays — les enfants autochtones dans les pensionnats et les enfants autochtones et non autochtones dans les écoles publiques et autres — nous a amenés là où nous en sommes aujourd'hui : à un point où le bien-être psychologique et émotionnel des enfants autochtones ainsi que la relation entre les Autochtones et non-Autochtones ont été gravement détériorés. Nous croyons qu'une réconciliation véritable ne peut avoir lieu que grâce à la refonte d'une mémoire commune, nationale, collective de qui nous sommes et de ce qui s'est passé. Les jeunes de ce pays sont en train de relever ce défi.

Remodeler l'histoire nationale est un processus public, qui passe par la discussion, le partage et la commémoration. Quand les Canadiens se rassemblent dans des espaces publics pour partager leurs souvenirs, leurs croyances et leurs idées sur le passé, notre compréhension collective du présent et de l'avenir prend forme[8]. En tant que citoyens, nos idées, notre vision du monde, notre identité culturelle et nos valeurs sont façonnées non seulement dans les salles de classe et les musées ou par la culture populaire, mais aussi dans les relations sociales quotidiennes et les habitudes de vie qui deviennent notre mode de vie[9].

La mémoire publique est dynamique — elle évolue au fil du temps avec l'apparition de nouvelles compréhensions, de nouveaux dialogues, de nouvelles expressions artistiques et commémorations. Un peu comme l'histoire nationale, elle est souvent controversée. Bien que la mémoire publique puisse simplement renforcer l'histoire coloniale du Canada, qui commence avec la colonisation européenne avant de devenir une nation, le processus de remémoration du passé que nous entreprenons ensemble invite également les gens à remettre en question cette version limitée de l'histoire.

Contrairement à certaines commissions de vérité et réconciliation qui se sont concentrées sur les victimes de violations des droits de la personne commises sur une courte période de temps, cette Commission s'est penchée à la fois sur les préjudices individuels et collectifs perpétrés contre les familles, les communautés et les nations autochtones depuis bien plus d'un siècle, ainsi que sur les conditions préalables qui ont permis une telle violence et une telle oppression.

Bien entendu, les documents d'archives auparavant inaccessibles sont extrêmement importants pour rectifier l'histoire, mais nous avons accordé le même poids et une plus grande place aux voix qui racontent l'histoire orale, les traditions juridiques et les pratiques de commémoration des Autochtones dans nos travaux et dans ce rapport final, puisque ces sources représentent des versions inédites et non consignées de l'histoire, de la connaissance et de la sagesse[10]. Cela a considérablement éclairé notre réflexion sur la raison pour laquelle la réparation et la revitalisation de la mémoire individuelle, familiale et communautaire sont si cruciales pour le processus de vérité et de réconciliation.

Le dialogue : cérémonie, déclaration et témoignage

Tout comme les survivants se sont engagés dans une longue lutte pour obtenir une Convention de règlement juridiquement contraignante pour les préjudices qu'ils ont subis et obtenir des excuses officielles, ils ont également continué à prodiguer des conseils à la Commission dans l'exécution de son mandat. Guidée par des aînés, des gardiens du savoir et des membres du Comité des survivants de la CVR, la Commission a placé l'histoire orale, les traditions juridiques et les pratiques commémoratives des Autochtones — les cérémonies, les protocoles et les rituels de la narration et du témoignage — au cœur des événements nationaux, des audiences communautaires, des forums et des dialogues de la CVR.

Les travaux de la Commission eux-mêmes constituent une archive d'histoire orale, dûment certifiée par tous les participants. En collaboration avec les communautés locales de chaque région, des cérémonies et des protocoles sacrés ont été exécutés et suivis à tous les événements de la CVR. Des aînés et des guérisseurs traditionnels ont assuré l'aménagement d'un milieu sûr pour le partage de la vérité, les excuses, la guérison et les gestes de réconciliation.

La puissance de la cérémonie

Les cérémonies sacrées ont toujours été au cœur des cultures, du droit et de la vie politique autochtones. Lorsque le gouvernement fédéral a interdit les cérémonies, elles ont eu lieu en secret jusqu'à l'abrogation de la loi. Historiquement et, dans une certaine mesure, encore à l'heure actuelle, le Canada a mal compris, méprisé et ignoré les cérémonies autochtones qui créent des liens communautaires, sanctifient les lois et ratifient la conclusion des traités. Il doit maintenant les reconnaître et les honorer comme une dimension vitale, intégrale et permanente de la démarche de vérité et de réconciliation.

Les cérémonies transcendent également les frontières culturelles pour combler le fossé entre les Autochtones et les non-Autochtones. Elles sont essentielles à la réconciliation en raison de leur caractère sacré et parce qu'elles rapprochent les gens en les préparant à s'écouter respectueusement les uns les autres dans un dialogue difficile. Les cérémonies constituent une affirmation de la dignité humaine; elles nourrissent nos esprits et nous réconfortent en nous invitant à réinventer ou à visualiser un terrain d'entente. Les cérémonies valident et légitiment les traités, les liens familiaux et ancestraux, et les liens d'appartenance à la terre. Les cérémonies sont également des actes de partage de la mémoire, de deuil, de guérison et de renouveau; elles expriment la mémoire collective des familles, des communautés et des nations.

Les cérémonies nous permettent de mettre de côté, aussi brièvement que ce soit, notre cynisme, nos doutes et notre incrédulité en nous consolant, en nous informant et en suscitant de l'espoir[11]. Elles possèdent une qualité intangible qui déplace notre sensibilité de l'intellect au cœur. Elles nous enseignent notre identité, nos histoires et nos vies. Les cérémonies et les rites ont joué un rôle important dans diverses situations de conflit et de consolidation de la paix à travers le monde, y compris en Amérique du Nord, où les nations autochtones ont une longue tradition de diplomatie et de rétablissement de la paix.

Les rites cérémoniaux exercent trois fonctions dans le processus de rétablissement de la paix. Tout d'abord, ils créent un espace sûr où les gens peuvent interagir et apprendre en participant à la cérémonie. Deuxièmement, ils permettent aux gens de communiquer de façon non verbale et de gérer leurs émotions. Troisièmement, ils créent un environnement où le changement est rendu possible; les visions du monde, les identités et les relations avec autrui sont transformées[12].

Les personnes présentes aux événements de la CVR ont appris à reconnaître et à respecter les cérémonies et les protocoles autochtones en y participant. La Commission a intentionnellement fait des cérémonies le cadre éthique et spirituel de son travail d'information du public, créant un espace sûr pour le partage des témoignages personnels et pour témoigner du passé dans l'optique de l'avenir.

Les événements nationaux de la Commission ont été conçus pour inspirer la réconciliation et refaçonner la mémoire individuelle et collective en montrant les valeurs fondamentales qui sont au cœur de la réconciliation : la sagesse, l'amour, le respect, le courage, l'humilité, l'honnêteté et la vérité. Chez de nombreux peuples autochtones, ces valeurs sont connues sous le nom des Sept enseignements ancestraux ou des Sept enseignements sacrés (*Seven Grandfather and Grandmother Teachings*). Elles font également partie des anciens enseignements de la plupart des religions du monde[13]. Chaque événement national était axé sur l'un de ces enseignements.

Travaillant en étroite collaboration avec les communautés autochtones locales et diverses organisations régionales, les représentants des parties à la Convention de règlement, et d'autres réseaux gouvernementaux et communautaires, la Commission a pris grand soin de veiller à ce que les cérémonies et les protocoles pertinents soient compris et suivis tout au long de chaque événement national. Les aînés ont récité des prières et donné des enseignements à l'ouverture et à la clôture de chaque événement. Des cérémonies de purification, du calumet sacré et de l'eau, des brossages avec du cèdre, des chants et du tambour ont eu lieu régulièrement tout au long des événements.

Lors de chaque événement, un feu sacré était allumé et entretenu par les aînés et les gardiens du feu. Des cérémonies de l'eau ont été célébrées par des femmes reconnues comme les protectrices des eaux. Le feu sacré a également été utilisé pour les constantes prières et offrandes de tabac, ainsi que pour brûler les mouchoirs mouillés par les nombreuses larmes versées lors de chaque événement. Les cendres de chacun des feux sacrés ont ensuite été apportées à l'événement national suivant, afin d'être ajoutées à leur tour à son feu sacré, rassemblant ainsi en une cérémonie sacrée les larmes de tout un pays.

Lors de l'événement national du Manitoba, une jeune Métisse, madame Lussier, qui avait grandi en ignorant presque tout de la culture métisse, a déclaré :

> Je ne peux pas exprimer l'émotion et la puissance que j'ai ressenties ici cette semaine. On m'a donné l'occasion hier de faire une offrande au feu sacré. Ce que j'ai ressenti était inexplicable. Le vent faisait souffler le feu dans ma direction, et j'ai fermé les yeux et j'ai inspiré profondément et pour la première fois j'ai eu l'impression de pouvoir sentir véritablement l'héritage de mon père[14].

Ce même jour, madame Kenny, une Canadienne d'origine irlandaise de première génération, a déclaré :

> J'ai appris les traditions [...] Merci de m'avoir enseigné la cérémonie de l'eau. Ces derniers jours, ce que j'ai appris de la culture autochtone, j'ai tout simplement l'impression que cela a tellement enrichi ma vie. Qu'on les ait rendus honteux de cette culture me fâche et me rend triste. Et j'aimerais tout simplement leur dire merci à tous d'avoir partagé leurs récits, et je leur souhaite à tous la guérison la plus complète possible[15].

Le mandat de la Commission dictait également qu'il y ait une « cérémonie de transfert de savoir » aux événements nationaux. La CVR a confié à Luke Marston, artiste salish du littoral, le mandat de concevoir et de sculpter une boîte en bois cintré pour symboliser ce transfert. La boîte a été chauffée à la vapeur et pliée à la manière traditionnelle à partir d'un seul morceau de thuya géant. Ses côtés de bois finement sculptés et peints représentent magnifiquement les cultures des Premières Nations, des Inuits et des Métis.

La boîte en bois cintré est un hommage durable à tous les survivants des pensionnats et à leurs familles, à la fois ceux qui sont vivants et ceux qui nous ont quittés, y compris la grand-mère de l'artiste, qui a fréquenté le pensionnat de l'île Kuper. Cette boîte de cérémonie a accompagné la Commission à chacun de ses sept événements nationaux, où des offrandes — des expressions publiques de réconciliation — ont été faites par des gouvernements, des Églises et d'autres communautés religieuses, des établissements d'enseignement, le secteur privé, des municipalités, des groupes de jeunes et divers autres groupes et organismes.

La boîte en bois cintré de vérité et de réconciliation, avec les nombreux autres objets sacrés reçus par la CVR, sera abritée de façon permanente par le Centre national pour la vérité et réconciliation à l'Université du Manitoba à Winnipeg[16].

Les enseignements des récits personnels, des dépositions et des témoignages

Aucune réconciliation n'est possible tant qu'on ne connaît pas la vérité. Afin d'établir la vérité et être en mesure de raconter toute l'histoire des pensionnats dans ce pays, il était d'une importance fondamentale pour les travaux de la Commission qu'elle soit en mesure d'entendre les récits des survivants et de leurs familles. Il importait également d'entendre les récits de ceux qui ont travaillé dans les pensionnats — les enseignants, les administrateurs, les cuisiniers, les concierges — ainsi que des membres de leur famille. L'histoire nationale du Canada doit refléter cette vérité complexe de telle sorte que, d'ici 50 ou 100 ans, les enfants de nos enfants et leurs enfants sachent ce qui s'est passé. Ils hériteront de la responsabilité de veiller à ce que cela ne se reproduise plus jamais.

Quelles que soient les différentes expériences individuelles que les enfants ont vécues en tant qu'élèves des pensionnats, ils ont tous fait l'expérience de l'exploitation. Ils ont été victimes d'un système déterminé à détruire chez eux les liens tissés dans leur famille, leur communauté et leur nation par la mémoire intergénérationnelle. De plus, le processus d'assimilation méprisait profondément les parents, les grands-parents et les aînés dans leurs rôles légitimes de porteurs de la mémoire qui transmettent la culture, la langue et l'identité d'une génération à l'autre[17].

En présentant leurs témoignages à la CVR, les survivants reprennent leur place légitime de membres des communautés intergénérationnelles de la mémoire. Ils se sont souvenus, pour que leurs familles puissent comprendre ce qui est arrivé. Ils se sont souvenus afin que leurs cultures, leurs histoires, leurs lois et leurs nations puissent à nouveau s'épanouir au bénéfice des générations futures. Ils se sont souvenus pour que le Canada connaisse la vérité et n'oublie jamais.

L'histoire des pensionnats est complexe. Les histoires de mauvais traitements contrastent fortement avec les souvenirs heureux de certains survivants. Les déclarations des anciens membres du personnel des pensionnats divergeaient également. Certains d'entre eux étaient remplis de remords, tandis que d'autres étaient sur la défensive. Certains d'entre eux étaient fiers de leurs élèves et de leurs propres efforts pour les épauler, alors que d'autres ont critiqué leurs propres autorités scolaires et gouvernementales pour leur manque d'attention, de soins et de ressources.

Les représentants du gouvernement et des Églises ont reconnu les faits, présenté leurs excuses et promis de ne pas répéter le passé. Certains Canadiens non autochtones ont exprimé leur indignation au sujet de ce qui s'est passé dans les pensionnats et ont partagé leurs sentiments de culpabilité et de honte de ne pas en avoir été informés. D'autres ont nié ou minimisé les effets destructeurs des pensionnats. Ces sentiments contradictoires, fondés sur des expériences, des lieux, des périodes et des perspectives différents, alimentent tous un récit historique national.

L'élaboration de ce récit par le dialogue public peut renforcer la capacité civique de reddition de comptes et ainsi rendre justice aux victimes, non seulement au sens juridique, mais aussi en restaurant la dignité humaine et en favorisant le respect mutuel et la guérison. Les citoyens qui ont assisté aux cérémonies et aux témoignages pour se souvenir, témoigner et commémorer apprennent comment mettre les principes de responsabilité, de justice et de réconciliation en pratique au quotidien. Ils deviennent des agents actifs du processus de vérité et de réconciliation.

Les participants aux événements de la Commission ont appris des survivants eux-mêmes en interagissant directement avec eux. Les survivants, dont les souvenirs sont encore vivaces, ont montré dans les termes les plus puissants et convaincants possible qu'en s'asseyant ensemble dans des cercles de partage, les gens acquièrent une connaissance et une compréhension beaucoup plus profondes de ce qui s'est passé dans les pensionnats qu'ils ne pourraient le faire à distance par l'étude de livres, la lecture de quotidiens ou l'écoute de reportages télévisés.

Pour les peuples autochtones, les récits et les enseignements sont enracinés dans les relations interpersonnelles. Grâce aux récits, la connaissance et la compréhension des événements et de leurs causes sont acquises, validées et partagées. Voici ce qu'écrit la chercheuse en travail social Qwul'sih'yah'maht (Robina Anne Thomas, Ph.D.) au sujet de son travail auprès des survivants de sa propre communauté :

> Je n'aurais jamais cru pouvoir apprendre à écouter de manière aussi intense. Les récits, en dépit de toutes les luttes, m'ont permis de respecter et d'honorer les ancêtres et les conteurs tout en partageant des vérités tragiques, traumatiques et incroyables sur le plan humain que notre peuple a vécues. Une telle intégrité était essentielle à la narration. [...] Lorsque nous personnalisons notre enseignement [...] nous touchons les gens d'une manière différente et plus profonde[18].

Lors d'une audience communautaire à Saint-Paul, en Alberta, en janvier 2011, Charles Cardinal a expliqué que, même s'il ne voulait pas se souvenir de ce qu'il a vécu dans les pensionnats, il est venu parce que « nous devons laisser les autres entendre nos voix ». Lorsqu'on lui a demandé comment, étant donné l'histoire des pensionnats, le Canada pourrait être meilleur, il a répondu que nous devons « être à l'écoute des gens »[19]. Lorsqu'on a posé la même question, à Beauséjour au Manitoba, à Laurie McDonald, elle a répondu que le Canada doit commencer par « faire exactement ce qui se passe maintenant. [...] Les gouvernements [doivent savoir] qu'ils ne pourront jamais, jamais, jamais refaire cela[20]. » À Ottawa, la survivante Victoria Grant-Boucher a déclaré :

> Je raconte mon histoire [...] pour l'information de la population canadienne en général [...] [afin que tous] puissent comprendre ce qu'est le vol d'identité, vous savez, la façon dont il affecte les gens, comment il affecte un individu, comment il affecte la famille, comment il affecte la communauté. [...] Je pense qu'une personne non autochtone, canadienne, doit comprendre qu'une personne des Premières Nations a une culture. [...] Et je pense que nous, les peuples autochtones, avons tant à partager si vous nous laissez tout simplement retrouver cette connaissance. [...] Et, ce dont parlent les Aînés me tient aussi à cœur. [...] Nous devons nous guérir nous-mêmes. Nous devons nous guérir mutuellement. Et pour que le Canada guérisse, ils doivent nous permettre de guérir avant que nous puissions participer activement à la société. Voilà ce que signifie la réconciliation pour moi[21].

Les survivants ont dit à la Commission que ce qui les a profondément motivés à mettre fin à leur silence, c'est l'éducation de leurs propres enfants et petits-enfants par le partage public de leurs histoires de vie avec eux. L'effet de ces témoignages sur les survivants intergénérationnels a été remarquable. Lors de l'événement national du Manitoba, Desarae Eashappie a déclaré :

> Assise dans la salle cette semaine, j'ai eu l'honneur d'écouter les récits des survivants. Et je ressens juste… je veux juste vraiment souligner la participation de tout le monde dans cette salle, vous savez, tous nos aînés, tous nos survivants, tous nos survivants intergénérationnels. [...] Nous sommes tous assis ici dans la solidarité en ce moment [...] et nous sommes tous engagés sur notre propre parcours, et [pourtant nous sommes] assis ici ensemble [...] avec tellement d'énergie dans cette salle, c'est absolument phénoménal. Et je veux juste saluer tout le monde ici et les remercier. Et d'avoir la chance de vivre cette expérience, cette occasion, vous savez, d'être assise ici [...] et d'écouter d'autres personnes et d'écouter leurs récits et leurs expériences, vous savez, cela m'a vraiment rendue humble sur le plan personnel à un point indescriptible. [...] Et maintenant je peux rapporter cela chez moi et je peux l'intégrer à mon propre foyer. Parce que mon papa est un survivant des pensionnats, j'ai vécu les traumatismes, mais j'ai vécu l'histoire sans son contexte[22].

Les récits de la vie des survivants sont des enseignements enracinés dans l'expérience personnelle; les relations humaines de leur enfance ont été marquées par ceux qui leur ont fait du tort dans les pensionnats. Leurs récits nous enseignent le sens de perdre sa famille, sa culture, sa communauté, son estime personnelle et sa dignité humaine. Ils nous enseignent aussi le courage, la résilience et la résistance à la violence et à l'oppression.

Une réponse éthique aux récits de la vie des survivants exige que l'auditeur réagisse de manière à reconnaître la dignité du narrateur et affirme que des injustices ont été commises. Les témoins non autochtones doivent être prêts à « risquer d'interagir différemment avec les Autochtones — avec vulnérabilité, humilité et avec la volonté de rester aux prises avec notre propre malaise né de cette décolonisation [et] d'accueillir les récits [des pensionnats] comme des enseignements puissants — des moments dérangeants [qui] peuvent changer nos croyances, nos attitudes et nos actes »[23].

Les anciens membres du personnel des pensionnats et leurs familles

Les anciens membres du personnel des pensionnats et les membres de leur famille ont été relativement peu nombreux à se présenter publiquement aux événements de la CVR; certains membres du personnel sont décédés, d'autres sont maintenant âgés ou malades, et une petite minorité a refusé d'admettre, malgré des preuves accablantes du contraire, que les pensionnats ont eu des effets destructeurs. D'autres encore ont fait des déclarations privées à la Commission afin que leurs souvenirs soient conservés au Centre national pour la vérité et réconciliation.

La Commission a souligné que de nombreux anciens employés des pensionnats ont exprimé des sentiments mitigés au sujet de leur expérience des pensionnats dans le sillage des révélations de mauvais traitements généralisés. Alors que, pour certains d'entre eux, leur passage dans les pensionnats demeure une expérience positive dans leur souvenir, d'autres éprouvaient de la honte. Ils étaient tourmentés de savoir qu'ils avaient omis d'intervenir en faveur de jeunes élèves. Pour eux, c'était une tache dans leur carrière. Les récits des membres de la famille du personnel commencent tout juste à faire surface. Eux aussi ont été affectés et ils doivent faire face à la difficulté de concilier leurs propres souvenirs familiaux avec ce qu'ils savent maintenant sur les pensionnats.

En mai 2011, à Saint-Albert, en Alberta, la Commission a rencontré un groupe de prêtres des Missionnaires Oblats de Marie-Immaculée et des religieuses des Sœurs de la Providence et des Sœurs Grises. Beaucoup de prêtres et de religieuses qui ont assisté à la rencontre avaient soit enseigné dans les pensionnats, soit travaillé dans les communautés autochtones durant de nombreuses années. Deux grands sujets de préoccupation ont été soulevés. Premièrement, la majorité des personnes présentes estimait qu'on ne tenait pas compte des expériences positives dans les pensionnats; deuxièmement, elles estimaient que beaucoup de leurs collègues avaient été injustement accusés de mauvais traitements. Voici ce que l'un des témoins a affirmé à l'écoute des propos sur les pensionnats.

J'avais l'impression qu'il y avait tellement d'aspects négatifs, comme si nous avions tout fait mal, tout mal, et je ne le crois pas. Je crois en la réconciliation, ça c'est certain. Mais, vous savez, nous parlons d'excuses, toujours d'excuses. Quand allons-nous parler un peu de gratitude pour ce que nous avons fait? Parce que nous avons certainement fait quelque chose de bien. On n'en entend jamais parler… Nous avons fait des erreurs, j'en suis sûr, et beaucoup ont été accusés à tort de sévices sexuels. Je me demande ce que vous en pensez. Je suis très malheureux pour certaines personnes parce que je les ai entendues, elles m'ont parlé. Je les ai entendues, et elles sont détruites[24].

Voici ce qu'un autre témoin a dit :

Lorsque la religieuse a exprimé la souffrance qu'elle ressentait pour un certain membre de sa communauté qui a été accusé à tort, elle ne disait pas que ceux qui témoignent n'ont pas été victimes de mauvais traitements, elle disait que cela se produit aussi en sens inverse, que certains d'entre nous ont été victimes d'accusations sans fondement, et que c'est le cas pour celui pour lequel elle était prête à marcher sur des charbons ardents parce qu'elle savait qu'il était innocent, et elle porte sa souffrance. Cela ne niait pas le fait que des gens ont subi des mauvais traitements, des gens qui ont eu le courage de se présenter devant la Commission et de l'exprimer publiquement[25].

Bien que la majorité des survivants qui ont témoigné lors des séances de la CVR ont décrit les sévices individuels et collectifs qu'ils ont vécus dans les pensionnats, la Commission a également entendu l'appréciation et la gratitude de nombreux survivants, reconnaissants de l'instruction qu'ils ont reçue, et à certains enseignants de leur gentillesse et du rôle très important qu'ils ont joué dans leur réussite.

Lors de l'événement national du Nord à Inuvik, voici ce que la survivante Agnes Moses a déclaré :

Même s'il y avait beaucoup de choses qui ne nous plaisaient pas dans les pensionnats, il y avait là-dedans quelques bonnes personnes qui nous ont aidés. […] Quand je suis allée vivre à Ottawa, j'ai croisé mes deux professeurs, et je suis restée en contact avec eux jusqu'à leur décès il y a quelques années. Je les ai fréquentés[26].

À Chisasibi, au Québec, le survivant Samuel Tapiatic a déclaré à la Commission qu'il a été victime de mauvais traitements et d'intimidation au pensionnat. Il a ajouté : « Maintenant, je me rends compte que certaines des choses qui se sont passées dans ce pensionnat étaient bonnes pour l'éducation que j'ai reçue. […] Donc, en tout cas, je suis reconnaissant de ce que j'ai appris au pensionnat[27]. »

Un certain nombre d'anciens membres du personnel des pensionnats sont venus parler à la Commission non seulement de leurs points de vue sur le temps qu'ils ont passé dans les pensionnats, mais aussi de leur réconciliation problématique avec leur propre passé. Florence Kaefer, une ancienne enseignante, a témoigné à l'événement national du Manitoba :

> Au nom de mes ancêtres anglais, je présente mes excuses aujourd'hui pour ce que mon peuple a fait au vôtre. J'ai enseigné dans deux pensionnats. En 1954, j'ai séjourné trois ou quatre ans au pensionnat de l'Église Unie de Norway House, puis j'ai travaillé dans celui d'Alberni, en Colombie-Britannique. J'ai travaillé fort pour être la meilleure institutrice possible et j'ignorais tout de la violence et de la cruauté qui avaient cours dans les dortoirs et dans les salles de jeu. Je l'ai appris de l'un de mes anciens élèves, qui avait cinq ans à son arrivée à Norway House; il s'appelle Edward Gamblin, et nous avons parcouru ensemble le chemin de vérité et de réconciliation[28].

Dans une entrevue avec les médias par la suite, Florence Kaefer a dit qu'elle avait communiqué avec monsieur Gamblin :

> [après] avoir entendu sa chanson, il y a quelques années, décrivant les abus culturels, physiques et sexuels qu'il avait subis au pensionnat Norway House. Elle a dit : « Je me suis mise à pleurer. J'ai dit à ma sœur que je ne verrais plus jamais l'enseignement dans le pensionnat de la même façon. » Elle a téléphoné à Edward Gamblin après avoir entendu la chanson. Il lui a dit qu'il devait taire les sévices subis face aux bons enseignants de peur qu'il ne les perde s'ils découvraient ce qui se passait et qu'ils s'en aillent. Il a invité madame Kaefer à un cercle de guérison en 2006 et ils sont devenus des amis proches. Florence Kaefer dit qu'Edward Gamblin lui a appris à ne pas avoir honte de son passé, d'avoir fait partie d'un pensionnat où il y a eu des excès. « J'avais 19 ans et, à cet âge, tu ne questionnes pas ton Église et ton gouvernement, mais je le fais certainement aujourd'hui. » […] Edward Gamblin a dit que Florence Kaefer lui a appris à pardonner : « Parmi les professeurs, il y en avait des bons qui ne méritent pas d'être blâmés[29]. »

Quelques membres des familles des anciens membres du personnel se sont également manifestés. À l'occasion de l'événement national du Manitoba, Jack Lee a déclaré à la Commission :

> Mes parents faisaient partie du personnel du pensionnat indien de Norway House. Je suis né dans une réserve en Ontario et j'ai déménagé avec ma famille à Norway House quand j'avais environ un ou deux ans. J'ai commencé l'école dans le système des pensionnats indiens, au début comme un élève externe […] en tant que garçon blanc. […] Mon père était très torturé par rapport à son rôle. […] Mais je veux juste que tout le monde sache que mon père a fait de son mieux, comme beaucoup d'autres membres du personnel, mais ils disposaient de si peu de ressources. Plusieurs d'entre eux se sentaient tellement mal de jouer un rôle là-dedans, mais ils choisissaient de

rester dans le système des pensionnats indiens, car c'était mieux que rien; cela valait toujours mieux que d'abandonner le système et les élèves qui y résidaient[30].

À l'occasion de l'événement national de l'Atlantique, Mark DeWolf nous a parlé de son père, le révérend James Edward DeWolf, qui avait été directeur de deux pensionnats : d'abord à Saint-Paul en Alberta et ensuite à La Tuque au Québec.

> J'hésite à vous parler ce matin. […] Je ne suis pas ici pour défendre mon père, [mais] bien pour parler du genre de personne qu'il était. Je crois qu'il était un directeur exemplaire d'un pensionnat indien. […] Une partie de ce que je vais vous dire concerne ce que je voyais autour de moi, ce que mes parents ont tenté de faire; peu importe si cela a été efficace, qu'ils aient été bien intentionnés, que cela ait été bénéfique ou non, vous en saurez au moins un peu plus après aujourd'hui et vous pourrez juger par vous-mêmes. J'espère que votre jugement sera empreint de gentillesse, de compréhension et d'une profonde empathie. […]

> [Mon père] portait tellement de chapeaux : il entraînait les équipes, il donnait le coup d'envoi lors d'événements sportifs. À minuit les jours d'hiver les plus froids, il était sur la patinoire qu'il avait construite derrière le pensionnat pour l'arroser afin que les enfants puissent patiner le lendemain. Il a consacré sa vie à son Église, à son Dieu et à ceux qui, selon lui, avaient été marginalisés, opprimés. […] C'est dommage que les pensionnats ne comptaient pas plus de personnes comme lui. Par contre, au moment de partir aujourd'hui, rappelons-nous que, dans un système comme celui des pensionnats, il y avait des gens à l'intérieur de ces établissements qui étaient bons, honnêtes, aimants, compatissants et d'autres qui étaient aveugles, intolérants ou abusifs. […] Mon père a travaillé au sein de ce système pour essayer de l'améliorer[31].

Les représentants de l'Église et du gouvernement

Dans l'introduction de cet ouvrage, nous avons souligné que la question du déroulement est essentielle dans le processus de vérité et de réconciliation. Il y a un moment pour la parole, un moment pour l'écoute et un moment pour la réflexion. Les responsables de l'Église et du gouvernement ont témoigné à quel point il était important pour eux d'écouter tout simplement les survivants et de réfléchir aux mesures pour la réconciliation à prendre dans leurs propres organisations.

À l'événement national de la Saskatchewan, voici ce que le révérend John Vissers, directeur du Collège Presbytérien de Montréal et directeur de l'École Théologique de Montréal, a déclaré :

> Comment les communautés se réconcilient-elles? Les survivants, comme nous l'avons appris, ont dû garder secrète l'expérience douloureuse des pensionnats pendant de nombreuses années. Les membres de leur famille, dans de nombreux cas, n'étaient que peu ou pas au courant de ce qui était arrivé à leurs parents ou à leurs grands-parents. La Commission de vérité et réconciliation du Canada offre aux survivants l'occasion de partager ce qui leur est arrivé, de partager des souvenirs douloureux avec les membres de leur famille, avec des amis et avec la société canadienne. […]
>
> La réconciliation est un acte conscient impliquant deux parties ou plus. […] Et la réconciliation doit naturellement être enracinée dans la vérité, dans une vérité qui découle d'une écoute attentive et d'un profond respect de l'autre. Pour les membres des Églises qui administraient les pensionnats au nom du gouvernement du Canada et, par conséquent, des citoyens du Canada, nous devons écouter attentivement et intégralement les récits des survivants. […]
>
> La réconciliation entre les Autochtones et non-Autochtones du Canada, si elle doit avoir un sens, doit être réciproque. Quand il y a réciprocité, alors le cheminement peut commencer. En tant qu'Églises, nous comprenons et nous reconnaissons que de nombreux survivants ne sont pas encore prêts à participer à ce cheminement de cette façon. Mais nous devons continuer, en tant qu'Églises, à écouter attentivement et intégralement et à vivre dans la réconciliation qui, nous le croyons, nous attend[32].

Lors du même événement, Monseigneur Don Bolen, évêque catholique romain de Saskatoon, a parlé de l'importance de la participation active de l'Église dans le processus de vérité et de réconciliation. Il a affirmé que cela impliquait :

> [de] témoigner de ce qui est arrivé dans les pensionnats et de le faire d'une manière qui dit la vérité et qui favorise une véritable réconciliation. Ces témoins doivent être entendus. Et nous accueillons à bras ouverts l'invitation à écouter, à s'engager dans un processus de consolidation des relations, à s'unir pour témoigner, à travailler ensemble vers un nouvel avenir fondé sur un traitement honnête du passé[33].

Lors de l'événement national de l'Atlantique, Ian Gray, le directeur général régional, Affaires autochtones et Développement du Nord Canada pour la région de l'Atlantique, a déclaré qu'il était important que les responsables gouvernementaux entendent directement ce que les survivants ont à dire.

[E]n tant que responsables au sein du ministère, vous savez, nous avons tous nos sphères d'influence. Nous travaillons tous dans un cubicule, [u]n cubicule physique, mais aussi un cubicule de modalités, de programmes, de lois, de règles, de règlements, de patrons, de subordonnés. [...] Très souvent, nous sommes obnubilés par la nécessité de composer avec ces aspects. Voilà ce à travers quoi nous nous frayons un chemin tous les jours comme fonctionnaires dans un ministère. Et c'est une occasion toute spéciale d'avoir cette chance et d'autres occasions de ce genre de pouvoir s'élever au-dessus de tout cela [et] de réfléchir vraiment et de parler et d'entendre les gens parler des véritables grands enjeux de la réconciliation[34].

À l'événement national de la Colombie-Britannique, un groupe de gestionnaires de la résolution du Bureau régional de la Colombie-Britannique, Résolution et Affaires individuelles, Affaires autochtones et développement du Nord Canada, a proposé aux survivants sa conception de la réconciliation :

Nous travaillons à résoudre les demandes d'indemnisation pour les mauvais traitements en vertu de la Convention de règlement. Ce travail comprend la présence aux audiences du processus d'évaluation indépendant [PEI] des anciens élèves où nous représentons le Canada. [...]

Il est essentiel d'écouter attentivement vos expériences et de nous rappeler ce que nous avons entendu. Nous quittons chaque audience transformés. Nous voulons que vous sachiez que votre courage et votre détermination à venir partager votre témoignage transforment chacun et chacune d'entre nous. [...] Les personnes que nous rencontrons dans le cadre de ce travail manifestent une force de caractère, un amour profond de leur famille et de leur communauté, et un engagement envers la culture et la guérison qui nous va droit au cœur et qui nous enseigne à être meilleurs. [...]

En tant que gestionnaires de la résolution, notre objectif est toujours axé sur la réconciliation, tout en comprenant que la réconciliation ne veut pas dire la même chose pour tout le monde. La réconciliation est quelque chose qui grandit, plutôt que quelque chose d'imposé. Nous reconnaissons que s'il est vrai que de nombreux [survivants] sortent du processus d'audience le cœur et l'esprit plus léger, et en se sentant peut-être même guéris dans une certaine mesure, cela n'a pas été le cas de tous. Nous savons que, dans notre rôle de représentants du Canada, nous ne pouvons pas éliminer la souffrance ni rendre à quiconque l'enfance qu'il a perdue.

Nous espérons sincèrement laisser un legs au sein de la fonction publique canadienne lorsque le travail de résolution des demandes d'indemnisation du PEI sera achevé. Pour ce legs, nous diffuserons les connaissances des séquelles des pensionnats auprès des membres de la fonction publique canadienne et au-delà. Une attitude générale d'entraide et de respect nous accompagnera, quel que soit le travail que nous faisons, comme nous l'avons appris des survivants et de leurs familles[35].

Les témoins honoraires de la CVR

Dans le mandat de la Commission de vérité et réconciliation, la « réconciliation » est décrite comme un processus individuel et collectif continu qui inclut tous les peuples du Canada. Pour veiller à ce que ce processus soit réellement continu, même après la fin des travaux officiels de la CVR, les commissaires ont décidé très tôt de mettre en œuvre une stratégie d'éducation publique et de promotion de la réconciliation pour mobiliser les sympathisants importants disposés à encourager la poursuite du travail d'éducation publique et de dialogue. Nous avons fait appel à plus de soixante-dix d'entre eux dans l'ensemble du pays et à l'échelle internationale, et nous les avons nommés témoins honoraires lors d'une cérémonie publique tenue dans le cadre de chacun des événements nationaux.

Ensemble, ils représentent des dirigeants chevronnés et influents de tous les horizons, qui servent maintenant à titre d'ambassadeurs pour sensibiliser le grand public à la nécessité d'une réconciliation. La plupart d'entre eux, y compris certains qui ont travaillé auprès d'Autochtones dans le passé, ont avoué en toute franchise mal connaître et mal comprendre le système des pensionnats indiens et les séquelles qu'il avait laissées. Ils encouragent maintenant la population canadienne à faire ce qu'ils ont fait : apprendre et être transformé par la compréhension et l'engagement dans un changement sociétal.

Shelagh Rogers, O.C., animatrice à la CBC, qui est devenue témoin honoraire à l'événement national du Nord, a dit, en parlant du rôle et de la responsabilité du témoignage : « Témoigner est un verbe actif […] Et si vous vous êtes sérieusement engagé à témoigner de ce que vous avez vu et entendu, ce n'est pas toujours confortable[36]. »

> En tant que témoin, vous êtes un gardien de la mémoire, vous poussez l'histoire plus loin et vous la confiez à plus de gens. J'ai été très occupée à parler dans les églises, à mener des dialogues, à assister à des réunions dans les sous-sols de salles communautaires [et] dans des clubs de lecture — tout simplement à essayer de faire connaître la véritable histoire de notre pays au plus grand nombre de personnes possible. Cela a pris une très grande place dans mon cœur. C'est plus vaste que de simplement raconter l'histoire — je veux voir un changement de politique, un changement des programmes d'études, des correctifs concrets dans la société civile qui nous

permettront d'avoir de bien meilleurs partenariats que ce que nous avons maintenant[37].

Prenant la parole à l'événement national de la Saskatchewan, l'honorable Tina Keeper, de la nation crie de Norway House, ancienne députée et témoin honoraire de la CVR, a parlé de l'importance d'honorer les relations entre les individus, les familles et les communautés ainsi que la mémoire. Elle a également parlé de son propre investissement émotionnel pour la ratification de la Convention de règlement et des luttes menées pour obtenir les excuses du Canada. Elle a souligné les importantes contributions que les Autochtones ont à faire en vue de permettre une guérison et une réconciliation nationales.

> J'ai eu l'occasion incroyable hier de verser librement des larmes et celles-ci ont coulé toute la journée. Je n'ai jamais pu faire ça quand j'étais à la Chambre des communes. J'ai eu le privilège de prononcer le discours au nom de l'opposition officielle lorsque la Convention a été déposée à la Chambre. Pendant le discours, j'ai dû arrêter en plein milieu pour respirer [...] parce que je ne pensais pas y arriver. Je pensais constamment à ma famille et à ma famille élargie, à mes grands-parents et à tellement de personnes dans les communautés. […] Nos cultures, nos langues, nos valeurs et nos croyances spirituelles qui ont veillé sur nous à cette rencontre […] deviendront des outils pour la guérison de notre nation[38].

À l'occasion de l'événement national tenu au Québec, le très honorable Paul Martin, ancien premier ministre et témoin honoraire de la CVR, a rappelé aux participants le rôle que l'éducation a joué dans les tentatives de destruction des familles, des communautés et des nations autochtones et du rôle qu'elle doit jouer dans la réparation de ces dommages.

> J'ai parlé à plusieurs personnes ici et à certains des députés qui sont ici […] et la question que nous nous sommes posée, c'est : « Comment se fait-il que nous n'étions pas au courant de ce qui se passait? » […] Je ne peux toujours pas répondre à cette question. […] [N']ayons pas peur des mots et disons que ce qui est arrivé dans les pensionnats indiens est l'utilisation de l'éducation à des fins de génocide culturel. Ce que cela signifie dans les faits, c'est que nous devons offrir aux Autochtones canadiens, sans l'ombre d'un doute, le meilleur système d'éducation qu'[il] est possible d'avoir[39].

Même si certains témoins honoraires connaissaient déjà assez bien les enjeux autochtones, y compris celui des pensionnats, ils ont appris sur cette histoire d'une toute autre façon en écoutant les témoignages des survivants. À l'occasion de l'événement national tenu en Saskatchewan, le très honorable Joe Clark, ancien premier ministre, a déclaré que l'événement lui a permis de mieux connaître les conséquences intergénérationnelles des pensionnats et d'avoir une meilleure idée des défis et des possibilités de réconciliation au Canada.

> Lorsque je suis arrivé ici ce matin, je connaissais déjà les grandes lignes de l'histoire, si je peux me permettre. Je savais ce qui était arrivé. J'avais déjà une idée des conséquences que le système [des pensionnats indiens] a eues, mais je n'avais aucune idée de leur portée, car je n'avais jamais été témoin auparavant de l'effet émotionnel qu'ont eu les pensionnats sur les nombreuses victimes ainsi que sur les générations qui ont suivi. [...] [Aujourd'hui] j'ai entendu cette phrase : « Nous souffrons à la mesure de nos secrets. » C'est un incitatif à encourager toutes les personnes qui ont gardé ces émotions et ces histoires enfouies trop profondément pendant trop longtemps, à faire montre de courage comme l'ont fait beaucoup d'entre vous et à faire connaître la vérité. [...]

> À mesure que nous nous engageons sur la voie de la réconciliation, nous devons faire face à des difficultés interculturelles pour réconcilier les peuples qui ont vécu cette expérience avec ceux qui n'en ont pas fait partie. Nous aurons à gérer des différences culturelles, mais personne ne veut être déraciné. Et nous sommes en accord sur beaucoup de points, des bases communes sur lesquelles nous pouvons forger un consensus. [...] La réconciliation suppose de trouver une façon de rassembler les inquiétudes légitimes des gens dans cette salle ainsi que les appréhensions, appelons-les des peurs, [...] qui pourraient exister ailleurs au pays. [...] Parmi les choses que nous devons faire, il faut veiller à ce qu'on fasse connaître non seulement les histoires d'abus qui ont affecté les Premières Nations et les peuples autochtones, mais également l'histoire de la contribution de ces gens au Canada et des valeurs inhérentes à ces communautés[40].

Les observations de Joe Clark renforcent l'opinion de cette commission, c'est-à-dire que l'apprentissage se fait d'une manière différente lorsque des histoires de vie sont partagées et présentées d'une façon qui relie les connaissances, la compréhension et les relations humaines. Il a mis le doigt sur un des défis clés de la réconciliation : comment combler les fossés entre ceux qui ont vécu l'expérience des pensionnats et ceux qui ne l'ont pas vécue, et entre ceux qui ont participé aux travaux de la Commission de vérité et réconciliation et ceux qui ne l'ont pas fait.

Feu l'honorable Andy Scott, ancien ministre des Affaires autochtones et du Nord canadien, a été nommé témoin honoraire à l'événement national de l'Atlantique de 2012 à Halifax. Il a ensuite accueilli de nouveaux membres dans le cercle des témoins honoraires à l'événement national de la Saskatchewan et il a été invité à partager sa propre expérience. Ses commentaires ont renforcé la conviction de la Commission, à savoir que l'apprentissage axé sur les relations et la remémoration des souvenirs mènent à une compréhension et à des connaissances approfondies des liens entre les expériences des survivants et la mémoire de la communauté, et entre notre responsabilité collective et la nécessité de revoir l'histoire nationale, l'identité nationale et l'avenir national du Canada.

> Quand j'ai été invité à devenir témoin honoraire, j'ai pensé que j'étais préparé, étant donné que j'avais participé au processus de règlement et que j'avais déjà rencontré et parlé à des survivants. Je ne l'étais pas. À Halifax, j'ai été témoin de ce que c'est que de ne pas savoir aimer, car on ne l'a jamais été en retour. J'ai entendu des gens qui voulaient simplement que l'on croie leurs récits sur comment ça se passait réellement là-bas. […] On nous a parlé des efforts délibérés déployés pour déconnecter les jeunes enfants de leurs identités propres. Nous avons ressenti un sentiment de trahison de la part des autorités : le gouvernement, la collectivité et les Églises. On nous a parlé des punitions sévères infligées pour avoir parlé sa langue, vécu sa spiritualité et cherché ses frères et sœurs. Nous avons entendu les histoires d'horreur sur l'alimentation forcée ainsi que sur les abus sexuels et physiques. Et nous avons entendu parler des morts.
>
> Nous avons entendu parler du pardon comme voie pour tenter de se relever et nous avons entendu ceux qui ressentaient qu'ils ne seraient jamais capables de pardonner. Je ne pouvais pas, et ne peux toujours pas, imaginer avoir cinq ou six ans et être arraché à ma famille pour être transporté dans un endroit inconnu, sans savoir pourquoi ni pour combien de temps. Le témoignage qui m'a le plus frappé est peut-être celui de Ruth, qui a dit simplement : « Je ne pensais jamais parler de mon expérience et maintenant, je crois que je n'arrêterai jamais. Mais le Canada est un grand pays. J'aurai besoin d'aide. »
>
> La réconciliation, ce sont des survivants qui parlent de leurs expériences, qui se sentent entendus et crus, mais il s'agit aussi d'une histoire partagée à l'échelle nationale. En tant que Canadiens, nous devons faire partie de la réconciliation pour ce que nous avons fait collectivement avec nos identités propres. Pour y arriver avec intégrité et pour restaurer notre honneur, nous devons tous connaître l'histoire pour que nous puissions rassembler ces différents Canada[41].

De nombreux autres témoins autochtones et non autochtones de divers horizons ont témoigné devant la Commission. Certains étaient là au nom de leur institution ou organisation. Certains étaient très proches ou entretenaient des liens professionnels avec les peuples autochtones, et d'autres non. La plupart ont déclaré que l'expérience leur a ouvert les yeux et leur a fait vivre une transformation profonde. Ils ont souligné à quel point ils avaient appris en écoutant les témoignages des survivants. Cela valait tant pour les témoins non autochtones que pour les témoins autochtones, dont les propres familles ont été affectées par les pensionnats et qui n'avaient jamais eu la possibilité jusqu'ici d'en apprendre plus sur ceux-ci, notamment dans ces nombreuses familles où personne ne voulait en parler, ou personne n'était capable de le faire.

À l'occasion de l'événement national tenu dans le Nord, à Inuvik, en 2011, voici ce que nous déclaré Thérèse Boullard, alors présidente de la Commission des droits de la personne des Territoires du Nord-Ouest :

> Nous devons avoir un compte-rendu fidèle de l'histoire. [...] Aussi long-temps qu'il y a des personnes qui nieront ce qui est vraiment arrivé, aussi longtemps que nous n'aurons pas une image complète de ce qui est arrivé, nous ne pourrons aller de l'avant dans cet esprit de réconciliation. [...] Je veux reconnaître ces histoires comme des cadeaux, des mains tendues vers la réconciliation. Je pense qu'il est incroyable que, après tout ce qui s'est passé, après tout ce que vous avez vécu, vous soyez prêts à partager votre souffrance avec le reste de la population canadienne dans cet esprit d'ouverture et de réconciliation et que vous ayez la foi que le gouvernement du Canada et les Canadiens non autochtones la recevront d'une façon qui permettra de forger de meilleures relations à l'avenir. Il est incroyable que vous ayez cette foi pour partager vos histoires dans cet esprit; c'est une véritable leçon d'humilité, c'est très inspirant et je veux juste remercier les survivants pour cela[42].

À l'occasion de l'événement national tenu au Manitoba en 2010, Ginelle Giacomin, une enseignante en histoire d'une école secondaire de Winnipeg qui recueillait les déclarations confidentielles à l'événement, a affirmé :

> Je parlais à quelques élèves avant de venir cette semaine pour recueillir les déclarations et ils m'ont demandé : « Que voulez-vous dire par le fait qu'il reste des survivants? C'était il y a longtemps. C'était il y a des centaines d'années de cela. » Pour eux, c'est une page dans un livre d'histoire. [...] Je me sens privilégiée d'avoir passé une semaine assise en tête-à-tête avec des survivants en écoutant leurs histoires. J'ai entendu des choses horribles et des émotions déchirantes. Ces déclarations ont été très difficiles à enten-dre. Mais chaque personne à qui j'ai parlé a affirmé « nous sommes forts ». Et la force est la seule chose que j'emporterai avec moi quand je partirai. Vous continuez d'avancer, c'est quelque chose que je veux partager avec mes élèves à mon retour en classe, c'est la force intérieure de toutes les personnes à qui j'ai parlé ainsi que leurs témoignages. Et il est si impor-tant pour les élèves du secondaire, et tous les élèves au Canada, de parler davantage de ce qui s'est passé et de continuer d'en parler. Je veux juste remercier tout ceux qui ont permis cela, qui m'ont permis d'apprendre. J'ai un diplôme spécialisé en histoire du Canada. J'en ai appris beaucoup plus

au cours des cinq derniers jours sur le Canada que pendant les trois années que j'ai passées à étudier pour obtenir ce diplôme[43].

Seul le temps permettra de savoir si les attitudes et les actes ont été modifiés et transformés de façon durable. Cependant, selon quelques indications préliminaires, ceux qui ont assisté aux témoignages de survivants en ont été profondément touchés. La chercheuse Oonagh O'Connor a mené des entrevues auprès d'un petit échantillon de vingt-trois témoins non autochtones qui avaient participé à des événements de la cvr en Colombie-Britannique. En réfléchissant sur leur vie dans les mois qui ont suivi ces événements, ils ont dit à Oonagh O'Connor pourquoi ils y avaient assisté et ce qu'ils y avaient appris. Voici quelques-unes de leurs réflexions.

> Ayant [un] lien direct avec des terres volées (mon grand-père a défriché des terres et soutenu financièrement les pensionnats), j'avais l'impression d'avoir une raison personnelle d'y assister; et une raison plus politique, puisque je voulais participer à cet effort au sens large. Il existe clairement un besoin de réconciliation entre les Autochtones et les non-Autochtones, et les non-Autochtones ont un rôle important à jouer — mettre nos propres affaires en ordre et nous présenter. Je voulais vraiment témoigner[44].

> Cela m'a ouvert l'esprit et le cœur à la gravité des répercussions : cela grandit en moi chaque fois que je participe à un processus lié aux pensionnats. Ce que je retire de la cvr, c'est qu'il n'est pas seulement question de personnes qui infligent de mauvais traitements : c'est l'expérience dans son ensemble. Même si tous les Blancs avaient été les meilleures, les plus gentilles et aimables personnes au monde, cela aurait encore été un système complètement abusif. J'ai l'impression que mes connaissances et ma compréhension s'approfondissent[45].

> [L]e partage de récits est vraiment important parce qu'être dans la même salle qu'une personne qui parle des répercussions intergénérationnelles est tellement humain, poignant, troublant et puissant. Je peux me mettre à leur place, j'éprouve de la compassion pour eux. Entendre moi-même les histoires était la seule façon de voir clair à travers tout ce racisme; cela a certainement été transformateur[46].

> Être témoin de tout cela me pousse à faire plus que simplement observer. […] Tout le monde doit s'engager pour redresser certains torts et a la responsabilité de faire tout ce qu'il peut[47].

> Écouter ces récits donne une responsabilité. […] Ç'a été une véritable chance de communiquer, une chance de se connecter à l'humanité pour nous tous, une chance d'être là avec le cœur et l'esprit ouverts pour tisser

des liens avec un millier de personnes en tant qu'être humain, de manière à apporter un espoir de changement. C'était puissant[48].

De l'avis de tous, les sept événements nationaux de la Commission ont fourni un espace de dialogue public empreint de respect. Plus de 150 000 Canadiens sont venus y participer, ainsi qu'à quelque 300 événements communautaires de plus petite envergure. Un des mots les plus couramment utilisés pour les décrire était « transformateur ». Ce sera à d'autres de déterminer leur efficacité à long terme, et de juger le potentiel de ce modèle sur le plan de l'éducation continue du public. Cependant, en tant que commissaires de la Commission de vérité et réconciliation du Canada, nous sommes à la fois confiants et persuadés que le dialogue public est essentiel au processus de réconciliation.

Les arts : pratiquer la résistance, la guérison et la réconciliation

La réconciliation n'est pas un processus facile. Il exige de ceux qui ont subi un préjudice de réexaminer des souvenirs douloureux et de ceux qui ont nui à autrui, directement ou indirectement, d'assumer la responsabilité des actes passés. Il nous demande de pleurer et de souligner la perte terrible des peuples, des cultures et des langues, même dans la célébration de leur survie et de leur revitalisation. Il nous demande d'imaginer un avenir plus juste et plus inclusif, même si l'on est encore aux prises avec les séquelles réelles de l'injustice.

Comme la CVR en a témoigné dans chaque région du pays, l'expression créative peut jouer un rôle vital dans le processus de réconciliation national, car elle fait place à d'autres voix, d'autres véhicules et d'autres occasions d'exprimer les vérités de l'histoire et les espoirs du présent. L'expression créative soutient les pratiques quotidiennes de résistance, de guérison et de reconnaissance sur les plans individuel, communautaire, régional et national.

Dans le monde entier, les arts offrent un cheminement créatif qui amène à rompre le silence, à transformer les conflits et à réparer les relations détériorées par la violence, l'oppression et l'exclusion. Que ce soit dans des pays ravagés par la guerre ou dans des communautés locales aux prises avec des problèmes quotidiens de violence, de pauvreté et de racisme, les arts sont largement utilisés par les éducateurs, les intervenants et les dirigeants communautaires pour gérer les traumatismes et les émotions difficiles ainsi que pour combler les fossés culturels par la communication[49].

L'art est un moyen d'expression actif, et « la participation dans les arts est un garant des droits de la personne, car la première chose qui est arrachée aux groupes vulnérables, marginalisés ou minoritaires est le droit à la libre expression »[50]. Les arts aident à restaurer la dignité humaine et l'identité pour protester contre l'injustice. Lorsque la démarche artistique est bien dirigée, les arts permettent également aux gens d'explorer leurs propres visions du monde, valeurs, croyances et attitudes qui pourraient faire obstacle à la guérison, à la justice et à la réconciliation.

Avant même la création de la CVR, un nombre croissant de travaux, y compris des mémoires de survivants et des œuvres de fiction d'auteurs autochtones bien connus, ainsi que des films et des pièces de théâtre, ont présenté l'histoire et les séquelles des pensionnats à un public canadien plus large, permettant ainsi aux gens d'en apprendre davantage sur les pensionnats du point de vue des survivants. Ce corpus d'œuvres comprend des mémoires tels que celui d'Isabelle Knockwood, *Out of the Depths: The Experiences of Mi'kmaw Children at the Indian Residential School at Shubenacadie, Nova Scotia* (1992) et, plus récemment, ceux d'Agnes Grant, *Finding My Talk: How Fourteen Native Women Reclaimed Their Lives after Residential School* (2004), d'Alice Blondin, *My Heart Shook Like a Drum: What I Learned at the Indian Mission Schools, Northwest Territories* (2009), de Theodore Fontaine, *Broken Circle: The Dark Legacy of Indian Residential Schools: A Memoir* (2010), de Bev Sellars, *They Called Me Number One: Secrets and Survival at an Indian Residential School* (2013), et d'Edmund Metatawabin et Alexandra Shimo, *Up Ghost River: A Chief's Journey through the Turbulent Waters of Native History* (2014).

Les œuvres de fiction (parfois tirées de l'expérience personnelle des auteurs), comme *Kiss of the Fur Queen* de Tomson Highway (1998), *Porcupines and China Dolls* (2009) de Robert Alexie et *Indian Horse* (2012) de Richard Wagamese, sont des récits de mauvais traitements, de négligence et de perte, mais aussi de guérison, de rédemption et d'espoir. En 2012, la Fondation autochtone de guérison a publié *Clamer ma vérité : Réflexions sur la réconciliation et le pensionnat*, et a invité les membres des clubs de lecture de tout le pays à lire cet ouvrage et à en discuter. Des films documentaires comme *Where the Spirit Lives* (1989), *Kuper Island: Return to the Healing Circle* (1997), et *Muffins for Granny* (2008), ainsi que des docudrames comme *We Were Children* (2012), servent tous à éduquer les Canadiens et le monde entier au sujet de l'expérience des pensionnats, en utilisant la puissance du son et des images. La survivante intergénérationnelle Georgina Lightning est devenue la première femme autochtone en Amérique du Nord à réaliser un long-métrage, *Older Than America* (2008). La pièce de théâtre de Kevin Loring, *Where the Blood Mixes*, a remporté le Prix littéraire du Gouverneur général dans la catégorie théâtre en 2009. Cette pièce allie le tragique et le comique pour raconter l'histoire de trois survivants à la suite de leur expérience dans les pensionnats indiens.

L'art peut être puissant et avoir un effet provocateur. À travers leurs œuvres, les artistes autochtones cherchent à résister à l'interprétation culturelle de versions du passé et de la réalité actuelle du Canada dominées par la vision des colonisateurs. Un dialogue interculturel sur l'histoire, la responsabilisation et les arts offre un potentiel de guérison et de transformation tant aux Autochtones qu'aux non-Autochtones[51]. Cependant, l'art ne comble pas toujours le fossé entre les cultures, et il n'a pas à le faire pour produire un puissant effet. Les actes de résistance ont parfois lieu dans des « espaces irréconciliables », où les artistes choisissent parfois de garder pour eux leur expérience en pensionnat indien ou de ne la partager qu'avec d'autres Autochtones[52]. Ces modes d'action sont eux aussi essentiels à la revalorisation individuelle et collective de l'identité, de la culture et de la mémoire des communautés.

La Commission fait remarquer que l'utilisation des arts créatifs au cours d'ateliers communautaires favorise la guérison des survivants et de leurs familles, ainsi que celle de l'ensemble de la communauté par la revalorisation des traditions culturelles. Au cours d'une enquête sur 103 projets communautaires de guérison, la Fondation autochtone de guérison (FADG) a constaté que 80 % de ces projets prévoyaient la tenue d'activités culturelles et l'intervention de guérisseurs traditionnels : des enseignements par les aînés, des récits, la transmission du savoir traditionnel, des programmes axés sur la langue, des activités en milieu naturel, des festins et des pow-wow, l'apprentissage de formes d'art traditionnel, la récolte de plantes médicinales, des tambours, des chants et des danses. Dans son rapport, la FADG a fait observer ce qui suit :

> Un élément clé de la réussite des programmes de guérison tient à leur diversité : différentes activités sont associées pour créer des programmes globaux qui répondent aux besoins physiques, affectifs, culturels et spirituels des participants. Comme on pouvait s'y attendre, des interventions artistiques ponctuent nombre des activités culturelles (fabrication de tambours, perlage, chant et tambour), ainsi que des soins thérapeutiques (art-thérapie et psychodrame)[53].

Les données qu'a obtenues la Fondation autochtone de guérison révèlent sans l'ombre d'un doute que les pratiques artistiques créatives sont très efficaces dans la reconstitution, pour les survivants et leurs familles, des liens avec leur culture, leur langue et leur communauté. De notre point de vue, cela confirme une fois de plus que le financement destiné aux projets de guérison au sein des communautés est une priorité absolue pour les collectivités autochtones.

Les expositions d'art ont joué un rôle particulièrement puissant dans le processus de guérison et de réconciliation. En 2009, l'artiste anishinaabe de renommée nationale Robert Houle, ancien élève du pensionnat de Sandy Bay, au Manitoba, a créé une série de 24 toiles pour une exposition permanente dans la galerie de l'école des beaux-arts de l'Université du Manitoba. Au cours d'une entrevue menée par la CBC, le 24 septembre 2013, il a expliqué : « Pendant le processus, des souvenirs réprimés sont remontés à la surface [...] mais cette expérience m'a semblé purificatrice. À la fin, j'ai ressenti un grand soulagement, comme un soupir de libération[54]. »

Plusieurs grandes expositions d'art se sont tenues en marge des événements nationaux organisés par la Commission dans le cadre de son mandat. Pendant l'événement national de la Colombie-Britannique tenu à Vancouver, par exemple, on a inauguré trois grandes expositions présentant des œuvres d'artistes autochtones réputés, dont certains sont également des survivants ou des survivants intergénérationnels. Un certain nombre d'artistes non autochtones y ont aussi pris part. Leurs œuvres abordaient les thèmes du déni, de la complicité, des excuses et des politiques gouvernementales. Deux de ces expositions ont été présentées à l'Université de la Colombie-Britannique : *Witnesses: Art and Canada's Indian Residential Schools,* à la galerie d'art Morris and Helen Belkin, et *Speaking to Memory: Images and Voices from the St. Michael's Residential School*, au Musée d'anthropologie. Ces deux expositions, fruit d'efforts de collaboration, ont également fait appel à la participation de survivants, d'artistes et du personnel de conservation dans le cadre de projets connexes d'éducation publique, dont des ateliers, des symposiums et des dialogues avec le public au sujet des œuvres[55].

Un nombre important de déclarations recueillies par la Commission ont aussi été livrées sous une forme artistique. Certains survivants ont déclaré qu'il leur était trop douloureux de raconter leur histoire simplement, mais qu'ils sont arrivés à exprimer leur message à travers l'écriture d'un poème, d'une chanson ou d'un livre. D'autres ont produit un enregistrement vidéo ou audio, offert des photographies, monté une pièce de théâtre ou réalisé un film. D'autres encore ont produit des couvertures traditionnelles, des courtepointes, des sculptures ou des peintures pour représenter leur expérience dans les pensionnats indiens, pour rendre hommage aux survivants ou pour rappeler la mémoire des personnes qui n'ont pas survécu. Ainsi, non seulement les témoignages oraux, mais aussi un large éventail d'objets artistiques ont contribué à constituer une mémoire durable de ces écoles. Les arts ont créé un nouvel espace critique où les survivants, les artistes, les conservateurs et la population peuvent explorer la complexité des notions de vérité, de guérison et de réconciliation.

La Commission a financé ou soutenu plusieurs projets artistiques. Dès le début de son mandat, la CVR a parrainé le projet *Living Healing Quilt*, organisé par la courtepointière anishinaabe Alice Williams de la Première Nation de Curve Lake, en Ontario. Des survivantes et des survivants intergénérationnels des quatre coins du pays ont créé des carrés de courtepointe représentant leurs souvenirs des pensionnats. Ces carrés ont ensuite été cousus ensemble pour créer trois courtepointes : *Schools of Shame*, *Child Prisoners* et *Crimes against Humanity*.

Les courtepointes racontent le traumatisme, la perte, l'isolement, le rétablissement, la guérison et l'espoir à travers le regard des femmes. La couture enseignée aux jeunes filles autochtones dans les pensionnats indiens, qui ont transmis ce savoir à leurs propres filles et petites-filles, sert aujourd'hui à tracer l'envers du récit[56]. Ce projet a de plus inspiré le projet *Healing Quilt* qui alliait l'éducation et l'art. Au cours de l'événement national tenu au Manitoba, les départements des études féminines et de genre et de gouvernance autochtone de l'Université de Winnipeg ont offert à la CVR, en signe de réconciliation, une courtepointe créée par les étudiants et leurs professeurs dans le cadre de leurs cours. Par des lectures, des conversations et des activités artistiques en classe, ils ont pu établir un espace d'apprentissage et de réflexion sur l'histoire et les séquelles des pensionnats dans le contexte de la réconciliation[57].

Le projet ArtsLink, lancé par la survivante intergénérationnelle Carol Greyeyes, est une vitrine interactive en ligne de l'art et des pratiques culturelles de dix artistes autochtones qui sont également des survivants. Voici comment Carol Greyeyes résume l'objectif du projet :

> Le site Web ArtsLink partage la sagesse, les récits et les réflexions de survivants des pensionnats des provinces de l'Ouest qui ont retrouvé leur identité et leur fierté au moyen de l'art et de la culture. Chaque page Web comprend une biographie, une courte entrevue avec l'artiste, des exemples d'œuvres d'art et des documents, des pratiques novatrices en matière d'art et d'apprentissage et des projets d'art communautaires.
>
> ArtsLink fournit également un forum accessible et sécurisé pour la discussion et l'expression de l'expérience des pensionnats. [...]
>
> L'art transcende l'âge, la langue, la culture et l'économie et promeut la compréhension par son pouvoir de transformation. ArtsLink permet aux artistes et aux visiteurs du site de « tisser des liens » dans la démarche d'information. Tout comme les artistes ont renoué avec leur propre pouvoir créatif et transformé leur vie, en présentant leurs œuvres et en partageant leurs récits étonnants, d'autres Canadiens seront en mesure de tisser des liens avec la démarche artistique et le processus de guérison[58].

Un rapport commandé par la CVR, « Practicing Reconciliation: A Collaborative Study of Aboriginal Art, Resistance and Cultural Politics », s'est appuyé sur les résultats d'une année de travaux de recherche. En collaboration avec des survivants, des artistes et des conservateurs, une équipe multidisciplinaire de chercheurs s'est penchée sur les effets positifs des pratiques artistiques sur le processus de réconciliation. Les chercheurs ont tenu et analysé une série d'entretiens, d'ateliers, de résidences d'artistes, de séances de planification, de symposiums, de périodes de gestation artistique, de publications et de plateformes électroniques d'apprentissage. Le rapport révèle toute l'étendue et le potentiel des approches artistiques pour la réconciliation.

> Nous nous ferons d'abord l'écho des personnes interrogées et des artistes, qui ont été nombreux à l'affirmer : la réconciliation est une action profondément complexe, et sa réussite ne devrait pas se mesurer à l'*atteinte* d'une réconciliation putative [supposée de bonne foi], mais au *cheminement* vers ce noble objectif. En effet, on pourrait affirmer qu'une réconciliation totale ne peut être que vacillante, impossible, et que théoriciens, artistes, survivants et populations diverses participant à ce difficile processus feraient mieux de consacrer leurs efforts à travailler de concert à une meilleure compréhension de nos histoires, de nos traumatismes et de ce que nous sommes[59].

Ces diverses réalisations permettent de constater que les arts et les pratiques artistiques peuvent contribuer à façonner la mémoire collective de manières susceptibles d'amener une transformation des individus, des collectivités et de l'histoire nationale.

Les projets de commémoration des pensionnats

La commémoration ne devrait pas servir à tourner la page sur l'histoire et les séquelles des pensionnats indiens. Elle devrait plutôt amener les citoyens à entretenir le dialogue sur un passé douloureux et sur les raisons pour lesquelles cette histoire revêt une telle importance aujourd'hui. Les projets de commémoration et les monuments commémoratifs érigés sur les sites des anciennes écoles et dans les cimetières nous rappellent concrètement l'attitude honteuse du Canada et la complicité des Églises. Ils témoignent de la souffrance et de la perte que des générations d'Autochtones ont subies et surmontées. Le processus de remémoration du passé constitue un voyage au cœur de sentiments contradictoires : perte et résilience, colère et acceptation, déni et remords, honte et fierté, désespoir et espoir.

La Convention de règlement a souligné l'importance historique et le potentiel de réconciliation du souvenir en établissant un fonds spécial destiné aux projets de commémoration de l'expérience des pensionnats et en attribuant un rôle dans l'approbation de ces projets à la Commission de vérité et réconciliation du Canada.

Vingt millions de dollars ont été réservés aux communautés autochtones et à divers partenaires et organismes afin qu'ils mènent des projets communautaires, régionaux ou nationaux. La Commission les a évalués et a formulé des recommandations à Affaires autochtones et Développement du Nord Canada, qui était responsable de l'administration du financement des projets de commémoration.

La politique de commémoration de la Convention de règlement a défini des critères précis pour ces projets. Les projets de commémoration visent :

- à donner un sens aux processus de guérison et de réconciliation et à permettre aux anciens élèves et à leurs familles de légitimer leur expérience des pensionnats grâce à diverses mesures de commémoration;

- à resserrer les liens entre Autochtones ainsi qu'entre Autochtones et non-Autochtones; à donner l'occasion aux anciens élèves et à leurs familles de s'entraider, de prendre conscience de leurs forces, de leur courage, de leur ressort psychologique, de leurs réalisations et d'en être fiers;

- à créer un sentiment d'identité, d'harmonie et d'appartenance;

- à faire connaître les langues et les cultures des Autochtones ainsi que leurs valeurs traditionnelles et spirituelles;

- à attester les séquelles des pensionnats et confirmer les expériences des anciens élèves et de leurs familles et les besoins qui en découlent;

- à commémorer de façon concrète et permanente l'expérience des pensionnats.[60]

Contrairement aux commémorations organisées de manière plus classique par les États, lesquelles avaient tendance à renforcer le point de vue du colonisateur, les projets de commémoration des pensionnats indiens ont remis en cause l'histoire officielle du Canada et remanié la mémoire collective. De nombreuses collectivités des Premières Nations, des Inuits et des Métis se sont associées à des organismes autochtones régionaux ou nationaux et ont sollicité la participation des Églises locales, des gouvernements et de leurs voisins non autochtones. La portée, l'envergure et la créativité des projets réalisés étaient vraiment impressionnantes.

Ces projets ont porté sur des courtepointes traditionnelles et virtuelles, des monuments, des structures commémoratives, des jardins de plantes thérapeutiques traditionnelles, la sculpture de mâts totémiques et de canots, la tradition orale, des cérémonies et des banquets communautaires, des activités culturelles rattachées à la terre, des camps linguistiques, la restauration de cimetières, l'enregistrement de contes par caméra à pellicule ou numérique, des sentiers de randonnée commémoratifs, des pièces de théâtre et des spectacles de danse[61].

Grâce aux conseils du Comité des survivants de la CVR, la Commission a cerné trois éléments du processus de commémoration essentiels à la réconciliation à long terme. D'abord, les survivants devaient mener les projets, c'est-à-dire que la réussite des projets dépendait des conseils, des recommandations et de la participation active des survivants. Ensuite, les projets de commémoration devaient créer des liens entre, d'une part, les familles autochtones et la mémoire des communautés et, d'autre part, la mémoire collective du Canada et l'histoire nationale. Enfin, l'intégration de la tradition orale et des pratiques commémoratives autochtones dans les projets de commémoration devait faire en sorte que les processus de commémoration des lieux, de réappropriation identitaire et de revitalisation culturelle cadrent avec le principe de l'autodétermination.

La commémoration de l'histoire des survivants renforce les liens entre les familles et les communautés, liens qui ont été rompus, mais pas détruits. Néanmoins, les familles pleurent tout ce qu'elles ont perdu et ne pourront jamais retrouver. Les actes de commémoration rappellent le souvenir de ceux qui nous ont quittés et leur rendent hommage, et ils réconfortent ceux pour qui un historique d'injustice et d'oppression est toujours à l'œuvre. La commémoration symbolise aussi l'espoir et est synonyme de revitalisation culturelle et de reconquête de l'histoire et de l'identité. Alors même qu'elles pleurent leurs pertes, les familles imaginent un avenir meilleur pour les plus jeunes et pour les générations à venir.

La mémoire collective des peuples autochtones est conservée dans certains lieux : sur leurs terres traditionnelles et là où se trouvaient autrefois les pensionnats[62]. Le 24 mars 2014, le Grand conseil du Traité 3 a rassemblé des survivants, des aînés et d'autres Autochtones à Kenora, en Ontario, pour la cérémonie de clôture des commémorations ayant eu lieu sur chacun des cinq sites où se trouvaient autrefois les pensionnats indiens de leur territoire. Des monuments ont été érigés sur chacun de ces sites. À cette occasion, Richard Green, coordonnateur du projet de commémoration qui a duré deux années, a déclaré : « Il s'agit d'une célébration de tous les sites. Ce rassemblement a pour but de rendre hommage à tous les enfants dans le cadre de la commémoration de notre patrimoine. Pour que nous n'oubliions pas, comme ils disent. Nous pouvons probablement pardonner, mais nous n'oublierons jamais notre histoire. » Il a expliqué que les monuments « ont été accueillis avec enthousiasme et par de nombreuses réactions positives. Désormais, les gens disposent d'endroits concrets où se rendre pour se souvenir. »[63].

Témoigner au nom des enfants : oeuvres des enfants du pensionnat d'Alberni

L'histoire d'une petite collection d'œuvres d'art produites par des enfants au pensionnat indien d'Alberni dans les années 1950 et 1960 montre bien la vitalité, les possibilités de guérison et les souvenirs collectifs que peuvent insuffler la reconnaissance et le respect des protocoles et des pratiques autochtones de cérémonie et de témoignage qui prennent la forme du dialogue, des arts et de la commémoration. Cette histoire est intimement liée aux récits familiaux des survivants, à la tradition orale et à la mémoire collective des nations Nuu-chah-nulth.

Les peintures du pensionnat indien d'Alberni font partie d'une vaste collection d'œuvres d'enfants autochtones qu'a léguées à l'Université de Victoria en 2009 le défunt artiste Robert Aller. Résident de Port Alberni, en Colombie-Britannique, Aller a au départ offert gracieusement des cours d'art à certains élèves en marge de leur programme scolaire au pensionnat. Puis, le ministère des Affaires indiennes l'a engagé pour enseigner les arts de 1956 à 1987 au pensionnat d'Alberni, au pensionnat indien McKay de Dauphin, au Manitoba, ainsi que dans les collectivités autochtones de plusieurs autres provinces.

La collection comprend plus de 750 toiles, dont 36 proviennent du pensionnat indien d'Alberni. Aller a aussi fait don à l'Université de ses documents personnels, de centaines de photographies, de diapositives et de documents d'archives exposant sa vision de l'enseignement et de l'art. Il s'opposait à la pensée régissant l'existence des pensionnats indiens. Il voyait l'art comme un moyen de libérer les élèves de leur environnement quotidien et d'exprimer leur créativité soit à travers des œuvres d'inspiration traditionnelle, soit à travers des peintures s'appuyant sur les théories de l'art contemporain. Les toiles du pensionnat indien d'Alberni représentent des paysages, des personnages, des animaux, des masques et des récits traditionnels, ainsi que les bâtiments du pensionnat. La plupart des artistes ont signé leur toile et ont ajouté leur âge à côté de leur nom. Ainsi, chaque enfant s'est singularisé; l'anonymat qui a dépersonnalisé une si grande part de l'histoire des pensionnats indiens a été levé.

En 2010, la professeure de l'Université de Victoria, Andrea Walsh, Ph.D., qui venait d'entamer un projet de recherche sur cette collection d'œuvres, est venue à notre rencontre, et nous l'avons encouragée à se plonger dans ce projet avec cérémonie. Elle s'est alors adressée à deux aînés de la Maison des Premières Nations de l'Université, afin qu'ils l'orientent dans son processus : Tousilum (Ron George), un survivant des pensionnats, et Sulsa'meeth (Deb George), sa femme. Ils l'ont aidée à entrer en contact avec des survivants, des aînés et des chefs de Port Alberni, en territoire Nuu-chah-nulth, lorsque le groupe s'y est rendu avec les peintures. Alors que les membres de la communauté examinaient les peintures réalisées par les enfants tant d'années auparavant, ils ont parlé de leurs souvenirs des artistes, de l'école, des parents et des communautés que les enfants avaient laissés derrière eux.

Sous la direction des membres de cette communauté et en collaboration avec sa collègue Qwul'sih'yah'maht (Robina Thomas, Ph.D.) et avec le personnel de la CVR, Walsh a commencé à préparer l'exposition des œuvres dans l'aire d'apprentissage de l'événement régional de la CVR, qui devait se tenir à Victoria en avril 2012. Au cours d'une cérémonie extrêmement émouvante, les aînés, les survivants et les chefs héréditaires Nuu-chah-nulth ont accueilli les œuvres d'art dans l'aire d'apprentissage au rythme des tambours, des chants et des danses. Chaque peinture, portée avec respect et amour par une femme Nuu-chah-nulth vêtue d'une couverture à boutons cérémonielle, a été ainsi présentée au public.

Après avoir été nommée témoin honoraire de la CVR à l'événement régional de Victoria, Andrea Walsh a parlé de son cheminement avec les œuvres des enfants. Elle a expliqué qu'elle en était venue à les voir comme des archives vivantes, et que, en tant que témoins des empreintes de ces enfants, nous acceptons de prendre la responsabilité de la connaissance personnelle qu'elles offrent. De son point de vue, nous ne devons pas simplement voir les œuvres d'art, nous devons témoigner au nom de ces enfants.

> Ces œuvres réalisées par les enfants du pensionnat d'Alberni racontent toutes une histoire; cependant, ce dont j'ai été témoin, ce que j'ai vu, allait au-delà du pensionnat d'Alberni. Ces œuvres ont incité des survivants d'autres pensionnats à partager leurs histoires de la réalisation d'œuvres d'art, et les images qu'elles représentaient ont incité à la rédaction d'histoires sous d'autres formes, ainsi que des souvenirs des pensionnats. J'ai entendu d'horribles histoires de traumatismes, de peur, de souffrance, d'abus, de dépendance, de haine, de douleur et de malnutrition intentionnelle. J'ai regardé les larmes couler devant ces œuvres. J'ai vu des épaules secouées par l'émergence des souvenirs. Ces peintures ont ce pouvoir. [...]

> J'ai été témoin d'autres choses, cependant, que ces œuvres inspiraient. C'était de la fierté, c'était de la force, c'était du plaisir et c'était un sens profond de la vérité. J'en suis venue à concevoir ces œuvres comme des liens directs avec les enfants qui les ont créées. Elles sont les enfants, et comme l'a dit le chef Ed John, la vérité est dans les survivants. Et, contre toute attente, ces œuvres aussi ont survécu. Ce ne sont pas des petites choses oubliées. Les survivants, les aînés, leurs familles et les communautés ont travaillé ensemble pour nous apporter ces œuvres de la bonne manière. Par leur travail, ils ont veillé à ce que l'art des enfants, leurs récits, la vie qu'ils ont vécue, soient des œuvres formidables dont on se souviendra pour toujours[64].

Par la suite, la communauté a reçu des fonds pour financer un projet de commémoration : tenir un banquet traditionnel le 30 mars 2013 à Port Alberni, afin de mettre les artistes et leurs familles en présence des peintures. Les membres de la famille de Robert Aller ont également été invités. Leur émotion était palpable au moment où ils entendaient le récit des peintures, et ils ont déclaré qu'Aller aurait été heureux de savoir que les toiles étaient revenues dans la communauté. Certaines ont été données aux personnes qui souhaitaient les avoir; les autres ont été prêtées à l'Université de Victoria, où elles seront conservées, protégées et exposées selon un protocole convenu avec les survivants et leurs familles[65].

Au cours d'un entretien accordé aux médias, le survivant et chef héréditaire Lewis George a affirmé que ces cours d'art lui ont probablement évité les abus sexuels d'Arthur Plint, reconnu coupable de pédophilie, qui enseignait au pensionnat indien d'Alberni. Il se souvient du contraste évident entre la gentillesse dont Aller faisait preuve envers lui et la dure réalité de la vie au pensionnat. Il a déclaré : « Je veux que mon histoire demeure. » Selon Wally Samuel, un autre survivant du pensionnat d'Alberni qui a participé à la coordination du projet, chacun a réagi différemment en apprenant que les peintures existaient toujours. « Certains se sont tus, et d'autres ont tout de suite exprimé leur hâte de les voir [...] quoi qu'il en soit, tous se souvenaient de leurs cours d'art[66]. »

En mai 2013, les peintures du pensionnat indien d'Alberni ont été présentées lors d'une exposition spéciale ayant pour titre *To Reunite, To Honour, To Witness*, à la Legacy Art Gallery de l'Université de Victoria. Des survivants, des aînés et des membres de la communauté travaillent toujours de concert avec Walsh et Qwul'sih'yah'maht à consigner le récit de la production des peintures par les enfants et à rendre les œuvres à leur auteur dans le cadre du rétablissement des liens entre les personnes, les familles et la mémoire communautaire, et de la transmission à la population d'une partie auparavant inconnue de l'histoire et des séquelles des pensionnats indiens.

En septembre 2013, on a ramené les peintures dans une aire d'apprentissage, lors de l'événement national de la Colombie-Britannique organisé par la CVR à Vancouver, et le groupe a fait un geste de réconciliation en mettant des copies des œuvres dans la boîte en bois cintré, le coffre commémoratif de la Commission. Elles font ainsi partie du dossier permanent sur le travail accompli par la Commission.

Le projet de commémoration publique du Canada

La Commission prend acte du projet de commémoration nationale du gouvernement fédéral, que celui-ci a qualifié de « geste de réconciliation » au moment de l'annonce publique qu'il a faite au cours de l'événement national tenu dans l'Atlantique en 2011. Il s'agit d'un vitrail à deux panneaux commandé à l'artiste métisse Christi Belcourt et intitulé *Giniigaaniimenaaning (Regard vers l'avenir)*. Les deux parties du vitrail représentent l'histoire des pensionnats, la culture de résilience des peuples autochtones et l'espoir pour l'avenir.

Le double panneau a été installé en permanence dans l'édifice du Centre du Parlement, à Ottawa, et dévoilé au cours d'une cérémonie le 26 novembre 2012[67]. L'installation de ce vitrail dans un espace public aussi important contribue à faire davantage connaître l'histoire des pensionnats pour le public canadien et le monde en général, tout en marquant la reconnaissance de la responsabilité du gouvernement fédéral dans l'établissement du système des pensionnats.

À la cérémonie de dévoilement, l'artiste Christi Belcourt a déclaré que ce sont les survivants eux-mêmes qui lui ont inspiré les motifs du vitrail.

> Les histoires des anciens élèves des pensionnats n'ont jamais été entendues dans cet immeuble. C'est pourquoi je veux vous en raconter une. […] J'ai demandé à Lucille [Kelly-Davis], une survivante des pensionnats indiens, de me dire ce qu'elle voulait voir sur le vitrail. J'ai aidé Lucille tout au long du processus de règlement des pensionnats indiens et, comme celle de tant d'autres survivants, son histoire est horrible. […] Malgré son enfance difficile, Lucille est mariée, a quatre enfants et a maintenant de nombreux petits-enfants. Elle est gardienne du calumet, elle participe aux cérémonies traditionnelles et aide les jeunes à apprendre les traditions. Elle est une grand-mère anishnabeg puissante, généreuse, aimante et affectueuse. Elle donne tout ce qu'elle peut à sa collectivité et à sa famille. Elle n'est pas une victime, elle est une survivante. Lorsque je lui ai demandé quoi mettre sur le vitrail, elle m'a demandé de raconter notre version de l'histoire. […] Elle m'a demandé de parler de l'espoir. […] Il faut regarder en avant, comme le dit le titre du vitrail, « Giniigaaniimenaaning », regarder vers l'avenir de ceux qui — sont encore à naître. […]

Comme Lucille m'a demandé de représenter l'espoir, ce que j'ai essayé de montrer dans mon œuvre, ce sont les choses positives que j'ai vues dans ma vie. Malgré les pensionnats indiens, les enfants, les adultes et les aînés dansent en portant le costume traditionnel afin de célébrer qui nous sommes, en tant que peuple autochtone. Dans tout le pays, les jeunes Métis apprennent à violoner et à giguer avec fierté. Il y a des arénas remplis d'aînés inuits qui dansent au son des tambours pendant que de petits enfants courent autour d'eux en parlant inuktitut. Des collectivités entières se réunissent lors de moments joyeux ou de moments de grande tristesse. Les pavillons refont surface, on chante les chansons traditionnelles et on enseigne et pratique encore les cérémonies traditionnelles.

> J'aimerais pouvoir montrer au gouvernement que la réconciliation devrait aller beaucoup plus loin. J'aimerais pouvoir convaincre les dirigeants que la réconciliation n'est pas un objectif irréaliste si nous avons la volonté et le courage de laisser tomber les anciennes conceptions et les vieux comportements paternalistes. Nous avons besoin d'actes, et là où nous avons besoin d'actes, ne nous laissez pas dans le silence. Là où nous avons besoin de soutien, ne nous accusez pas d'être un fardeau. [...] J'aimerais pouvoir toucher le cœur des députés, qu'ils soient conservateurs, néo-démocrates ou libéraux, et leur dire que le renouveau et la réconciliation peuvent avoir lieu entre les Autochtones et les autres Canadiens grâce au bien-être durable des futures générations d'Autochtones[69].

Lors des audiences de la Commission, nous avons entendu maintes fois des survivants parler de fenêtres. Tous ceux qui regardaient par les fenêtres des pensionnats en attendant et en espérant que leurs parents viennent les chercher; ceux qui ont pleuré quand personne n'est venu, surtout à Noël ou lors d'autres fêtes. Ceux à qui on a dit, parfois en les tirant par les cheveux, « éloigne-toi de cette fenêtre » ou « tes parents ne viendront pas te chercher de toute façon ». Ceux qui fixaient l'obscurité ou qui regardaient au loin, en pleurant parce qu'ils se sentaient si seuls et s'ennuyaient tellement de leur foyer. Ces fenêtres étaient aussi des lueurs d'espoir. Des survivants nous ont également raconté comment ils ont souri et ri, et n'ont pu retenir leurs larmes de joie lorsqu'ils ont vu arriver leurs parents ou leurs grands-parents venus leur rendre visite ou les chercher pour les ramener à la maison[70]. Les fenêtres des pensionnats évoquent ainsi de bons et de mauvais souvenirs pour les survivants. C'est pourquoi un vitrail commémoratif semble approprié pour garder le souvenir et honorer la mémoire des enfants des pensionnats indiens.

La commémoration dans des espaces publics que traversent un grand nombre de personnes, tels que l'édifice central du Parlement, ouvre la porte au dialogue sur ce qui s'est passé, sur les raisons de ces événements et sur l'enseignement que l'on peut tirer de cette histoire. À travers le dialogue, les citoyens peuvent renforcer leur capacité à « accueillir la différence, reconnaître l'injustice et faire preuve d'une volonté de partager la responsabilité du passé »[71]. Dans le contexte d'une réconciliation nationale, un acte commémoratif public durable peut contribuer à l'éducation sur les droits de la personne au sens le plus large.

Cependant, bien que le vitrail commémoratif constitue un geste significatif de réconciliation, la Commission croit que le gouvernement fédéral doit faire plus pour s'assurer que la commémoration nationale de l'histoire et des séquelles des pensionnats finisse par faire partie intégrante du patrimoine canadien et de l'histoire nationale. En vertu de la *Loi sur les lieux et monuments historiques* (1985), le ministre responsable de Parcs Canada a l'autorité de désigner les sites historiques d'importance nationale et d'approuver les monuments et plaques commémoratifs[72]. La Commission des lieux et monuments historiques du Canada a pour mandat de conseiller le gouvernement du Canada « sur la commémoration d'aspects du passé du Canada qui revêtent une importance nationale et notamment sur la désignation des lieux, personnages et événements historiques nationaux »[73]. La Commission examine et formule des recommandations sur les contributions reçues de citoyens canadiens qui font des désignations par l'entremise du Programme national de commémoration historique[74].

Les sites patrimoniaux, les monuments et les plaques qui célèbrent le passé du Canada sont nombreux, mais la commémoration des aspects de notre histoire nationale qui révèlent un génocide culturel, des violations des droits de la personne, le racisme et l'injustice est plus problématique.

Comme nous l'avons fait remarquer précédemment, à l'échelle internationale, les *Principes Joinet/Orentlicher* qu'a adoptés l'ONU prévoient la responsabilité des États, lesquels doivent prendre des mesures pour s'assurer que la violence collective contre un groupe de personnes en particulier ne se reproduise pas. En plus d'offrir une indemnisation, de présenter des excuses et d'entreprendre des réformes éducatives, les États ont aussi un devoir « de mémoire ». En vertu du Principe n° 2 :

> « La connaissance par un peuple de l'histoire de son oppression appartient à son patrimoine et, comme telle, doit être préservée par des mesures appropriées au nom du devoir de mémoire qui incombe à l'État. [...] Au plan collectif, des mesures de portée symbolique, à titre de réparation morale, telles que la reconnaissance publique et solennelle par l'État de sa responsabilité, les déclarations officielles rétablissant les victimes dans leur dignité, les cérémonies commémoratives, les dénominations de voies publiques, l'érection de monuments, permettent de mieux assumer le devoir de mémoire[75]. »

En 2014, la Rapporteuse spéciale des Nations Unies dans le domaine des droits culturels, Farida Shaheed, a rédigé un rapport sur les processus de commémoration dans les pays où les victimes et leurs familles, en collaboration avec des artistes et divers groupes de la société civile, ont officieusement commémoré leur expérience d'une façon pouvant aller à l'encontre des versions de l'histoire nationale des États[76]. Farida Shaheed a souligné que la commémoration de l'expérience des peuples autochtones — tant de leur oppression que de leur contribution positive à la société — qui se fait dans de nombreux pays, dont le Canada, n'était pas une initiative émanant de l'État. Ce sont plutôt les peuples autochtones eux-mêmes qui en sont à l'origine.

Au Canada, un monument intégrant de nombreux éléments de la culture autochtone a été construit en mémoire des anciens combattants autochtones de la Première Guerre mondiale, à la demande des peuples autochtones. Toutefois, ce monument a été construit plus tard que celui qui a été érigé à la mémoire des autres soldats canadiens, dans un lieu différent. Des projets mémoriels sont également organisés au Canada concernant l'histoire des pensionnats indiens[77].

Le rapport conclut que les États ont un important rôle à jouer dans le processus de commémoration. Ils ont la responsabilité de gérer l'espace public et ont la capacité d'entretenir les monuments et d'élaborer des stratégies et des politiques de commémoration nationale à long terme[78].

La Rapporteuse spéciale en est aussi arrivée à la conclusion que les États doivent s'assurer que :

les politiques mémorielles contribuent, en particulier [...] à offrir à toutes les victimes de conflits récents ou moins récents les réparations symboliques et la reconnaissance publique qui répondent à leurs besoins et contribuent à leur apaisement [...] à élaborer [...] des politiques permettant de réconcilier les groupes qui ont été ennemis dans le passé [...] [et] à promouvoir l'engagement civique et l'esprit critique, et à stimuler le débat sur la représentation de l'histoire, ainsi que sur les défis contemporains liés à l'exclusion et à la violence[79].

Dans son rapport, elle a recommandé aux États et aux autres intervenants de :

[p]romouvoir l'esprit critique concernant les événements passés en veillant à ce que les processus mémoriels soient complétés par des mesures favorisant la connaissance de l'histoire, et appuyer l'exécution et la diffusion de projets de recherche, d'interventions culturelles de qualité favorisant l'engagement direct des personnes et d'initiatives éducatives [...] Les États devraient veiller à ce que des espaces publics soient mis à disposition pour permettre l'expression de différents points de vue par des formes d'expression artistiques et multiplier les interactions entre les différents points de vue [...] [Les États doivent également] prendre en compte la dimension culturelle des processus mémoriels, notamment dans les cas où des peuples autochtones ont été opprimés[80].

La Commission est d'accord avec ces conclusions et recommandations, qui correspondent à ses propres conclusions au sujet des projets de commémoration des pensionnats indiens. Les projets communautaires menés par les survivants ont révélé à quel point il est important d'intégrer le savoir autochtone et de relancer les pratiques de mémoire autochtones dans le cadre de la commémoration de l'histoire des pensionnats indiens et des séquelles qu'ils ont laissées.

Ils ont aussi révélé le rôle essentiel que jouent les artistes dans la guérison et la commémoration.

La Commission croit que le réseau du patrimoine national du Canada a lui aussi un rôle crucial à jouer dans la réconciliation. Une étude sur la commémoration des pensionnats indiens dans le contexte des politiques sur le patrimoine national et la commémoration du Canada abonde dans le même sens que nous. Cette étude fait état du projet commémoratif national de l'Assemblée des Premières Nations et de la Fondation autochtone de guérison qui visait à créer un programme de plaques patrimoniales consistant à installer des éléments commémoratifs dans tous les sites des pensionnats indiens du pays[81]. En raison des défis logistiques et en fonction des conseils des survivants et des communautés, « le projet est passé de ce qui devait expressément être un programme de plaques patrimoniales sur les sites des PA [pensionnats autochtones] à un projet artistique de monuments publics dans les collectivités »[82]. Les plaques commémoratives n'ont donc pas été installées sur les sites des pensionnats indiens, bon nombre desquels se trouvent dans des endroits éloignés ou inaccessibles. On les a plutôt installées dans des collectivités autochtones, là où les survivants et leurs familles peuvent facilement se rendre, où l'on peut organiser des cérémonies et des activités communautaires et où le potentiel de guérison, de commémoration et d'éducation est continu[83].

L'étude a permis de mettre en lumière les tensions fondamentales qui existent entre les objectifs des peuples autochtones et ceux du Canada en ce qui concerne la commémoration des pensionnats indiens. En vertu des politiques du Programme national de commémoration historique de la Commission des lieux et monuments historiques du Canada de Parcs Canada, les sites des pensionnats indiens ne respectent pas les critères nécessaires pour obtenir la désignation patrimoniale, laquelle se fonde sur des valeurs patrimoniales occidentales de conservation et de préservation[84].

Pour les survivants, leurs familles et les communautés, la commémoration de l'expérience des pensionnats indiens ne suppose pas nécessairement la préservation des bâtiments des pensionnats, mais a plutôt pour but de contribuer à la guérison individuelle et collective. Par exemple, des survivants et leurs familles ont détruit le pensionnat de Port Alberni, en Colombie-Britannique, et ont tenu sur place des cérémonies de feu de sauge et de cèdre afin de « purifier les esprits et d'enfin les libérer de cette prison »[85]. Dans le cas où les activités de commémoration comportent la destruction de la structure d'un pensionnat, elles entrent en contradiction directe avec les objectifs patrimoniaux canadiens[86].

En définitive, la réconciliation nécessite un changement du paradigme des valeurs, des politiques et des pratiques nationales en matière de patrimoine du Canada, qui sont axées sur la conservation et continuent d'exclure l'histoire, les valeurs patrimoniales et les pratiques de mémoire autochtones, lesquelles privilégient la guérison et la réappropriation de leur culture lors de commémorations publiques[87]. Pour que ce changement s'opère, les politiques et les programmes patrimoniaux et commémoratifs de Parcs Canada doivent changer.

En façonnant des projets de commémoration qui répondent à leurs besoins, les survivants, leurs familles et les communautés ont fourni une mine de renseignements et de pratiques exemplaires pour la commémoration de l'histoire du système des pensionnats indiens et des séquelles qu'il a laissées. Cette information peut éclairer et enrichir le Programme national de commémoration historique et le travail de la Commission des lieux et monuments historiques du Canada et ainsi garantir que les lois, les programmes, les politiques et les pratiques patrimoniales et commémoratives du Canada contribuent de façon constructive au processus de réconciliation dans les années à venir.

Appels à l'action :

79) Nous demandons au gouvernement fédéral d'établir, en collaboration avec les survivants, les organisations autochtones et les membres de la communauté artistique, un cadre de travail se rapportant à la réconciliation pour les besoins du patrimoine canadien et des activités de commémoration. Ce cadre engloberait notamment ce qui suit :

   i. la modification de la *Loi sur les lieux et monuments historiques* de manière à inclure la représentation des Premières Nations, des Inuits et des Métis au sein de la Commission des lieux et monuments historiques du Canada et de son secrétariat;

   ii. l'examen des politiques, des critères et des pratiques se rattachant au Programme national de commémoration historique pour intégrer l'histoire, les valeurs patrimoniales et les pratiques de la mémoire autochtones au patrimoine et à l'histoire du Canada;

   iii. l'élaboration et la mise en œuvre d'un plan national du patrimoine et d'une stratégie pour la commémoration des sites des pensionnats, de l'histoire et des séquelles de ces pensionnats et de la contribution des peuples autochtones à l'histoire du Canada.

80) Nous demandons au gouvernement fédéral d'établir comme jour férié, en collaboration avec les peuples autochtones, une journée nationale de la vérité et de la réconciliation pour honorer les survivants, leurs familles et leurs collectivités et

s'assurer que la commémoration de l'histoire et des séquelles des pensionnats demeure un élément essentiel du processus de réconciliation.

81) Nous demandons au gouvernement fédéral, en collaboration avec les survivants et leurs organisations de même qu'avec les autres parties à la Convention de règlement, de commander un monument national sur les pensionnats et de l'installer de manière à ce qu'il soit accessible au public et très visible dans la ville d'Ottawa, et ce, pour honorer les survivants et tous les enfants qu'ont perdus les familles et les collectivités concernées.

82) Nous demandons au gouvernement fédéral, en collaboration avec les survivants et leurs organisations de même qu'avec les autres parties à la Convention de règlement, de commander un monument national sur les pensionnats et de l'installer de manière à ce qu'il soit accessible au public et très visible dans chaque capitale, et ce, pour honorer les survivants et tous les enfants qu'ont perdus les familles et les collectivités concernées.

83) Nous demandons au Conseil des arts du Canada d'établir, en tant que priorité de financement, une stratégie visant à aider les artistes autochtones et non autochtones à entreprendre des projets de collaboration et à produire des œuvres qui contribueront au processus de réconciliation.

CHAPITRE 6

Nous sommes tous visés par les traités : la société canadienne et la réconciliation

M ême si une bonne part du rapport de la Commission de vérité et réconciliation (CVR) porte sur le gouvernement fédéral et les ordres religieux qui dirigeaient les pensionnats, d'autres institutions, secteurs et organismes de la société canadienne ont également à prendre part à la réconciliation. Le dialogue public et les mesures à adopter en vue d'une réconciliation doivent aller au-delà de l'histoire et des séquelles des pensionnats. Si le Canada veut prospérer au cours du XXIe siècle, les peuples des Premières Nations, les Inuits et les Métis devront eux aussi prospérer. Cela exige que ces collectivités soient en bonne santé, et qu'un réel changement économique et social s'opère pour ces peuples.

Les systèmes, les attitudes et les comportements coloniaux ont façonné les gouvernements, les Églises ainsi que les institutions juridiques et scolaires de ce pays, et il en a été de même des médias, des organismes sportifs et du secteur des affaires. Chacun a donc un rôle à jouer pour permettre à la réconciliation d'avoir lieu. Les citoyens non autochtones, ceux dont les familles se sont installées au pays depuis plusieurs générations autant que les nouveaux arrivants, doivent eux aussi participer activement au processus de réconciliation. La réconciliation nationale exige d'établir des relations respectueuses dans l'ensemble de la collectivité.

Les médias et la réconciliation

Depuis la Confédération, comme le font remarquer les historiens Mark Anderson et Carmen Robertson, « le colonialisme a toujours eu la cote dans la presse du Canada » et « les journaux canadiens [ainsi que la radio et la télévision] ont, au fil du temps, joué un rôle essentiel dans le développement de l'histoire coloniale de la nation »[1]. La presse de grande diffusion a contribué à renforcer et à « soutenir la pensée qui a souscrit et donné lieu [parfois par la force] aux traités et aux pensionnats »[2]. La Commission reconnaît que de nombreux médias et journalistes ont présenté des reportages sur les points de vue des peuples autochtones, sur une grande diversité de sujets, mais il reste encore beaucoup à faire.

Dans de nombreux pays où ont sévi la violence et l'injustice à grande échelle, les médias ont eu la possibilité soit d'alimenter le conflit, soit de contribuer à sa résolution et à la consolidation de la paix[3]. Les médias jouent un rôle essentiel en ce qui a trait à la sensibilisation du public et, sous la surveillance accrue de celui-ci, ils peuvent tenir l'État responsable de ses actions. Dans le contexte canadien, les médias ont le pouvoir de façonner la mémoire publique et d'influer sur les attitudes de la société à l'égard de la réconciliation[4].

Dans leur analyse de la couverture médiatique des pensionnats et des activités de l'événement national du Québec organisé par la CVR, les chercheuses Rosemary Nagy et Emily Gillespie ont constaté que la plupart des articles des médias au sujet de la vérité et de la réconciliation mettaient l'accent, d'un point de vue plutôt étroit, sur des récits individuels de survie faisant état d'abus, de pardon et de guérison. Par contre, les histoires présentées par le peuple local Kanien'kehaka (Mohawk), qui parlaient de vérité et de réconciliation d'une manière plus large en insistant sur la nécessité de changement au sein de la société et de mesures concrètes à prendre sur les questions des traités, des droits fonciers et de l'égalité des sexes, obtenaient beaucoup moins d'attention[5].

La Commission croit qu'au cours des prochaines années, les médias et les journalistes auront une grande influence sur la possibilité que la réconciliation permette de transformer les relations entre les Autochtones et les non-Autochtones. Pour s'assurer que la presse coloniale devienne réellement chose du passé dans le Canada du XXIe siècle, les médias doivent entreprendre leur propre démarche de réconciliation avec les peuples autochtones.

Les médias doivent s'assurer que l'information publique destinée aux peuples autochtones et traitant de ceux-ci reflète leur diversité culturelle et offre une couverture équitable et non discriminatoire sur les questions autochtones. Cela correspond à l'article 16:2 de la *Déclaration des Nations Unies sur les droits des peuples autochtones*, qui stipule que « les États prennent des mesures efficaces pour faire en sorte que les médias publics reflètent dûment la diversité culturelle autochtone ». La *Loi sur la radiodiffusion* (1991) du Canada a établi une politique nationale de radiodiffusion pour tous les radiodiffuseurs canadiens à l'égard des peuples autochtones. La politique énonce la nécessité suivante :

> par sa programmation et par les chances que son fonctionnement offre en matière d'emploi, répondre aux besoins et aux intérêts, et refléter la condition et les aspirations, des hommes, des femmes et des enfants canadiens, notamment l'égalité sur le plan des droits, la dualité linguistique et le caractère multiculturel et multiracial de la société canadienne ainsi que la

place particulière qu'y occupent les peuples autochtones [sous-alinéa 3(1) *d)*(iii)].

On trouve ensuite dans cette loi une obligation plus controversée, « le système canadien de radiodiffusion devrait offrir une programmation qui reflète les cultures autochtones du Canada, au fur et à mesure de la disponibilité des moyens; » [alinéa 3 (1) *o)*].[6]

Une présentation au Groupe de travail sur les langues et les cultures autochtones du fédéral en 2004 soulignait les lacunes de la *Loi sur la radiodiffusion* relativement à ces dispositions de services aux peuples autochtones.

> La Loi ne consacre pas la diffusion en langue autochtone comme une priorité : mais indique plutôt que [...] [le sous-alinéa 3(1)*d)*(iii)] signifie que la programmation en langue autochtone n'est pas reconnue ni protégée dans la même mesure que ne le sont les programmations en anglais et en français [et que] la phrase « au fur et à mesure de la disponibilité des moyens » [alinéa 3(1)*o)*] était devenue une pierre d'achoppement pour de nombreux producteurs et programmateurs, liant la disponibilité de la diffusion en langue autochtone au processus politique[7].

On recommandait dans le rapport que la *Loi sur la radiodiffusion* soit revue afin de combler ces lacunes. Mais en 2014, les dispositions de la Loi demeuraient toujours inchangées.

Il incombe à la Société Radio-Canada (Radio-Canada/CBC), en tant que radiodiffuseur public national du Canada, de respecter la politique nationale de radiodiffusion. Pendant de nombreuses années, elle n'a fourni le niveau minimal de programmation de radio et de télévision et de nouvelles que dans quelques régions bien particulières, y compris un peu de programmation en langue autochtone, notamment dans le Nord canadien.

De l'avis de la Commission, les compressions budgétaires à Radio-Canada/CBC au cours de la dernière décennie ont réduit de manière importante et restreint encore davantage sa capacité à fournir une programmation autochtone et une couverture d'actualités sur les questions autochtones, ainsi qu'à augmenter le nombre d'Autochtones au sein du personnel et à des postes de direction. Au 31 mars 2014, les Autochtones constituaient 1,6 % de l'effectif de Radio-Canada/CBC, bien en deçà de la composition démographique des peuples autochtones, qui représentent 4,3 % de la population canadienne[8].

Le Réseau de télévision des peuples autochtones (APTN), un télédiffuseur indépendant sans but lucratif, a joué depuis les années 1990, en partie pour pallier les contraintes de programmation et d'horaire de diffusion de Radio-Canada/CBC, un rôle de chef de file en fournissant à l'échelle du pays une programmation et des nouvelles qui reflètent les points de vue, les préoccupations et les expériences des peuples autochtones. Le réseau APTN a ainsi offert des débouchés aux journalistes, producteurs, réalisateurs, scénaristes, artistes et musiciens autochtones, et il attire un vaste public canadien, autochtone et non autochtone, ainsi qu'un auditoire international[9]. En 2014, plus de 75 % des employés d'APTN étaient des Autochtones, et 28 % de sa programmation était diffusée en diverses langues autochtones[10]. Selon la Commission, le réseau APTN est bien placé pour offrir le leadership médiatique voulu pour soutenir le processus de réconciliation.

Les diffuseurs nationaux publics et privés doivent offrir aux peuples autochtones et au public canadien une information et des services exhaustifs, en temps opportun.

Appels à l'action :

84) Nous demandons au gouvernement fédéral de rétablir puis d'augmenter le financement accordé à Radio-Canada/CBC afin de permettre au diffuseur public national du Canada d'appuyer la réconciliation et de refléter adéquatement la diversité des cultures, des langues et des points de vue des peuples autochtones; plus particulièrement, nous demandons ce qui suit :

 i. accroître la programmation liée aux Autochtones et voir à ce qu'il y ait des invités qui parlent des langues autochtones;

 ii. accroître l'accès équitable pour les peuples autochtones à des emplois, à des postes de direction et à des possibilités de perfectionnement professionnel au sein de l'organisation;

 iii. continuer d'offrir au public des bulletins de nouvelles et des ressources d'information en ligne qui sont consacrés aux questions d'intérêt pour les peuples autochtones et tous les Canadiens, y compris en ce qui touche l'histoire et les séquelles des pensionnats ainsi que le processus de réconciliation.

85) Nous demandons au Réseau de télévision des peuples autochtones, en tant que diffuseur indépendant sans but lucratif dont les émissions sont conçues par et pour les peuples autochtones et traitent de ces peuples, d'appuyer la réconciliation; plus particulièrement, nous demandons au Réseau, entre autres choses :

 i. de continuer d'exercer un leadership en ce qui a trait à la programmation et à la culture organisationnelle qui reflètent la diversité des cultures, des langues et des points de vue des peuples autochtones;

ii. de continuer d'élaborer des initiatives médiatiques pour informer et sen-sibiliser la population canadienne et tisser des liens entre les Canadiens autochtones et les Canadiens non autochtones.

Sensibiliser les journalistes à la réconciliation

Dans une présentation à la Commission royale sur les peuples autochtones (CRPA) en 1993, l'Association canadienne des journalistes a fait remarquer que : « Dans les grands journaux du pays, comme dans les principales émis-sions d'information télévisées et radiophoniques, les nouvelles concernant les Autochtones et les affaires autochtones comportent souvent de fausses infor-mations, des généralisations hâtives et des stéréotypes exaspérants. [...] C'est ainsi que la plupart des Canadiens n'ont qu'une connaissance très limitée des Autochtones de leur pays ou des questions qui les concernent[11]. » En 1996, on indiquait dans le rapport de la CRPA que

> [l]es sondages d'opinion publique réalisés depuis quelques années ont beau révéler un grand degré de sympathie pour les autochtones, ce soutien n'est pas très solide. Des événements récents ont entraîné un durcissement des attitudes à l'égard des questions autochtones dans plusieurs régions du pays. [...] On peut attribuer en grande partie cette hostilité croissante à la publicité négative faite aux revendications territoriales, aux droits ances-traux de chasse et de pêche et aux questions de fiscalité[12].

Des études plus récentes indiquent que ce modèle historique persiste[13]. La couverture médiatique des questions autochtones demeure problématique; les médias sociaux et les commentaires en ligne sont souvent incendiaires et de nature raciste.

En août 2013, Journalistes pour les droits de la personne[14] a effectué une étude de la couverture des questions autochtones dans les médias en Ontario, du 1er juin 2010 au 31 mai 2013. Cette étude a permis de constater que

1. la population autochtone est largement sous-représentée dans les médias de grande diffusion;

2. lorsque les peuples autochtones choisissent de protester ou de « faire plus de bruit », le nombre d'articles portant sur cette communauté augmente;

3. à mesure que la couverture portant sur les réclamations et les discus-sions entre les peuples autochtones et le gouvernement augmentait, la proportion d'articles à connotation négative augmentait aussi[15].

La couverture médiatique des pensionnats est faible. Du 1er juin 2011 au 31 mai 2012, la couverture des questions autochtones dans les médias en Ontario comptait pour seulement 0,23 % de tous les articles et, parmi ceux-ci, seulement 3 % portaient sur les pensionnats. Du 1er juin 2012 au 31 mai 2013, les articles sur les questions autochtones comptaient pour 0,46 % de tous les nouveaux articles, et, parmi ceux-ci, 3 % portaient sur les décès dans les pensionnats[16]

On trouve dans ce rapport des opinions d'experts sur leurs constatations, notamment celles du journaliste de CBC, Duncan McCue, qui observe que les opinions éditoriales « sont souvent ancrées dans des stéréotypes vieux d'un siècle plutôt que dans la réalité »[17]. Il fait remarquer :

> Oui, les protestations passent souvent le test d'être « susceptible d'intéresser les médias » parce qu'elles sont inhabituelles, dramatiques ou révèlent des conflits. Oui, les activistes autochtones, qui comprennent l'avidité des médias pour le drame, jouent également un rôle en modelant les protestations de manière à leur garantir les gros titres et les manchettes. Toutefois, les nouvelles à la une des journaux sur les entraves à la circulation au nom des droits territoriaux des Autochtones ne tirent-elles pas plutôt leur origine d'une conception beaucoup plus ancienne — celle des Indiens « non civilisés » qui représentent une menace pour le « progrès » au Canada? La méfiance et la peur sont-elles à l'origine de nos décisions de dépêcher des équipes vers les plus récents barrages routiers des Autochtones? Si l'on ne voit aucune photo montrant la réconciliation, est-ce parce que personne dans la salle de rédaction ne croit que l'harmonie entre les peuples autochtones et les colons soit « susceptible d'intéresser les médias »[18]?

L'historien J. R. Miller a observé que lorsque des conflits entre les peuples autochtones et l'État ont eu lieu dans des endroits comme Oka ou le parc Ipperwash, « les politiciens, les journalistes et les citoyens ordinaires ne comprenaient ni comment ni pourquoi la crise actuelle était survenue, et encore moins comment ses racines historiques la rendaient si imperméable aux solutions. [...] [Cela] n'est pas de bon augure pour un débat public efficace ou une formulation de politique sage et rationnelle[19]. »

Du point de vue de la Commission, les rôles et les responsabilités des médias relativement au processus de réconciliation exigent que les journalistes soient bien informés à propos de l'histoire des peuples autochtones et des enjeux qui ont une incidence sur leur vie. Comme nous l'avons vu, ce n'est pas toujours le cas. Les études portant sur la couverture par les médias des conflits impliquant des peuples autochtones l'ont confirmé. À propos du conflit qui a opposé certains des descendants de membres de la réserve de Stony Point et leurs sympathisants à la Police provinciale de l'Ontario dans le parc provincial d'Ipperwash en 1995, et qui s'est soldé par la mort de Dudley George, le professeur en journalisme John Miller conclut :

> Bon nombre des opinions — et il y en a eu beaucoup — étaient fondées non sur les faits relatifs à l'occupation d'Ipperwash, mais sur des généralisations quelque peu grossières au sujet des peuples des Premières Nations qui correspondent à bon nombre des stéréotypes racistes qui [...] ont [été] relevés. [...] Une couverture exacte et exhaustive peut promouvoir la compréhension et la résolution du conflit, tout comme une couverture inexacte, incomplète et myope peut exacerber les stéréotypes et prolonger les confrontations. [...] Les journalistes sont formés professionnellement à la discipline de la vérification, un processus que l'on appelle souvent à tort « objectivité ». Cependant, [...] la recherche montre que les nouvelles ne sont pas choisies au hasard ni objectivement[20].

Miller examine neuf principes de journalisme que les journalistes eux-mêmes ont définis comme essentiels à leur travail. À propos de ceux-ci, il déclare :

> La première obligation du journaliste est l'obligation envers la vérité. [...] Le journaliste n'est pas à la recherche de la vérité dans un sens absolu ou philosophique, mais il peut — et doit — la rechercher dans un sens pratique. [...] Même dans un monde où le nombre des voix est en expansion, l'exactitude est le fondement sur lequel tout le reste repose — contexte, interprétation, commentaire, critique, analyse et débat. La vérité, au fil du temps, émerge de ce forum. [...]
>
> Ceux qui la pratiquent doivent avoir le droit d'exercer leur conscience personnelle. Chaque journaliste doit posséder un sens personnel de l'éthique et des responsabilités — une boussole morale. Chacun de nous doit être disposé, si l'équité et l'exactitude l'exigent, à exprimer ses différences vis-à-vis de ses collègues. [...] Cela stimule la diversité intellectuelle nécessaire pour comprendre et couvrir avec précision une société de plus en plus diverse. C'est cette diversité des esprits et des voix, et non seulement les chiffres, qui comptent[21].

En ce qui a trait à l'histoire et aux séquelles des pensionnats, tous les grands réseaux de radio et de télévision, ainsi que les journaux, ont couvert les événements et les activités de la Commission. La Commission de vérité et réconciliation a régulièrement organisé des séances d'information à l'attention des membres des médias qui assistaient aux événements nationaux. Nous avons expliqué précédemment comment les étudiants se doivent non seulement d'apprendre la vérité sur ce qu'il s'est passé dans les pensionnats, mais aussi de comprendre les aspects éthiques de cette histoire. Tout comme les journalistes.

De nombreux journalistes qui ont couvert les événements nationaux de la Commission ont été eux-mêmes profondément touchés par ce qu'ils ont entendu de la part des survivants et de leurs familles. Quelques-uns ont même dû demander de l'assistance médicale sur place. Certains nous ont dit lors de conversations officieuses que leur point de vue sur les répercussions des pensionnats, ainsi que sur le besoin de guérison et de réconciliation, et leur compréhension de ces questions, avaient changé à la suite de leurs observations et de leurs expériences lors des événements nationaux.

Appel à l'action :

86) Nous demandons aux responsables des programmes d'enseignement en journalisme et des écoles des médias du Canada d'exiger l'enseignement à tous les étudiants de l'histoire des peuples autochtones, y compris en ce qui touche l'histoire et les séquelles des pensionnats, la *Déclaration des Nations Unies sur les droits des peuples autochtones*, les traités et les droits des autochtones, le droit autochtone de même que les relations entre l'État et les Autochtones.

Les sports : vies inspirantes, collectivités saines

Les survivants ont confié à la Commission que la possibilité de faire du sport au pensionnat avait rendu leur vie un peu plus supportable et leur avait donné un sentiment d'identité, de réalisation et de fierté. Lors de l'événement national de l'Alberta, le survivant Theodore (Ted) Fontaine a posé une paquet de souvenirs dans la boîte en bois cintré de la CVR en signe de réconciliation. Entre autres, un pantalon de baseball qu'il avait porté lorsqu'il était au pensionnat. Il a déclaré :

> Ce pantalon de baseball en laine recèle toute une histoire [...] C'est le pantalon que je portais en 1957-1958; j'avais quinze ans et j'étais enfermé au pensionnat de Fort Alexander. [...] Je ne savais pas alors que ma mère allait le chérir et le conserver en souvenir de son plus jeune fils. Lorsque je quitterai cette terre, il n'aura nulle part où aller, alors j'espère que la boîte en bois cintré va bien le conserver. [...]

> Lorsque nous étions petits, au pensionnat de Fort Alexander, seule la chance de pouvoir jouer au hockey nous a pour ainsi dire sauvé la vie. Beaucoup de gens en témoigneront. Jeune homme, c'est jouer au hockey qui m'a sauvé. [...] Et plus tard, jouer avec les Sagkeeng Old-Timers m'a sauvé de nouveau. [...] Je suis revenu, vingt ans plus tard, quinze ans plus tard et j'ai commencé à jouer avec l'équipe de hockey des vétérans de Fort Alexander. [...] En 1983, nous avons gagné la première coupe mondiale jamais gagnée

par une équipe d'Autochtones, à Munich, en Allemagne. [...] Alors je mets dans ce paquet une histoire des vétérans, ce bataillon de joueurs de hockey anishinaabe qui ont sauvé leur peau et celle de leurs amis en gagnant, non seulement à Munich, mais trois ou quatre autres tournois de hockey en Europe. [...] Les gens me demandent pourquoi je ne profite pas simplement de la vie, maintenant, au lieu de travailler si fort à la réconciliation et de parler des pensionnats. Ils me demandent ce que je compte obtenir. La réponse est « la liberté ». Je suis libre[22].

Plus tard cette même journée, la journaliste Laura Robinson a déposé en geste de réconciliation une copie du documentaire *FrontRunners*, qu'elle a produit pour APTN au sujet d'athlètes issus des pensionnats qui étaient passés à l'histoire. Elle a dit :

> En 1967, dix adolescents des Premières Nations, des garçons qui sont tous de bons élèves et d'excellents coureurs, courent avec le flambeau des Jeux panaméricains de 1967, de St. Paul, au Minnesota, jusqu'à Winnipeg, soit sur une distance de 800 kilomètres, ce qu'ils accomplissent avec succès. [...] On refuse toutefois l'entrée dans le stade aux jeunes hommes qui y apportent le flambeau. Ils n'ont pas le droit d'assister à ces jeux. On ne leur permet pas non plus de parcourir les 400 derniers mètres. L'un d'eux m'a raconté qu'il se rappelait qu'on lui avait interdit l'accès [et] qu'on l'avait fait monter dans l'autobus qui les a ramenés au pensionnat. [...] En 1999, Winnipeg a de nouveau accueilli les Jeux panaméricains, et les organisateurs se sont rendu compte de ce qui s'était passé en 1967. Ils ont retrouvé les coureurs de l'époque, se sont excusés et, trente-deux ans plus tard, alors dans la cinquantaine, ces athlètes ont couru les 400 derniers mètres et fait entrer le flambeau dans le stade. [...]

> Le sport est un domaine où l'on parle une langue universelle, une langue de passion partagée pour mouvoir notre corps dans le temps et dans l'espace, avec force et habileté. Cet été [2014], Regina accueillera les Jeux autochtones de l'Amérique du Nord. [...] Espérons tous une réconciliation en ce qui a trait à la division, au racisme et aux stéréotypes dans le monde du sport; engageons-nous à les combattre, et encourageons et appuyons chaque jeune qui participera à ces jeux, parce qu'ils sont les meneurs de demain[23].

Les récits de ce genre nous montrent que la riche histoire de la contribution des peuples autochtones aux sports doit désormais faire partie de l'histoire du sport au Canada.

Le 18 novembre 2014, nous avons assisté à un événement tenu par le Barreau du Haut-Canada pour célébrer la première fois qu'une communauté autochtone — la Première Nation des Mississaugas de la New Credit — serait la nation hôte des Jeux panaméricains et parapanaméricains tenus à Toronto en juillet et en août 2015. Les porteurs du flambeau de 1967 y ont assisté et ont été honorés lors d'une cérémonie traditionnelle[24].

Appels à l'action :

87) Nous demandons à tous les ordres de gouvernement, en collaboration avec les peuples autochtones, les temples de la renommée des sports et d'autres organisations concernées, de sensibiliser le public à l'histoire des athlètes autochtones au pays.

88) Nous demandons à tous les ordres de gouvernement de prendre des mesures afin de garantir le développement à long terme des athlètes autochtones et de maintenir leur appui à l'égard des Jeux autochtones de l'Amérique du Nord, y compris le financement pour la tenue des Jeux et pour la préparation et les déplacements des équipes provinciales et territoriales.

Les jeunes autochtones d'aujourd'hui se heurtent à de nombreux obstacles à une vie active et saine dans leurs collectivités. Ils manquent de possibilités d'atteindre l'excellence dans les sports. Il y a peu d'accès à des activités sportives traditionnelles culturellement pertinentes qui renforcent l'identité autochtone et favorisent un sentiment de fierté et de confiance en soi. Le manque de ressources, d'installations sportives et d'équipement limite leurs possibilités de pratiquer des sports. Le racisme demeure un problème. Les filles autochtones se butent à l'obstacle additionnel de la discrimination fondée sur le sexe[25].

Malgré les nombreux accomplissements d'athlètes autochtones, trop de jeunes autochtones sont toujours exclus des activités sportives communautaires et de la poursuite de l'excellence. La *Loi favorisant l'activité physique et le sport* (2003) énonce la politique sur les sports du gouvernement fédéral à propos de la participation complète et équitable de tous les Canadiens au sport et donne au ministre le mandat de « faciliter la participation des groupes sous-représentés dans le système sportif canadien » [art. 5. *m*)]. Cependant, la Loi ne fait aucune mention particulière des peuples autochtones[26].

Appel à l'action :

89) Nous demandons au gouvernement fédéral de modifier *la Loi sur l'activité physique et le sport* pour appuyer la réconciliation en s'assurant que les politiques visant à promouvoir l'activité physique comme élément fondamental de la santé

et du bien-être, à réduire les obstacles à la participation au sport, à accroître la poursuite de l'excellence dans le sport et à renforcer la capacité du système sportif canadien intègrent les peuples autochtones.

En 2005, Sport Canada a élaboré la Politique sur la participation des Autochtones au sport, qui reconnaît les circonstances exceptionnelles des peuples autochtones et le rôle du sport comme outil de revitalisation de la santé et de la culture pour les individus et les communautés. Elle reconnaît également que les peuples autochtones ont leurs propres connaissances traditionnelles et culturelles diverses et leur manière d'enseigner le jeu et les sports[27]. Cependant, aucun plan d'action n'a par la suite été élaboré pour mettre en œuvre cette politique[28].

En 2011, en préparation de la révision de la Politique canadienne du sport (PCS) de 2002, Sport Canada a mené une série de consultations dans tout le pays, notamment une table ronde sur « Le sport pour les Autochtones ». On trouve, dans le rapport de synthèse de la table ronde :

> Les participants étaient d'avis que les besoins et les préoccupations des Autochtones n'étaient pas adéquatement pris en compte dans la PCS de 2002. […] Les participants étaient d'avis que la politique précédente n'avait pas de mordant. […] La nouvelle PCS devrait reconnaître l'identité unique des Autochtones et la contribution qu'ils peuvent apporter au sport […] et inclure un engagement clair à agir. La PCS peut appuyer le sport pour les Autochtones en tenant compte de la culture et des réalités autochtones, des enjeux interculturels entre les Autochtones et les non-Autochtones et de la motivation derrière l'intérêt des Autochtones à l'égard du sport. […] Si la nouvelle politique ne reflète pas les besoins et les enjeux qui se rattachent au sport autochtone, elle ne sera pas pertinente pour la population autochtone. […] Il serait important […] de reconnaître que les obstacles vont au-delà d'un manque de ressources et de lacunes et de faiblesses dans le système sportif. Les peuples autochtones sont aussi affectés par des questions relatives à l'identité et des traumatismes rattachés à leur histoire[29].

Malgré ce rapport de table ronde fondé sur la consultation de 2011, la Commission remarque que la Politique canadienne du sport suivante, émise en 2012, ne contient aucune référence spécifique aux peuples autochtones[30].

Appel à l'action :

90) Nous demandons au gouvernement fédéral de veiller à ce que les politiques, les initiatives et les programmes de portée nationale se rattachant aux sports intègrent les peuples autochtones; nous demandons, entre autres choses :

   i. en collaboration avec les gouvernements provinciaux et territoriaux, un financement stable et l'accès à des programmes sportifs communautaires qui reflètent la diversité des cultures et les activités sportives traditionnelles des peuples autochtones;

   ii. un programme de développement d'athlètes d'élite pour les Autochtones;

   iii. des programmes pour les entraîneurs, les instructeurs et les autorités en matière de sports qui sont pertinents sur le plan culturel pour les peuples autochtones;

   iv. des programmes de sensibilisation et de formation sur la lutte contre le racisme.

Les Jeux olympiques d'hiver de 2010 à Vancouver, en Colombie-Britannique, ont eu lieu sur les territoires traditionnels des Squamish, des Musqueam, des Tsleil-Waututh et des Lil'wat, et ceux-ci ont fait partie intégrante de l'événement. Dans l'esprit de la réconciliation, qui s'harmonise très bien avec l'esprit des Jeux eux-mêmes, les quatre Premières Nations hôtes et le Comité olympique de Vancouver ont formé un partenariat pour s'assurer que les peuples autochtones participaient à part entière aux décisions, une première dans l'histoire olympique. Lors de la cérémonie d'ouverture et tout au long des Jeux, les protocoles territoriaux ont été respectés et les quatre Premières Nations hôtes et d'autres peuples autochtones de toute la province ont assuré une présence très visible lors de divers événements olympiques.

Appel à l'action :

91) Nous demandons aux hauts dirigeants et aux pays d'accueil de manifestations sportives internationales comme les Jeux olympiques, les Jeux du Commonwealth et les Jeux panaméricains de veiller à ce que les protocoles territoriaux des peuples autochtones soient respectés et à ce que les collectivités autochtones locales participent à tous les aspects de la planification et de la tenue de ces événements.

Le secteur des affaires : terres, durabilité et développement économique

Les survivants et les membres de leurs familles nous ont dit que leur espoir en l'avenir repose sur la reconquête et la réédification de leurs propres cultures, spiritualité, lois et modes de vie, qui sont profondément enracinés dans leurs terres. Les nations autochtones font déjà ce travail dans leurs collectivités, malgré les nombreux défis auxquels elles doivent faire face. Lors du forum des gardiens du savoir traditionnel de la Commission de vérité et réconciliation, l'aîné Dave Courchene a déclaré :

> En tant que personnes qui ont obtenu cette reconnaissance à titre de gardiens du savoir pour notre peuple, nous acceptons ce travail de la plus humble manière. [...] Ce sera l'esprit de nos ancêtres, l'esprit qui nous aidera à reprendre notre place de plein droit dans nos terres natales. Nous avons beaucoup de travail, il y a certainement bien des défis, mais avec l'aide de l'esprit, nous réussirons à les surmonter. [...] Nous sommes arrivés à une période de grands changements et de grandes possibilités [...] Nous sommes les réels chefs de notre terre natale, et ils ne pourront pas nous enlever ça et ne le pourront jamais parce que notre créateur nous a mis ici. C'est notre terre natale et nous avons la responsabilité sacrée d'enseigner à tous ceux qui sont venus dans notre terre natale comment se comporter en êtres humains convenables parce qu'on nous a donné des instructions d'origine sur la manière de nous comporter en êtres humains. Nous avons de grandes responsabilités en tant que peuple, de prendre soin de la Terre, de parler au nom de notre Terre mère. C'est notre responsabilité, et c'est ce genre de chefs de file que nous désirons être en tant que peuple[31].

Le même jour, le chef Ian Campbell de la nation Squamish a déclaré :

> Je désire marquer ma reconnaissance à mes grands-parents et à mes mentors pour leur générosité dans leur enseignement de nos liens à nos terres et à nos territoires. En ce moment, nous nous préparons, chez nous, à un voyage en canot, car nos jeunes s'entraînent à représenter notre peuple lors de leur voyage vers Bella Bella dans quelques semaines. Bon nombre de familles voyagent au long de la côte pour célébrer la résurgence de notre identité, de notre culture[32].

Alors que l'on parle de réchauffement planétaire, d'inégalités économiques croissantes et de conflits quant aux projets de développement économique à grande échelle, il naît un consensus voulant que la Terre qui nous nourrit tous doit être préservée pour les générations futures. Dans la foulée de l'arrêt *Tsilhqot'in* de la Cour suprême du Canada, les peuples autochtones, les entreprises et les gouvernements doivent trouver de nouveaux moyens de travailler ensemble. S'adressant à des dirigeants de la collectivité locale lors d'un congrès de l'Union des municipalités de la Colombie-Britannique en septembre 2014, le chef tsilhqot'in Percy Guichon a déclaré :

> Nous vivons en effet côte à côte et nous devons travailler à une forme de relation pour créer ou promouvoir une compréhension commune parmi tous nos commettants. [...] Nous devons trouver le meilleur moyen de nous

consulter les uns les autres à l'avenir, peu importent les obligations légales qui pourraient exister. Je veux dire, c'est ça agir en bons voisins, n'est-ce pas? [...] Nous avons beaucoup d'intérêts en commun dans des domaines comme le développement des ressources. Nous devons trouver des moyens de travailler ensemble, de nous soutenir les uns les autres sur ces sujets difficiles[33].

En 1977, on recommandait dans le *Rapport de l'enquête sur le pipeline de la vallée du Mackenzie*, que le projet de pipeline de gaz naturel le long de la vallée du Mackenzie dans les Territoires du Nord-Ouest ne soit pas mis en œuvre avant que les revendications territoriales des Autochtones dans la région soient résolues ni avant d'avoir abordé les préoccupations d'ordre environnemental. Le juge Thomas Berger, qui a mené cette enquête, a mis en lumière les conséquences potentiellement dévastatrices que la construction d'un pipeline à travers le Nord pourrait avoir pour les Dénés et les Inuvialuits, et pour de fragiles écosystèmes. Ses observations, qui datent de près de quarante ans, laissaient présager les controverses et les conflits qui continueraient encore d'éclore dans diverses régions du Canada au sujet de projets de pipeline alors même que la Commission de vérité et réconciliation préparait le présent rapport final[34].

Les paysages politique et juridique ont beaucoup changé depuis que le juge Berger a présenté son rapport en 1977. Alors que le Canada planifie son avenir économique dans des régions couvertes par des traités historiques, des ententes modernes sur les revendications territoriales et sur les titres ancestraux non cédés, les gouvernements et les secteurs de l'industrie doivent désormais reconnaître que l'accommodement des droits des peuples autochtones est primordial pour la durabilité économique du Canada à long terme. Les gouvernements cherchent à concrétiser la stabilité et la croissance économiques nécessaires pour assurer la prospérité de tous les Canadiens.

Les sociétés investissent temps et ressources dans le développement de projets à grande échelle qui créent des emplois et visent à générer des profits pour leurs actionnaires. Bien que le secteur des affaires ne fasse pas directement partie de la négociation des traités et des accords de revendications territoriales, les secteurs industriels et les entreprises jouent un rôle extrêmement important dans la manière dont on aborde les aspects économiques, sociaux et culturels de la réconciliation, notamment quant au partage réel des possibilités et des profits avec les peuples autochtones, et à la préservation de l'environnement des territoires traditionnels.

Dans le *Rapport de la Commission royale sur les peuples autochtones* de 1996, on fait remarquer que, historiquement, les activités d'exploitation des terres et des ressources comme les barrages hydroélectriques, les mines et le développement agricole et urbain ont des répercussions néfastes sur les communautés autochtones. On ne consulte pas les communautés avant de les relocaliser, de leurs vastes territoires traditionnels dans des réserves beaucoup plus petites, plus isolées et plus peuplées, pour laisser place aux projets d'exploitation des terres et des ressources du gouvernement et des industries.

Même lorsqu'ils ne sont pas déplacés, les peuples autochtones sont marginalisés économiquement dans leurs propres terres alors que celles-ci subissent des dommages environnementaux irréversibles au nom du « progrès ». Trop souvent, le développement économique perturbe les liens culturels, spirituels et économiques des peuples autochtones avec leur terre, ce qui se traduit par la dévastation des économies et de l'autosuffisance traditionnelles, un traumatisme pour les communautés, la dépendance à l'égard de l'aide sociale, ainsi que par une mauvaise santé et de piètres résultats sur le plan sociopolitique[35].

Dans la période post-CRPA (Commission royale sur les peuples autochtones), la Cour suprême du Canada a élaboré un ensemble de droit sur l'obligation des gouvernements fédéral, provinciaux et territoriaux de consulter les peuples autochtones lorsque le développement des terres et des ressources peuvent transgresser leurs droits ancestraux ou leurs droits issus des traités[36]. La cour a alors statué que les gouvernements pouvaient continuer d'enfreindre les droits ancestraux s'ils apportaient la preuve qu'ils le faisaient dans l'intérêt public plus général. Dans l'affaire *Delgamuukw*, la cour décrit la nature de l'intérêt public :

> [L]'extension de l'agriculture, de la foresterie, de l'exploitation minière et de l'énergie hydro-électrique, le développement économique général de l'intérieur de la Colombie-Britannique, la protection de l'environnement et des espèces menacées d'extinction, ainsi que la construction des infrastructures et l'implantation des populations requises par ces fins, sont des types d'objectifs compatibles avec cet objet et qui, en principe, peuvent justifier une atteinte à un titre aborigène[37].

Les gouvernements doivent également faire la preuve que toute atteinte aux droits ancestraux est en harmonie avec l'obligation fiduciaire de la Couronne envers les peuples autochtones et avec l'honneur de la Couronne. Pour satisfaire à ces obligations juridiques, tous les ordres de gouvernement ont élaboré des politiques de consultation avec les Autochtones.

Même si la cour a statué que le devoir de consultation repose uniquement sur les gouvernements, elle a également indiqué que la Couronne « peut déléguer certains aspects procéduraux de la consultation à des acteurs industriels qui proposent des activités d'exploitation »[38]. Dans la pratique, les risques d'affaires liés à l'incertitude juridique qu'engendre l'obligation de consulter ont motivé les promoteurs de projets à négocier avec les communautés autochtones afin de mettre en place une gamme de mécanismes destinés à assurer que les peuples autochtones profitent directement des projets de développement économique dans leurs territoires traditionnels. Il peut s'agir, par exemple, de partenariats d'affaires en coentreprise, d'ententes sur les répercussions et les avantages, d'ententes de répartition, ainsi que de conditions d'accès à l'éducation, à de la formation ou à des emplois[39].

Entre 2012 et 2014, de nombreux rapports ont mis en lumière que le Canada faisait une fois de plus face à des défis de taille et à des possibilités dans le développement des terres et des ressources. La réconciliation économique exigera de trouver un terrain d'entente qui équilibre les droits, les intérêts juridiques et les besoins respectifs des peuples autochtones, des gouvernements et de l'industrie en ce qui a trait aux changements climatiques et aux marchés mondiaux concurrentiels. En plus des mesures rectificatives concrètes nécessaires, on met également l'accent dans ces rapports sur le fait que les compétences générales et le savoir-être, pour rétablir la confiance, mobiliser les collectivités, résoudre les différends et bâtir des partenariats mutuellement profitables, sont des éléments importants pour faire progresser la réconciliation.

En 2012, le Forum des politiques publiques du Canada, un organisme sans but lucratif, a tenu une série de six dialogues régionaux dans le pays, rassemblant des chefs autochtones, des cadres supérieurs de l'administration publique des gouvernements fédéral, provinciaux et territoriaux, ainsi que des représentants des secteurs de l'industrie et des affaires, et des institutions financières. Ces dialogues ont servi à discuter des enjeux, dégager des pratiques exemplaires et faire des recommandations sur la manière de veiller à ce que les communautés autochtones profitent de ces grands projets de mise en valeur des ressources.

Dans le rapport sur ces dialogues, « Forger d'authentiques partenariats : La participation des Autochtones dans les grands projets d'exploitation des ressources », on dégage cinq possibilités d'action clés : 1) forger d'authentiques partenariats entre les collectivités autochtones, l'industrie, les gouvernements et les établissements d'enseignement, qui doivent apprendre à se faire confiance; 2) développer le capital humain en éliminant les obstacles pour accéder à l'éducation et à la formation et développer les compétences et le savoir-faire dont ont besoin les entrepreneurs, les travailleurs qualifiés et les leaders autochtones; 3) renforcer le contrôle des communautés sur la prise de décisions; 4) promouvoir l'entrepreneuriat et la création d'entreprises; 5) augmenter la participation financière[40]. Et le rapport de conclure :

> Les entreprises du secteur des ressources naturelles reconnaissent que leur réussite dépend de la participation active et véritable des collectivités. Des initiatives du secteur privé en ont déjà fourni des exemples encourageants en matière de partage des revenus, de formation professionnelle et de développement des entreprises dans les collectivités autochtones. Il faut maintenant que les entreprises et les gouvernements s'appuient sur

ces réussites pour maintenir un rythme de développement rapide en allant au-delà des consultations superficielles pour parvenir à une participation véritable. Les collectivités autochtones doivent aussi assumer un rôle de leadership pour aider à créer ces relations et concevoir des solutions locales souples essentielles à la réussite[41].

En novembre 2013, après huit mois de consultations avec des représentants des collectivités autochtones, de l'industrie et des administrations locales et provinciales en Colombie-Britannique et en Alberta, Douglas Eyford, représentant spécial de l'infrastructure énergétique de la côte Ouest, a livré son rapport au premier ministre. Intitulé « Forging Partnerships, Building Relationships: Aboriginal Canadians and Energy Development », le rapport porte sur les relations entre les Autochtones et l'État dans le contexte des projets d'infrastructure énergétique en Colombie-Britannique. L'auteur y fait remarquer que, bien qu'il y ait de nombreuses divergences parmi les représentants autochtones, il y avait un consensus voulant que les projets de développement respectent les droits ancestraux protégés par la Constitution, fassent participer les collectivités autochtones aux décisions et à la planification du projet, et atténuent les risques environnementaux[42].

Eyford fait des recommandations quant aux mesures à prendre dans trois domaines clés : instaurer la confiance, favoriser l'inclusion et faire avancer la réconciliation. Il fait remarquer, en particulier, que : « Les communautés autochtones considèrent que le développement des ressources naturelles est lié à un programme de réconciliation plus étendu[43]. » Cela correspond au point de vue de la Commission voulant qu'une réconciliation significative ne se limite pas aux séquelles laissées par les pensionnats, mais qu'elle devienne un cadre de référence pour résoudre les différends et forger des partenariats constructifs avec les peuples autochtones.

En décembre 2013, un groupe d'actuels et d'anciens hauts dirigeants des collectivités autochtones, du secteur des affaires, du secteur bancaire, d'organismes environnementaux et des gouvernements fédéral et provinciaux a publié un rapport, « Responsible Energy Resource Development in Canada », résumant les résultats d'un dialogue qui a duré une année. Il y conclut que le Canada fait face à une « saturation en matière de développement des ressources énergétiques ». Selon eux, il faut peser le pour et le contre du potentiel économique et des avantages sociaux découlant de l'exploitation des riches ressources naturelles du Canada par rapport aux risques potentiels pour les communautés autochtones et leurs territoires traditionnels, et l'on se doit également d'examiner les préoccupations environnementales que soulève cette exploitation, surtout en regard du réchauffement planétaire[44]. Ils soulignent qu'il existe d'importants obstacles à la réconciliation, notamment des conflits de valeurs, le manque de confiance et la divergence des points de vue sur la manière dont les retombées de la mise en valeur des ressources devraient être partagées, et dont les effets néfastes devraient être atténués[45].

Le groupe dégage dans son rapport quatre principes pour aller de l'avant dans la mise en valeur responsable des ressources énergétiques : 1) nouer et cultiver des relations positives; 2) réduire les répercussions sociales et environnementales cumulatives; 3) assurer la pérennité des cultures et des traditions; et 4) partager équitablement les retombées[46].

À propos de l'arrêt de 2014 de la Cour suprême du Canada dans *Nation Tsilhqot'in c. Colombie-Britannique*, Kenneth Coates, titulaire de la Chaire de recherche du Canada sur l'innovation régionale à l'Université de la Saskatchewan, et Dwight Newman, professeur de droit et titulaire de la Chaire de recherche du Canada sur les droits des Autochtones dans le droit constitutionnel et international de l'Université de la Saskatchewan, concluent que bien que de nombreux défis et obstacles à la réconciliation demeurent,

> ce que la Cour suprême du Canada a souligné de plus fondamental, c'est que les communautés autochtones ont un droit à une place équitable dans les prises de décision relatives à la mise en valeur des ressources naturelles au Canada. L'habilitation que leur donnent l'arrêt *Tsilhqot'in* ainsi que d'autres décisions précédentes représente un potentiel formidablement enthousiasmant comme moyen de développement économique futur dans les communautés autochtones et de prospérité pour tous. [...] [L]e temps est maintenant venu pour les gouvernements, les collectivités autochtones et les entreprises du secteur des ressources de travailler ensemble à bâtir des partenariats pour l'avenir. [...] Nous devons continuer d'établir un consensus national voulant qu'un développement responsable des ressources qui tienne compte des enjeux de durabilité écologique et qui respecte les collectivités autochtones contribue positivement — très positivement — au Canada et à son avenir[47].

Sur le plan international, le secteur des affaires est de plus en plus conscient que la *Déclaration des Nations Unies sur les droits des peuples autochtones* est, pour les secteurs de l'industrie et des affaires, un cadre efficace pour établir des relations respectueuses et travailler en collaboration avec les peuples autochtones. En 2013, le Pacte mondial des Nations Unies publiait un guide d'affaires établissant des mesures pratiques que les sociétés et les entreprises peuvent adopter pour se conformer à la Déclaration. On y indique que :

> Les entreprises font face à la fois à des défis et à des ouvertures lorsqu'elles traitent avec les peuples autochtones. Quand les entreprises collaborent avec les peuples autochtones, elles sont souvent en mesure d'atteindre une croissance économique durable, en optimisant par exemple les services

écosystémiques et en exploitant les connaissances locales ou traditionnelles. Un engagement positif avec les peuples autochtones peut donc
contribuer à la réussite de la mise en valeur des ressources — de l'obtention et du maintien de l'approbation sociale à la participation active dans
des entreprises commerciales en tant que propriétaires, entrepreneurs
ou employés. Le non-respect des droits des peuples autochtones par les
entreprises peut entraîner des risques juridiques, financiers et d'image de
marque considérables. [...] Le dialogue permanent entre les entreprises
et les peuples autochtones renforce la confiance des peuples autochtones
partenaires et favorise des relations saines[48].

Du point de vue de la Commission, une réconciliation durable sur la question
des terres exige que l'on réalise le potentiel économique des collectivités autochtones d'une manière légitime et équitable qui respecte leur droit à l'autodétermination. La réconciliation économique implique de travailler en partenariat
avec les peuples autochtones afin d'assurer que les terres et les ressources situées
dans leurs territoires traditionnels soient exploitées de manières culturellement
respectueuses qui reconnaissent totalement les droits et les titres ancestraux des
Autochtones ainsi que les droits et les titres issus des traités.

Établir des relations et des partenariats constructifs et mutuellement
bénéfiques avec les collectivités autochtones contribuera à leur croissance
économique, améliorera l'état de santé et le bien-être collectifs et assurera la
durabilité environnementale, ce qui profitera en fin de compte aux peuples
autochtones comme à tous les Canadiens. Si, à l'époque des pensionnats, les
Autochtones n'avaient pas droit à la parole quant à la conception du système ni
aucune possibilité de protéger leurs enfants des souffrances inhérentes au système, les peuples des Premières Nations, des Inuits et des Métis d'aujourd'hui
veulent gérer leur vie. Dans le domaine économique, cette autonomie signifie
une participation à leurs propres conditions. Ils veulent faire partie du processus décisionnel. Ils désirent que leurs collectivités profitent des grands projets
économiques qui s'installent sur leurs territoires. Ils veulent mettre sur pied et
développer leurs propres entreprises selon des modèles qui correspondent à
l'identité, aux valeurs culturelles et à la vision du monde des Autochtones. Ils
désirent avoir des possibilités de travailler pour des entreprises qui traitent de
manière proactive le racisme et les injustices systémiques. Les grandes sociétés
peuvent faire preuve de leadership en se servant de la Déclaration comme d'un
cadre de référence pour la réconciliation.

Appel à l'action :

92) Nous demandons au secteur des entreprises du Canada d'adopter la *Déclaration des Nations Unies sur les droits des peuples autochtones* en tant que cadre de réconciliation et d'appliquer les normes et les principes qui s'y rattachent dans le cadre des politiques organisationnelles et des principales activités opérationnelles touchant les peuples autochtones, leurs terres et leurs ressources; les mesures demandées comprennent, mais sans s'y limiter, les suivantes :

    i. s'engager à tenir des consultations significatives, établir des relations respectueuses et obtenir le consentement libre, préalable et éclairé des peuples autochtones avant de lancer des projets de développement économique;

    ii. veiller à ce que les peuples autochtones aient un accès équitable aux emplois, à la formation et aux possibilités de formation dans le secteur des entreprises et à ce que les collectivités autochtones retirent des avantages à long terme des projets de développement économique;

    iii. donner aux cadres supérieurs et aux employés de l'information sur l'histoire des peuples autochtones, y compris en ce qui touche l'histoire et les séquelles des pensionnats, la *Déclaration des Nations Unies sur les droits des peuples autochtones*, les traités et les droits des Autochtones, le droit autochtone et les relations entre l'État et les Autochtones. À cet égard, il faudra, plus particulièrement, offrir une formation axée sur les compétences pour ce qui est de l'aptitude interculturelle, du règlement de différends, des droits de la personne et de la lutte contre le racisme.

Nous sommes tous visés par les traités : collectivités, alliances et espoir

La Commission croit qu'il ne faut pas laisser la réconciliation uniquement aux mains des gouvernements, des tribunaux et des Églises. Les collectivités de tout le pays doivent elles aussi engager un dialogue et prendre des mesures de réconciliation. La réconciliation doit avoir lieu dans tous les secteurs de la société canadienne. Les Canadiens ont encore beaucoup à apprendre les uns des autres. Des générations d'immigrants ont subi des injustices et des préjudices semblables à ceux qu'ont vécus les élèves des pensionnats et leurs familles. Des nouveaux arrivants sont aux prises avec le racisme et des préjugés lorsqu'ils viennent prendre leur place dans la nation canadienne.

Malgré les nombreux obstacles à la réconciliation, la Commission demeure prudemment optimiste. Lors de l'événement national de l'Alberta, en mars 2014, Wab Kinew, témoin honoraire de la CVR, a parlé des changements qui ont déjà lieu dans le pays, qui donnent de l'espoir. Il a commencé par expliquer que toute la journée, il avait porté sur lui,

> une pipe de cérémonie, un calumet, qui lorsque vous reliez les deux parties l'une à l'autre — le tuyau et le fourneau — nous offre un modèle de réconciliation, de deux forces qui se rapprochent pour devenir plus grandes qu'elles ne l'étaient autrement. Alors, c'est important pour moi de venir ici devant vous tous et de parler la langue anishnaabemowin et un peu de lakota, et de porter un calumet, parce que cela transmet un message. Cela vous transmet le message, à vous qui avez imaginé le système des pensionnats, que vous avez échoué. On nous a maltraités. On a agressé nos langues. On a causé du tort et des souffrances à nos familles, et dans certains cas, de manière irréparable. Mais nous sommes encore là. Nous sommes encore là. Alors, en l'honneur de feu mon père, Tobasonakwut, un survivant du pensionnat de St. Mary, à Rat Portage, en Ontario, c'est ce que je voulais dire. J'aurais tellement voulu qu'il voie ceci, l'événement final de la Commission de vérité et réconciliation, pour qu'il puisse constater à quel point ce pays a changé. Lorsqu'il était enfant, on lui disait qu'il était un sauvage. On lui disait qu'il n'était rien. On l'a agressé, enlevé à sa famille, arraché au terrain de trappage de son père. Qu'il puisse voir le changement qui est survenu, aujourd'hui au Canada, où il y a des dizaines de milliers de gens de tous les milieux qui se réunissent pour redresser ces torts et réclamer justice pour les peuples autochtones.

> Le monde a changé d'une autre manière aussi; l'ancienne dichotomie des Blancs contre les Indiens ne s'applique plus. Regardez autour de vous le Canada d'aujourd'hui. Il y a des descendants des Européens. Il y a des descendants des Autochtones. Mais il y a aussi des descendants des nations arabes, de l'Iran, des nations slaves, des peuples de l'Afrique, des Caraïbes, du Sud-est asiatique, de la Chine et du Japon. Le défi de la réconciliation a peut-être commencé entre les Autochtones et les Européens, mais désormais, le projet de réconciliation sera pris en charge par des enfants de toutes ces nations que je viens de nommer. Bien que le monde ait changé et que le Canada ait changé, nous avons encore beaucoup de chemin à parcourir. [...] Nous sommes tous dans le même bateau. Prenons l'engagement de faire tomber les barrières politiques, économiques et sociales qui empêchent la pleine réalisation de cette vision [de la réconciliation] sur ces terres. Honorons les survivants des pensionnats et leur exemple de courage, de grâce et de compassion, et marchons dans leurs traces vers des jours meilleurs[49].

À l'échelon communautaire, où les contacts entre les Autochtones et les non-Autochtones sont souvent réduits au minimum ou entachés de méfiance et de racisme, établir des relations respectueuses signifie apprendre à devenir de bons voisins. Cela signifie être respectueux, s'écouter les uns les autres et apprendre les uns des autres, bâtir une compréhension mutuelle, et prendre des mesures concrètes pour améliorer les relations. Lors de l'événement régional de Victoria, une survivante intergénérationnelle des pensionnats, Victoria Wells, a dit :

> Je vais savoir que la réconciliation est en train de se produire dans la société canadienne lorsque les Canadiens, peu importe où ils vivent, seront capables de dire le nom des tribus dont ils sont voisins; qu'ils seront capables de prononcer le nom de la communauté ou des gens qu'ils connaissent, et qu'ils seront en mesure de dire « bonjour » [et] « au revoir » dans la langue de leurs voisins. […] Cela me montrera qu'ils ont des manières. Cela me montrera qu'ils auront investi du temps à découvrir la langue de la terre sur laquelle ils vivent […] parce que la langue vient de la terre […] La langue est une expression très organique de l'endroit d'où elle vient, et l'invitation que je vous lance est d'apprendre ça, et d'en être éclairé, et de vous informer de [nos] façons de penser, de savoir, de voir et de comprendre. Alors ça, pour moi, c'est la réconciliation[50].

L'ancienne enseignante d'école publique Lynne Phillips a déclaré que l'un des principaux défis du processus de réconciliation est de bâtir la confiance.

> Je comprends très bien la réticence de certains membres des Premières Nations à accepter les offres d'amitié et les possibilités d'interaction. Je comprends pourquoi c'est comme ça, et j'espère qu'avec le temps nous serons capables de retrouver la confiance et de développer certaines manières d'interagir les uns avec les autres qui seront mutuellement bénéfiques. […] Je crois que nous sommes en train d'avancer. […] Je crois que la société civile, les organismes non gouvernementaux, les organismes religieux, les organismes autochtones se dirigent vers l'ouverture […] et je crois que nous avons un long chemin à parcourir[51].

En juillet 2013, lors de l'audience communautaire tenue à Maskwacis (anciennement Hobbema), en Alberta, sur l'ancien site du pensionnat Ermineskin, le professeur Roger Epp dit qu'au fil des ans, ses élèves cris l'ont aidé à comprendre,

> ce qu'un petit-fils de colon de quatrième génération avait besoin de savoir afin de vivre ici […] avec un sens du souvenir et de la sollicitude, et du devoir. Car moi aussi, j'ai des ancêtres qui sont enterrés sur les terres du Traité n° 6. […] Un étudiant d'Hobbema m'a appris que nous étions tous visés par le traité, ici. […] Un traité est une relation, après tout, et nous vivons ici sur les bases d'un accord signé en 1876, 1877, la première fois, pas trop loin de l'endroit où mes ancêtres colons se sont installés. […] Bien que ce soit une

bonne chose que les dirigeants du pays présentent des excuses publiques, ce n'est pas seulement aux gouvernements de faire le travail de réconciliation. De plus, je crois qu'ils ne le font pas très bien. Le travail de réconciliation est un travail de voisins. [...] Je crois que les paroles [des excuses] étaient sincères, mais ce n'est pas assez. Elles n'ont pas modifié les relations, pas assez[52].

Nous avons également entendu ce jour-là le maire Bill Elliot, de la municipalité voisine de Wetaskiwin. Il nous a expliqué qu'avant l'audience communautaire de la CVR, il avait assisté, avec des élèves de dixième année et d'autres d'Hobbema et de Wetaskiwin, à un atelier avec des survivants. Les écouter parler de leurs expériences dans les pensionnats a aidé les participants à entrevoir à quel point les pensionnats avaient laissé des traces douloureuses chez les survivants, leurs familles et la collectivité tout entière.

Je crois que cela a aidé les gens de Wetaskiwin à acquérir une compréhension de certains des tourments et des épreuves que nos voisins du sud ont subis toute leur vie. [...] Nous travaillons à un parcours de guérison entre la municipalité de Wetaskiwin et les Cris. [...] En arrivant à Wetaskiwin par le sud, vous verrez que le panneau de bienvenue [de notre ville] est aussi en langue crie. [...] Mais il nous reste encore bien du chemin à faire. Nous parcourons le chemin de la guérison à petits pas. Mais nous travaillons ensemble à de meilleures collectivités, à comprendre et à respecter les différences et les similitudes dans nos cultures[53].

Lors de l'événement national de l'Alberta en 2014, le maire Elliot, qui a également été nommé témoin honoraire de la Commission de vérité et réconciliation, a présenté une expression de réconciliation.

Notre collectivité essaie d'en apprendre davantage sur les survivants et les pensionnats. Nos écoles, nos églises et notre collectivité ont fait des petits gâteaux et des cartes d'anniversaire pour la grande fête de demain. Les membres de notre collectivité ont passé les deux derniers jours ici. [...] Ils sont très, très solidaires, et ils veulent apprendre. Nous essayons tous d'en apprendre davantage sur les répercussions des pensionnats et sur nos amis de Maskwacis, et de comprendre, parce que nous désirons devenir bons voisins[54].

Les villes de Vancouver, Toronto, Edmonton et Calgary ont également publié une proclamation déclarant une année de réconciliation. Les représentants municipaux se sont engagés à prendre toute une série d'initiatives, notamment à sensibiliser leurs propres directeurs et leur personnel à propos des pensionnats. Par exemple, lors de l'événement national de l'Alberta, Don Iveson, le maire d'Edmonton, a déclaré une année de réconciliation dans sa ville. Il s'est engagé à réaliser trois projets : sensibiliser le personnel de la Ville au sujet des pensionnats, créer davantage de possibilités d'événements culturels autochtones et mettre sur pied une initiative pour la jeunesse autochtone. Une année plus tard, la Ville a réuni de jeunes Autochtones et non-Autochtones et des directeurs de la Ville à participer ensemble à une formation de leadership sur la réconciliation. Mike Chow, le directeur des relations autochtones et multiculturelles de la Ville a déclaré : « Il nous fallait quelque chose qui secouerait nos cadres supérieurs. On ne peut pas forcer la réconciliation ou avoir une idée percutante et espérer qu'une personne change en une seule année. Nous jetons les bases avec cette année de réconciliation, pour que ce parcours devienne un parcours permanent pour les gens[55]. »

En 2014, Vancouver a fait un pas de plus, en déclarant qu'elle était désormais une « ville de réconciliation » et elle a mis sur pied un cadre de travail à long terme de création de partenariats et d'établissement de relations avec les nations des Musqueam, des Squamish et des Tsleil-Waututh ainsi qu'avec les citadins autochtones[56]. Lors de l'événement national de la Colombie-Britannique, le témoin honoraire de la Commission de vérité et réconciliation, le maire Gregor Robertson, a déclaré :

> Nous sommes comblés d'avoir autant de cultures différentes ici, et tous ceux d'entre nous qui sont venus de loin […] ont eu une chance incroyable de pouvoir venir vivre ici. Beaucoup d'entre nous viennent de familles, de clans, de cultures qui ont été anéantis, qui ont dû tout quitter. On nous a chassés de nos territoires, et pourtant, nous avons réussi à fonder un nouveau foyer ici. C'est en grande partie parce que les ancêtres de ces Premières Nations nous ont accueillis […] qu'ils ont permis aux réfugiés, aux gens venant de cultures détruites du monde entier de s'installer ici, de rester ici, même si nos prédécesseurs et nos ancêtres ont profité de la situation et que des choses terribles se sont passées. Je crois que la force qu'il y a chez les peuples autochtones de tout le Canada est une chose qui devrait servir d'exemple au monde entier, quelque chose que nous devrions mettre en pratique lorsque nos gouvernements, nos communautés ou nos villes ont à prendre de grandes décisions.
>
> Lorsque j'entends parler de la force des survivants, lorsque j'entends l'expression « braves enfants », lorsque je pense au courage des aînés, je pense, « culture du courage », à cette bravoure et à cette détermination à tirer des leçons de ce passé et à prendre les meilleures décisions quant à la manière dont nous nous considérons les uns les autres, dont nous prenons soin les uns des autres et de ceux qui ont le plus besoin de cette aide. […] [Il est important] que nous nous aidions à nous relever les uns les autres, que nous prenions soin de la terre et de la mer dont nous avons hérité, pour les générations à venir[57].

Les jeunes des générations suivantes, d'une culture à l'autre

Lors de l'événement national de la Colombie-Britannique, la Commission, en partenariat avec la Fondation Inspirit, a tenu un groupe de discussion pour la jeunesse intitulé *Be the Change: Young People Healing the Past and Building the Future* [Être le changement : La jeunesse pour guérir du passé et bâtir l'avenir]. Dans ce dialogue interculturel, des chefs de file de la jeunesse ont décrit les répercussions intergénérationnelles de violations des droits de la personne telles que celles des pensionnats, de l'Holocauste, de l'internement des Canadiens d'origine japonaise par le Canada pendant la Deuxième Guerre mondiale et de la taxe d'entrée imposée aux immigrants chinois par le Canada. Ils ont parlé de communauté, et de traduire la réconciliation en actes. Kim Harvey, descendante Tsilhqot'in de survivants des pensionnats, a dit :

> J'ai vécu bien des moments désagréables à essayer d'expliquer ce qui était arrivé à mon peuple, et pourquoi il y avait autant d'alcoolisme et de consommation de drogues. On met tellement d'accent sur toutes ces choses négatives. […] Personne n'a parlé des pensionnats. […] Nos jeunes doivent faire face chaque jour à tellement de stéréotypes horribles. Je me débats chaque jour avec des questions de famille, d'identité et de communauté. […] Pour moi, la réconciliation, c'est une question de vérité, de sensibilisation et de pratiques du partage des connaissances. […] La réconciliation, c'est une question de relations à bâtir. Pour me réconcilier, j'ai vraiment besoin de comprendre ce qui vous est arrivé, qui vous êtes, et ce que moi, en tant que membre de la communauté, je peux faire pour rendre notre communauté meilleure. […]
>
> La réconciliation est une expérience partagée. […] Les pensionnats ont existé par la volonté d'un groupe extérieur. […] Lorsque les gens demandent pourquoi nous ne passons tout simplement pas l'éponge, je trouve ça frustrant parce que ça nie la responsabilité partagée de ce fardeau [comme si] d'une certaine manière, ce pays tout entier ne s'engageait pas dans le processus de réconciliation. […] Ça, pour moi, ce n'est pas rendre service à cette nation, par rapport à la réconciliation. […] Tout le monde a la responsabilité de prendre connaissance de ce qui est arrivé. […] Avec la relation vient le respect. […] Ce qui aide les jeunes, autochtones ou non, c'est de trouver quel est leur rôle, d'avoir des alliés adultes pour les aider à trouver ce rôle, de remplir leurs responsabilités dans ce rôle, et de rendre ainsi service à la communauté. […] Si, tous ensemble, nous faisions cela […] pour moi, ce serait la réconciliation en action. […] La question est d'apprendre à connaître ses voisins[58].

Kevin Takahide Lee, survivant intergénérationnel de l'internement des Canadiens d'origine japonaise pendant la Deuxième Guerre mondiale, a déclaré :

> Je reconnais que nous sommes sur les terres des Salish du littoral. C'est également sur ces mêmes terres ici au PNE [site de l'Exposition nationale du Pacifique] que ma famille a été détenue pendant la guerre avant d'être envoyée dans un camp d'internement. Mes parents et mes grands-parents sont des survivants. [...] [Ils] n'ont jamais parlé de ce qui s'était passé dans les camps d'internement [...] même après que l'Entente de redressement à l'égard des Canadiens d'origine japonaise ait été conclue [...] [I]l est très rare d'entendre ces histoires de nos aînés. [...] Lorsque j'avais quatre ou cinq ans, je suis venu ici au PNE comme la plupart des familles l'on fait. [...] Quand est venu le moment d'entrer dans la grange, à deux portes d'ici, ma grand-mère ne voulait pas y entrer. Ce bâtiment pour le bétail avait servi de lieu de détention pour elle, d'autres femmes et des enfants pendant des mois, durant la guerre. [...] Lorsque j'étais enfant, je ne pouvais pas saisir ces choses, mais maintenant que je suis adulte, je comprends. [...] C'est ce que cela signifie pour moi, en tant que descendant de survivants. Ce pays que j'appelle [...] mon pays [...] a lésé, humilié, oublié et emprisonné injustement des gens que j'aime et que j'admire. [La partie du programme de redressement japonais qui a le mieux fonctionné] a été l'investissement dans les communautés et la culture [...] [ainsi que la mise sur pied de] la Fondation canadienne des relations raciales [...] pour veiller à ce que cela n'arrive jamais plus. [...] C'est seulement lorsque « vous » et « moi » deviendront « nous » qu'il pourra y avoir une quelconque réconciliation[59].

Caroline Wong, descendante de survivants de la taxe d'entrée imposée aux immigrants chinois, que ses grands-pères ont dû payer en arrivant au Canada, a dit :

> J'ai grandi en rejetant [l'identité] stéréotypée chinoise, parce que je désirais être aussi « blanche » que possible. [...] En ce qui a trait à la réconciliation, ma grand-mère est une guerrière [...] Elle s'est battue pour la réparation pour la taxe d'entrée. En 2006, le gouvernement fédéral a présenté des excuses et offert une indemnisation pour les survivants de la taxe d'entrée et leurs conjoints, mais très peu d'entre eux étaient encore vivants. Cela a été ressenti comme une énorme gifle pour de nombreux survivants comme ma grand-mère et d'autres Canadiens d'origine chinoise de la première génération, qui ont souffert de discriminations. Quel prix peut-on mettre sur la perte de la vie, de la terre, de la famille ainsi que sur la discrimination et l'abus? On ne peut pas mettre de prix sur ces choses-là. [...] Une indemnisation n'est qu'une partie de la réponse. [...] La réconciliation, ce n'est pas simplement des excuses, mais une voie à double sens d'excuses et de pardon [...] de sensibilisation [...] [et aussi] dire la vérité sur ce qui s'est passé,

et veiller à ce que l'on ne l'oublie jamais. [...] La réconciliation commence auprès des jeunes, et en forgeant une compréhension interculturelle mutuelle [...] Je souhaite que ceci soit le début de nombreux autres dialogues interculturels. [...] Nous devons comprendre ce qui s'est passé dans les pensionnats et aussi ce que d'autres groupes culturels ont vécu. Je vous invite à vous demander « Que signifie être Canadien? » Ou, si vous venez d'ailleurs, « Quel est votre rôle dans cette collectivité? »[60].

Danny Richmond, descendant de survivants de l'Holocauste, a dit :

Ma grand-mère et mon grand-père ont vécu, alors qu'ils étaient dans la vingtaine, des choses que je ne peux même pas ne serait-ce que commencer à imaginer [...] Pour mon peuple, cette histoire est encore une plaie béante [...] Qu'est-ce que je pourrais vous dire qui vous le ferait comprendre? [...] Cela a toujours fait partie de ma vie. [...] Parce que l'Holocauste a eu lieu à une si grande échelle dans le monde [...] [Q]ui en est l'auteur? Tous les jours, des gens étaient impliqués [...] et il y a des systèmes et des nations qui y ont participé [...] alors, il n'y a pas une personne en particulier de qui je peux accepter des excuses. Le gouvernement allemand s'est excusé. C'est une question de restauration de la confiance en l'humanité, que cette sorte de persécution n'arrive plus jamais aux Juifs ni ailleurs dans le monde. [...] La réconciliation, c'est voir à ce qu'aucune de nos communautés ne subisse plus jamais de persécution [...] Pour moi, c'est une question de surveiller nos institutions pour s'assurer qu'elles ne poursuivent pas ce genre de persécution [...] Nous avons eu des excuses du gouvernement, mais que fait-on pour vérifier comment nous nous sentons aujourd'hui? [...] Nous devons créer une journée nationale de la réconciliation qui porte sur ces abus faits aux droits de la personne, et enseigner [aux gens ce qui se passe lorsque nous] déshumanisons des peuples. Le Canada a été un refuge sûr pour ma famille, mais c'est aussi une nation dont le passé est marqué de douleurs et de cicatrices. Nous ne devrions pas avoir peur d'en parler et d'institutionnaliser le processus de guérison à l'échelle nationale[61].

Les nouveaux arrivants au Canada

Pour les nouveaux Canadiens, parmi lesquels nombreux sont ceux qui ont leurs propres souvenirs traumatisants de violence coloniale, de racisme et d'oppression, trouver un terrain commun à titre de peuples visés par des traités signifie qu'il faut apprendre l'histoire des peuples autochtones et trouver des moyens de bâtir des relations de solidarité plus fortes avec eux. La Commission croit qu'il y a urgence d'intensifier le dialogue entre les peuples autochtones et les nouveaux Canadiens.

Lors du forum intitulé « Du souvenir à la réconciliation », commandité conjointement par la Commission ontarienne des droits de la personne, La couleur de la pauvreté/La couleur du changement et la Clinique juridique chinoise et de l'Asie du Sud-est du Grand Toronto, et auquel les commissaires de la Commission de vérité et réconciliation ont assisté, les participants ont réfléchi à la manière dont leurs propres histoires avaient modelé leur compréhension de la violence, de l'oppression et du racisme, aux stéréotypes qu'ils avaient appris à propos des peuples autochtones du Canada et aux défis et possibilités que comportait la création d'alliances entre eux.

Akua Benjamin, qui est arrivé des Caraïbes avec son propre récit d'esclavage, a déclaré :

> Comment se fait-il que nos histoires [...] [présentent] tant de similitudes en ce qui a trait à la violence? La violence de l'esclavage est la même que celle de la destruction des communautés autochtones. [...] Nos sociétés ont été modelées par la violence. [...] Ma grand-mère parlait du travail dans les champs, et disait qu'elle avait été battue [...] [et] ma mère transportait des sacs de charbon sur sa tête lorsqu'elle était enfant [...] alors, nous avons beaucoup de choses en commun. [...] Comment faire pour nous réconcilier? Comment faisons-nous pour avoir ces difficiles conversations à propos de votre participation à mon combat? Vous avez un privilège que je n'ai pas. Vous avez eu une éducation à laquelle je n'ai pas eu accès. [...] Ici, c'est un lieu sûr pour nous permettre de réellement avoir ces difficiles conversations[62].

Ali Kazimi a déclaré :

> Je suis venu de l'Inde [au Canada] il y a trente ans. [...] L'une des choses qui se sont tout de suite dessinées était que j'étais arrivé [ici] avec mon propre bagage de stéréotypes [sur les peuples autochtones]. Ils étaient définis par ce que j'avais vu dans les films d'Hollywood et dans les bandes dessinées. [...] J'ai passé beaucoup de temps à Toronto dans les soupes populaires, me tenant avec les gens, à essayer de comprendre quelle était la réalité quotidienne des membres des Premières Nations dans un centre urbain comme Toronto. Cela a été une incroyable expérience. Cela m'a réellement donné une leçon d'humilité. Cela m'a réellement ouvert les yeux. [...] Je me souviens d'avoir eu ces discussions avec des gens qui me remettaient en question, et ces remises en question étaient absolument essentielles. [...] Ce qui m'a amené à me poser une question très personnelle. [...] Quelle est ma place dans cet ensemble?
>
> De nombreux Canadiens ont le sentiment que l'identité canadienne et l'identité culturelle sont définies en quelque sorte par cet humanisme universel. D'une part, nous avons le premier ministre Harper qui dit que le

Canada n'a pas d'antécédents de colonialisme. Ils font tous la même chose. Ils nient le colonialisme et le racisme et [les attitudes de] supériorité des Blancs […] dont nous continuons aujourd'hui de voir l'héritage. [...] C'est un héritage très négatif. […] L'une des vérités au sujet du Canada, c'est qu'il a été créé comme pays de l'homme blanc et que cette vision a dominé maintes et maintes fois. […] Il y a vingt ans, je suis devenu citoyen canadien et l'une des choses que l'on n'a pas mises au clair pour moi […] c'est que lorsque nous prêtions serment [d'allégeance], nous devenions parties aux traités qui avaient été signés. […] On nous a servi un exposé édifiant sur les droits assortis à la citoyenneté canadienne, mais on a exclu de cet exposé [l'information] sur nos responsabilités et nos obligations […] comme partie prenante à ces traités[63].

Winnie Ng a déclaré :

Née à Hong Kong, je suis venue au Canada en 1968. [...] Je me suis retrouvée à Victoria, en Colombie-Britannique, dans le plus ancien quartier chinois du pays. […] Cela a été un long parcours pour moi en tant que personne de couleur, de personne ne faisant pas partie des communautés autochtones [...] d'apprendre l'histoire de cette terre ancestrale et de ma propre position sociale et du privilège qui m'était accordé en tant que membre d'une communauté nouvellement arrivée. [...] De la main-d'œuvre [chinoise] du Canadien Pacifique à la taxe d'entrée et à la *Loi d'exclusion des Chinois* […] les enfants chinois, de même que les enfants autochtones, ont été isolés dans le système d'éducation pendant tellement d'années […] Il y a une histoire sans fin de racisme, d'exclusion et d'exploitation systémiques. […] Je crois [que nous devons parler de] souvenir, de résistance et de réconciliation[64].

Devenir citoyens

Pour se préparer à devenir citoyens canadiens, tous les immigrants arrivant au Canada doivent étudier un livret intitulé *Découvrir le Canada*. On y énonce : « Pour comprendre ce que signifie être Canadien, il faut connaître nos trois peuples fondateurs : les Autochtones, les Français et les Britanniques. » Et on y écrit, à propos des peuples autochtones :

On croit que les ancêtres des peuples autochtones sont venus d'Asie il y a plusieurs milliers d'années. Ils étaient établis ici bien avant l'arrivée des premiers explorateurs européens en Amérique du Nord. Les cultures vivantes et diversifiées des Premières Nations étaient enracinées dans des croyances religieuses liées à leur relation avec le Créateur, avec leur milieu naturel et avec les autres Autochtones. Les droits ancestraux et les droits découlant de traités sont énoncés dans la Constitution canadienne. Les droits territoriaux ont été garantis pour la première fois par la Proclamation royale de 1763, du roi George III, qui établissait les bases de la négociation des traités avec les nouveaux arrivants — traités qui n'ont pas toujours été respectés. Du XIXᵉ siècle jusqu'aux années 1980, le gouvernement fédéral a placé de nombreux enfants autochtones dans des pensionnats afin de les instruire et de les assimiler à la culture canadienne dominante. Ces écoles étaient mal financées et les élèves y vivaient dans la misère, certains étant même maltraités physiquement. Les langues et les pratiques culturelles autochtones y étaient pour la plupart interdites. En 2008, Ottawa a présenté des excuses officielles à tous les anciens élèves des pensionnats indiens. Dans le Canada d'aujourd'hui, les peuples autochtones retrouvent leur fierté et leur confiance, et ils ont à leur actif de grandes réalisations dans les domaines de l'agriculture, de l'environnement, des affaires et des arts[65].

On explique dans ce guide les droits et les responsabilités de la citoyenneté. À propos du système juridique du Canada, on y déclare :

> Les règles juridiques du Canada proviennent entre autres des lois adoptées par le Parlement du Canada et les assemblées législatives provinciales, de la common law, du code civil de la France et de la tradition constitutionnelle héritée de la Grande-Bretagne. Ensemble, ces règles préservent pour les Canadiens une tradition de liberté ordonnée vieille de 800 ans, qui remonte à 1215, année de la signature de la Magna Carta en Angleterre[66].

Dans *Découvrir le Canada*, on passe sous silence le fait que les peuples autochtones sont à la source de la loi au Canada et on dit que la tradition de « liberté ordonnée » est attribuable à l'Angleterre, et pas du tout aux peuples autochtones du Canada, qui ont accueilli les explorateurs européens, qui les ont aidés à survivre dans ce climat, les ont guidés dans tout le pays et ont signé avec eux des traités pour partager leurs terres avec ces nouveaux arrivants d'Europe.

Un nouveau serment de citoyenneté canadienne

Le guide comporte le serment de citoyenneté à la reine que doivent prêter tous les nouveaux citoyens : « Au Canada, nous jurons notre fidélité à une personne humaine qui nous représente tous, plutôt que de nous engager à servir un document, une oriflamme ou un territoire. » Le serment actuel exige de tous les nouveaux Canadiens qu'ils disent ce qui suit : « Je jure (ou j'affirme solennellement) que je serai fidèle et porterai sincère allégeance à Sa Majesté la Reine Elizabeth Deux, Reine du Canada, à ses héritiers et successeurs, que j'observerai fidèlement les lois du Canada et que je remplirai loyalement mes obligations de citoyen canadien. »

Précisément parce que nous sommes tous visés par les traités, le serment de citoyenneté du Canada devrait comprendre la promesse solennelle de respecter les droits ancestraux et les droits issus de traités.

Appels à l'action :

93) Nous demandons au gouvernement fédéral d'examiner, en collaboration avec les organisations autochtones nationales, la trousse d'information pour les nouveaux arrivants au Canada et l'examen de citoyenneté afin que l'histoire relatée reflète davantage la diversité des peuples autochtones du Canada, y compris au moyen d'information sur les traités et sur l'histoire des pensionnats.

94) Nous demandons au gouvernement du Canada de remplacer le serment de citoyenneté par ce qui suit :

Je jure (ou affirme solennellement) que je serai fidèle et porterai sincère allégeance à Sa Majesté la Reine Elizabeth Deux, Reine du Canada, à ses héritiers et successeurs, que j'observerai fidèlement les lois du Canada, y compris les traités conclus avec les peuples autochtones, et que je remplirai loyalement mes obligations de citoyen canadien.

Le mot de la fin

Le 22 septembre 2013, au lendemain de l'événement national de la Colombie-Britannique, les commissaires se sont joints à 70 000 personnes réunies sous une pluie diluvienne pour participer à la Marche de la réconciliation organisée par Reconciliation Canada, un organisme sans but lucratif. Remplissant la rue Georgia dans le centre de Vancouver, une mer de parapluies multicolores s'étendait à perte de vue. Le tout a commencé par des cérémonies et des protocoles traditionnels. Des chefs en costumes, des femmes drapées dans des couvertures à boutons et des capes en cèdre, et les tambours et la danse en compagnie des survivants, de leurs familles et de gens de toutes les croyances, traditions et horizons, tous marchant ensemble par solidarité. Nous avons marché pour les survivants et pour tout ce qu'ils ont fait pour porter à l'attention du pays l'histoire des pensionnats enfouie depuis longtemps. Nous avons marché pour nous rappeler les milliers d'enfants morts dans les pensionnats. Nous avons marché pour honorer tous les peuples autochtones qui réclament et veulent restaurer leur identité, leur droit à l'égalité et leur dignité. Nous avons marché pour le changement social transformateur dont le Canada a besoin de toute urgence. Et nous avons marché pour cette exaltante solidarité d'être unis à des dizaines de milliers d'autres, tous réunis dans une nouvelle collectivité au dessein commun.

Survivant des pensionnats et chef aîné gwawaenuk, Robert Joseph, Ph.D., parlant à titre d'ambassadeur du Canada pour la réconciliation, a fait la déclaration suivante : « La réconciliation est pour quiconque a le cœur et l'esprit ouverts, et est désireux d'embrasser l'avenir d'une nouvelle manière. Essayons de trouver un moyen d'appartenir ensemble à ce lieu et à ce temps. Notre avenir, ainsi que le bien-être de tous nos enfants, repose sur le genre de relations que nous bâtissons aujourd'hui[67]. »

En novembre 2012, des aînés de nations autochtones et de nombreuses autres cultures se sont réunis pendant deux jours sur le territoire des Musqueam à Vancouver, en Colombie-Britannique, pour parler de la manière dont la réconciliation pouvait aider le Canada à aller de l'avant. Dans une déclaration faite à son issue, ils ont dit :

> En tant que Canadiens, nous partageons la responsabilité de veiller les uns sur les autres et de reconnaître la douleur et la souffrance que nos diverses sociétés ont subies — une douleur qui a été transmise aux générations suivantes. Nous devons redresser ces torts, guérir ensemble et bâtir un nouvel avenir qui honore les dons exceptionnels de nos enfants et petits-enfants.
>
> Et comment y arriverons-nous? En partageant nos histoires personnelles, nos légendes et nos enseignements traditionnels, nous avons découvert que nous étions liés par la même pensée et le même esprit. Nos enseignements traditionnels parlent de soutenir les autres, de marcher côte à côte, d'équilibre, de guérison et d'unité. Nos histoires montrent comment ces enseignements peuvent guérir nos souffrances et nous restituer la dignité. Nous avons découvert que, dans toutes nos traditions culturelles, il y a des enseignements sur la réconciliation, le pardon, l'unité, la guérison et l'équilibre.
>
> Nous vous invitons à fouiller dans vos propres traditions et croyances, et dans celles de vos ancêtres, pour trouver ces valeurs fondamentales qui créent des sociétés harmonieuses et pacifiques et une Terre en bonne santé[68].

Lors de l'événement final de la Commission de vérité et réconciliation tenu à Ottawa du 31 mai au 3 juin 2015, il y avait des signes d'espoir que les Canadiens prennent la responsabilité de veiller à ce que la réconciliation devienne une réalité. Divers organismes de bienfaisance et diverses fondations ont présenté une « Déclaration d'action » à la Commission comme geste de réconciliation à placer dans la boîte en bois cintré de la CVR. Les signataires de cette déclaration ont fait une promesse, entre autres choses :

Ceci est un moment opportun, pour la communauté philanthropique du Canada, de s'engager envers la réconciliation et de faire preuve de leadership à cet égard. Nous portons avec nous nos réseaux, nos voix et nos ressources, de même que de nouvelles manières de penser et d'accomplir notre travail dans des domaines tels que l'inclusion, la culture et la langue, la santé, le logement, l'éducation, l'emploi et l'environnement.

Nous nous engageons à appuyer la réalisation de la vision des peuples autochtones de construire un pays plus équitable et plus juste. […] Nous travaillerons, chacun à notre manière, et ensemble, à la réalisation du but de réconciliation et, en fin de compte, à un Canada beaucoup plus fort et inclusif. […]

Nous déposons notre Déclaration d'action ici pour symboliser que ces actions se concrétiseront et se poursuivront. Nos signatures sont un appel à l'action invitant d'autres à se joindre à ce mouvement vers l'avant dans une atmosphère de compréhension, de dignité et de respect envers le but commun de la réconciliation[69].

L'événement final de la Commission de vérité et réconciliation a commencé par une autre marche pour la réconciliation. Encore une fois, des milliers de personnes sont venues exprimer leur soutien et leur engagement envers la réconciliation. John Moses, dont le père et la tante sont allés dans les pensionnats, a dit après l'événement : « C'est bon de voir autant d'Autochtones de tant de différentes parties du pays et bon aussi de voir les groupes de non-Autochtones et les organismes confessionnels venus donner leur appui. Mais j'espère que ce n'est pas qu'un aller-retour. J'espère qu'il restera un héritage durable de tout cela[70]. »

Réfléchissant sur sa vision d'une réconciliation significative dans les années à venir, le chef national de l'Assemblée des Premières Nations Perry Bellegarde, a écrit :

L'enjeu auquel nous faisons tous face désormais est notre avenir partagé. Que faut-il pour réaliser une réelle réconciliation entre les Premières Nations et le Canada? Je crois que la réconciliation consiste à combler le fossé — le fossé de la compréhension entre les Premières Nations et les Canadiens et le fossé de la qualité de vie de chacun. […]

Notre avenir appartient à la jeunesse, et nous en sommes les gardiens. Nous devons faire en sorte que nos jeunes aient accès à une éducation qui réponde aux normes les plus élevées et qui leur fournisse une expertise en technologies modernes, combinée à la sagesse de nos ancêtres, afin qu'ils puissent avancer avec confiance dans les deux mondes. Ils apprendront leurs langues et leurs droits, et l'importance de pouvoir disposer d'eux-mêmes. On leur enseignera dans des systèmes qui seront financés équitablement, avec les mêmes appuis dont bénéficient les autres élèves. […]

Les Canadiens aussi ont besoin d'éducation et de sensibilisation. Chaque citoyen devrait apprendre la véritable histoire commune de notre pays, tant les moments douloureux et honteux tels que les pensionnats et la *Loi sur les Indiens* au cours de l'histoire, que les moments édifiants comme notre relation initiale — les promesses que nous nous étions faites mutuellement de partager et de vivre ensemble dans le respect et la coexistence pacifique. La réconciliation signifie de réparer notre relation en honorant ces promesses initiales.

Nous devons rebâtir cette relation initiale de respect, de partenariat et de partage des richesses de cette terre. […] Nous n'étions pas destinés à vivre comme des pauvres sur nos terres natales. […]

À quoi ressemblera le Canada si nous mettons ce programme en action? Nous verrons de la justice, du respect et de la guérison du côté des survivants des pensionnats, nous verrons des Premières Nations qui prospèrent en profitant des richesses de leurs territoires traditionnels, des aînés qui murmurent leur langue à l'oreille de leurs petits-enfants, et la reconnaissance généralisée que les droits des Premières Nations sont des droits de la personne, des droits que les Canadiens parrainent partout dans le monde. C'est cela, la réconciliation[71].

Le 1er juin 2015, la veille de la journée où la Commission de vérité et réconciliation a diffusé le sommaire de son rapport et ses appels à l'action, le député fédéral Romeo Saganash, lui aussi un survivant, a dit à la Chambre des communes qu'il importait de saisir cette occasion d'agir pour la réconciliation.

Après le rapport de la Commission royale sur les peuples autochtones, il y a près de 20 ans, c'est une autre occasion, dans notre histoire commune, de rétablir l'harmonie entre les peuples qui habitent ce territoire que nous appelons maintenant le Canada. Et cette autre occasion, c'est demain. Il faudra profiter de ce moment pour réfléchir à ce que nous voulons faire. L'histoire nous donne une autre occasion d'opérer un changement. C'est ce que les Canadiens veulent. Le changement et la réconciliation vont de pair.

En tant que survivant, je suis particulièrement conscient de l'importance de ce grand moment que nous allons vivre demain. Tous ensemble, saisissons cette occasion pour nous engager à opérer un changement profond dans nos relations avec les premiers habitants de ce pays. Prenons la décision de faire ce que 148 années de gouvernements successifs n'ont pas réussi à faire : la réconciliation entre les peuples.

La réconciliation, c'est la guérison des relations, l'instauration de la confiance et de la compréhension des différences. C'est le redressement des torts et le respect des droits de tous. La réconciliation passe par la volonté sincère d'opérer un changement, d'être honnête, et de participer à la refonte de relations qui garantiront un avenir de paix, de justice et d'espoir pour tous. Je prétends qu'il n'existe pas de réconciliation sans justice. De nombreux groupes de la société canadienne se disent sincèrement prêts à s'engager dans un dialogue qui conduira à la vérité, à la dignité et, surtout, à la réconciliation. [...]

L'adoption du rapport de la Commission de vérité et réconciliation, aussi importante soit-elle, ne changera pas en elle-même le quotidien des femmes, des hommes et des enfants dont la vie est révélée et honorée dans le document. Non. Pour cela, il nous faut non seulement l'engagement politique et constitutionnel des gouvernements, mais également l'appui et la bonne volonté de la population, de tous les Canadiens, afin de créer et de mettre en œuvre des changements substantiels et profonds dans les relations de collaboration et de partenariat avec les Autochtones eux-mêmes. Nous sommes tous partie à cela[72].

Nous aussi, nous croyons que le Canada est à un tournant décisif de son histoire nationale. La Commission a établi des principes directeurs et un cadre de réconciliation. C'est désormais aux Canadiens de passer à l'action.

Le travail de la Commission de vérité et réconciliation a montré à quel point le processus d'établissement de la vérité peut être ardu. Des milliers de survivants ont communiqué avec nous et, en larmes et remplis de colère, ils ont partagé leur douleur. Ils nous ont montré comment l'humour, la persévérance et la résilience leur ont permis de traverser les pires difficultés, et comment la vie après les pensionnats a parfois tout simplement été trop difficile. Ils ont communiqué avec nous pour partager leurs récits, pas seulement pour alléger leur fardeau, mais aussi avec l'espoir de faire changer les choses pour leurs enfants et leurs petits-enfants.

La réconciliation exigera beaucoup de travail. Les gens de tous les milieux et de tous les paliers de la société devront y participer de leur plein gré.

La réconciliation appelle à l'action personnelle. Les gens doivent apprendre à se connaître les uns les autres. Ils doivent apprendre à se parler mutuellement avec respect et à parler au sujet des uns et des autres avec respect. Ils doivent apprendre à parler en toute connaissance de cause de l'histoire de ce pays. Et ils doivent veiller à ce que leurs enfants apprennent à le faire eux aussi.

La réconciliation appelle à l'action collective. Lors de chacun des événements publics qu'il a tenus, le comité organisateur des Jeux olympiques de Vancouver de 2012 a reconnu les quatre Premières Nations hôtes, les a honorées et leur a rendu hommage. Les équipes et les clubs sportifs, les artistes, musiciens, écrivains, enseignants, médecins, avocats et juges, ainsi que les hommes politiques, doivent apprendre de cet exemple d'inclusion et de respect, et doivent aussi apprendre comment s'engager plus à fond dans le dialogue pour la réconciliation.

La réconciliation appelle à l'action communautaire. La Ville de Vancouver, en Colombie-Britannique, s'est proclamée « ville de la réconciliation ». La Ville d'Halifax, en Nouvelle-Écosse, tient une procession annuelle commémorant le Traité de paix et d'amitié de 1761. On y prononce des discours et tous les participants festoient ensemble. La Ville de Wetaskiwin, en Alberta, a planté une pancarte à l'entrée de la ville sur laquelle le nom de la municipalité est écrit en caractères cris. D'autres collectivités peuvent les imiter.

La réconciliation appelle à l'action des gouvernements fédéral, provinciaux et territoriaux.

La réconciliation appelle à l'action nationale.

La manière dont nous nous gouvernons doit changer.

Les lois doivent changer.

Les politiques et les programmes doivent changer.

La manière dont nous éduquons nos enfants et nous-mêmes doit changer.

La manière dont nous faisons des affaires doit changer.

Notre façon de penser doit changer.

La manière dont nous nous parlons les uns aux autres et dont nous parlons les uns des autres doit changer.

Tous les Canadiens doivent prendre un engagement ferme et durable en faveur de la réconciliation, afin de veiller à ce que le Canada devienne un pays où nos enfants et nos petits-enfants puissent s'épanouir et prospérer.

Appels à l'action

Afin de remédier aux séquelles laissées par les pensionnats et de faire avancer le processus de réconciliation, la Commission de vérité et réconciliation lance les appels à l'action ci-après.

Les séquelles

Protection de l'enfance

1) Nous demandons au gouvernement fédéral, aux gouvernements provinciaux et territoriaux de même qu'aux gouvernements autochtones de s'engager à réduire le nombre d'enfants autochtones pris en charge en ayant recours aux moyens suivants :

    i. le contrôle et l'évaluation des enquêtes sur la négligence;

    ii. l'affectation de ressources suffisantes pour permettre aux collectivités autochtones et aux organismes de protection de l'enfance de garder les familles autochtones ensemble, dans les cas où il est sécuritaire de le faire, et de garder les enfants dans des environnements adaptés à leur culture, quel que soit l'endroit où ils habitent;

    iii. la prise de mesures pour voir à ce que les travailleurs sociaux et les autres intervenants qui mènent des enquêtes liées à la protection de l'enfance soient bien renseignés et formés en ce qui touche l'histoire et les répercussions des pensionnats;

    iv. la prise de mesures pour voir à ce que les travailleurs sociaux et les autres intervenants qui mènent des enquêtes liées à la protection de l'enfance soient bien renseignés et formés au sujet de la possibilité que les familles et les collectivités autochtones représentent de meilleures solutions en vue de la guérison des familles;

    v. l'établissement d'une exigence selon laquelle tous les décideurs du milieu de la protection de l'enfance doivent tenir compte des répercussions de l'expérience des pensionnats sur les enfants et sur ceux qui leur fournissent des soins.

2) Nous demandons au gouvernement fédéral, en collaboration avec les provinces et les territoires, de préparer et de publier des rapports annuels sur le nombre d'enfants autochtones (Premières Nations, Inuits et Métis) qui sont pris en charge, par comparaison avec les enfants non autochtones, ainsi que sur les motifs de la prise en charge d'enfants par l'État, sur les dépenses totales engagées pour les besoins des services de prévention et de nature autre offerts par les organismes de protection de l'enfance, et sur l'efficacité des diverses interventions.

3) Nous demandons à tous les ordres de gouvernement de voir à la pleine mise en œuvre du principe de Jordan.

4) Nous demandons au gouvernement fédéral de mettre en place des dispositions législatives en matière de protection des enfants autochtones qui établissent des normes nationales en ce qui a trait aux cas de garde et de prise en charge par l'État concernant des enfants autochtones, et qui prévoient des principes qui :

    i. confirment le droit des gouvernements autochtones d'établir et de maintenir en place leurs propres organismes de protection de l'enfance;

    ii. exigent des organismes de protection de l'enfance et des tribunaux qu'ils tiennent compte dans leurs décisions des séquelles laissées par les pensionnats;

    iii. établissent, en tant que priorité de premier plan, une exigence selon laquelle le placement temporaire ou permanent des enfants autochtones le soit dans un milieu adapté à leur culture.

5) Nous demandons au gouvernement fédéral, aux gouvernements provinciaux et territoriaux de même qu'aux gouvernements autochtones d'élaborer des programmes d'éducation qui sont destinés aux parents et qui sont adaptés à la culture des familles autochtones.

Éducation

6) Nous demandons au gouvernement du Canada d'abroger l'article 43 du *Code criminel* du Canada.

7) Nous demandons au gouvernement fédéral d'élaborer, de concert avec les groupes autochtones, une stratégie conjointe pour combler les écarts en matière

d'éducation et d'emploi entre les Canadiens autochtones et les Canadiens non autochtones.

8) Nous demandons au gouvernement fédéral d'éliminer l'écart entre le financement en matière d'éducation qu'il verse pour les besoins des enfants des Premières Nations qui fréquentent des écoles dans les réserves et celui qu'il accorde pour les besoins des enfants des Premières Nations qui fréquentent des écoles à l'extérieur des réserves.

9) Nous demandons au gouvernement fédéral de préparer et de publier des rapports annuels sur le financement en matière d'éducation destiné aux enfants des Premières Nations dans les réserves par comparaison avec celui dont bénéficient les enfants des Premières Nations à l'extérieur des réserves, ainsi que sur les niveaux de scolarisation et le revenu des membres des peuples autochtones par rapport aux non-Autochtones au Canada.

10) Nous demandons au gouvernement fédéral d'élaborer de nouvelles dispositions législatives sur l'éducation des Autochtones, avec la pleine participation et le consentement éclairé des peuples autochtones. Plus précisément, nous demandons à ce que ces dispositions comprennent un engagement à l'égard d'un financement suffisant et intègrent des principes qui se traduisent par la réalisation de ce qui suit :

   i. fournir un financement suffisant pour combler les écarts mentionnés sur le plan des niveaux de scolarisation en une génération;

   ii. améliorer les niveaux de scolarisation et les taux de réussite;

   iii. élaborer des programmes d'études adaptés à la culture;

   iv. protéger le droit d'utiliser les langues autochtones, y compris en ce qui touche l'enseignement de telles langues dans le cadre de cours crédités;

   v. voir à ce que les parents et la collectivité puissent assumer la responsabilité et le contrôle du système scolaire qui les concerne, et à ce qu'ils soient tenus de rendre des comptes à cet égard, de manière semblable à la situation des parents dans le système scolaire public;

   vi. permettre aux parents de participer pleinement à l'éducation de leurs enfants;

   vii. respecter et honorer les relations découlant des traités.

11) Nous demandons au gouvernement fédéral de fournir un financement adéquat pour remédier à l'insuffisance des places disponibles pour les élèves des Premières Nations qui souhaitent poursuivre des études postsecondaires.

12) Nous demandons au gouvernement fédéral, aux gouvernements provinciaux et territoriaux de même qu'aux gouvernements autochtones d'élaborer des programmes d'éducation de la petite enfance adaptés à la culture des familles autochtones.

Langue et culture

13) Nous demandons au gouvernement fédéral de reconnaître que les droits des Autochtones comprennent les droits linguistiques autochtones.

14) Nous demandons au gouvernement fédéral d'adopter une loi sur les langues autochtones qui incorpore les principes suivants :

   i. les langues autochtones représentent une composante fondamentale et valorisée de la culture et de la société canadiennes, et il y a urgence de les préserver;

   ii. les droits linguistiques autochtones sont renforcés par les traités;

   iii. le gouvernement fédéral a la responsabilité de fournir des fonds suffisants pour la revitalisation et la préservation des langues autochtones;

   iv. ce sont les peuples et les collectivités autochtones qui sont les mieux à même de gérer la préservation, la revitalisation et le renforcement des langues et des cultures autochtones;

   v. le financement accordé pour les besoins des initiatives liées aux langues autochtones doit refléter la diversité de ces langues.

15) Nous demandons au gouvernement fédéral de nommer, à la suite de consultations avec les groupes autochtones, un commissaire aux langues autochtones. Plus précisément, nous demandons que ce commissaire soit chargé de contribuer à la promotion des langues autochtones et de présenter des comptes rendus sur l'efficacité du financement fédéral destiné aux initiatives liées aux langues autochtones.

16) Nous demandons aux établissements d'enseignement postsecondaire de créer des programmes et des diplômes collégiaux et universitaires en langues autochtones.

17) Nous demandons à tous les ordres de gouvernement de permettre aux survivants des pensionnats et à leurs familles de reprendre les noms qui ont été changés par le système des pensionnats en les exonérant des frais d'administration applicables dans le cadre du processus de changement de nom et de révision officielle des documents d'identité, comme les extraits de naissance, les passeports, les permis de conduire, les cartes santé, les certificats de statut d'Indien et la carte d'assurance sociale, et ce, pour une période de cinq ans.

Santé

18) Nous demandons au gouvernement fédéral, aux gouvernements provinciaux et territoriaux ainsi qu'aux gouvernements autochtones de reconnaître que la situation actuelle sur le plan de la santé des Autochtones au Canada est le résultat direct des politiques des précédents gouvernements canadiens, y compris en ce qui touche les pensionnats, et de reconnaître et de mettre en application les droits des Autochtones en matière de soins de santé tels qu'ils sont prévus par le droit international et le droit constitutionnel, de même que par les traités.

19) Nous demandons au gouvernement fédéral, en consultation avec les peuples autochtones, d'établir des objectifs quantifiables pour cerner et combler les écarts dans les résultats en matière de santé entre les collectivités autochtones et les collectivités non autochtones, en plus de publier des rapports d'étape annuels et d'évaluer les tendances à long terme à cet égard. Les efforts ainsi requis doivent s'orienter autour de divers indicateurs, dont la mortalité infantile, la santé maternelle, le suicide, la santé mentale, la toxicomanie, l'espérance de vie, les taux de natalité, les problèmes de santé infantile, les maladies chroniques, la fréquence des cas de maladie et de blessure ainsi que la disponibilité de services de santé appropriés.

20) Afin de régler les conflits liés à la compétence en ce qui a trait aux Autochtones vivant à l'extérieur des réserves, nous demandons au gouvernement fédéral de reconnaître les besoins distincts en matière de santé des Métis, des Inuits et des Autochtones hors réserve, de respecter ces besoins et d'y répondre.

21) Nous demandons au gouvernement fédéral de fournir un financement à long terme pour les besoins des centres autochtones, nouveaux et de plus longue date, voués au traitement de problèmes de santé physique, mentale, émotionnelle et spirituelle avec lesquels doivent composer les Autochtones et qui découlent de leur expérience dans les pensionnats, et de veiller à accorder la priorité au financement de tels centres de traitement au Nunavut et dans les Territoires du Nord-Ouest.

22) Nous demandons aux intervenants qui sont à même d'apporter des changements au sein du système de soins de santé canadien de reconnaître la valeur des pratiques de guérison autochtones et d'utiliser ces pratiques dans le traitement de

patients autochtones, en collaboration avec les aînés et les guérisseurs autochtones, lorsque ces patients en font la demande.

23) Nous demandons à tous les ordres de gouvernement :

  i. de voir à l'accroissement du nombre de professionnels autochtones travaillant dans le domaine des soins de santé;

  ii. de veiller au maintien en poste des Autochtones qui fournissent des soins de santé dans les collectivités autochtones;

  iii. d'offrir une formation en matière de compétences culturelles à tous les professionnels de la santé.

24) Nous demandons aux écoles de médecine et aux écoles de sciences infirmières du Canada d'exiger que tous leurs étudiants suivent un cours portant sur les questions liées à la santé qui touchent les Autochtones, y compris en ce qui a trait à l'histoire et aux séquelles des pensionnats, à la Déclaration des Nations Unies sur les droits des peuples autochtones, aux traités et aux droits des Autochtones de même qu'aux enseignements et aux pratiques autochtones. À cet égard, il faudra, plus particulièrement, offrir une formation axée sur les compétences pour ce qui est de l'aptitude interculturelle, du règlement de différends, des droits de la personne et de la lutte contre le racisme.

Justice

25) Nous demandons au gouvernement fédéral de rédiger une politique qui réaffirme l'indépendance de la Gendarmerie royale du Canada pour ce qui est d'enquêter sur les crimes à l'égard desquels le gouvernement a ses propres intérêts en tant que partie potentielle ou réelle dans un recours civil.

26) Nous demandons aux gouvernements fédéral, provinciaux et territoriaux d'examiner et de modifier leurs délais de prescription de telle sorte qu'ils soient conformes au principe selon lequel les gouvernements et les autres entités concernées ne peuvent invoquer la prescription comme moyen de défense à l'encontre d'une action en justice portée par les Autochtones en raison de la violence qu'ils ont subie par le passé.

27) Nous demandons à la Fédération des ordres professionnels de juristes du Canada de veiller à ce que les avocats reçoivent une formation appropriée en matière de compétences culturelles, y compris en ce qui a trait à l'histoire et aux séquelles des pensionnats, à la Déclaration des Nations Unies sur les droits des peuples autochtones, aux traités et aux droits des Autochtones, au droit autochtone de

même qu'aux relations entre l'État et les Autochtones. À cet égard, il faudra, plus particulièrement, offrir une formation axée sur les compétences pour ce qui est de l'aptitude interculturelle, du règlement de différends, des droits de la personne et de la lutte contre le racisme.

28) Nous demandons aux écoles de droit du Canada d'exiger que tous leurs étudiants suivent un cours sur les peuples autochtones et le droit, y compris en ce qui a trait à l'histoire et aux séquelles des pensionnats, à la Déclaration des Nations Unies sur les droits des peuples autochtones, aux traités et aux droits des Autochtones, au droit autochtone de même qu'aux relations entre l'État et les Autochtones. À cet égard, il faudra, plus particulièrement, offrir une formation axée sur les compétences pour ce qui est de l'aptitude interculturelle, du règlement de différends, des droits de la personne et de la lutte contre le racisme.

29) Nous demandons aux parties concernées et, plus particulièrement, au gouvernement fédéral, de travailler en collaboration avec les demandeurs qui ne sont pas visés par la Convention de règlement relative aux pensionnats indiens afin de cerner les questions en litige et d'établir rapidement une entente sur un ensemble de faits.

30) Nous demandons aux gouvernements fédéral, provinciaux et territoriaux de s'engager à éliminer, au cours de la prochaine décennie, la surreprésentation des Autochtones en détention et de publier des rapports annuels détaillés sur l'évaluation des progrès en ce sens.

31) Nous demandons aux gouvernements fédéral, provinciaux et territoriaux de procéder à une évaluation et d'établir des sanctions communautaires réalistes qui offriront des solutions de rechange à l'incarcération des délinquants autochtones, de fournir un financement suffisant et stable à cet égard et de cibler les causes sous-jacentes du comportement délinquant.

32) Nous demandons au gouvernement fédéral de modifier le *Code criminel* afin de permettre aux juges de première instance, avec motifs à l'appui, de déroger à l'imposition des peines minimales obligatoires de même qu'aux restrictions concernant le recours aux peines d'emprisonnement avec sursis.

33) Nous demandons aux gouvernements fédéral, provinciaux et territoriaux de reconnaître comme priorité de premier plan la nécessité d'aborder la question du trouble du spectre de l'alcoolisation fœtale (TSAF) et de prévenir ce trouble, en plus d'élaborer, en collaboration avec les Autochtones, des programmes de prévention du TSAF qui sont adaptés à la culture autochtone.

34) Nous demandons aux gouvernements du Canada, des provinces et des territoires d'entreprendre des réformes du système de justice pénale afin de mieux

répondre aux besoins des délinquants atteints du TSAF; plus particulièrement, nous demandons la prise des mesures suivantes :

   i. fournir des ressources communautaires et accroître les pouvoirs des tribunaux afin de s'assurer que le TSAF est diagnostiqué correctement et que des mesures de soutien communautaires sont en place pour les personnes atteintes de ce trouble;

   ii. permettre des dérogations aux peines minimales obligatoires d'emprisonnement pour les délinquants atteints du TSAF;

   iii. mettre à la disposition de la collectivité de même que des responsables des services correctionnels et des libérations conditionnelles les ressources qui leur permettront de maximiser les possibilités de vivre dans la collectivité pour les personnes atteintes du TSAF;

   iv. adopter des mécanismes d'évaluation appropriés pour mesurer l'efficacité des programmes en cause et garantir la sécurité de la collectivité.

35) Nous demandons au gouvernement fédéral d'éliminer les obstacles à la création de pavillons de ressourcement additionnels pour détenus autochtones au sein du système correctionnel fédéral.

36) Nous demandons aux gouvernements fédéral, provinciaux et territoriaux de travailler avec les collectivités autochtones pour offrir des services culturellement adaptés aux détenus en ce qui concerne, notamment, la toxicomanie, la famille et la violence familiale de même que les difficultés auxquelles fait face une personne lorsqu'elle tente de surmonter les séquelles de la violence sexuelle.

37) Nous demandons au gouvernement fédéral de fournir un plus grand soutien pour les besoins des programmes autochtones offerts dans des maisons de transition de même que des services de libération conditionnelle.

38) Nous demandons au gouvernement fédéral, aux gouvernements provinciaux et territoriaux ainsi qu'aux gouvernements autochtones de s'engager à éliminer, au cours de la prochaine décennie, la surreprésentation des jeunes Autochtones en détention.

39) Nous demandons au gouvernement fédéral d'élaborer un plan national pour recueillir et publier des données sur la victimisation criminelle des Autochtones, y compris des données sur les homicides et la victimisation liée à la violence familiale.

40) Nous demandons à tous les ordres de gouvernement de créer, en collaboration avec les peuples autochtones, des programmes et des services suffisamment financés et faciles d'accès destinés expressément aux victimes autochtones, ainsi que des mécanismes d'évaluation appropriés.

41) Nous demandons au gouvernement fédéral de nommer, à la suite de consultations avec des organisations autochtones, une commission d'enquête publique chargée de se pencher sur les causes de la disproportion de la victimisation des femmes et des jeunes filles autochtones, et sur les moyens possibles pour y remédier. Le mandat de la commission d'enquête devra comprendre, notamment :

   i. la réalisation d'enquêtes sur la disparition et l'assassinat de femmes et de jeunes filles autochtones;

   ii. l'établissement de liens avec les effets intergénérationnels des pensionnats autochtones.

42) Nous demandons aux gouvernements fédéral, provinciaux et territoriaux de s'engager à reconnaître et à mettre en œuvre un système de justice autochtone qui soit compatible avec les droits ancestraux et issus de traités des peuples autochtones, en plus d'être conforme à la *Loi constitutionnelle de 1982* et à la Déclaration des Nations Unies sur les droits des peuples autochtones à laquelle le Canada a adhéré en novembre 2012.

La réconciliation

Les gouvernements canadiens et la *Déclaration des Nations Unies sur les droits des peuples autochtones*

43) Nous demandons aux gouvernements fédéral, provinciaux et territoriaux de même qu'aux administrations municipales d'adopter et de mettre en œuvre la *Déclaration des Nations Unies sur les droits des peuples autochtones* dans le cadre de la réconciliation.

44) Nous demandons au gouvernement du Canada d'élaborer un plan d'action et des stratégies de portée nationale de même que d'autres mesures concrètes pour atteindre les objectifs de la *Déclaration des Nations Unies sur les droits des peuples autochtones*.

Proclamation royale et pacte de réconciliation

45) Nous demandons au gouvernement du Canada d'élaborer, en son nom et au nom de tous les Canadiens, et de concert avec les peuples autochtones, une proclamation royale de réconciliation qui sera publiée par l'État. La proclamation s'appuierait sur la Proclamation royale de 1763 et le traité de Niagara de 1764,

et réaffirmerait la relation de nation à nation entre les peuples autochtones et l'État. La proclamation comprendrait, mais sans s'y limiter, les engagements suivants :

i. répudier les concepts utilisés pour justifier la souveraineté des peuples européens sur les territoires et les peuples autochtones, notamment la doctrine de la découverte et le principe de *terra nullius* (territoire n'appartenant à personne);

ii. adopter et mettre en œuvre la *Déclaration des Nations Unies sur les droits des peuples autochtones* dans le cadre de la réconciliation;

iii. établir des relations qui se rattachent aux traités et qui sont fondées sur les principes de la reconnaissance mutuelle, du respect mutuel et de la responsabilité partagée, et ce, de manière à ce qu'elles soient durables, ou renouveler les relations de ce type déjà nouées;

iv. concilier les affaires constitutionnelles et juridiques des peuples autochtones et de l'État pour s'assurer que les peuples autochtones sont des partenaires à part entière au sein de la Confédération, ce qui englobe la reconnaissance des lois et des traditions juridiques autochtones et leur intégration dans la négociation et la mise en œuvre des traités, des revendications territoriales et de toute autre entente constructive.

46) Nous demandons aux parties à la Convention de règlement relative aux pensionnats indiens d'élaborer et de signer un pacte de réconciliation qui fait part des principes de la collaboration voulue afin de promouvoir la réconciliation au sein de la société canadienne et qui comprend, notamment, mais sans s'y limiter :

i. la réaffirmation de l'engagement des parties à l'égard de la réconciliation;

ii. la répudiation des concepts utilisés pour justifier la souveraineté des peuples européens sur les territoires et les peuples autochtones, notamment la doctrine de la découverte et le principe de *terra nullius*, de même que la réforme des lois, des structures de gouvernance et des politiques au sein des institutions qui s'appuient toujours sur ces concepts;

iii. la pleine adoption et la mise en œuvre complète de la *Déclaration des Nations Unies sur les droits des peuples autochtones* dans le cadre de la réconciliation;

iv. le soutien de l'établissement de relations qui se rattachent aux traités et qui sont fondées sur les principes de la reconnaissance mutuelle, du respect mutuel et de la responsabilité partagée, et ce, de manière à ce qu'elles soient durables, ou encore du renouvellement des relations de ce type déjà nouées;

v. l'octroi de la permission aux personnes exclues de la Convention de règlement de signer le pacte de réconciliation;

vi. l'octroi de la permission à d'autres parties concernées de signer le pacte de réconciliation.

47) Nous demandons aux gouvernements fédéral, provinciaux, territoriaux et municipaux de rejeter les concepts ayant servi à justifier la souveraineté européenne sur les peuples et les territoires autochtones, comme la doctrine de la découverte et celle de la *terra nullius*, et de réformer les lois, les politiques gouvernementales et les stratégies d'instance qui continuent de s'appuyer sur de tels concepts.

Les parties à la Convention de règlement et la *Déclaration des Nations Unies sur les droits des peuples autochtones*

48) Nous demandons à l'Église, aux parties à la Convention de règlement et à tous les autres groupes confessionnels et interconfessionnels au Canada qui ne l'ont pas déjà fait d'adopter officiellement et de respecter les normes et les principes de la *Déclaration des Nations Unies sur les droits des peuples autochtones* en tant que cadre de réconciliation. Cela comprend, sans toutefois s'y limiter, les engagements suivants de la part des intervenants en cause :

i. veiller à ce que leurs institutions, politiques, programmes et pratiques soient conformes à la *Déclaration des Nations Unies sur les droits des peuples autochtones*;

ii. respecter le droit à l'autodétermination des peuples autochtones dans les cas d'ordre spirituel, y compris le droit d'élaborer, de mettre en pratique et d'enseigner leurs propres traditions, coutumes et cérémonies religieuses et spirituelles, conformément à l'article 12:1 de la *Déclaration des Nations Unies sur les droits des peuples autochtones*;

iii. lancer un dialogue public, voir à ce qu'il se poursuive à long terme et prendre des mesures pour appuyer la *Déclaration des Nations Unies sur les droits des peuples autochtones*;

iv. publier, au plus tard le 31 mars 2016, une déclaration de la part des intervenants de toutes les confessions religieuses et de tous les groupes confessionnels quant à la manière dont ils ont l'intention de mettre en œuvre la *Déclaration des Nations Unies sur les droits des peuples autochtones*.

49) Nous demandons aux intervenants de toutes les confessions religieuses et de tous les groupes confessionnels qui ne l'ont pas déjà fait de répudier les concepts utilisés pour justifier la souveraineté européenne sur les terres et les peuples autochtones, notamment la doctrine de la découverte et le principe de *terra nullius*.

L'équité pour les Autochtones dans le système judiciaire

50) Conformément à la *Déclaration des Nations Unies sur les droits des peuples autochtones*, nous demandons au gouvernement fédéral de financer, en collaboration avec les organisations autochtones, la création d'instituts du droit autochtone pour l'élaboration, la mise en application et la compréhension des lois autochtones ainsi que l'accès à la justice en conformité avec les cultures uniques des peuples autochtones du Canada.

51) Nous demandons au gouvernement du Canada d'élaborer, en tant qu'obligation dans le cadre de sa responsabilité fiduciaire, une politique de transparence en publiant des avis juridiques qu'il élabore, invoque ou entend invoquer en ce qui concerne la portée et l'étendue des droits ancestraux et issus de traités des Autochtones.

52) Nous demandons au gouvernement du Canada, aux gouvernements provinciaux et territoriaux de même qu'aux tribunaux d'adopter les principes juridiques suivants :

   i. les revendications de titres ancestraux seront acceptées lorsque le revendicateur autochtone aura établi qu'il a occupé le territoire en cause à un moment en particulier;

   ii. lorsque le titre autochtone aura été établi, le fardeau de prouver toute limitation à l'exercice d'un droit résultant de l'existence de ce titre reviendra à la partie qui soutient l'existence d'une telle limitation.

Conseil national de réconciliation

53) Nous demandons au Parlement du Canada d'adopter, en consultation et en collaboration avec les peuples autochtones, des dispositions législatives visant à mettre sur pied un conseil national de réconciliation. Plus particulièrement, nous demandons que ces dispositions établissent le conseil en tant qu'organisme de surveillance indépendant de portée nationale dont les membres, autochtones et

non autochtones, sont nommés conjointement par le gouvernement du Canada et des organisations autochtones nationales. Le mandat de ce conseil comprendrait, sans toutefois s'y limiter, ce qui suit :

i. surveiller et évaluer les progrès réalisés en matière de réconciliation une fois les excuses faites, présenter un rapport annuel à ce sujet au Parlement et à la population du Canada et s'assurer que le gouvernement continue de s'acquitter, au cours des prochaines années, de sa responsabilité d'établir une bonne relation entre les peuples autochtones et l'État;

ii. surveiller et évaluer les progrès réalisés en matière de réconciliation à tous les niveaux et secteurs de la société canadienne et présenter un rapport à cet égard au Parlement et à la population du Canada, notamment en ce qui touche la mise en œuvre des appels à l'action de la Commission de vérité et réconciliation;

iii. élaborer et mettre en œuvre un plan d'action pluriannuel national pour la réconciliation, ce qui englobe des activités de recherche et d'élaboration de politiques, des programmes d'éducation du public et des ressources;

iv. promouvoir le dialogue public, les partenariats publics-privés de même que les initiatives publiques de réconciliation.

54) Nous demandons au gouvernement du Canada de fournir un financement pluriannuel pour les besoins du conseil national de réconciliation qui sera créé afin de s'assurer qu'il dispose des ressources humaines, financières et techniques nécessaires pour mener ses travaux, y compris la dotation d'une fiducie de la réconciliation nationale pour faire avancer le dossier de la réconciliation.

55) Nous demandons à tous les ordres de gouvernement de fournir des comptes rendus annuels ou toutes données récentes que demande le conseil national de réconciliation afin de permettre à celui-ci de présenter des rapports sur les progrès réalisés en vue de la réconciliation. L'information ainsi communiquée comprendrait, sans toutefois s'y limiter :

i. le nombre d'enfants autochtones pris en charge — y compris les enfants métis et inuits — par comparaison avec les enfants non autochtones, les motifs de la prise en charge d'enfants par l'État ainsi que les dépenses totales engagées pour les besoins des services de prévention et de nature autre offerts par les organismes de protection de l'enfance;

ii. une comparaison en ce qui touche le financement destiné à l'éducation des enfants des Premières Nations dans les réserves et à l'extérieur de celles-ci;

iii. une comparaison sur les plans des niveaux de scolarisation et du revenu entre les collectivités autochtones et les collectivités non autochtones du Canada;

iv. les progrès réalisés pour combler les écarts entre les collectivités autochtones et les collectivités non autochtones en ce qui a trait à divers indicateurs de la santé dont la mortalité infantile, la santé maternelle, le suicide, la santé mentale, la toxicomanie, l'espérance de vie, les taux de natalité, les problèmes de santé infantile, les maladies chroniques, la fréquence des cas de maladie et de blessure ainsi que la disponibilité de services de santé appropriés;

v. les progrès réalisés pour ce qui est d'éliminer la surreprésentation des jeunes Autochtones dans le régime de garde applicable aux adolescents, au cours de la prochaine décennie;

vi. les progrès réalisés dans la réduction du taux de la victimisation criminelle des Autochtones, y compris des données sur les homicides, la victimisation liée à la violence familiale et d'autres crimes;

vii. les progrès réalisés en ce qui touche la réduction de la surreprésentation des Autochtones dans le système judiciaire et correctionnel.

56) Nous demandons au premier ministre du Canada de répondre officiellement au rapport du conseil national de réconciliation en publiant un rapport annuel sur la « situation des peuples autochtones », dans lequel on pourrait présenter les intentions du gouvernement pour ce qui est de faire avancer le dossier de la réconciliation.

Une formation de sensibilisation à l'intention des fonctionnaires

57) Nous demandons aux gouvernements fédéral, provinciaux et territoriaux de même qu'aux administrations municipales de s'assurer que les fonctionnaires sont formés sur l'histoire des peuples autochtones, y compris en ce qui a trait à l'histoire et aux séquelles des pensionnats, à la *Déclaration des Nations Unies sur les droits des peuples autochtones*, aux traités et aux droits des Autochtones, au droit autochtone ainsi qu'aux enseignements et aux pratiques autochtones. À cet égard, il faudra, plus particulièrement, offrir une formation axée sur les compétences pour ce qui est de l'aptitude interculturelle, du règlement de différends, des droits de la personne et de la lutte contre le racisme.

Les excuses de l'Église et la réconciliation

58) Nous demandons au pape de présenter, au nom de l'Église catholique romaine, des excuses aux survivants, à leurs familles ainsi qu'aux collectivités concernées pour les mauvais traitements sur les plans spirituel, culturel, émotionnel, physique et sexuel que les enfants des Premières Nations, des Inuits et des Métis ont subis dans les pensionnats dirigés par l'Église catholique. Nous demandons que ces excuses soient semblables à celles faites en 2010 aux Irlandais qui avaient été victimes de mauvais traitements et à ce qu'elles soient présentées par le pape au Canada, dans un délai d'un an suivant la publication du présent rapport.

59) Nous demandons aux représentants de l'Église qui sont parties à la Convention de règlement d'élaborer des stratégies d'éducation pour que leurs congrégations apprennent le rôle joué par l'Église en ce qui a trait à la colonisation de même qu'à l'histoire et aux séquelles des pensionnats, de même que les raisons pour lesquelles des excuses aux anciens élèves des pensionnats et à leurs familles de même qu'aux collectivités concernées sont nécessaires.

60) Nous demandons aux représentants de l'Église qui sont parties à la Convention de règlement ainsi qu'à toutes les autres confessions religieuses concernées, en collaboration avec les chefs spirituels autochtones, les survivants des pensionnats, les écoles de théologie, les séminaires et d'autres centres de formation, d'élaborer un programme d'études sur la nécessité de respecter en soi la spiritualité autochtone, sur l'histoire et les séquelles des pensionnats et le rôle de l'Église dans ce système, sur l'histoire des conflits religieux et leurs répercussions sur les familles et les collectivités autochtones, et sur la responsabilité de l'Église pour ce qui est d'atténuer ces conflits et de prévenir la violence spirituelle, et d'offrir ce programme à tous les séminaristes, membres du clergé et employés de ce milieu qui travaillent dans les collectivités autochtones.

61) Nous demandons aux représentants de l'Église qui sont parties à la Convention de règlement de collaborer avec les survivants et les représentants d'organisations autochtones en vue d'établir un fonds permanent destiné aux Autochtones pour les besoins de ce qui suit :

   i. projets de guérison et de réconciliation menés par la collectivité;

   ii. projets liés à la revitalisation de la langue et de la culture menés par la collectivité;

   iii. projets d'éducation et de création de liens menés par la collectivité;

iv. rencontres régionales de chefs spirituels et de jeunes autochtones afin de discuter de la spiritualité autochtone, de l'autodétermination et de la réconciliation.

L'éducation pour la réconciliation

62) Nous demandons aux gouvernements fédéral, provinciaux et territoriaux, en consultation et en collaboration avec les survivants, les peuples autochtones, et les éducateurs, de :

   i. rendre obligatoire, pour les élèves de la maternelle à la douzième année, l'établissement d'un programme adapté à l'âge des élèves portant sur les pensionnats, les traités de même que les contributions passées et contemporaines des peuples autochtones à l'histoire du Canada;

   ii. prévoir les fonds nécessaires pour permettre aux établissements d'enseignement postsecondaire de former les enseignants sur la façon d'intégrer les méthodes d'enseignement et les connaissances autochtones dans les salles de classe;

   iii. prévoir le financement nécessaire pour que les écoles autochtones utilisent les connaissances et les méthodes d'enseignement autochtones dans les salles de classe;

   iv. créer des postes de niveau supérieur au sein du gouvernement, à l'échelon du sous-ministre adjoint ou à un échelon plus élevé, dont les titulaires seront chargés du contenu autochtone dans le domaine de l'éducation.

63) Nous demandons au Conseil des ministres de l'éducation (Canada) de maintenir un engagement annuel à l'égard des questions relatives à l'éducation des Autochtones, notamment en ce qui touche :

   i. l'élaboration et la mise en œuvre, de la maternelle à la douzième année, de programmes d'études et de ressources d'apprentissage sur les peuples autochtones dans l'histoire du Canada, et sur l'histoire et les séquelles des pensionnats;

   ii. la mise en commun de renseignements et de pratiques exemplaires en ce qui a trait aux programmes d'enseignement liés aux pensionnats et à l'histoire des Autochtones;

   iii. le renforcement de la compréhension interculturelle, de l'empathie et du respect mutuel;

iv. l'évaluation des besoins de formation des enseignants relativement à ce qui précède.

64) Nous demandons à tous les ordres de gouvernement qui fournissent des fonds publics à des écoles confessionnelles d'exiger de ces écoles qu'elles offrent une éducation religieuse comparative comprenant un segment sur les croyances et les pratiques spirituelles autochtones élaboré conjointement avec des aînés autochtones.

65) Nous demandons au gouvernement fédéral, par l'intermédiaire du Conseil de recherches en sciences humaines du Canada, et en collaboration avec les peuples autochtones, les établissements d'enseignement postsecondaire, les éducateurs de même que le Centre national pour la vérité et réconciliation et ses institutions partenaires, d'établir un programme national de recherche bénéficiant d'un financement pluriannuel pour mieux faire comprendre les facteurs associés à la réconciliation.

Programmes pour les jeunes

66) Nous demandons au gouvernement fédéral d'établir un financement pluriannuel destiné aux organisations communautaires œuvrant auprès des jeunes pour leur permettre d'offrir des programmes sur la réconciliation, et de mettre en place un réseau national de mise en commun de renseignements et de pratiques exemplaires.

Musées et archives

67) Nous demandons au gouvernement fédéral de fournir des fonds à l'Association des musées canadiens pour entreprendre, en collaboration avec les peuples autochtones, un examen national des politiques et des pratiques exemplaires des musées, et ce, dans le but de déterminer le degré de conformité avec la *Déclaration des Nations Unies sur les droits des peuples autochtones* et de formuler des recommandations connexes.

68) Nous demandons au gouvernement fédéral, en collaboration avec les peuples autochtones et l'Association des musées canadiens, de souligner le 150e anniversaire de la Confédération canadienne en 2017 en établissant un programme de financement national pour les projets de commémoration sur le thème de la réconciliation.

69) Nous demandons à Bibliothèque et Archives Canada :

    i. d'adopter et de mettre en œuvre de façon intégrale la *Déclaration des Nations Unies sur les droits des peuples autochtones* et les « Principes Joinet/Orentlicher » des Nations Unies, plus particulièrement en ce qui touche le droit inaliénable des peuples autochtones de connaître la vérité sur les violations des droits de la personne commises à leur endroit dans les pensionnats et sur les raisons pour lesquelles une telle situation s'est produite;

    ii. de veiller à ce que les fonds documentaires liés aux pensionnats soient accessibles au public;

    iii. d'affecter plus de ressources à l'élaboration de matériel pédagogique et de programmes de sensibilisation du public sur les pensionnats.

70) Nous demandons au gouvernement fédéral de fournir des fonds à l'Association des archivistes canadiens pour entreprendre, en collaboration avec les peuples autochtones, un examen national des politiques et des pratiques exemplaires en matière d'archives, et ce, afin de :

    i. déterminer le degré de conformité avec la *Déclaration des Nations Unies sur les droits des peuples autochtones* et les « Principes Joinet/Orentlicher » des Nations Unies en ce qui touche le droit inaliénable des peuples autochtones de connaître la vérité sur les violations des droits de la personne commises à leur endroit dans les pensionnats et sur les raisons pour lesquelles une telle situation s'est produite;

    ii. produire un rapport assorti de recommandations en vue de la mise en œuvre complète de ces instruments internationaux en tant que cadre de réconciliation en ce qui a trait aux archives canadiennes.

Enfants disparus et renseignements sur l'inhumation

71) Nous demandons à tous les coroners en chef et les bureaux de l'état civil de chaque province et territoire qui n'ont pas fourni à la Commission de vérité et réconciliation leurs dossiers sur le décès d'enfants autochtones dont les autorités des pensionnats avaient la garde de mettre ces documents à la disposition du Centre national pour la vérité et réconciliation.

72) Nous demandons au gouvernement fédéral de mettre suffisamment de ressources à la disposition du Centre national pour la vérité et réconciliation pour lui permettre de tenir à jour le registre national de décès des élèves de pensionnats établi par la Commission de vérité et réconciliation du Canada.

73) Nous demandons au gouvernement fédéral de travailler de concert avec l'Église, les collectivités autochtones et les anciens élèves des pensionnats afin d'établir et de tenir à jour un registre en ligne des cimetières de ces pensionnats, et, dans la mesure du possible, de tracer des cartes montrant l'emplacement où reposent les élèves décédés.

74) Nous demandons au gouvernement fédéral de travailler avec l'Église et les dirigeants communautaires autochtones pour informer les familles des enfants qui sont décédés dans les pensionnats du lieu de sépulture de ces enfants, pour répondre au souhait de ces familles de tenir des cérémonies et des événements commémoratifs appropriés et pour procéder, sur demande, à la réinhumation des enfants dans leurs collectivités d'origine.

75) Nous demandons au gouvernement fédéral de collaborer avec les gouvernements provinciaux et territoriaux de même qu'avec les administrations municipales, l'Église, les collectivités autochtones, les anciens élèves des pensionnats et les propriétaires fonciers actuels pour élaborer et mettre en œuvre des stratégies et des procédures qui permettront de repérer, de documenter, d'entretenir, de com- mémorer et de protéger les cimetières des pensionnats ou d'autres sites où des enfants qui fréquentaient ces pensionnats ont été inhumés. Le tout doit englober la tenue de cérémonies et d'événements commémoratifs appropriés pour honorer la mémoire des enfants décédés.

76) Nous demandons aux parties concernées par le travail de documentation, d'en- tretien, de commémoration, et de protection des cimetières des pensionnats d'adopter des stratégies en conformité avec les principes suivants :

   i. la collectivité autochtone la plus touchée doit diriger l'élaboration de ces stratégies;

   ii. de l'information doit être demandée aux survivants des pensionnats et aux autres détenteurs de connaissances dans le cadre de l'élaboration de ces stratégies;

   iii. les protocoles autochtones doivent être respectés avant que toute inspection technique ou enquête potentiellement envahissante puisse être effectuée sur les lieux d'un cimetière.

Centre national pour la vérité et réconciliation

77) Nous demandons aux bureaux d'archives provinciaux, territoriaux, municipaux et communautaires de travailler en collaboration avec le Centre national pour la vérité et réconciliation afin de trouver et de recueillir des copies de tous les

documents qui se rapportent à l'histoire et aux séquelles des pensionnats, et de fournir ces documents au Centre national pour la vérité et réconciliation.

78) Nous demandons au gouvernement du Canada de s'engager à fournir une contribution financière de dix millions de dollars sur sept ans au Centre national pour la vérité et réconciliation ainsi qu'un montant supplémentaire pour aider les collectivités à faire de la recherche afin de produire des récits sur leur propre expérience des pensionnats et sur leur participation aux démarches associées à la vérité, à la guérison et à la réconciliation.

Commémoration

79) Nous demandons au gouvernement fédéral d'établir, en collaboration avec les survivants, les organisations autochtones et les membres de la communauté artistique, un cadre de travail se rapportant à la réconciliation pour les besoins du patrimoine canadien et des activités de commémoration. Ce cadre englberait notamment ce qui suit :

   i. la modification de la *Loi sur les lieux et monuments historiques* de manière à inclure la représentation des Premières Nations, des Inuits et des Métis au sein de la Commission des lieux et monuments historiques du Canada et de son secrétariat;

   ii. l'examen des politiques, des critères et des pratiques se rattachant au Programme national de commémoration historique pour intégrer l'histoire, les valeurs patrimoniales et les pratiques de la mémoire autochtones au patrimoine et à l'histoire du Canada;

   iii. l'élaboration et la mise en œuvre d'un plan national du patrimoine et d'une stratégie pour la commémoration des sites des pensionnats, de l'histoire et des séquelles de ces pensionnats et de la contribution des peuples autochtones à l'histoire du Canada.

80) Nous demandons au gouvernement fédéral d'établir comme jour férié, en collaboration avec les peuples autochtones, une journée nationale de la vérité et de la réconciliation pour honorer les survivants, leurs familles et leurs collectivités et s'assurer que la commémoration de l'histoire et des séquelles des pensionnats demeure un élément essentiel du processus de réconciliation.

81) Nous demandons au gouvernement fédéral, en collaboration avec les survivants et leurs organisations de même qu'avec les autres parties à la Convention de règlement, de commander un monument national sur les pensionnats et de l'installer de manière à ce qu'il soit accessible au public et très visible dans la ville

d'Ottawa, et ce, pour honorer les survivants et tous les enfants qu'ont perdus les familles et les collectivités concernées.

82) Nous demandons au gouvernement fédéral, en collaboration avec les survivants et leurs organisations de même qu'avec les autres parties à la Convention de règlement, de commander un monument national sur les pensionnats et de l'installer de manière à ce qu'il soit accessible au public et très visible dans chaque capitale, et ce, pour honorer les survivants et tous les enfants qu'ont perdus les familles et les collectivités concernées.

83) Nous demandons au Conseil des arts du Canada d'établir, en tant que priorité de financement, une stratégie visant à aider les artistes autochtones et non autochtones à entreprendre des projets de collaboration et à produire des œuvres qui contribueront au processus de réconciliation.

Médias et réconciliation

84) Nous demandons au gouvernement fédéral de rétablir puis d'augmenter le financement accordé à Radio-Canada/CBC afin de permettre au diffuseur public national du Canada d'appuyer la réconciliation et de refléter adéquatement la diversité des cultures, des langues et des points de vue des peuples autochtones; plus particulièrement, nous demandons ce qui suit :

   i. accroître la programmation liée aux Autochtones et voir à ce qu'il y ait des invités qui parlent des langues autochtones;

   ii. accroître l'accès équitable pour les peuples autochtones à des emplois, à des postes de direction et à des possibilités de perfectionnement professionnel au sein de l'organisation;

   iii. continuer d'offrir au public des bulletins de nouvelles et des ressources d'information en ligne qui sont consacrés aux questions d'intérêt pour les peuples autochtones et tous les Canadiens, y compris en ce qui touche l'histoire et les séquelles des pensionnats ainsi que le processus de réconciliation.

85) Nous demandons au Réseau de télévision des peuples autochtones, en tant que diffuseur indépendant sans but lucratif dont les émissions sont conçues par et pour les peuples autochtones et traitent de ces peuples, d'appuyer la réconciliation; plus particulièrement, nous demandons au Réseau, entre autres choses :

   i. de continuer d'exercer un leadership en ce qui a trait à la programmation et à la culture organisationnelle qui reflètent la diversité des cultures, des langues et des points de vue des peuples autochtones;

ii. de continuer d'élaborer des initiatives médiatiques pour informer et sensibiliser la population canadienne et tisser des liens entre les Canadiens autochtones et les Canadiens non autochtones.

86) Nous demandons aux responsables des programmes d'enseignement en journalisme et des écoles des médias du Canada d'exiger l'enseignement à tous les étudiants de l'histoire des peuples autochtones, y compris en ce qui touche l'histoire et les séquelles des pensionnats, la Déclaration des Nations Unies sur les droits des peuples autochtones, les traités et les droits des autochtones, le droit autochtone de même que les relations entre l'État et les Autochtones.

Sports et réconciliation

87) Nous demandons à tous les ordres de gouvernement, en collaboration avec les peuples autochtones, les temples de la renommée des sports et d'autres organisations concernées, de sensibiliser le public à l'histoire des athlètes autochtones au pays.

88) Nous demandons à tous les ordres de gouvernement de prendre des mesures afin de garantir le développement à long terme des athlètes autochtones et de maintenir leur appui à l'égard des Jeux autochtones de l'Amérique du Nord, y compris le financement pour la tenue des Jeux et pour la préparation et les déplacements des équipes provinciales et territoriales.

89) Nous demandons au gouvernement fédéral de modifier la *Loi sur l'activité physique et le sport* pour appuyer la réconciliation en s'assurant que les politiques visant à promouvoir l'activité physique comme élément fondamental de la santé et du bien-être, à réduire les obstacles à la participation au sport, à accroître la poursuite de l'excellence dans le sport et à renforcer la capacité du système sportif canadien intègrent les peuples autochtones.

90) Nous demandons au gouvernement fédéral de veiller à ce que les politiques, les initiatives et les programmes de portée nationale se rattachant aux sports intègrent les peuples autochtones; nous demandons, entre autres choses :

i. en collaboration avec les gouvernements provinciaux et territoriaux, un financement stable et l'accès à des programmes sportifs communautaires qui reflètent la diversité des cultures et les activités sportives traditionnelles des peuples autochtones;

ii. un programme de développement d'athlètes d'élite pour les Autochtones;

iii. des programmes pour les entraîneurs, les instructeurs et les autorités en matière de sports qui sont pertinents sur le plan culturel pour les peuples autochtones;

iv. des programmes de sensibilisation et de formation sur la lutte contre le racisme.

91) Nous demandons aux hauts dirigeants et aux pays d'accueil de manifestations sportives internationales comme les Jeux olympiques, les Jeux du Commonwealth et les Jeux panaméricains de veiller à ce que les protocoles territoriaux des peuples autochtones soient respectés et à ce que les collectivités autochtones locales participent à tous les aspects de la planification et de la tenue de ces événements.

Entreprises et réconciliation

92) Nous demandons au secteur des entreprises du Canada d'adopter la *Déclaration des Nations Unies sur les droits des peuples autochtones* en tant que cadre de réconciliation et d'appliquer les normes et les principes qui s'y rattachent dans le cadre des politiques organisationnelles et des principales activités opérationnelles touchant les peuples autochtones, leurs terres et leurs ressources; les mesures demandées comprennent, mais sans s'y limiter, les suivantes :

i. s'engager à tenir des consultations significatives, établir des relations respectueuses et obtenir le consentement libre, préalable et éclairé des peuples autochtones avant de lancer des projets de développement économique;

ii. veiller à ce que les peuples autochtones aient un accès équitable aux emplois, à la formation et aux possibilités de formation dans le secteur des entreprises et à ce que les collectivités autochtones retirent des avantages à long terme des projets de développement économique;

iii. donner aux cadres supérieurs et aux employés de l'information sur l'histoire des peuples autochtones, y compris en ce qui touche l'histoire et les séquelles des pensionnats, la *Déclaration des Nations Unies sur les droits des peuples autochtones*, les traités et les droits des Autochtones, le droit autochtone et les relations entre l'État et les Autochtones. À cet égard, il faudra, plus particulièrement, offrir une formation axée sur les compétences pour ce qui est de l'aptitude interculturelle, du règlement de différends, des droits de la personne et de la lutte contre le racisme.

Nouveaux arrivants au Canada

93) Nous demandons au gouvernement fédéral d'examiner, en collaboration avec les organisations autochtones nationales, la trousse d'information pour les nouveaux arrivants au Canada et l'examen de citoyenneté afin que l'histoire relatée reflète davantage la diversité des peuples autochtones du Canada, y compris au moyen d'information sur les traités et sur l'histoire des pensionnats.

94) Nous demandons au gouvernement du Canada de remplacer le serment de citoyenneté par ce qui suit :

Je jure (ou affirme solennellement) que je serai fidèle et porterai sincèr allégeance à Sa Majesté la Reine Elizabeth II, Reine du Canada, à ses héritiers et successeurs, que j'observerai fidèlement les lois du Canada, y compris les traités conclus avec les peuples autochtones, et que je remplirai loyalement mes obligations de citoyen canadien.

Notes

Introduction

1. CVR, DAV, Alma Mann Scott, déclaration devant la Commission de vérité et réconciliation du Canada, Winnipeg (Manitoba), 17 juin 2010, numéro de déclaration : 02-MB-16JU10-016.

2. Les médias ont largement couvert la demande d'une enquête sur les femmes autochtones disparues et assassinées. Consulter par exemple les reportages «Women's Memorial March » et « Murdered and Missing » de CBC News, et « Aboriginal Women » de Coates. Sur les problèmes de développement économique, consulter par exemple les reportages « TransCanada CEO » de Lewis, « NB Fracking Protests » de Schwartz et Gollom, et « Shale Gas Conflict » de MacDonald.

3. Sur le rôle des tribunaux en matière de droits des Autochtones et de réconciliation, consulter le reportage « "Reconciliation" with First Nations » de Brean. Sur les causes relatives aux droits des Autochtones, consulter par exemple le reportage « 6 Landmark Rulings » de CBC News. Sur les litiges relatifs aux externats, consulter par exemple les reportages « Residential School Day Scholars » de CBC News et « Federal Appeal Court » de Moore. Sur la législation relative à la rafle des années soixante, consulter par exemple les reportages « Sixties Scoop Case » de CBC News et « "Sixties Scoop" Class-Action » de Mehta.

4. Miller, *Lethal Legacy*, p. vi.

5. CVR, DAV, Mary Deleary, déclaration devant la Commission de vérité et réconciliation du Canada, Winnipeg (Manitoba), 26 juin 2014, numéro de déclaration : SE049.

6. CVR, DAV, Archie Little, déclaration devant la Commission de vérité et réconciliation du Canada, Victoria (Colombie-Britannique), 13 avril 2012, numéro de déclaration : SP135.

7. McKay, « Ouvrir le dialogue sur la vérité et la réconciliation », p. 107. McKay a été le premier président autochtone de l'Église Unie du Canada (1992-2004).

8. CVR, DAV, Jessica Bolduc, déclaration devant la Commission de vérité et réconciliation du Canada, Edmonton (Alberta), 30 mars 2014, numéro de déclaration : ABNE401.

9. Commission de vérité et réconciliation du Canada, Éducation de notre jeunesse.

10. CVR, DAV, Patsy George, déclaration devant la Commission de vérité et réconciliation du Canada, Vancouver (Colombie-Britannique), 21 septembre 2013, numéro de déclaration : BCNE404.

11. CVR, DAV, Dave Courchene, déclaration devant la Commission de vérité et réconciliation du Canada, Winnipeg (Manitoba), 25 juin 2014, numéro de déclaration : SE048.

12. Pour connaître le mandat de la Commission, consulter l'annexe N de la Convention de règlement relative aux pensionnats indiens. Conformément au mandat de la CVR, la Commission devait reconnaître « l'importance pour son activité des traditions orales et légales autochtones », conformément à l'annexe N, 4 d); et « Assister aux événements

de vérité et de réconciliation, au niveau national et communautaire, et appuyer, promouvoir et faciliter de tels événements », conformément à l'annexe N, 1 c). Le terme « assister » « renvoie au principe autochtone de "témoignage" », conformément à l'annexe N, 1 c), n1.

L'histoire orale, les traditions légales et le principe d'être témoin des Autochtones ont des racines historiques profondes et une pertinence contemporaine pour la réconciliation. La loi autochtone servait à résoudre des conflits familiaux et communautaires, à établir des traités avec d'autres nations autochtones et à négocier des traités de nation à nation avec la Couronne. Pour l'histoire complète de la rédaction des traités entre les Autochtones et la Couronne, depuis le premier contact jusqu'à nos jours, se référer à Miller, *Compact, Contract, Covenant*. Le principe autochtone d'être témoin varie au sein des Premières Nations, des Inuits et des Métis. En général, les témoins sont appelés à être les gardiens de l'histoire lorsqu'un événement de nature historique se produit. Grâce aux témoins, l'événement ou le travail entrepris est validé et légitimé. Le travail ne peut avoir lieu si aucun invité distingué et respecté ne peut en être témoin. On demande aux témoins de garder soigneusement en mémoire l'histoire dont ils sont témoins et de la partager avec leur peuple lorsqu'ils retournent chez eux. Pour les Autochtones, le fait d'être témoin d'un événement engage une grande responsabilité à se souvenir de tous les détails et à être en mesure de les relater avec exactitude, car ils constituent le fondement des récits oraux. Consulter Qwul'sih'yah'maht (Thomas), « Honouring the Oral Traditions », p. 243-244.

13. CVR, DAV, Jim Dumont, déclaration devant la Commission de vérité et réconciliation du Canada, Winnipeg (Manitoba), 26 juin 2014, numéro de déclaration : SE049.

14. CVR, DAV, Wilfred Whitehawk, déclaration devant la Commission de vérité et réconciliation du Canada, Key First Nation (Saskatchewan), 21 janvier 2012, numéro de déclaration : SP039.

15. CVR, DAV, Vitaline Elsie Jenner, déclaration devant la Commission de vérité et réconciliation du Canada, Winnipeg (Manitoba), 16 juin 2010, numéro de déclaration : 02-MB-16JU10-131.

16. CVR, DAV, Daniel Elliot, déclaration devant la Commission de vérité et réconciliation du Canada, Victoria (Colombie-Britannique), 13 avril 2012, numéro de déclaration : SP135.

17. CVR, DAV, Clement Chartier, déclaration devant la Commission de vérité et réconciliation du Canada, Saskatoon (Saskatchewan), 22 juin 2013, numéro de déclaration : SNE202.

18. CVR, DAV, Steven Point, déclaration devant la Commission de vérité et réconciliation du Canada, Vancouver (Colombie-Britannique), 20 septembre 2013, numéro de déclaration : BCNE304.

19. CVR, DAV, Merle Nisley, déclaration devant la Commission de vérité et réconciliation du Canada, Thunder Bay (Ontario), 14 décembre 2011, numéro de déclaration : 2011-4199.

20. CVR, DAV, Tom Cavanaugh, déclaration devant la Commission de vérité et réconciliation du Canada, Victoria (Colombie-Britannique), 14 avril 2012, numéro de déclaration : SP137.

21. CVR, DAV, Ina Seitcher, déclaration devant la Commission de vérité et réconciliation du Canada, Victoria (Colombie-Britannique), 14 avril 2012, numéro de déclaration : SP136.

22. CVR, DAV, Evelyn Brockwood, déclaration devant la Commission de vérité et réconciliation du Canada, Winnipeg (Manitoba), 18 juin 2010, numéro de déclaration : SC110.

23. Convention de règlement relative aux pensionnats indiens, « Annexe N », Principes, p. 1.
24. Johnston, « Aboriginal Traditions ».
25. CVR, DAV, Barney Williams, déclaration devant la Commission de vérité et réconciliation du Canada, Winnipeg (Manitoba), 26 juin 2014, numéro de déclaration : SE049.
26. CVR, DAV, Stephen Augustine, déclaration devant la Commission de vérité et réconciliation du Canada, Winnipeg (Manitoba), 25 juin 2014, numéro de déclaration : SE048.
27. CVR, DAV, Reg Crowshoe, déclaration devant la Commission de vérité et réconciliation du Canada, Winnipeg (Manitoba), 26 juin 2014, numéro de déclaration : SE049.
28. CVR, DAV, Kirby Littletent, déclaration devant la Commission de vérité et réconciliation du Canada, Regina (Saskatchewan), 16 janvier 2012, numéro de déclaration : SP035.
29. CVR, DAV, Simone (nom de famille non fourni), déclaration devant la Commission de vérité et réconciliation du Canada, Inuvik (Territoires du Nord-Ouest), 1er juillet 2011, numéro de déclaration : SC092.
30. CVR, DAV, Patrick Etherington, déclaration devant la Commission de vérité et réconciliation du Canada, Winnipeg (Manitoba), 17 juin 2010, numéro de déclaration : SC108.
31. CVR, DAV, Maxine Lacorne, déclaration devant la Commission de vérité et réconciliation du Canada, Inuvik (Territoires du Nord-Ouest), 29 juin 2011, numéro de déclaration : SC090.
32. CVR, DAV, Barney Wlliams, déclaration devant la Commission de vérité et réconciliation du Canada, Vancouver (Colombie-Britannique), 21 septembre 2013, numéro de déclaration : BCNE404.
33. CVR, DAV, Honorable Chuck Strahl, déclaration devant la Commission de vérité et réconciliation du Canada, Winnipeg (Manitoba), 16 juin 2010, numéro de déclaration : SC093.
34. CVR, DAV, archevêque Fred Hiltz, déclaration devant la Commission de vérité et réconciliation du Canada, Inuvik (Territoires du Nord-Ouest), 1er juillet 2011, numéro de déclaration : NNE402.
35. CVR, DAV, Anonyme, déclaration devant la Commission de vérité et réconciliation du Canada, Regina (Saskatchewan), 17 janvier 2012, numéro de déclaration : SP036.

Le défi de la réconciliation

1. CVR, ARN, Ian Campbell, déclaration devant la Commission de vérité et réconciliation, Winnipeg (Manitoba), 25 juin 2014, numéro de déclaration : SE048.
2. Canada, Débats du Sénat (Hansard), 2e session, 40e législature, volume 146, numéro 45, 11 juin 2009.
3. Miller, *Lethal Legacy*, p. 165.
4. Pour diverses perspectives sur les événements d'Oka, consulter (par exemple) Alfred, *Heeding the Voices*; Pertusati, *In Defense of Mohawk Land*; Miller, *Lethal Legacy*; Simpson et Ladner (dir.), *This Is an Honour Song*.
5. Concernant le rôle des médias dans la formation de l'opinion publique quant au rôle des guerriers lors de conflits avec l'État, consulter Valaskakis, « Rights and Warriors ». Concernant les guerriers et la société des guerriers au sein des communautés autochtones contemporaines, consulter Alfred et Lowe, « Warrior Societies ».

6. Premier ministre Brian Mulroney à Tony Penikett, chef du gouvernement, gouvernement du Yukon, 15 novembre 1990, et à Dennis Patterson, leader du gouvernement, gouvernement des Territoires du Nord-Ouest, 15 novembre 1990, PCO 2150-1, Numéro d'identification 34788, Numéro de document de la CVR : TRC3379.

7. Canada, Commission royale sur les peuples autochtones, *Rapport*, volume 5, p. 2-3.

8. Canada, Commission royale sur les peuples autochtones, *Rapport*, volume 1, p. 741-765.

9. Canada, Commission royale sur les peuples autochtones, *Rapport*, volume 1, première partie, chapitre 7.

10. Canada, Ministre des Affaires autochtones et Développement du Nord Canada, « Rassembler nos forces ».

11. Une copie de la « Déclaration de réconciliation » (en anglais) est présentée dans Younging, Dewar et DeGagné, (dir.), *Response, Responsibility, and Renewal*, p. 353-355.

12. Assemblée des Premières Nations, Bulletin décennal sur la Commission royale sur les peuples autochtones, p. 2.

13. Eyford, « Une nouvelle orientation », p. 3, 5.

14. Canada, Affaires autochtones et Développement du Nord Canada, « Renouvellement de la politique fédérale sur les revendications territoriales globales ».

15. Eyford, « Une nouvelle orientation », p. 29.

16. Eyford, « Une nouvelle orientation », p. 35.

17. Eyford, « Une nouvelle orientation », p. 80.

18. Nations Unies, *Déclaration sur les droits des peuples autochtones*, article 43.

19. Anaya, « Right of Indigenous Peoples », p. 196.

20. Canada, Affaires autochtones et Développement du Nord Canada, « Énoncé du Canada appuyant la Déclaration des Nations Unies sur les droits des peuples autochtones ».

21. Canada, Affaires autochtones et Développement du Nord Canada, « Énoncé du Canada appuyant la *Déclaration des Nations Unies sur les droits des peuples autochtones* ».

22. Assemblée générale des Nations Unies, « Document final de la réunion plénière de haut niveau de l'Assemblée générale, dite Conférence mondiale sur les peuples autochtones ».

23. Canada, Mission permanente du Canada auprès des Nations Unies, « Énoncé du Canada concernant la Conférence mondiale sur les peuples autochtones ».

24. Amnesty International Canada et coll., « Le Canada profite de la Conférence mondiale pour continuer ses attaques injustifiables contre la *Déclaration des Nations Unies sur les droits des peuples autochtones* ».

25. John, « Survival, Dignity, Well-Being », p. 58. Grand chef John, membre exécutif du Groupe de travail du Sommet des Premières Nations en Colombie-Britannique, a pris part à l'élaboration de la Déclaration. Il est un ancien coprésident du North American Indigenous Peoples Caucus et agira à titre de représentant nord-américain à l'Instance permanente sur les questions autochtones des Nations Unies jusqu'en 2016. Consulter le Sommet des Premières Nations, « Grand chef Edward John ».

26. *Nation Tsilhqot'in c. Colombie-Britannique*, 2014 CSC 44, paragr. 73.

27. *Nation Tsilhqot'in c. Colombie-Britannique*, 2014 CSC 44, paragr. 97.

28. Canada, Commission royale sur les peuples autochtones, *Rapport*, volume 1, chapitre 16, p. 763.

29. Canada, Commission royale sur les peuples autochtones, *Rapport*, volume 1, p. 763. Recommandation 1.16.2.

30. CVR, ARN, Sol Anderson, déclaration devant la Commission de vérité et réconciliation, Winnipeg, (Manitoba), 17 juin 2010, numéro de déclaration : SC108.

31. Reid, « Roman Catholic Foundations », p. 5.

32. La Mission d'observation permanente du Saint-Siège explique son rôle et son mandat auprès des Nations Unies comme suit : La Mission d'observation [...] constitue l'organe central de l'Église romaine catholique. Comme tel, l'organisme est une institution qui, en vertu du droit international et dans la pratique, a une personnalité juridique lui permettant de conclure des traités et dont la valeur juridique est égale à celle d'un État. [...] La Mission d'observation entretient des relations diplomatiques complètes avec cent soixante-dix-sept (177) des cent quatre-vingt-treize (193) pays membres de l'ONU. [...] *Par choix*, la Mission d'observation assume le statut d'Observateur permanent aux Nations Unies, plutôt que le statut de membre à part entière. Ce choix s'explique principalement par la volonté de l'organisme de jouir d'une neutralité absolue à l'égard de problèmes politiques précis » (souligné dans l'original). Consulter le site Web de la Mission d'observation permanente du Saint-Siège, « Our History » (en anglais seulement).

33. Mission d'observation permanente du Saint-Siège, « Statement to Economic and Social Council » (en anglais seulement).

34. Par exemple, dans une étude sur la façon dont la doctrine a été utilisée pour justifier la colonisation, le juriste américain Robert A. Williams Junior observe que la décision de la Cour suprême des États-Unis, rendue par le juge en chef John Marshall en 1823 dans le cas de Johnson *c.* McIntosh 21 US 543 (1823) « représente l'opinion juridique la plus influente sur les droits de la personne des peuples autochtones jamais prononcée par un tribunal de droit dans le monde occidental. Tous les grands États colonisés et anglophones ont adopté la compréhension de Marshall relativement à la doctrine de la découverte et selon le principe que le premier découvreur européen des terres occupées par des sauvages tribaux non chrétiens pouvait revendiquer un droit supérieur à ces terres en vertu du droit des gens européen. Le Canada, l'Australie et la Nouvelle-Zélande ont tous adhéré à l'opinion de Marshall et l'ont considérée comme un précédent pour justifier leur droit interne à l'égard des droits inférieurs des peuples autochtones concernant la propriété et le contrôle de leurs terres ancestrales ». Williams, *Savage Anxieties*, p. 224. Consulter également Williams, *American Indian*; Miller et coll., *Discovering Indigenous Lands*; Newcomb, *Pagans in the Promised Land*.

35. Instance permanente des Nations Unies sur les questions autochtones, « Étude des effets de la doctrine de la découverte sur les peuples autochtones ».

36. Église anglicane du Canada, « Resolution A086 R1 ».

37. Sison, « Primate's Commission ». Consulter également Église anglicane du Canada, « Message to the Church »; Église anglicane du Canada, « Learning to Call ».

38. Conseil œcuménique des Églises, « Qu'est-ce que le Conseil œcuménique des Églises? ». Les signataires de la Convention de règlement, soit l'Église anglicane du Canada, l'Église presbytérienne du Canada et l'Église Unie du Canada, sont membres du COE.

39. Conseil œcuménique des Églises, « Statement on the Doctrine of Discovery ».

40. Église Unie du Canada, Exécutif du Conseil général, « Faits saillants de la réunion du 24 au 26 mars 2012 ».

41. Assemblée des Premières Nations et coll., « Déclaration commune sur la Doctrine de la découverte ».

42. Instance permanente des Nations Unies sur les questions autochtones, « Étude des effets de la doctrine de la découverte sur les peuples autochtones », paragr. 13. Pour les points de vue de la Cour sur la nécessité de réconciliation, John cite *Nation haïda c. Colombie-Britannique (ministre des Forêts)*, 2004 CSC 73, paragr. 20. Pour le besoin des tribunaux de prendre connaissance d'office des répercussions du colonialisme, des pensionnats indiens et des déplacements, John cite *R. c. Ipeelee*, 2012 CSC 13, paragr. 60.

43. Onondaga Nation, « Oren Lyons Presents ». L'article 7, paragr. 2 de la Déclaration stipule : « Les peuples autochtones ont le droit, à titre collectif, de vivre dans la liberté, la paix et la sécurité en tant que peuples distincts et ne font l'objet d'aucun acte de génocide ou autre acte de violence, y compris le transfert forcé d'enfants autochtones d'un groupe à un autre. »

44. Miller, *Compact, Contract, Covenant*, p. 283-284.

45. Kelly, « Confession d'un païen régénéré », p. 26-27.

46. Consulter, par exemple, Treaty 7 Tribal Council et coll., *True Spirit*; Miller, *Compact, Contract, Covenant*; Ray, Miller et Tough, *Bounty and Benevolence*.

47. Les commissions d'études des traités en Ontario, en Saskatchewan et au Manitoba ont élaboré des programmes d'éducation pour le public et du matériel conçus pour sensibiliser la population canadienne, particulièrement les enfants et les jeunes, aux traités. Par exemple, consulter Commission des relations découlant des traités du Manitoba, « Public Education ».

48. Borrows, « Wampum at Niagara », p. 160-161.

49. Miller, *Compact, Contract, Covenant*, p. 72.

50. Captain Thomas G. Anderson, « Rapport sur les affaires des Indiens du Canada, Section III », Appendice n° 95 dans l'Appt. T de *Journaux de la Chambre d'assemblée de la province du Bas-Canada*, volume 6 (1818), cité dans Borrows, « Wampum at Niagara », p. 166.

51. Cité dans Borrows, « Wampum at Niagara », p. 167-168.

52. Johnston, « Colloque en l'honneur du 250ᵉ anniversaire de la Proclamation royale ».

53. Sommet des Premières Nations, « Royal Proclamation Still Relevant ».

54. Cité dans Rennie, « Idle No More Protestors ». Pour en savoir davantage sur le mouvement Idle No More, consulter le collectif Kino-nda-niimi, *Winter We Danced*.

55. Le juriste Robert A. Williams Junior décrit la Gus-Wen-Tah, ou la ceinture wampum à deux rangs comme « une ceinture de traité sacrée [...] confectionnée d'un lit de perles wampum blanches symbolisant l'aspect sacré et la pureté du traité entre les deux parties. Deux rangées parallèles de perles wampum pourpres s'étendent le long de la ceinture, représentant les chemins différents parcourus par les deux parties sur la même rivière. Chaque partie voyage sur son propre vaisseau : les Amérindiens dans un canot d'écorce de bouleau, symbolisant leurs lois, leurs coutumes et leur culture et les blancs dans un bateau représentant leurs lois, leurs coutumes et leur culture ». Williams, *Linking Arms Together*, p. 4.

56. Cité dans BasicNews.ca, « Two-Row Wampum ».

57. Williams, *Linking Arms Together*, p. 119.

58. Borrows, *Canada's Indigenous Constitution*, p. 76.

59. Assemblée des Premières Nations, « La chaîne d'alliance en argent de la Ceinture de paix et d'amitié ».

60. Williams, *Linking Arms Together*, p. 5-6.

61. Voir, par exemple, Borrows, *Recovering Canada*, p. 13; Miller, *Compact, Contract, Covenant*, p. 283-309; Williams, *Linking Arms Together*, p. 1-13.

62. Coalition pour les droits des Autochtones, *New Covenant*.

63. Coalition pour les droits des Autochtones, *New Covenant*. Les signataires de l'engagement sont : l'Église anglicane du Canada, la Conférence des évêques catholiques du Canada, le Conseil des églises chrétiennes réformées du Canada, l'Église évangélique luthérienne au Canada, le Comité central mennonite du Canada, l'Église presbytérienne du Canada, la Société religieuse des amis (Quakers) au Canada, la Conférence oblate du Canada et l'Église Unie du Canada.

64. Église anglicane du Canada, « Submission by the Anglican Church »; Conférence des évêques catholiques du Canada, « Let Justice Flow »; Coalition pour les droits des Autochtones, « Recommendations to the Royal Commission ».

65. Église anglicane du Canada, « Canadian Churches ».

Le droit autochtone : vérité, réconciliation et accès à la justice

1. Borrows, *Canada's Indigenous Constitution*, p. 11.

2. Borrows, *Canada's Indigenous Constitution*, p. 129-130.

3. CVR, DAV, Reg Crowshoe, déclaration devant la Commission de vérité et réconciliation du Canada, Winnipeg (Manitoba), 26 juin 2014, numéro de déclaration : SE049.

4. Napoleon, « Thinking about Indigenous Legal Orders », p. 230.

5. Nations Unies, *Déclaration des Nations Unies sur les peuples autochtones*, article 40.

6. Mécanisme d'experts sur les droits des peuples autochtones des Nations Unies, « L'accès à la justice », p. 25-26.

7. Mécanisme d'experts sur les droits des peuples autochtones des Nations Unies, « L'accès à la justice », p. 7, 25-26.

8. Anaya, Rapport du rapporteur spécial, p. 13, 20.

9. Voir, par exemple, Borrows, *Canada's Indigenous Constitution*.

10. Canada, Commission royale sur les peuples autochtones, *Points saillants du rapport*.

11. CVR, DAV, Stephen Augustine, déclaration devant la Commission de vérité et réconciliation du Canada, Winnipeg (Manitoba), 26 juin 2014, numéro de déclaration : SE049.

12. Commission royale sur les peuples autochtones, *Rapport*, volume 4, chapitre 2.

13. Green, « Balancing Strategies », p. 153, italique dans l'original.

14. Voir, par exemple, Gabriel, « Aboriginal Women's Movement »; McKay et Benjamin, « Vision for Fulfilling »; Borrows, « Aboriginal and Treaty Rights ».

15. Les articles 21 et 22 de la *Déclaration des Nations Unies sur les droits des peuples autochtones* confirment et protègent également les droits et intérêts des aînés, des enfants et des jeunes, ainsi que des personnes handicapées.

16. Borrows, « Aboriginal and Treaty Rights ».

17. LaRocque, « Colonization of a Native Woman », p. 401.

18. Anderson, « Affirmations of an Indigenous Feminist », p. 88.

19. Snyder, « Gender and Indigenous Law », p. 19-20. Voir aussi Snyder, « Indigenous Feminist Legal Theory ».

20. Snyder, « Gender and Indigenous Law », p. 19-20.

21. Mieux connus sous le nom d'Iroquois ou de Six-Nations, les Haudenosaunee sont une confédération composée des nations mohawk, oneida, onondaga, cayuga, seneca et tuscarora.
22. Jennings et coll. (dir.), *History and Culture*, p. 18-21.
23. Foster, « Another Look », p. 110.
24. Le spécialiste mohawk Taiaiake Alfred explique qu'« il ne peut pas y avoir de condoléances si nous sommes tous affligés. Les personnes saines, celles au regard brillant, doivent accepter leur responsabilité dans le rétablissement des personnes affligées, temporairement dysfonctionnelles, pour ainsi dire, pour guérir, pour accepter, reconnaître, rétablir, améliorer, réprimander et fournir le nouveau mentor, le modèle et l'inspiration ». Alfred, *Wasáse*, p. 79-80, propos de Rarihokwats recueillis par Alfred, communication personnelle, 2003.
25. Traité de paix entre les Français, les Iroquois et d'autres nations, reproduit dans Jennings et coll., *History and Culture*, p. 137-144.
26. Williams, *Linking Arms Together*, p. 76.
27. Williams, *Linking Arms Together*, p. 55-56.
28. Foley, « Iroquois Mourning », p. 31.
29. Alfred explique que les Rotinoshonni sont « le peuple des maisons longues [...] mieux connu sous le nom des Six-Nations ou de la Confédération iroquoise ». Alfred, *Wasáse*, p. 288.
30. Alfred, *Paix, pouvoir et droiture : un manifeste autochtone*, p. xii.
31. Monet, « Mohawk Women Integrate ».
32. Borrows, *Canada's Indigenous Constitution*, p. 76.
33. Cardinal et Hildebrandt, *Treaty Elders of Saskatchewan*, p. 14.
34. Black Elk et Neihardt, *Black Elk Speaks*, p. 121.
35. Cardinal et Hildebrandt, *Treaty Elders of Saskatchewan*, p. 15.
36. Cardinal et Hildebrandt, *Treaty Elders of Saskatchewan*, p. 16; Friedland, « Witeko (Windigo) Legal Principles », p. 93-96.
37. Première Nation crie Muskeg Lake, « Nêhiyaw Wiyasowêwina (droit cri) ».
38. Napoleon et coll., *Mikomosis and the Wetiko*.
39. Napoleon et coll., *Mikomosis and the Wetiko*, p. 21.
40. Snyder et coll., *Mikomosis and the Wetiko: A Teaching Guide*, p. 22-24, 81-83.
41. Pour une analyse du droit traditionnel inuit dans un contexte de sécurité sociétale, voir généralement Oosten, Laugrand et Rasing (dir), *Interviewing Inuit Elders*.
42. Bennett et Rowley (dir.), *Uqalurait*, p. 131.
43. Pour des chroniques contemporaines des traditions inuites en lien avec les conflits et leur règlement, voir Huhndorf, « Atanarjuat, the Fast Runner ». Voir aussi Kreelak, réalisateur, *Kikkik E1-472*.
44. Le caractère vivant de la tradition inuite est souvent apparent dans la législation du Nunavut. Par exemple, le préambule de la *Loi sur l'intervention en matière de violence familiale (LNun 2006*, ch. 18), fait référence à la tradition inuite comme suit :

> Reconnaissant que les valeurs des Nunavummiut, leurs cultures et les principes directeurs et concepts des Inuit Qaujimajatuqangit prônent le droit de chacun de mener au Nunavut une vie productive et bien remplie, exempte de préjudices et de la crainte de subir un préjudice; reconnaissant que la violence familiale est un problème grave qui continue de sévir au Nunavut;

soulignant l'importance de l'inuuqatigiitsiarniq, qui signifie respect de l'autre, rapports avec l'autre et compassion envers les autres, et du tunnganarniq, qui consiste à promouvoir un bon état d'esprit en étant ouvert et accueillant, et en préconisant l'intégration de tous; affirmant l'engagement du gouvernement du Nunavut envers le pijitsirniq, qui exige de servir la famille et la collectivité; incorporant et encourageant le qanuqtuurniq, soit l'innovation et l'ingéniosité dans la recherche de solutions.

45. James Muckpah, Tununirmiut, 1979, cité dans Bennett et Rowley (dir.), *Uqalurait*, p. 99.

46. Hubert Amarualik, Amiiturmiut, cité dans Bennett et Rowley (dir.), *Uqalurait*, p. 99, 394.

47. Jose Angutingurniq, Arviligjuarmiut, cité dans Bennett et Rowley (dir.), *Uqalurait*, p. 99, 100.

48. Pour une analyse du pluralisme des processus dans une perspective féministe, voir Menkel-Meadow, « Peace and Justice ».

49. Bennett et Rowley (dir.), *Uqalurait*, p. 99.

50. Il est remarquable que les fautifs manifestent autant d'émotion en réponse au préjudice qu'ils ont causé, si on tient compte du besoin pour les Inuits d'inhiber l'expression de leurs émotions dans d'autres contextes. Voir Briggs, « Emotions Have Many Faces »; et Pauktuutit Inuit Women of Canada, *Inuit Way*, p. 38.

51. Bennett et Rowley (dir.), *Uqalurait*, p. 99.

52. Pauktuutit Inuit Women of Canada, *Inuit Way*, p. 9.

53. Battiste, *Honouring 400 Years Kepmite'tmnej*, p. 2, 6.

54. Henderson, *Mi'kmaw Concordat*; Henderson, « Ayukpachi », p. 264-265.

55. Henderson, « First Nations' Legal Inheritances », p. 12.

56. Prosper et coll., « Returning to Netukulimk », p. 1.

57. Metallic et Cavanaugh, « Mi'gmewey "Politics" ».

58. Borrows, Mayer et Mi'kmaq Legal Services Network, Eskasoni, « Mi'kmaq Legal Traditions Report », p. 7. Voir aussi First Voices, « Mikmaw Community Portal ».

59. Borrows, Mayer et Mi'kmaq Legal Services Network, Eskasoni, « Mi'kmaq Legal Traditions Report », p. 11-33.

60. Barkwell, Carrière-Acco et Rozyk, « Origins of Metis Customary Law », p. 12-14. Voir aussi Borrows, *Canada's Indigenous Constitution*, p. 87.

61. Barkwell, Carrière-Acco et Rozyk, « Origins of Metis Customary Law », p. 9, 16.

62. Barkwell, Carrière-Acco et Rozyk, « Origins of Metis Customary Law », p. 17.

63. Barkwell, Carrière-Acco et Rozyk, « Origins of Metis Customary Law », p. 10.

64. Commission du droit du Canada, *La justice en soi : les traditions juridiques autochtones*, vol. 2, p. 43, vol. 4, p. 20.

65. Ralliement national des Métis, actes du dialogue « Nobody's Children ». Pour en savoir plus sur l'expérience des Métis dans les pensionnats, voir Chartrand, Logan et Daniels, *Histoire et expériences des Métis et les pensionnats au Canada*.

66. Ralliement national des Métis, actes du dialogue « Nobody's Children », p. 24.

67. Ralliement national des Métis, actes du dialogue « Nobody's Children », p. 31-32.

68. Ralliement national des Métis, actes du dialogue « Nobody's Children », p. 43.

69. Ghostkeeper, « *Weche* Teachings », p. 162.

70. Ghostkeeper, « *Weche* Teachings », p. 165.

71. Teslin Tlingit Council, « Constitution ».

72. Pour la *Peacemaker Court and Justice Council Act* (2011) et d'autres documents législatifs tlingits importants, voir Teslin Tlingit Council, « Legislation ».

73. Pour des renseignements sur les clans, voir Teslin Tlingit Council, « Our Clans »; « Clan Based Governance »; et « Government Organization Chart ».

74. *Peacemaker Court and Justice Council Act* (2011).

75. Johnston, « Aboriginal Traditions ».

76. Benton-Benai, *Mishomis Book*; Simpson et Manitowabi, « Theorizing Resurgence »; Edna Manitowabi, « Grandmother Teachings », cité dans Simpson, *Dancing on Our Turtle's Back*, p. 35-44.

77. Johnston, *Ojibway Ceremonies*.

78. Burrows, « Sept générations, sept enseignements », p. 11.

79. Miller, *Compact, Contract, Covenant*, p. 33-65; Borrows, « Wampum at Niagara », p. 155.

80. Johnston, *Ojibway Ceremonies*. Sur l'utilisation du tabac dans les cérémonies, voir Native Women's Centre, *Traditional Teachings Handbook*.

81. Johnston, *Ojibway Ceremonies*, p. 44.

82. Johnston, *Honour Earth Mother*, p. 51-52.

83. Cardinal et Hildebrandt, *Treaty Elders of Saskatchewan*; Bureau du commissaire aux traités, *Treaty Implementation*; Ray, Miller et Tough, *Bounty and Benevolence*.

84. Ce compte rendu de l'événement est tiré de Borrows, « Residential Schools, Respect and Responsibilities », p. 502-504. « En 2009, à titre de président de la Conférence des évêques catholiques du Canada, Weisgerber demanda au pape Benoît XVI de rencontrer une délégation de survivants des pensionnats pour prendre acte de leur douleur et de leurs souffrances. Kinew et Phil Fontaine faisaient partie du groupe qui se rendit au Vatican pour entendre le pape prononcer un discours sur le rôle de l'Église catholique dans le système des pensionnats et présenter ses excuses personnelles. » James Buchok, « Anishinaabe Elders Adopt Archbishop Weisgerber », *Catholic Register*, 17 avril 2012, cité dans Borrows, « Residential Schools, Respect and Responsibilities », p. 503.

85. Cité dans Martin, « Fontaine Regrets ».

86. Cité dans Buchok, « Anishinaabe Elders ».

87. Cité dans Buchok, « Anishinaabe Elders ». Voir aussi Martin, « Fontaine Regrets ».

88. « Les Hul'q'umi'num sont un sous-groupe des Salish du littoral de la côte sud-est de l'île de Vancouver, de la vallée du bas Fraser et du nord de la côte de l'État de Washington. Les Salish du littoral sont une communauté de personnes partageant la même culture et des dialectes semblables en Colombie-Britannique et dans l'État de Washington. » Paige, « In the Voices », p. 1.

89. Paige, « In the Voices », p. 1.

90. Cité dans Paige, « In the Voices », p. 11.

91. Paige, « In the Voices », p. 42.

92. Paige, « In the Voices », p. 64.

93. Mansfield, « Balance and Harmony », p. 342.

94. Mansfield, « Balance and Harmony », p. 345-346.

95. Mansfield, « Balance and Harmony », p. 346.

96. Cité dans Miller, *Problem of Justice*, p. 146.

97. McMullen, « Bringing the Good Feelings Back », p. 29.

98. Cité dans McMullen, « Bringing the Good Feelings Back », p. 29.

99. Cité dans McMullen, « Bringing the Good Feelings Back », p. 29.

100. Mansfield, « Balance and Harmony », p. 347.
101. Charelson et Tsleil-Waututh Nation, « Coast Salish Legal Traditions », p. 33-35.
102. Borrows, *Recovering Canada*, p. 79-80.
103. McCue, « Treaty-Making », p. 238.
104. Napoleon, « Who Gets to Say? », p. 188-189. Voir aussi Napoleon, « Ayook ».
105. Regan, *Unsettling the Settler Within*, p. 198.
106. Regan, *Unsettling the Settler Within*, p. 203.
107. Regan, *Unsettling the Settler Within*, p. 200.
108. Regan, *Unsettling the Settler Within*, p. 201.
109. Regan, *Unsettling the Settler Within*, p. 209.
110. Regan, *Unsettling the Settler Within*, p. 210-211.
111. Friedland, « Accessing Justice and Reconciliation », p. 2.
112. Pour un résumé complet du projet AJR, voir Friedland, « Accessing Justice and Reconciliation ». Le site Web du projet AJR est accessible à http://indigenousbar.ca/indigenouslaw (en anglais).
113. Pour les rapports communautaires et d'autres documents, voir le site Web du projet AJR à http://indigenousbar.ca/indigenouslaw.
114. Friedland, « Accessing Justice and Reconciliation », p. 3.
115. Friedland, « Accessing Justice and Reconciliation », p. 18, propos du chef Doug S. White III, Première Nation Snuneymuxw, 16 novembre 2012.
116. Cité dans McGrady, « Cedar as Sister », p. 3.
117. Borrows, *Canada's Indigenous Constitution*, p. 6-22.
118. Borrows, « (Ab)Originalism and Canada's Constitution », p. 351, p. 396-397.
119. Napoleon, « Ayook », p. 15.
120. Voir généralement Borrows, *Canada's Indigenous Constitution*, p. 87.

Passer des excuses à l'action : Le Canada et les Églises

1. Kinew, « C'est le même Grand Esprit. »
2. Minow, *Between Vengeance and Forgiveness*, p. 116.
3. de Greiff, « Role of Apologies », p. 128, 131. Voir aussi Tavuchis, *Mea Culpa*.
4. Nobles, *Politics of Official Apologies*, p. 29.
5. Nobles, *Politics of Official Apologies*, p. 2.
6. Gibney et coll. (dir.), *Age of Apology*.
7. Corntassel et Holder, « Who's Sorry Now? », p. 467.
8. Marrus, « Official Apologies », p. 7.
9. James, « Wrestling with the Past », p. 139.
10. Regan, *Unsettling the Settler Within*, p. 182-183. Voir aussi le chapitre 2 du présent volume.
11. CVR, DAV, Shawn A-in-chut Atleo, déclaration devant la Commission de vérité et réconciliation du Canada, Saskatoon (Saskatchewan), 22 juin 2012, numéro de déclaration : SNE202.
12. Pour en savoir davantage sur l'importance de reconnaître les victimes de violence également comme des détenteurs de droits, consulter de Greiff, « Report of the Special Rapporteur », 9 août 2012, p. 10, paragr. 29.

13. Simpson, *Dancing on Our Turtle's Back*, p. 22.

14. CVR, DAV, l'honorable Steven Point, déclaration devant la Commission de vérité et réconciliation du Canada, Vancouver (Colombie-Britannique), 20 septembre 2013, numéro de déclaration : BCNE304.

15. Stanton, « Canada's Truth and Reconciliation Commission », p. 4.

16. Castellano, Archibald et DeGagné, *De la vérité à la réconciliation*, « Introduction », p. 2-3.

17. De Greiff, « Rapport du rapporteur spécial », 9 août 2012, p. 10-13.

18. Canada, Commission royale sur les peuples autochtones, *Rapport*, volume 1, p. 40.

19. *R. c. Sparrow* (1990) 1 R.C.S 1075. Voir aussi *Guerin c. R.* (1984) 2 R.C.S. 235; *Delgamuukw c. Colombie-Britannique* (1997) 3 R.C.S. 1010; et *Nation haïda c. Colombie-Britannique (Ministre des Forêts)*, 2004 CSC 73.

20. *Manitoba Métis Federation c. Canada (Procureur général)*, 2013 CSC 14, Mémoire des appelants, paragr. 94, citant l'arrêt de la Cour d'appel du Manitoba dans l'affaire *Manitoba Métis Federation c. Canada (Procureur général) et al.*, 2010 MBCA 71, paragr. 533, 534.

21. Pour consulter les « Avis du solliciteur » sur les questions relatives aux Autochtones des États-Unis, se reporter au United States Department of the Interior, Office of the Solicitor, « Solicitor's Opinions ».

22. Sur le fardeau de la preuve imposé aux peuples autochtones et la nécessité de le transférer à la Couronne, consulter, par exemple, Borrows, *Recovering Canada*, p. 101.

23. Canada, Commission royale sur les peuples autochtones, *Rapport*, volume 1, p. 8. La Commission adopte la définition de *confiance civile* donnée par le spécialiste juridique Pablo de Greiff, car elle reconnaît le rôle des excuses dans les processus de réconciliation : « La confiance sous-tend une attente [...] d'engagement envers les normes et les valeurs que nous partageons [...] non la forme complexe de la confiance qui caractérise les relations entre proches, mais plutôt la confiance "civile" [...] qui peut se développer parmi les citoyens étrangers l'un à l'autre, mais membres d'une même communauté politique [...] La confiance en une institution revient alors à savoir que ces règles, valeurs et normes constitutives sont partagées par les participants, et que ces derniers les considèrent comme obligatoires [...] À tout le moins, la réconciliation est la condition en vertu de laquelle les citoyens peuvent de nouveau se faire confiance les uns aux autres comme citoyens [...] Elle présuppose que les institutions et les personnes peuvent devenir *dignes de confiance*, statut qui n'est pas simplement accordé, mais *mérité*. », de Greiff, *Role of Apologies*, p. 125-127, italiques dans l'original.

24. CVR, DAV, Eugene Arcand, déclaration devant la Commission de vérité et réconciliation du Canada, Saskatoon (Saskatchewan), 22 juin 2012, numéro de déclaration : SNE202.

25. CVR, DAV, Allan Sutherland, déclaration devant la Commission de vérité et réconciliation du Canada, Winnipeg (Manitoba), 16 juin 2010, numéro de déclaration : 02-MB-16JU10-067.

26. CVR, DAV, Lisa Scott, déclaration devant la Commission de vérité et réconciliation du Canada, Victoria (Colombie-Britannique), 13 avril 2012, numéro de déclaration : 2011-3978.

27. CVR, DAV, Ron McHugh, déclaration devant la Commission de vérité et réconciliation du Canada, Batoche (Saskatchewan), 21 juillet 2010, numéro de déclaration : 01-SK-18-25JY10-011.

28. Sur le rôle des excuses officielles en matière de réparation et de réconciliation, consulter, par exemple, Barkan et Karn (dir.), *Taking Wrongs Seriously*; de Greiff, « Role of Apologies »; James, « Wrestling with the Past »; Nobles, *Politics of Official Apologies*; et Tavuchis, *Mea Culpa*.

29. Canada, Débats du Sénat (Hansard), 2ᵉ session, 40ᵉ législature, volume 146, numéro 45, 11 juin 2009. Parmi les autres intervenants, on comptait Mary Simon, présidente nationale de l'Inuit Tapiriit Kanatami; Clément Chartier, président du Ralliement national des Métis; et Kevin Daniels, chef national par intérim du Congrès des peuples autochtones.

30. CVR, DAV, Theodore Fontaine, déclaration devant la Commission de vérité et réconciliation du Canada, Edmonton (Alberta), 28 mars 2014, numéro de déclaration : SP203.

31. CVR, DAV, Noel Starblanket, déclaration devant la Commission de vérité et réconciliation du Canada, Regina (Saskatchewan), 16 janvier 2012, numéro de déclaration : SP035.

32. CVR, DAV, Geraldine Bob, déclaration devant la Commission de vérité et réconciliation du Canada, Fort Simpson (Territoires du Nord-Ouest), 23 novembre 2011, numéro de déclaration : 2011-2685.

33. CVR, DAV, Stephen Kakfwi, déclaration devant la Commission de vérité et réconciliation du Canada, Inuvik (Territoires du Nord-Ouest), 30 juin 2011, numéro de déclaration : 2011.06.30 NNE.

34. CVR, DAV, Robert Keesick, déclaration devant la Commission de vérité et réconciliation du Canada, Winnipeg (Manitoba), 16 juin 2010, numéro de déclaration : 02-MB-16JU10-038.

35. CVR, DAV, Elaine Durocher, déclaration devant la Commission de vérité et réconciliation du Canada, Winnipeg (Manitoba), 16 juin 2010, numéro de déclaration : 02-MB-16JU10-059.

36. CVR, DAV, Ava Bear, déclaration devant la Commission de vérité et réconciliation du Canada, Saskatoon (Saskatchewan), 23 juin 2012, numéro de déclaration : 2011-4497.

37. CVR, DAV, Iris Nicholas, déclaration devant la Commission de vérité et réconciliation du Canada, Halifax (Nouvelle-Écosse), 27 octobre 2011, numéro de déclaration : 2011.10.26-29 ANE.

38. Vatican, « Communiqué du Bureau de Presse du Saint-Siège ».

39. Cité dans CBC News, « Pope Expresses "Sorrow" ».

40. Vatican, « Lettre pastorale ».

41. Vatican, « Lettre pastorale ».

42. CVR, DAV, Commissaire Wilton Littlechild, s'adressant aux Oblats de Marie immaculée, St. Albert (Alberta), 2 mai 2011, numéro de déclaration : SC012.

43. Les lieux d'apprentissage des événements nationaux comprenaient des affiches de renseignements sur les pensionnats de la région, une exposition de la Fondation autochtone de l'espoir, un kiosque de renseignements sur le projet des enfants disparus, des cartes interactives et un mur de partage sur lequel les personnes pouvaient partager leurs réflexions personnelles. Lors de chaque événement, les Églises signataires de la Convention de règlement organisaient également une aire d'écoute des Églises dans le lieu d'apprentissage ou à proximité du lieu d'apprentissage. Le but était de donner l'occasion aux survivants qui le souhaitaient de parler personnellement avec un représentant d'une de ces Églises de son expérience dans les pensionnats. Lorsque les survivants le demandaient, les représentants des Églises leur présentaient également des excuses.

44. CVR, DAV, Alvin Dixon, déclaration devant la Commission de vérité et réconciliation du Canada, Inuvik (Territoires du Nord-Ouest), 30 juin 2011, numéro de déclaration : NNE302.

45. CVR, DAV, anonyme, déclaration devant la Commission de vérité et réconciliation du Canada, Winnipeg (Manitoba), 18 juin 2010, numéro de déclaration : 02-MB-18JU10-055.

46. Kelly, « Confession d'un païen régénéré », p. 24-27.

47. CVR, DAV, Jennie Blackbird, déclaration devant la Commission de vérité et réconciliation du Canada, Muncey (Ontario), 16 septembre 2011, numéro de déclaration : 2011-4188.

48. CVR, DAV, Martina Therese Fisher, déclaration devant la Commission de vérité et réconciliation du Canada, Bloodvein (Manitoba), 26 janvier 2012, numéro de déclaration : 2011-2564.

49. Le droit des peuples autochtones à leurs pratiques spirituelles traditionnelles est soutenu par les Nations Unies. L'article 12:1 de la *Déclaration des Nations Unies sur les droits des peuples autochtones* affirme : « Les peuples autochtones ont le droit de manifester, de pratiquer, de promouvoir et d'enseigner leurs traditions, coutumes et rites religieux et spirituels; le droit d'entretenir et de protéger leurs sites religieux et culturels et d'y avoir accès en privé; le droit d'utiliser leurs objets rituels et d'en disposer; et le droit au rapatriement de leurs restes humains. » Nations Unies, *Déclaration sur les droits des peuples autochtones*.

50. Par exemple, on peut penser à la communauté chrétienne crie qui a adopté une résolution pour retirer le droit à certains membres de la communauté de construire une tente à suer et d'enseigner la spiritualité crie aux jeunes. Voir *APTN National News*, « Cree Community »; et Taliman, « Christian Crees ».

51. CVR, DAV, Jim Dumont, déclaration devant la Commission de vérité et réconciliation du Canada, Winnipeg (Manitoba), 26 juin 2014, numéro de déclaration : SE049.

52. Dumont and Hutchinson, « United Church Mission Goals », p. 226-227.

53. Mullin (Thundering Eagle Woman), « We Are One », p. 29.

54. Église presbytérienne du Canada, « Aboriginal Spirituality », p. 2, 6, italique dans l'original.

55. Église anglicane du Canada, « New Agape ».

56. Église Unie du Canada, « Vivre avec foi », p. 2.

57. Église Unie du Canada, « Révision du partenariat », p. 26.

58. Église Unie du Canada, Exécutif du Conseil général, « Addendum H ».

59. Église presbytérienne du Canada, « Presbyterian Statement ».

60. Église Unie du Canada, « Affirming other spiritual paths ».

61. Conférence des évêques catholiques du Canada, « La justice comme un fleuve puissant », p. 24-25.

62. Conférence des évêques catholiques du Canada, « Conseil autochtone catholique du Canada ».

63. CVR, DAV, Alan L. Hayes, Ph.D., déclaration devant la Commission de vérité et réconciliation du Canada, Toronto (Ontario), 2 juin 2012, numéro de déclaration : SE020.

64. MacKenzie, « For Everything », p. 89.

65. Toronto Urban Native Ministry, cité dans Bush, « How Have the Churches Lived out Their Apologies? », p. 16.

66. Église presbytérienne du Canada, *Acts and Proceedings*, p. 368.

67. Fonds de guérison, Église anglicane, 2008, cité dans Bush, « How Have the Churches Lived out Their Apologies? », p. 24-25.

68. Fonds de guérison, Église anglicane, 2008, cité dans Bush, « How Have the Churches Lived out Their Apologies? », p. 24-25.

69. Fonds de guérison, Église anglicane, 2000, cité dans, « How Have the Churches Lived out Their Apologies? », p. 19.

70. Bush, « How Have the Churches Lived out Their Apologies? », p. 18.

71. La Fondation autochtone de guérison avait le mandat de financer et de soutenir les projets de guérison communautaires autochtones. Pour de plus amples renseignements sur son histoire et les circonstances de sa fermeture, consulter Spear, *Full Circle*.

72. CVR, DAV, Bruce Adema, Église chrétienne réformée en Amérique du Nord, déclaration devant la Commission de vérité et réconciliation du Canada, Regina (Saskatchewan), 22 juin 2012, numéro de déclaration : 2012.06.22 SNE.

73. CVR, DAV, Claire Ewert Fisher, Comité central mennonite, déclaration devant la Commission de vérité et réconciliation du Canada, Regina (Saskatchewan), 24 juin 2012, numéro de déclaration : 2012.06.24 SNE.

74. CVR, DAV, Jonathan Infeld, déclaration devant la Commission de vérité et réconciliation du Canada, Vancouver (Colombie-Britannique), 18 septembre 2013, numéro de déclaration : 2013.09.18 BCNE.

75. CVR, DAV, Deloria Bighorn, Communauté Bahá'íe du Canada, déclaration devant la Commission de vérité et réconciliation du Canada, Vancouver (Colombie-Britannique), 20 septembre 2013, numéro de déclaration : 2013.09.20 BCNE. Voir également Communauté Bahá'í du Canada, « Submission of the Bahá'í Community ».

76. CVR, DAV, Organisation mondiale des sikhs du Canada et gurdwaras sikhs, déclaration devant la Commission de vérité et réconciliation du Canada, Vancouver (Colombie-Britannique), 21 septembre 2013, numéro de déclaration : 2013.09.21 BCNE.

77. CVR, DAV, Conseil canadien des Églises, déclaration devant la Commission de vérité et réconciliation du Canada, Edmonton (Alberta), 28 mars 2014, numéro de déclaration : ABNE 202.

78. CVR, DAV, anonyme, Marcheurs de l'honneur, déclaration devant la Commission de vérité et réconciliation du Canada, Edmonton (Alberta), 28 mars 2014, numéro de déclaration : ABNE 202.

L'éducation en vue de la réconciliation

1. CVR, ARN, Allan Sutherland, déclaration devant la Commission de vérité et réconciliation, Winnipeg (Manitoba), 16 juin 2010, numéro de déclaration : 02-MB-16JU10-067.

2. CVR, ARN, Esther Lachinette-Diabo, déclaration devant la Commission de vérité et réconciliation, Thunder Bay (Ontario), 24 novembre 2010, numéro de déclaration : 01-ON-24Nov10-020.

3. CVR, ARN, Charlotte Marten, déclaration devant la Commission de vérité et réconciliation, Lethbridge (Alberta), 9 octobre 2013, numéro de déclaration : SP127.

4. Une étude de Penny Clark, chercheuse en enseignement, montre comment les peuples autochtones ont été dépeints dans les manuels d'histoire du Canada et les répercus-

sions sur les étudiants des omissions de grands pans de l'histoire des peuples autochtones. Consulter Clark, « Representations of Aboriginal People », p. 96-98, 103-111.

5. Conseil des ministres de l'Éducation du Canada, « Developments on Indian Residential Schools by Jurisdiction », juillet 2014, courriel de Christy Bressette, Coordonnatrice, éducation autochtone, Conseil des ministres de l'Éducation du Canada à la Commission de vérité et réconciliation du Canada, 18 juillet 2014, numéro de document de la CVR : TRC2253.

6. Fondation autochtone de l'espoir, « NWT and NU Curriculum ».

7. Conseil des ministres de l'Éducation du Canada. « Les ministres de l'Éducation indiquent que la transformation est primordiale pour l'avenir. »

8. La liberté de conscience et de religion est protégée par l'article 2 de la Charte canadienne des droits et libertés et par l'article 3 de la Charte des droits et libertés de la personne du Québec.

9. *S. L.* c. *Commission scolaire des Chênes*, 2012 CSC 7, p. 237.

10. Les travaux de l'enseignante et de la chercheuse Marie Battiste sur la décolonisation et la transformation du système d'éducation ont éclairé la réflexion de la Commission sur cette question. Consulter Battiste, *Decolonizing Education*, p. 175-191.

11. Megan Boler et Michalinas Zembylas, spécialistes de l'enseignement, désignent cette technique d'enseignement comme la « pédagogie d'inconfort » qui exige tant de l'enseignant que de l'élève de « sortir de leurs zone de confort » de façon constructive afin de « modifier radicalement leur vision du monde ». Voir Boler et Zembylas, « Discomforting Truths », p. 111. Voir également Sheppard, « Creating a Caring Classroom ».

12. Voir, par exemple, Immordino-Yang et Domasio, « We Feel, Therefore We Learn »; Schonert-Reichl et Hymel, « Educating the Heart ». Voir également l'initiative Racines de l'empathie de Mary Gordon, qui est « un programme d'enseignement scolaire fondé sur les résultats de recherches scientifiques, qui permet de réduire considérablement l'agressivité chez les élèves tout en développant leurs compétences sociales et affectives et en cultivant l'empathie », http://www.rootsofempathy.org; voir aussi Gordon, *Roots of Empathy*.

13. Pour de plus amples renseignements sur l'initiative Project of Heart, consulter http://projectofheart.ca (en anglais).

14. Sylvia Smith à propos de l'initiative Project of Heart, 2011, http://projectofheart.ca/history.

15. CVR, ARN, Samantha Crowe, déclaration devant la Commission de vérité et réconciliation, Edmonton (Alberta), 30 mars 2014, numéro de déclaration : ABNE401. Pour de plus amples renseignements sur le projet, consulter le Bureau de l'intervenant provincial en faveur des enfants et des jeunes de l'Ontario, « Les plumes de l'espoir ».

16. Roger Simon, théoricien culturel, soutient ce point de vue dans un essai sur la pratique pédagogique de l'histoire publique dans le cadre du mandat d'éducation du public de la Commission. Voir Simon, « Towards a Hopeful Practice », p. 135-136.

17. Le rapport annuel 2013 du Projet de la pensée historique avance un argument similaire, faisant valoir que le système d'éducation doit former des citoyens cultivés sur le plan historique. Voir Seixas et Colyer, « Report on the National Meeting », p. 3. Le Projet de la pensée historique a été conçu pour fournir aux enseignants des ressources d'éducation en histoire pour former les élèves à développer une pensée historique critique et efficace. Voir Seixas et Colyer, « Report on the National Meeting », p. 2.

18. Centre for Youth and Society, Université de Victoria, « Residential Schools Resistance Narratives », Rapport. Pour visionner les vidéos du projet, consulter la collection de vidéos de la page Web du Centre for Youth and Society de l'Université de Victoria, « Residential Schools Resistance Narratives ».

19. Centre d'excellence pour la santé des femmes - région des Prairies, « Nitâpwewininân », p. 3-7.

20. Centre d'excellence pour la santé des femmes - région des Prairies, « Nitâpwewininân », p. 14-16.

21. Turpel-Lafond, « Aboriginal Children », p. iii.

22. Turpel-Lafond, « Aboriginal Children », p. 15, 17.

23. Turpel-Lafond, « Aboriginal Children », p. 44.

24. Voir, par exemple, Magill et Hamber, « If They Don't Start ».

25. Parmar et coll. (dir.), *Children and Transitional Justice*.

26. CVR, ARN, Brooklyn Rae, déclaration lors de la journée éducative de l'événement national à Saskatoon (Saskatchewan), 23 juin 2013, vidéo, numéro de déclaration : SNE502, https://vimeo.com/48143907.

27. CVR, ARN, Barney Williams, déclaration lors de la journée éducative de l'événement national à Saskatoon (Saskatchewan), 23 juin 2013, Vidéo, numéro de déclaration : SNE502, https://vimeo.com/48143907.

28. Centre international pour la justice transitionnelle, « ICTJ/Canada TRC Youth Retreat ».

29. Centre international pour la justice transitionnelle, « ICTJ/Canada TRC Youth Retreat ».

30. Centre international pour la justice transitionnelle, « ICTJ Program Report ».

31. Centre international pour la justice transitionnelle, « Youth Reporters ».

32. Centre international pour la justice transitionnelle, « Our Legacy, Our Hope », communiqué de presse; Centre international pour la justice transitionnelle, *Our Legacy, Our Hope*, vidéo.

33. Centre international pour la justice transitionnelle, « ICTJ Program Report ».

34. CVR, ARN, Rory Shade, déclaration devant la Commission de vérité et réconciliation, Vancouver (Colombie-Britannique), 19 septembre 2013, numéro de déclaration : 2013.09.19 BCNE.

35. CVR, ARN, Centre for Global Citizenship Education and Research, déclaration devant la Commission de vérité et réconciliation, Edmonton (Alberta), 27 mars 2014, numéro de déclaration : ABNE102.

36. De plus amples renseignements sur le programme Échanges Racines Canadiennes sont disponibles à http://canadianroots.ca.

37. Reconciliation Canada, « New Youth Program ».

38. Bolton, « Museums Taken to Task », p. 146-147.

39. Buchanan, « Decolonizing the Archives », p. 44.

40. Morse, « Indigenous Human Rights », p. 2, 10.

41. La jurisprudence précise que « le droit de la preuve doit être adapté afin que ce type de preuve puisse être placé sur un pied d'égalité avec les différents types d'éléments de preuve historique familiers aux tribunaux, le plus souvent des documents historiques ». Voir Motifs de décision, *Delgamuukw* c. *Colombie-Britannique* (1997), 3 RCS 1010, paragr. 87. À propos de l'honneur de la Couronne, consulter, par exemple, *R.* c. *Sparrow* (1990), 1 RCS 1075; *Nation haïda* c. *Colombie-Britannique (Ministre des Forêts)*, 2004 CSC 73; *Delgamuukw* c. *Colombie-Britannique* (1997), 3 RCS 1010.

42. Le juriste Bradford W. Morse soutient cet argument. Voir Morse, « Indigenous Human Rights », p. 12, 26.

43. Canada, Commission royale sur les peuples autochtones, *Rapport*, Volume 5, p. 232-233.

44. En accord avec leur mandat législatif. L'article 3 du chapitre 3 de la *Loi sur les musées* L.C. 1990 du Canada fournit le cadre législatif pour les musées. La Loi a été modifiée en 2008 pour inclure le Musée canadien pour les droits de la personne.

45. Bolton, « Museums Taken to Task », p. 151.

46. Le 12 décembre 2013, le projet de loi C-7, *Loi modifiant la Loi sur les musées afin de constituer le Musée canadien de l'histoire*, a reçu la sanction royale, établissant ainsi officiellement le pouvoir législatif de rebaptiser le Musée canadien des civilisations Musée canadien de l'histoire. Ni la *Loi sur les musées* originale ni la modification ne font précisément référence aux peuples autochtones. Voir CBC News, « Civilization Museum now the Canadian Museum of History ».

47. Comité permanent du patrimoine canadien, 1re session, 41e législature, 5 juin 2013.

48. Musée canadien des civilisations et Musée canadien de la guerre, « Stratégie de recherche », p. 8.

49. Musée canadien des civilisations et Musée canadien de la guerre, « Stratégie de recherche », p. 9-10.

50. Musée canadien des civilisations et Musée canadien de la guerre, « Stratégie de recherche », p. 11.

51. Musée canadien des droits de la personne, « À propos ».

52. Musée canadien des droits de la personne, « Allocution prononcée par le président-directeur général Stuart Murray au forum sur le Centre national de recherche de la Commission de vérité et réconciliation ».

53. Edmiston, « Indian Residential Schools? ».

54. Musée canadien des droits de la personne, « Déclaration du président-directeur général : Utilisation du terme "génocide" pour décrire le traitement des peuples autochtones du Canada ».

55. Musée canadien des droits de la personne, « Allocution prononcée par [le] président-directeur général Stuart Murray à l'événement 2017 ».

56. Bibliothèque et Archives Canada, « Cadre de travail du développement de la collection », p. 14.

57. Bibliothèque et Archives Canada, « Patrimoine autochtone ».

58. Bibliothèque et Archives Canada, « Pensionnats autochtones au Canada : une bibliographie sélective ».

59. Wilson, « Peace, Order and Good Government », p. 239.

60. Bibliothèque et Archives Canada, « Nouvelle exposition ». Voir également Fondation autochtone de l'espoir, *Que sont les enfants devenus?*; Fondation autochtone de l'espoir, « *Nous étions si loin : L'expérience des Inuits dans les pensionnats* ».

61. Bibliothèque et Archives Canada, « Les séquelles du régime de pensionnats au Canada ».

62. Bibliothèque et Archives Canada, « Faire une recherche sur les pensionnats ».

63. Convention de règlement relative aux pensionnats indiens, Annexe N, Disposition 11.

64. *Fontaine* c. *Canada (Procureur général)* 201 ONSC 684.

65. Canada, Bureau du vérificateur général du Canada, « Le patrimoine documentaire du gouvernement du Canada — Bibliothèque et Archives Canada », p. 3.

66. Canada, Bureau du vérificateur général du Canada, « Le patrimoine documentaire du gouvernement du Canada — Bibliothèque et Archives Canada », p. 7.

67. Le professeur Terry Cook, Université du Manitoba, archiviste de longue date aux Archives nationales, membre de l'Association canadienne des archivistes et membre de la Société royale du Canada, soutient cet argument. Voir Cook, « Evidence, Memory, Identity », p. 111.

68. Commission des droits de l'homme des Nations Unies, Sous-Commission de la lutte contre les mesures discriminatoires et de la protection des minorités, « L'administration de la justice et les droits de l'homme des détenus : Question de l'impunité des auteurs de violations des droits de l'homme (civils et politiques), Rapport final révisé établi par M. L. Joinet en application de la décision 1996/199 de la Sous-Commission 1996/199, Document des Nations Unies E/CN.4/Sub,2/1997/20/Rev.1, 2 octobre 1997, Mis à jour par le document des Nations Unies E/CN.4/2005/102 (18 février 2005) et le document E/CN.4/2005/102/Add.1 (8 février 2005), cité dans Université du Manitoba, « Written Argument », p. 14, note 35.

69. de Greiff, « Rapport du Rapporteur spécial », 28 août 2013.

70. de Greiff, « Rapport du Rapporteur spécial », 28 août 2013.

71. de Greiff, « Rapport du Rapporteur spécial », 28 août 2013.

72. De nombreux archivistes reconnus soulignent cette tendance. Voir, par exemple, Cook, « Evidence, Memory, Identity »; Wilson, « Peace, Order and Good Government »; Harris, « Archival Sliver »; Jimerson, « Archives for All ».

73. CVR, ARN, Peter Cunningham, déclaration devant la Commission de vérité et réconciliation, Edmonton (Alberta), 28 mars 2014, numéro de déclaration : ABNE201.

74. La révérende Fausak est également membre du Conseil général responsable de la liaison, Justice et pensionnats autochtones de l'Église Unie du Canada.

75. CVR, ARN, Remembering the Children Society, déclaration devant la Commission de vérité et réconciliation, Edmonton (Alberta), 29 mars 2014, numéro de déclaration : ABNE302. En s'appuyant sur leur expérience, le personnel de l'Église Unie du Canada, en collaboration avec la Remembering the Children Society, a élaboré une ressource éducative comportant des lignes directrices à l'intention des communautés désirant concevoir leurs propres projets de commémoration pour les cimetières de pensionnats et les sépultures non marquées. Voir Église Unie du Canada, « Residential Schools Update ».

76. Les ressources en ligne de l'Église Unie du Canada sont accessibles à http://thechildren-remembered.ca/ (en anglais). Les ressources en ligne et l'histoire des pensionnats de l'Église anglicane sont accessibles à http://www.anglican.ca/relationships/trc (en anglais). Les ressources en ligne de l'Église presbytérienne au Canada sont accessibles à http://www.presbyterianarchives.ca/RS%20-%20Home%20Page.html (en anglais).

77. Église Unie du Canada, Residential School Archive Project, « The Children Remembered ».

78. Ian Wilson formule cet argument. Wilson, « Peace, Order and Good Government », p. 238.

79. Cette approche s'appuie sur le concept et la philosophie des lieux de conscience, comme le décrit l'International Coalition of Sites of Conscience, un « réseau international de sites historiques, de musées et d'initiatives commémoratives reliant les luttes du

passé aux mouvements contemporains pour les droits de la personne et la justice sociale ». International Coalition of Sites of Conscience, http://www.sitesofconscience.org.

80. Commission de vérité et réconciliation du Canada, « Sharing Truth ». Les vidéos du forum peuvent être visionnées à http://www.trc.ca/websites/trcinstitution/index. php?p=513.

81. Georges Erasmus, Commission de vérité et réconciliation du Canada, « Sharing Truth », 2 mars 2011, https://vimeo.com/album/1744451/video/20788339.

82. Charlene Belleau, Commission de vérité et réconciliation du Canada, « Sharing Truth », 3 mars 2011, https://vimeo.com/album/1750974/video/20696021.

83. James Scott, Commission de vérité et réconciliation du Canada, « Sharing Truth », 3 mars 2011, https://vimeo.com/album/1750974/video/20694696.

84. Commission de vérité et réconciliation du Canada et Université du Manitoba, « Accord administratif du Centre national pour la vérité et réconciliation », articles 9(c), 9(d), 11(a), 11(e) (en anglais).

85. En date d'avril 2015, les partenaires existants sont notamment : l'Association nationale des centres d'amitié, la Fondation autochtone de l'espoir, le Musée canadien pour les droits de la personne, l'Université de la Colombie-Britannique, l'Université de Lakehead, le Collège universitaire du Nord, l'Université de Winnipeg, le Collège Red River, Archives du Manitoba, l'Université de Saint-Boniface, le Collège St. John, le Collège St. Paul, le Musée du Manitoba, le Centre autochtone des ressources environnementales et le Centre spirituel Sandy-Saulteaux. D'autres partenaires s'ajouteront à cette liste au fil du temps. Voir le Centre national pour la vérité et réconciliation, « Nos partenaires ».

86. Université du Manitoba, « Written Argument », p. 6-7.

87. Sue McKemmish, Shannon Faulkhead et Lynette Russell, « Distrust in the Archive: Reconciling Records », *Archival Science*, vol. 11, n° 3-4 (2011), p. 212, cité dans Université du Manitoba, « Written Argument », p. 11.

88. Université du Manitoba, « Written Argument », p. 11-12.

89. Université du Manitoba, « Written Argument », p. 12-13.

90. Université du Manitoba, « Le Président Barnard présente des excuses dans une déclaration publique à la Commission de vérité et réconciliation » (en anglais).

91. Université du Manitoba, « Le Président Barnard présente des excuses dans une déclaration publique à la Commission de vérité et réconciliation » (en anglais).

92. Université du Manitoba, « Accord historique signé » (en anglais).

93. Cet accès « adhérera strictement aux lois sur la protection des renseignements personnels et au protocole d'accès culturel ». Commission de vérité et réconciliation du Canada et Université du Manitoba, « Centre for Truth and Reconciliation Trust Deed », p. 3-4.

94. Voir Centre national pour la vérité et réconciliation, « Reconciliation ». Voir également Commission de vérité et réconciliation du Canada et Université du Manitoba, « Centre for Truth and Reconciliation Administrative Agreement » (en anglais).

La mémoire publique : le dialogue, les arts et la commémoration

1. Campbell, *Our Faithfulness*, p. 153.
2. CVR, DAV, Jennifer Adese, Commission de vérité et réconciliation du Canada, « Réconciliation et mémoire collective dans une société divisée », table ronde, Edmonton (Alberta), le 29 mars 2014, numéro de déclaration : ABNE305.
3. Anderson, *Life Stages*, p. 4-5.
4. Citation dans Anderson, *Life Stages*, p. 3, italique dans l'original.
5. CVR, DAV, Sharon Jinkerson-Brass, Commission de vérité et réconciliation du Canada, « Honorer la sagesse des femmes : chemins de vérité, de résilience et de réconciliation », panel, le 21 septembre 2013, numéro de déclaration : 2013.09.21.
6. Anderson et Robertson, *Seeing Red*, p. 192-218.
7. Citation dans Anderson et Robertson, *Seeing Red*, p. 200.
8. La définition de *mémoire publique* de la Commission est basée sur les travaux des historiens qui étudient la mémoire publique. Par exemple, James Opp et John C. Walsh définissent la « mémoire publique » comme des « souvenirs fabriqués, vécus et véhiculés dans les espaces publics et destinés à être communiqués et partagés », Opp et Walsh, *Placing* Memory, p. 9. Pour John Bodnar, la « mémoire publique » est un « ensemble de croyances et d'idées sur le passé qui aident un public ou une société à comprendre à la fois son passé [et] son présent, et par voie de conséquence, son avenir », Bodnar, *Remaking America*, p. 15.
9. L'historien W. James Booth fait valoir cet argument important dans son étude portant sur la façon dont les communautés de mémoire sont établies, maintenues ou perturbées par des habitudes et des pratiques quotidiennes. Booth, *Communities of Memory*, p. 45.
10. Dans son rapport « Strengthening Indigenous Rights through Truth Commissions: A Practitioner's Resource », le Centre international pour la justice transitionnelle définit quatre domaines thématiques où les commissions doivent repenser les hypothèses largement répandues dans le domaine de la justice transitionnelle afin de devenir plus sensibles aux droits des peuples autochtones. Ces domaines sont : délaisser l'approche centrée sur l'État; délaisser la forme individualiste d'analyse; délaisser une stratégie axée uniquement sur les violations récentes; et délaisser la dépendance excessive envers les sources d'archives écrites. Centre international pour la justice transitionnelle, « Strengthening Indigenous Rights », p. 3-5.
11. Chamberlin, *If This Is Your Land*, p. 238-239.
12. Schirch, *Ritual and Symbol in Peacebuilding*, p. 1-2.
13. Commission de vérité et réconciliation du Canada, « Événement national de l'Atlantique », p. 4.
14. CVR, DAV, Mme Lussier, déclaration devant la Commission de vérité et réconciliation du Canada, Winnipeg (Manitoba), 19 juin 2010, numéro de déclaration : 2010.06.19 WNE.
15. CVR, DAV, madame Kenny, déclaration devant la Commission de vérité et réconciliation du Canada, Winnipeg (Manitoba), 19 juin 2010, numéro de déclaration : 2010.06.19 WNE.
16. En 2015, la boîte en bois cintré a été prêtée temporairement au Musée canadien pour les droits de la personne, où elle faisait partie d'une exposition publique.
17. Campbell, « Remembering for the Future », p. 30. Voir aussi Campbell, *Our Faithfulness*, p. 154.

18. Qwul'sih'yah'maht (Thomas), « Honouring the Oral Traditions », p. 253.
19. CVR, DAV, Charles Cardinal, déclaration devant la Commission de vérité et réconciliation du Canada, Saint-Paul (Alberta), 7 janvier 2011, numéro de déclaration : 01-AB-06JA11-005.
20. CVR, DAV, Laurie McDonald, déclaration devant la Commission de vérité et réconciliation du Canada, Beauséjour (Manitoba), 4 septembre 2010, numéro de déclaration : 01-MB-3-6SE10-005.
21. CVR, DAV, Victoria Grant-Boucher, déclaration devant la Commission de vérité et réconciliation du Canada, Ottawa (Ontario), 25 février 2011, numéro de déclaration : 01-ON-05-FE11-004.
22. CVR, DAV, Desarae Eashappie, déclaration devant la Commission de vérité et réconciliation du Canada, Winnipeg (Manitoba), 19 juin 2010, numéro de déclaration : SC112.
23. Regan, *Unsettling the Settler Within*, 13.
24. CVR, DAV, déclaration anonyme devant la Commission de vérité et réconciliation du Canada, Saint-Albert (Alberta), 2 et 3 mai 2011, numéro de déclaration : 2011.05.02-03.
25. CVR, DAV, déclaration anonyme devant la Commission de vérité et réconciliation du Canada, Saint-Albert (Alberta), 2 et 3 mai 2011, numéro de déclaration : 2011.05.02-03.
26. TRC, DAV, Agnes Moses, déclaration devant la Commission de vérité et réconciliation du Canada, Inuvik, (Territoires du Nord-Ouest), 29 juin 2011, numéro de déclaration : 29/06/2011 NNE.
27. CVR, DAV, Samuel Tapiatic, déclaration devant la Commission de vérité et réconciliation du Canada, Chisasabi (Québec), 19 mars 2013, numéro de déclaration : 2011-0056.
28. CVR, DAV, Florence Kaefer, déclaration devant la Commission de vérité et réconciliation du Canada, Winnipeg (Manitoba), 18 juin 2010, numéro de déclaration : SC111.
29. CBC News, « Teachers Seek Healing ».
30. CVR, DAV, Jack Lee, déclaration devant la Commission de vérité et réconciliation du Canada, Winnipeg (Manitoba), le 18 juin 2010, numéro de déclaration : SC111.
31. CVR, DAV, Mark DeWolf, déclaration devant la Commission de vérité et réconciliation du Canada, Halifax (Nouvelle-Écosse), 28 octobre 2011, numéro de déclaration : SC075.
32. CVR, DAV, rév. John Vissers, Ph.D., déclaration devant la Commission de vérité et réconciliation du Canada, Saskatoon (Saskatchewan), 22 juin 2012, numéro de déclaration : 2012.06.22 SNE.
33. CVR, DAV, Mgr Don Bolen, déclaration devant la Commission de vérité et réconciliation du Canada, Saskatoon (Saskatchewan), 22 juin 2013, numéro de déclaration : 2012.06.22 SNE.
34. CVR, DAV, Ian Gray, déclaration devant la Commission de vérité et réconciliation du Canada, Halifax (Nouvelle-Écosse), 27 octobre 2011, numéro de déclaration : 2011.10.26-29 ANE.
35. CVR, DAV, gestionnaires de résolution, Résolution de l'Ouest, Résolution et Affaires individuelles, Affaires autochtones et Développement du Nord Canada, déclaration devant la Commission de vérité et réconciliation du Canada, Vancouver (Colombie-Britannique), 19 septembre 2013, numéro de déclaration : BCNE205b.
36. Cité dans Threlfall, « Her Next Chapter », 24.
37. Cité dans Joseph, « Shelagh Rogers. »
38. CVR, DAV, Tina Keeper, déclaration devant la Commission de vérité et réconciliation du Canada, Saskatoon, (Saskatchewan), 24 juin 2013, numéro de déclaration : SNE403.

39. CVR, DAV, le très honorable Paul Martin, déclaration devant la Commission de vérité et réconciliation du Canada, Montréal (Québec), 26 avril 2013, numéro de déclaration : QNE303.

40. CVR, DAV, le très honorable Joe Clark, déclaration devant la Commission de vérité et réconciliation du Canada, Saskatoon (Saskatchewan), 23 juin 2012, numéro de déclaration : SNE301.

41. CVR, DAV, Andy Scott, déclaration devant la Commission de vérité et réconciliation du Canada, Saskatoon (Saskatchewan), 22 juin 2012, numéro de déclaration : SNE203.

42. TRC, DAV, Thérèse Boullard, déclaration devant la Commission de vérité et réconciliation du Canada, Inuvik (Territoires du Nord-Ouest), 28 juin 2011, numéro de déclaration : NNE103.

43. CVR, DAV, Ginelle Giacomin, déclaration devant la Commission de vérité et réconciliation du Canada, Winnipeg (Manitoba), 19 juin 2010, numéro de déclaration : SC112.

44. O'Connor, « Role of the Non-Indigenous Witness », p. 50.

45. O'Connor, « Role of the Non-Indigenous Witness », p. 53.

46. O'Connor, « Role of the Non-Indigenous Witness », p. 56.

47. O'Connor, « Role of the Non-Indigenous Witness », p. 55.

48. O'Connor, « Role of the Non-Indigenous Witness », p. 69.

49. Voir, par exemple, Cohen, Varea et Walker (dir.), *Acting Together*.

50. François Matarraso dans une correspondance avec Eugene van Erven, 19 mars 2008, cité dans van Erven et Gardner, « Performing Cross-Cultural Conversations », p. 41.

51. David Garneau, artiste, écrivain, conservateur et professeur d'art visuel, fait valoir cet argument essentiel. Garneau, « Imaginary Spaces », p. 38.

52. Garneau, « Imaginary Spaces », p. 33.

53. Archibald et coll., *Dancing, Singing, Painting*, p. 18.

54. Ratuski, « Residential School Art Series ».

55. Galerie d'art Morris et Helen Belkin, *Witnesses*; Musée d'anthropologie de l'Université de la Colombie-Britannique, *Speaking to Memory*.

56. Robertson, « Threads of Hope », p. 87, p. 99-101.

57. Université de Winnipeg, « UWinnipeg Healing Quilt ».

58. ArtsLink : Residential School Artists, « About ArtsLink ».

59. Dewar et coll., « Practicing Reconciliation », p. 5-6, italique dans l'original.

60. Convention de règlement relative aux pensionnats indiens, « Annexe J ».

61. Pour une description complète des projets, veuillez consulter Affaires autochtones et Développement du Nord Canada, « Commémoration 2011-2012 »; et Affaires autochtones et Développement du Nord Canada, « Commémoration 2012-2013 ».

62. Cliff Hague définit le lieu comme « un espace géographique qui est délimité par des significations, des sentiments et des histoires plutôt que par un ensemble de coordonnées ». Cliff Hague, « Planning and Place Identity », dans *Place Identity, Participation and Planning*, Cliff Hague et Paul Jenkins (dir.), New York, Routledge, 2005, p. 3, cité dans Opp et Walsh, *Placing Memory*, p. 5.

63. Hale, « Treaty 3 Holds Commemoration ».

64. CVR, DAV, Andrea Walsh, déclaration devant la commission de vérité et réconciliation du Canada, Victoria (Colombie-Britannique), 14 avril 2012, numéro de déclaration : 2012.04.14 VRE.

65. Steel, « Alberni Indian Residential Students ».

66. Lavoie, « Paintings Bear Witness ».

67. Canada, Affaires autochtones et Développement du Nord Canada, « Se souvenir du passé ».

68. Pour obtenir le discours de Christi Belcourt à la cérémonie de dévoilement sur la Colline du Parlement le 26 novembre 2012, voir Belcourt, « Stained Glass Window ». Pour obtenir une description détaillée du vitrail, voir Canada, Affaires autochtones et développement du Nord Canada « Christi Belcourt décrit l'œuvre intitulée Giniigaanii-menaaning ».

69. Pour obtenir le discours du commissaire Wilton Littlechild à la cérémonie d'inauguration du vitrail sur la Colline du Parlement le 26 novembre 2012, voir Littlechild, « Stained Glass Window ».

70. Opp et Walsh, *Placing Memory*, p. 15-16.

71. *Loi sur les lieux et monuments historiques*, LRC 1985, chapitre H-4.

72. Canada, Parcs Canada, Commission des lieux et monuments historiques du Canada, « Info Source ».

73. Canada, Parcs Canada, Commission des lieux et monuments historiques du Canada, « Programme national de commémoration historique ».

74. *Principes de Joinet-Orentlicher*, cité dans Shaheed, « Rapport de la Rapporteuse spéciale », p. 8.

75. Shaheed, « Rapport de la Rapporteuse spéciale », p. 14.

76. Shaheed, « Rapport de la Rapporteuse spéciale », p. 19. La Rapporteuse spéciale évoque des projets de commémoration menés dans le cadre de la Convention de règlement.

77. Shaheed, « Rapport de la Rapporteuse spéciale », p. 20-21.

78. Shaheed, « Rapport de la Rapporteuse spéciale », p. 21-22.

79. Shaheed, « Rapport de la Rapporteuse spéciale », p. 22.

80. L'étude était basée sur des recherches menées par Trina Cooper-Bolam et intégrait son expérience d'ex-directrice générale de la Fondation autochtone de l'espoir, son travail auprès de la Fondation autochtone de guérison et son rôle de chef de projet pour l'Assemblée des Premières Nations et pour le projet national de commémoration de la Fondation autochtone de guérison. Voir Cooper-Bolam, « Healing Heritage », p. 8-9, 106-107.

81. Cooper-Bolam, « Healing Heritage », p. 108-109.

82. Cooper-Bolam, « Healing Heritage », p. 109.

83. Cooper-Bolam, « Healing Heritage », p. 61-63.

84. Jeff Corntassel, Chaw-win-is et T'lakwadzi, « Indigenous Storytelling, Truth-Telling and Commmunity Approaches to Reconciliation », *ESC: English Studies in Canada*, vol. 35, n° 1 (2009), p. 143, cité dans Cooper-Bolam, « Healing Heritage », p. 98.

85. Cooper-Bolam, « Healing Heritage », p. 97-99.

86. Cooper-Bolam, « Healing Heritage », p. ii.

Nous sommes tous visés par les traités : la société canadienne et la réconciliation

1. Anderson et Robertson, *Seeing Red*, vol. 3, p. 276.
2. Anderson et Robertson, *Seeing Red*, p. 6.
3. Ramirez-Barat, « Transitional Justice », p. 38-39.
4. Nagy et Gillespie, « Representing Reconciliation », p. 6-7.
5. Nagy et Gillespie, « Representing Reconciliation », p. 34-35.
6. *Loi sur la radiodiffusion*, L.C. 1991, ch. 11.
7. David, « Aboriginal Languages Broadcasting, », p. 14.
8. CBC/Radio-Canada, « À la conquête des sommets », p. 52. On présente également dans ce rapport annuel de l'information sur la programmation et la couverture des nouvelles en langues autochtones. En 2013, Statistique Canada a publié ces données dans le cadre de l'Enquête nationale auprès des ménages menée en 2011. Voir Canada, Statistique Canada, *Les peuples autochtones au Canada : Premières Nations, Métis et Inuits*, p. 4.
9. Aboriginal Peoples Television Network, « Annual Report, 2013 ».
10. Aboriginal Peoples Television Network, « Factsheet ».
11. Cité dans Canada, Rapport de la Commission royale sur les peuples autochtones, volume 5, p. 117.
12. Canada, Rapport de la Commission royale sur les peuples autochtones, volume 2, p. 685.
13. Voir, par exemple, Anderson et Robertson, *Seeing Red*.
14. Journalistes pour les droits de la personne est une organisation de développement des médias qui fournit de l'enseignement et des ressources pour « aider les journalistes à développer leur capacité de réaliser des reportages éthiques et efficaces sur des questions liées aux droits de la personne et à la gouvernance dans leurs communautés ». Canada, gouvernement du Canada, « Journalistes pour les droits humains (JDH) ». Voir aussi Journalists for Human Rights, « About ».
15. Journalists for Human Rights, « Buried Voices », p. 18-19.
16. Journalists for Human Rights, « Buried Voices », p. 5-6.
17. Journalists for Human Rights, « Buried Voices », p. 16.
18. Journalists for Human Rights, « Buried Voices », p. 19.
19. Miller, *Lethal Legacy*, p. vi.
20. Miller, « Ipperwash and the Media », p. 11, 14.
21. Miller, « Ipperwash and the Media », p. 19-20, 22-23.
22. CVR, AVS, Theodore Fontaine, déclaration devant la Commission de vérité et réconciliation du Canada, Edmonton (Alberta), 28 mars 2014, numéro de déclaration : AB202.
23. CVR, AVS, Laura Robinson, déclaration devant la Commission de vérité et réconciliation du Canada, Edmonton (Alberta), 28 mars 2014, numéro de déclaration : ABNE202.
24. *Gazette : Law Society of Upper Canada*, « Law Society Throws Support ».
25. Mason et Koehli, « Barriers to Physical Activity », p. 103-105.
26. *Loi sur l'activité physique et le sport* (L.C. 2003, ch. 2).
27. ACTIONIndigène, « Phase One: Roundtable Report », appendix 2, p. 18-19.
28. Te Hiwi, « What Is the Spirit? », p. 3.
29. Sport Canada, Renouvellement de la Politique canadienne du sport, Table ronde sur le sport pour les Autochtones, Rapport de synthèse, p. 4-5.

30. Sport Canada, Politique canadienne du sport.

31. CVR, AVS, David Courchene Junior, déclaration devant la Commission de vérité et réconciliation du Canada, Winnipeg (Manitoba), 25 juin 2014, numéro de déclaration : SE048.

32. CVR, AVS, Ian Campbell, déclaration devant la Commission de vérité et réconciliation du Canada, Winnipeg (Manitoba), 25 juin 2014, numéro de déclaration : SE048.

33. Lee, « Tsilhqot'in Nation », p. A6.

34. Canada, *Le Nord : terre lointaine, terre ancestrale,* volume 1, ch. 7, p. 88-89. Depuis les années 1980, plusieurs accords de revendications territoriales ont été signés dans tout le Nord, notamment, la Convention définitive des Inuvialuit (1984), l'Entente sur la revendication territoriale globale des Gwich'in (1992), l'Entente sur la revendication territoriale globale des Dénés et Métis du Sahtu (1994) et l'Accord tlicho (2005) dans les Territoires du Nord-Ouest.

Bien qu'il y ait eu des tentatives pour dynamiser le projet de pipeline de la vallée du Mackenzie avec la participation d'une coalition de partenaires autochtones, en 2014, on ne savait toujours pas si le projet se concrétiserait. Voir Jang, « Gas Exports from B.C. »; et Lewis, « Northwest Territories Eyes Revival ».

35. Canada, Rapport de la Commission royale sur les peuples autochtones, volume 1, p. 508-551.

36. Voir, par exemple, *Delgamuukw c. Colombie-Britannique* (1997) 3 RCS 1010; *Nation haïda c. Colombie-Britannique (Ministre des Forêts),* 2004 CSC 73; *Première nation crie Mikisew c. Canada (Ministre du Patrimoine canadien)* [2005] 3 RCS 388, 2005 CSC 69; *Rio Tinto Alcan Inc. c. Conseil tribal Carrier Sekani* 2010 CSC 43, [2010] 2 RCS 650; *Nation Tsilhqot'in c. Colombie-Britannique,* 2014 CSC 44; et *Première Nation de Grassy Narrows c. Ontario (Ressources naturelles),* 2014 CSC 48.

37. *Delgamuukw c. Colombie-Britannique* (1997) 3 RCS 1010, paragr. 165.

38. *Nation haïda c. Colombie-Britannique (Ministre des Forêts),* 2004 CSC 73, paragr. 53, cité dans Newman, « Rule and Role of Law », p. 10.

39. Newman, « Rule and Role of Law », p. 13.

40. Forum des politiques publiques, « Forger d'authentiques partenariats », p. 7.

41. Forum des politiques publiques, « Forger d'authentiques partenariats », p. 6.

42. Eyford, « Forging Partnerships », p. 3, 7.

43. Lettre de transmission de Douglas R. Eyford au premier ministre, 20 novembre 2013, dans Eyford, « Forging Partnerships », p. 1.

44. The Charrette on Energy, Environment and Aboriginal Issues, « Responsible Energy Resource Development », p. 2.

45. The Charrette on Energy, Environment and Aboriginal Issues, « Responsible Energy Resource Development ».

46. The Charrette on Energy, Environment and Aboriginal Issues, « Responsible Energy Resource Development », p. 8-14.

47. Coates et Newman, « End Is Not Nigh », p. 21.

48. Pacte mondial des Nations Unies, *Guide de Référence des Entreprises.*

49. CVR, AVS, Wab Kinew, déclaration devant la Commission de vérité et réconciliation du Canada, Edmonton (Alberta), 28 mars 2014, numéro de déclaration : ABNE202.

50. CVR, AVS, Victoria Wells, déclaration devant la Commission de vérité et réconciliation du Canada, Victoria (Colombie-Britannique), 13 avril 2012, numéro de déclaration : SP016.

51. CVR, AVS, Lynne Phillips, déclaration devant la Commission de vérité et réconciliation du Canada, Victoria (Colombie-Britannique), 5 décembre 2010, numéro de déclaration : 01-BC-03DE10-007.

52. CVR, AVS, Roger Epp, déclaration devant la Commission de vérité et réconciliation du Canada, Hobbema (Alberta), 25 juillet 2013, numéro de déclaration : SP125.

53. CVR, AVS, Bill Elliot, déclaration devant la Commission de vérité et réconciliation du Canada, Hobbema (Alberta), 25 juillet 2013, numéro de déclaration : SP125.

54. CVR, AVS, Bill Elliot, déclaration devant la Commission de vérité et réconciliation du Canada, Edmonton (Alberta), 29 mars 2014, numéro de déclaration : ABNE301.

55. Cité dans Zabjek, « Youths Picked ».

56. Reconciliation Canada, « City of Vancouver Council ». Voir aussi City Manager, « Framework for City of Reconciliation ».

57. CVR, AVS, Gregor Robertson, déclaration devant la Commission de vérité et réconciliation du Canada, Vancouver (Colombie-Britannique), 18 septembre 2013, numéro de déclaration : BCNE102.

58. CVR, AVS, Kim Harvey, « Be the Change: Young People Healing the Past and Building the Future », Vancouver (Colombie-Britannique), 18 septembre 2013, numéro de déclaration : BCNE105, https://vimeo.com/78638476.

59. CVR, AVS, Kevin Tahakide Lee, « Be the Change: Young People Healing the Past and Building the Future », Vancouver (Colombie-Britannique), 18 septembre 2013, numéro de déclaration : BCNE105, https://vimeo.com/78638476.

60. CVR, AVS, Caroline Wong, « Be the Change: Young People Healing the Past and Building the Future », Vancouver (Colombie-Britannique), 18 septembre 2013, numéro de déclaration : BCNE105, https://vimeo.com/78638476.

61. CVR, AVS, Danny Richmond, « Be the Change: Young People Healing the Past and Building the Future », Vancouver (Colombie-Britannique, 18 septembre 2013, numéro de déclaration : BCNE105, https://vimeo.com/78638476.

62. CVR, AVS, Akua Benjamin, déclaration devant la Commission de vérité et réconciliation du Canada, Toronto (Ontario), 12 novembre 2013, numéro de déclaration : SE036B.

63. CVR, AVS, Ali Kazimi, déclaration devant la Commission de vérité et réconciliation du Canada, Toronto (Ontario), 12 novembre 2013, numéro de déclaration : SE036B.

64. CVR, AVS, Winnie Ng, déclaration devant la Commission de vérité et réconciliation du Canada, Toronto (Ontario), 12 novembre 2013, numéro de déclaration : SE036B.

65. Canada, Ministère de la Citoyenneté et de l'Immigration du Canada, *Découvrir le Canada*.

66. Canada, Ministère de la Citoyenneté et de l'Immigration du Canada, *Découvrir le Canada*.

67. Reconciliation Canada, « Chief Joseph Shares ».

68. Reconciliation Canada, « Shared Tomorrow ».

69. The Philanthropist, « Philanthropic Community's Declaration ».

70. Cobb, « More than 3,000 ».

71. Bellegarde, « Truth and Reconciliation ».

72. Canada, Débats de la Chambre des communes (Hansard), 41e législature, 2e session, numéro 221, 1er juin 2015 (1515).

Bibliographie

Sources primaires

1. Bases de données de la Commission de vérité et réconciliation

Base de données des déclarations audiovisuelles (DAV)

2. Lois

Loi modifiant la Loi sur les musées afin de constituer le Musée canadien de l'histoire et apportant des modifications corrélatives à d'autres lois, 2013, http://www.parl.gc.ca/LegisInfo/BillDetails.aspx?Mode=1&billId=6263562&View=3.&Language=F.

Loi sur l'activité physique et le sport L.C. 2003, ch. 2, http://laws-lois.justice.gc.ca/fra/lois/P-13.4/TexteComplet.html.

Loi sur la radiodiffusion L.C. 1991, ch. 11, http://laws-lois.justice.gc.ca/PDF/B-9.01.pdf.

Loi sur les lieux et monuments historiques L.R.C. 1985, ch. H-4, http://laws-lois.justice.gc.ca/PDF/H-4.pdf.

Loi sur les musées L.C. 1990, ch. 3, art. 3, http://laws-lois.justice.gc.ca/PDF/M-13.4.pdf.

Loi sur l'intervention en matière de violence familiale LNun 2006, ch. 18, http://www.canlii.org/fr/nu/legis/lois/lnun-2006-c-18/74689/lnun-2006-c-18.html.

Peacemaker Court and Justice Council Act, 2011, http://www.ttc-teslin.com/legislation-guiding-principles.html.

3. Poursuites judiciaires

R. c. Sparrow (1997) 3 RCS 1010.

Fontaine c. Canada (Procureur général), 2013 ONSC 684.

Guerin c. R. (1984) 2 RCS 335.

Manitoba Métis Federation c. Canada (Procureur général), 2013 CSC 14.

Nation haïda c. Colombie-Britannique (Ministre des Forêts), 2004 CSC 73.

Nation Tsilhqot'in c. Colombie-Britannique, 2014 CSC 44.

Première Nation crie Mikisew c. Canada (Ministre du Patrimoine canadien) [2005] 3 RCS 388, 2005 CSC 69.

Première Nation de Grassy Narrows c. Ontario (Ressources naturelles), 2014 CSC 48.

R. c. Ipeelee, 2012 CSC 13.

R. c. Sparrow (1990) 1 RCS 1075.

Rio Tinto Alcan Inc. c. Conseil tribal Carrier Sekani, 2010 CSC 43, [2010] 2 RCS 650.

S. L. c. Commission scolaire des Chênes, 2012 CSC 7, http://scc-csc.lexum.com/scc-csc/scc-csc/fr/item/7992/index.do.

4. Documents juridiques

Commission de vérité et réconciliation du Canada et Université du Manitoba. « Centre for Truth and Reconciliation Administrative Agreement », s. d., http://chrr.info/images/stories/Centre_For_Truth_and_Reconciliation_Administrative_Agreement.pdf.

Commission de vérité et réconciliation du Canada et Université du Manitoba. « Centre for Truth and Reconciliation Trust Deed » 21 juin 2013, http://umanitoba.ca/admin/indigenous_connect/media/IND-00-013-NRCAS-TrustDeed.pdf.

Convention de règlement relative aux pensionnats indiens. « Annexe J : Directive sur la politique de commémoration », s. d., http://www.residentialschoolsettlement.ca/French/AnnexeJ.pdf.

Convention de règlement relative aux pensionnats indiens. « Annexe N : Mandat de la Commission de vérité et réconciliation », s. d., http://www.residentialschoolsettlement.ca/French/AnnexeN.pdf.

Nations Unies. *Déclaration sur les droits des peuples autochtones*. Mars 2008, http://www.un.org/esa/socdev/unpfii/documents/DRIPS_fr.pdf.

University of Manitoba. « Written Argument ». 13 décembre 2012. Dans *Fontaine c. Canada (Procureur général)*, 2013 ONSC 684, http://chrr.info/images/stories/Materials_filed_by_UM_2_.pdf.

Sources secondaires

1. Livres

Alfred, Gerald R. (Taiaiake). *Heeding the Voices of Our Ancestors: Kannawake Mohawk Politics and the Rise of Native Nationalism*, Toronto, Oxford University Press, 1995.

Alfred, Taiaiake. *Paix, pouvoir et droiture : Un manifeste autochtone*, Don Mills (Ontario), Oxford University Press, 1999.

Alfred, Taiaiake. *Wasáse: Indigenous Pathways of Action and Freedom*, Peterborough (Ontario), Broadview, 2005.

Anderson, Kim. *Life Stages and Native Women: Memory, Teachings and Story Medicine*, Winnipeg, University of Manitoba Press, 2011.

Anderson, Mark Cronlund et Carmen L. Robertson. *Seeing Red: A History of Natives in Canadian Newspapers*, Winnipeg, University of Manitoba Press, 2011.

Archibald, Linda, avec la collaboration de Jonathan Dewar, Carrie Reid et Vanessa Stevens. *Dancing, Singing, Painting, and Speaking the Healing Story: Healing through Creative Arts*, Ottawa, Fondation autochtone de guérison, 2012.

Barkan, Elazar et Alexander Karn (dir). *Taking Wrongs Seriously: Apologies and Reconciliation*, Stanford (Californie), Stanford University Press, 2006.

Battiste, Jaime. *Honouring 400 Years Kepmite'tmnej*, Eskasoni (Nouvelle-Écosse), Grand conseil Mi'kmaq, 2010. Disponible en partie à http://www.mawiomi.com/files/WebBook.pdf.

Battiste, Marie. *Decolonizing Education: Nourishing the Learning Spirit*, Saskatoon, Purich, 2013.

Bennett, John et Susan Rowley (dir). *Uqalurait: An Oral History of Nunavut*, Montréal et Kingston, McGill-Queen's University Press, 2004.

Benton-Benai, Eddie. *The Mishomis Book*, Saint Paul (Minnesota), Red School House, 1988.

Black Elk et John G. Neihardt. *Black Elk Speaks: The Complete Edition*, Lincoln, University of Nebraska Press, 2014.

Bodnar, John. *Remaking America: Public Memory, Commemoration and Patriotism in the Twentieth Century*, Princeton (New Jersey), Princeton University Press, 1992.

Booth, W. James. *Communities of Memory: On Witness, Identity, and Justice*, Ithaca (New York), Cornell University Press, 2006.

Borrows, John. *Canada's Indigenous Constitution*, Toronto, University of Toronto Press, 2010.

Borrows, John. *Recovering Canada: The Resurgence of Indigenous Law*, Toronto, University of Toronto Press, 2002.

Briggs, Jean. *Inuit Morality Play: The Emotional Education of a Three-Year-Old*, St. John's (Terre-Neuve-et-Labrador), Institute of Social and Economic Research, 1998.

Campbell, Sue. *Our Faithfulness to the Past: The Ethics and Politics of Memory*, Christine M. Koggel et Rockney Jacobsen (dir.), New York, Oxford University Press, 2014.

Cardinal, Harold et Walter Hildebrandt. *Treaty Elders of Saskatchewan: Our Dream Is That Our Peoples Will One Day Be Clearly Recognized as Nations*, Calgary, University of Calgary Press, 2000.

Chamberlin, J. Edward. *If This Is Your Land, Where Are Your Stories? Finding Common Ground*, Toronto, Alfred A. Knopf, 2003.

Chartrand, Larry N., Tricia E. Logan et Judy D. Daniels. *Métis History and Experience and Residential Schools in Canada*, Ottawa, Fondation autochtone de guérison, 2006.

Cohen, Cynthia E., Roberto Gutiérrez Varea et Polly O. Walker (dir.). *Acting Together: Performance and the Creative Transformation of Conflict*, vol. 1 et 2, Oakland (Californie), New Village, 2011.

Gibney, Mark, Rhoda E. Howard-Hassmann, Jean-Marc Coicaud et Niklaus Steiner (dir.). *The Age of Apology: Facing Up to the Past*, Philadelphie, University of Pennsylvania Press, 2008.

Gordon, Mary. *Racines de l'empathie : Changer le monde un enfant à la fois*, New York, The Experiment, 2009.

Henderson, Sákéj. *The Mi'Kmaw Concordat*, Halifax, Fernwood, 1997.

Jennings, Francis, William N. Fenton, Mary A. Druke et David R. Miller (dir.). *The History and Culture of Iroquois Diplomacy: An Interdisciplinary Guide to the Treaties of the Six Nations and Their League*, Syracuse (New York), Syracuse University Press, 1995.

Johnston, Basil. *Honour Earth Mother*, réserve Cape Croker, Neyaashiinigmiing (Ontario), Kegedonce, 2003.

Johnston, Basil. *Ojibway Ceremonies*, Toronto, McClelland and Stewart, 1982.

Collectif Kino-nda-niimi. *The Winter We Danced: Voices from the Past, the Future, and the Idle No More Movement*, Winnipeg, Arbeiter Ring, 2014.

Miller, Bruce. *The Problem of Justice: Tradition and law in the Coast Salish World*, Lincoln, University of Nebraska Press, 2001.

Miller, J. R. *Compact, Contract, Covenant: Aboriginal Treaty-Making in Canada*, Toronto, University of Toronto Press, 2009.

Miller, J. R. *Lethal Legacy: Current Native Controversies in Canada*, Toronto, McClelland and Stewart, 2004.

Miller, Robert J., Jacinta Ruru, Larissa Behrendt et Tracey Lindberg. *Discovering Indigenous Lands: The Doctrine of Discovery in the English Colonies*, New York, Oxford University Press, 2012.

Minow, Martha. *Between Vengeance and Forgiveness: Facing History after Genocide and Mass Violence*, Boston, Beacon, 1998.

Napoleon, Val, Hadley Friedland, Jim Henshaw, Ken Steacy, Janine Johnston et Simon Roy. *Mikomosis and the Wetiko*, Victoria, Indigenous Law Research Unit, Faculty of Law, Université de Victoria, 2013, http://www.indigenousbar.ca/indigenouslaw/wp-content/uploads/2013/04/Mikomosis-and-the-Wetiko-Teaching-Guide-Web.pdf.

Nations Unies, Pacte mondial. *Guide de Référence des Entreprises : Déclaration des Nations Unies sur les droits des peuples autochtones*, 2013, https://www.unglobalcompact.org/docs/issues_doc/human_rights/UNDRIP_FR.pdf.

Native Women's Centre. *Traditional Teachings Handbook*. 2008, http://www.nativewomenscentre.com/files/Traditional_Teachings_Booklet.pdf.

Newcomb, Steven T. *Pagans in the Promised Land: Decoding the Doctrine of Christian Discovery*, Golden (Colorado), Fulcrum, 2008.

Nobles, Melissa. *The Politics of Official Apologies*, Cambridge, Cambridge University Press, 2008.

Oosten, Jarich, Frédéric Laugrand et Wim Rasing (dir.). *Entrevues avec des aînés inuit*, volume 2, *Perspectives sur le droit traditionnel*, Iqaluit, Nunavut Arctic College, 1999, http://tradition-orale.ca/francais/pdf/Perspectives-On-Traditional-Law-F.pdf.

Opp, James et John C. Walsh. *Placing Memory and Remembering Place in Canada*, Vancouver, UBC Press, 2010.

Parmar, Sharanjeet, Mindy Jane Roseman, Saudamini Siegrist et Theo Sowa (dir.). *Children and Transitional Justice: Truth-Telling, Accountability and Reconciliation*, Florence (Italie), UNICEF Innocenti Research Centre et Cambridge (Massachusetts), Human Rights Program, Harvard University Law School, 2010.

Pauktuutit Inuit Women of Canada. *The Inuit Way: A Guide to Inuit Culture*, 2006, http://www.uqar.ca/files/boreas/inuitway_e.pdf.

Pertusati, Linda. *In Defense of Mohawk Land: Ethnopolitical Conflict in Native North America*, Albany (New York), SUNY Press, 1997.

Ray, Arthur J., Jim Miller et Frank Tough. *Bounty and Benevolence: A History of Saskatchewan Treaties*, Montréal et Kingston, McGill-Queen's University Press, 2000.

Regan, Paulette. *Unsettling the Settler Within: Indian Residential Schools, Truth Telling and Reconciliation in Canada*, Vancouver, UBC Press, 2010.

Schirch, Lisa. *Ritual and Symbol in Peacebuilding*, Bloomfield (Connecticut), Kumarian, 2005.

Simpson, Leanne et Kiera L. Ladner (dir.). *This Is an Honour Song: Twenty Years since the Blockades, an Anthology of Writing on the Oka Crisis*, Winnipeg, Arbeiter Ring, 2010.

Simpson, Leanne. *Dancing on Our Turtle's Back: Stories of Nishnaabeg Re-creation, Resurgence and a New Emergence*, Winnipeg, Arbeiter Ring, 2011.

Snyder, Emily, Lindsay Borrows et Val Napoleon, avec la collaboration de Hadley Friedland. *Mikomosis and the Wetiko: A Teaching Guide for Youth, Community, and Post-secondary Educators*, Victoria, Indigenous Law Research Unit, Faculty of Law, Université de Victoria, 2014, http://www.indigenousbar.ca/indigenouslaw/wp-content/uploads/2013/04/Mikomosis-and-the-Wetiko-Teaching-Guide-Web.pdf.

Spear, Wayne K. *Full Circle: The Aboriginal Healing Foundation and the Unfinished Work of Hope, Healing and Reconciliation*, Ottawa, Fondation autochtone de guérison, 2014, http://www.ahf.ca/downloads/full-circle-2.pdf.

Tavuchis, Nicholas. *Mea Culpa: A Sociology of Apology and Reconciliation*, Stanford (Californie), Stanford University Press, 1991.

Treaty 7 Tribal Council, Walter Hildebrandt, Sarah Carter et Dorothy First Rider. *The True Spirit and Original Intent of Treaty 7*, Montréal et Kingston, McGill-Queen's University Press, 1996.

Williams, Robert A., Jr. *The American Indian in Western Legal Thought: The Discourses of Conquest*, New York, Oxford University Press, 1990.

Williams, Robert A., Jr. *Linking Arms Together: American Indian Treaty Visions of Law and Peace, 1600-1800*, New York, Oxford University Press, 1997.

Williams, Robert A., Jr. *Savage Anxieties: The Invention of Western Civilization*, New York, Palgrave MacMillan, 2012.

Younging, Gregory, Jonathan Dewar et Mike DeGagné (dir.). *Response, Responsibility, and Renewal: Canada's Truth and Reconciliation Journey*, Ottawa, Fondation autochtone de guérison, 2009.

2. Chapitres de livre, articles de journaux et mémoires

Anaya, S. James. « The Right of Indigenous Peoples to Self-Determination in the Post-Declaration Era », dans *Making the Declaration Work: The United Nations Declaration on the Rights of Indigenous Peoples*, Claire Charters et Rodolfo Stavenhagen (dir.), p. 184-198, Copenhague, International Work Group for Indigenous Affairs, 2009.

Anderson, Kim. « Affirmations of an Indigenous Feminist », dans *Indigenous Women and Feminism: Politics, Activism, Culture*, Cheryl Suzack, Shari M. Huhndorf, Jeanne Perreault et Jean Barman (dir.), p. 81-91, Vancouver, UBC Press, 2010.

Barkwell, Lawrence J., Anne Carriere Acco et Amanda Rozyk. « The Origins of Metis Customary Law with a Discussion of Métis Legal Traditions », mémoire non publié, s. d., http://www.metismuseum.ca/media/db/07232.

Boler, Megan et Michalinos Zembylas. « Discomforting Truths: The Emotional Terrain of Understanding Difference », dans *Pedagogies of Difference: Rethinking Education for Social Change*, Peter Pericles Trifonas (dir.), p. 110-136, New York, RoutledgeFalmer, 2003.

Bolton, Stephanie. « Museums Taken to Task: Representing First Peoples at the McCord Museum of Canadian History », dans *First Nations, First Thoughts: The Impact of*

Indigenous Thought in Canada, Annis May Timpson (dir.), p. 145-169, Vancouver, UBC Press, 2009.

Borrows, John. « Aboriginal and Treaty Rights and Violence against Women », *Osgoode Hall Law Journal*, vol. 50, nº 3 (2013), p. 699-736, http://digitalcommons.osgoode. yorku.ca/cgi/viewcontent.cgi?article=1021&context=ohlj.

Borrows, John. « (Ab)Originalism and Canada's Constitution », *Supreme Court Law Review*, vol. 58, nº 2d (2012), p. 351-398.

Borrows, John. « Residential Schools, Respect and Responsibilities for Past Harms », *University of Toronto Law Journal*, vol. 64, nº 4 (2014), p. 486-504.

Borrows, John. « Wampum at Niagara: The Royal Proclamation, Canadian Legal History, and Self-Government », dans *Aboriginal and Treaty Rights in Canada: Essays on Law, Equality and Respect for Difference*, Michael Asch (dir.), p. 155-172, Vancouver, UBC Press, 1997.

Briggs, Jean. « Emotions Have Many Faces: Inuit Lessons », *Anthropologica: Reflections on Anthropology in Canada*, vol. 42, nº 2 (2000), p. 157-164.

Buchanan, Rachel. « Decolonizing the Archives: The Work of New Zealand's Waitangi Tribunal », *Public History Review*, vol. 14 (2007), p. 44-63.

Castellano, Marlene Brant, Linda Archibald et Mike DeGagné. « Introduction : les Autochtones et la vérité sur les faits de l'histoire du Canada », dans *De la vérité à la réconciliation : transformer l'héritage des pensionnats*, sous la direction de Marlene Brant Castellano, Linda Archibald et Mike DeGagné, p. 1-10, Ottawa, Fondation autochtone de guérison, 2008.

Clark, Penney. « Representations of Aboriginal People in English Canadian History Textbooks: Toward Reconciliation », dans *Teaching the Violent Past: History Education and Reconciliation*, Elizabeth A. Cole (dir.), p. 81-120, Lanham (Maryland), Rowman and Littlefield, 2007.

Cook, Terry. « Evidence, Memory, Identity, and Community: Four Shifting Archival Paradigms », *Archival Science: International Journal on Recorded Information*, vol. 13, nº 2-3 (2013), p. 95-120.

Corntassel, Jeff et Cindy Holder. « Who's Sorry Now? Government Apologies, Truth Commissions, and Indigenous Self-Determination in Australia, Canada, Guatemala, and Peru », *Human Rights Review*, vol. 9, nº 4 (2008), p. 465-489.

Corntassel, Jeff, Chaw-win-is et T'lakwadzi. « Indigenous Storytelling, Truth-Telling and Community Approaches to Reconciliation », *ESC: English Studies in Canada*, vol. 35, nº 1 (2009), p. 137-159.

de Greiff, Pablo. « The Role of Apologies in National Reconciliation Processes: On Making Trustworthy Institutions Trustworthy », dans *The Age of Apology: Facing Up to the Past*, Mark Gibney, Rhoda E. Howard-Hassmann, Jean-Marc Coicaud et Niklaus Steiner (dir.), p. 120-136, Philadelphie, University of Pennsylvania Press, 2008.

Dumont, Alf et Roger Hutchinson. « United Church Mission Goals and First Nations Peoples », dans *The United Church of Canada: A History*, Don Schweitzer (dir.), p. 221-238, Waterloo (Ontario), Wilfrid Laurier University Press, 2011.

Foley, Denis. « Iroquois Mourning and Condolence Installation Rituals: A Pattern of Social Integration and Continuity », dans *Preserving Tradition and Understanding the Past: Papers from the Conference on Iroquois Research, 2001-2005*, Christine Sternberg Patrick (dir.), p. 25-34, Albany (New York), State Education Department, University of the State of New York, 2010, http://www.nysm.nysed.gov/publications/record/vol_01/pdfs/CH03Foley.pdf.

Foster, Michael K. « Another Look at the Function of Wampum in Iroquois-White Councils », dans *The History and Culture of Iroquois Diplomacy*, Francis Jennings, William N. Fenton, Mary A. Druke et David R. Miller (dir.), p. 99-114, Syracuse (New York), Syracuse University Press, 1995.

Friedland, Hadley. « Reflective Frameworks: Methods for Accessing, Understanding and Applying Indigenous Laws », *Indigenous Law Journal*, vol. 11, n° 1 (2012), p. 1-40, http://ilj.law.utoronto.ca/sites/ilj.law.utoronto.ca/files/media/ILJ%20vol%2011%20to%20post%20b.7-46.pdf.

Gabriel, Ellen. « Commentary: Aboriginal Women's Movement: A Quest for Self-Determination », *Aboriginal Policy Studies*, vol. 1, n° 1 (2011), p. 183-188.

Garneau, David. « Imaginary Spaces of Conciliation and Reconciliation », dans *Reconcile This!* Paru dans *West Coast Line 74*, vol. 46, n° 2 (2012), p. 28-38.

Ghostkeeper, Elmer. « *Weche* Teachings: Aboriginal Wisdom and Dispute Resolution », dans *Intercultural Dispute Resolution in Aboriginal Contexts*, Catherine Bell et David Kahane (dir.), p. 161-175, Vancouver, UBC Press, 2004.

Green, Joyce. « Balancing Strategies: Aboriginal Women and Constitutional Rights in Canada », dans *Making Space for Indigenous Feminism*, Joyce Green (dir.), p. 140-159, Black Point (Nouvelle-Écosse), Fernwood, 2007.

Harris, Verne. « The Archival Sliver: Power, Memory, and Archives in South Africa », *Archival Science*, vol. 2 (2002), p. 63-86.

Henderson, Sakej. « Ayukpachi: Empowering Aboriginal Thought », dans *Reclaiming Indigenous Voice and Vision*, Marie Battiste (dir.), p. 248-278, Vancouver, UBC Press, 2000.

Henderson, Sakej. « First Nations' Legal Inheritances in Canada: The Mikmaq Model », *Manitoba Law Journal*, vol. 23, n° 1-2 (1996), p. 1-31.

Hunhdorf, Shari. « "Atanarjuat, the Fast Runner": Culture, History, and Politics in Inuit Media », *American Anthropologist*, vol. 105, n° 4 (2003), p. 822-826.

Immordino-Yang, M. H. et Antonio Damasio. « We Feel, Therefore We Learn: The Relevance of Affective and Social Neuroscience to Education », *Mind, Brain, and Education*, vol. 1, n° 1 (2007), p. 3-10.

James, Matt. « Wrestling with the Past: Apologies, Quasi-apologies, and Non-apologies in Canada », dans *The Age of Apology: Facing Up to the Past*, Mark Gibney, Rhoda E. Howard-Hassmann, Jean-Marc Coicaud et Niklaus Steiner (dir.), p. 137-153, Philadelphie, University of Pennsylvania Press, 2008.

Jimerson, Randall C. « Archives for All: Professional Responsibility and Social Justice », *American Archivist*, vol. 70, n° 2 (2007), p. 252-281.

John, Edward. « Survival, Dignity, Well-Being: Implementing the Declaration in British Columbia », dans *Realizing the UN Declaration on the Rights of Indigenous Peoples: Triumph, Hope and Action*, Jackie Hartley, Paul Joffe et Jennifer Preston (dir.), p. 47-58, Saskatoon, Purich, 2010.

Johnston, Darlene. « Aboriginal Traditions of Tolerance and Reparation: Introducing Canadian Colonialism », dans *Le devoir de mémoire et les politiques du pardon*, Micheline Labelle, Rachad Antoinius et Georges Leroux (dir.), p. 141-159, Québec, Presses de l'Université du Québec, 2005, http://ssrn.com/abstract=1879396.

Kelly, Fred. « Confession d'un païen régénéré », *De la vérité à la réconciliation : transformer l'héritage des pensionnats*, sous la direction de Marlene Brant Castellano, Linda Archibald et Mike DeGagné, p. 13-50, Ottawa, Fondation autochtone de guérison, 2008.

LaRoque, Emma. « The Colonization of a Native Woman Scholar », dans *In the Days of Our Grandmothers: A Reader in Aboriginal Women's History in Canada*, Mary-Ellen Kelm et Lorna Townsend (dir.), p. 397-406, Toronto, University of Toronto Press, 2006.

MacKenzie, Ian. « For Everything There Is a Season », dans *Response, Responsibility, and Renewal: Canada's Truth and Reconciliation Journey*, Gregory Younging, Jonathan Dewar et Mike DeGagné (dir.), p. 87-96, Ottawa, Fondation autochtone de guérison, 2009.

Magill, Clare et Brandon Hamber. « If They Don't Start Listening to Us, the Future Is Going to Look the Same as the Past: Young People and Reconciliation in Northern Ireland, and Bosnia and Herzegovina », *Youth and Society*, vol. 43, n° 2 (2011), p. 509-527.

Mansfield, Emily. « Balance and Harmony: Peacemaking in Coast Salish Tribes of the Pacific Northwest », *Mediation Quarterly*, vol. 10, n° 4 (1993), p. 339-353.

Mason, Courtney et Joshua Koehli. « Barriers to Physical Activity for Aboriginal Youth: Implications for Community Health, Policy and Culture », *Pimatisiwin: A Journal of Aboriginal and Indigenous Community Health*, vol. 10, n° 1 (2012), p. 97-107.

Marrus, Michael R. « Official Apologies and the Quest for Historical Justice », Occasional Paper III, Munk Centre for International Studies, University of Toronto, 2006.

McKay, M. Celeste et Craig Benjamin. « A Vision for Fulfilling the Indivisible Rights of Indigenous Women », Dans *Realizing the UN Declaration on the Rights of Indigenous Peoples: Triumph, Hope and Action*, Jackie Hartley, Paul Joffe et Jennifer Preston (dir.), p. 156-168, Saskatoon, Purich, 2010.

McKay, Stan. « Ouvrir le dialogue sur la vérité et la réconciliation — de façon positive », dans *De la vérité à la réconciliation : transformer l'héritage des pensionnats*, sous la direction de Marlene Brant Castellano, Linda Archibald et Mike DeGagné, p. 117-134, Ottawa, Fondation autochtone de guérison, 2008.

Menkel-Meadow, Carrie. « Peace and Justice: Notes on the Evolution and Purposes of Legal Processes », *Georgetown Law Journal*, vol. 94 (2006), p. 553-580.

Metallic, Alfred et Robin Cavanaugh. « Mi'gmewey "Politics": Mi'gmaq Political Traditions », 1er mai 2002, http://www.migmawei.ca/documents/MigmeweyPoliticsMigmaqPoliticalTraditions_final.pdf.

Morse, Bradford W. « Indigenous Human Rights and Knowledge in Archives, Museums and Libraries: Some International Perspectives with specific Reference to New Zealand and Canada », s. d., p. 1-39, http://researchcommons.waikato.ac.nz/handle/10289/6350?show=full. Publié dans *Archival Science* vol. 12, n° 2 (2012), p. 113-140.

Mullin, Margaret, révérende mère (Thundering Eagle Woman). « We Are One in the Spirit: A Sermon on Healing and Reconciliation », dans *We Are One in the Spirit: Liturgical Resources*, Presbyterian Church in Canada (dir.), p. 27-29, http://presbyterian.ca/healing.

Nagy, Rosemary et Emily Gillespie. « Representing Reconciliation: A News Frame Analysis of Print Media Coverage of Indian Residential Schools », *Transitional Justice Review*, vol. 1, n° 3 (2015), p. 3-41.

Napoleon, Val. « Thinking about Indigenous Legal Orders », dans *Dialogues on Human Rights and Legal Pluralism*, René Provost et Colleen Sheppard (dir.), p. 229-245, Dordrecht (Allemagne), Springer, 2013.

Napoleon, Val. « Who Gets to Say What Happened? Reconciliation Issues for the Gitxsan », dans *Intercultural Dispute Resolution in Aboriginal Contexts*, Catherine Bell et David Kahane (dir.), p. 176-195, Vancouver, UBC Press, 2004.

Prosper, Kerry, L. Jane McMillan, Anthony A. Davis et Morgan Moffit. « Returning to Netukulimk: Mi'kmaq Cultural and Spiritual Connections with Resource Stewardship and Self-Governance », *International Indigenous Policy Journal*, vol. 2, n° 4 (2011), p. 1-17, http://ir.lib.uwo.ca/cgi/viewcontent.cgi?article=1037&context=iipj.

Qwul'sih'yah'maht (Robina Anne Thomas). « Honouring the Oral Traditions of My Ancestors through Storytelling », dans *Research as Resistance: Critical, Indigenous, and Anti-oppressive Approaches*, Leslie Brown et Susan Strega (dir.), p. 237-254, Toronto, Canadian Scholars' Press et Women's Press, 2005.

Ramirez-Barat, Clara. « Transitional Justice and the Public Sphere », dans *Transitional Justice, Culture and Society: Beyond Outreach*, Clara Ramirez-Barat (dir.), p. 27-45, New York, International Centre for Transitional Justice and Social Science Research Council, 2014, https://s3.amazonaws.com/ssrc-cdn1/crmuploads/new_publication_3/%7B222A3D3D-C177-E311-A360-001CC477EC84%7D.pdf.

Reid, Jennifer. « The Roman Catholic Foundations of Land Claims in Canada », dans *Historical Papers 2009: Canadian Society of Church History* (2009), p. 5-19.

Robertson, Kirsty. « Threads of Hope: The Living Healing Quilt Project », *ESC: English Studies in Canada*, vol. 35, n° 1 (2009), p. 85-107.

Schonert-Reichl, K. A. et S. Hymel. « Educating the Heart as well as the Mind: Social and Emotional Learning for School and Life Success », *Education Canada*, vol. 47, n° 2 (2007), p. 20-25.

Sheppard, Maia G. « Creating a Caring Classroom in Which to Teach Difficult Histories », *History Teacher*, vol. 43, n° 3 (2010), p. 411-426.

Simon, Roger. « Towards a Hopeful Practice of Worrying: The Problematics of Listening and the Educative Responsibilities of Canada's Truth and Reconciliation Commission », dans *Reconciling Canada: Critical Perspectives on the Culture of Redress*, Jennifer Henderson et Pauline Wakeham (dir.), p. 129-142, Toronto, University of Toronto Press, 2013.

Simpson, Leanne Betasamosake avec la collaboration d'Edna Manitowabi. « Theorizing Resurgence from within Nishnaabeg Thought », dans *Centering Anishinaabeg Studies: Understanding the World through Stories*, Niiganwewidam James Sinclair, Jill Doerfler et Heidi Kiiwetinepinesiik Stark (dir.), p. 279-296, Winnipeg, University of Manitoba Press, 2013.

Snyder, Emily. « Indigenous Feminist Legal Theory », *Canadian Journal of Women and the Law*, vol. 26, n° 2 (2014), p. 365-401.

Stanton, Kim. « Canada's Truth and Reconciliation Commission: Settling the Past? », *International Indigenous Policy Journal*, vol. 2, n° 3 (2011), p. 1-18. http://ir.lib.uwo.ca/cgi/viewcontent.cgi?article=1034&context=iipj.

Te Hiwi, Braden P. « "What Is the Spirit of This Gathering?" Indigenous Sport Policy-Makers and Self-Determination in Canada », *International Indigenous Policy Journal*, vol. 5, nº 4 (2014), p. 1-16.

Valaskakis, Gail Guthrie. « Rights and Warriors: Media Memories and Oka », dans *Indian Country: Essays on Contemporary Native Culture*, p. 35-66, Waterloo (Ontario), Wilfrid Laurier University Press, 2005.

van Erven, Eugene et Kate Gardner. « Performing Cross-Cultural Conversations: Creating New Kinships through Community Theatre », dans *Acting Together: Performance and the Creative Transformation of Conflict*, volume 2, *Building Just and Inclusive Communities*, Cynthia E. Cohen, Roberto Gutierrez Varea et Polly O. Walker (dir.), p. 9-41, Oakland (Californie), New Village, 2011.

Wilson, Ian E. « Peace, Order and Good Government: Archives in Society », *Archival Science: International Journal on Recorded Information*, vol. 12, nº 2 (2012), p. 235-244.

3. Thèses

Cooper-Bolam, Trina. « Healing Heritage: New Approaches to Commemorating Canada's Indian Residential School System », thèse de maîtrise, Carleton University, 2014.

Friedland, Hadley. « The Wetiko (Windigo) Legal Principles: Responding to Harmful People in Cree, Anishinabek and Saulteaux Societies, Past, Present and Future Uses, with a Focus on Contemporary Violence and Child Victimization Concerns », thèse de maîtrise en droit, Université de l'Alberta, 2009.

McCue, Lorna June. « Treaty-Making from an Indigenous Perspective: A Ned'u'ten-Canadian Treaty Model », thèse de maîtrise en droit, Université de la Colombie-Britannique, 1998.

McMullen, Cindy Leanne. « Bringing the Good Feelings Back: Imagining Stó:lo Justice », thèse de maîtrise, Université de la Colombie-Britannique, 1998, https://circle.ubc.ca/bitstream/id/20874/ubc_1998-0543.pdf.

Napoleon, Val. « Ayook: Gitksan Legal Order, Law, and Legal Theory », thèse de doctorat, Université de Victoria, 2009, http://dspace.library.uvic.ca/bitstream/handle/1828/1392/napoleon%20dissertation%20April%2026-09.pdf?sequence=1&isAllowed=y.

O'Connor, Oonagh. « The Role of the Non-Indigenous Witness in Canada's Truth and Reconciliation Commission », thèse de maîtrise, Royal Roads University, 2013.

Paige, S. Marlo. « In the Voices of the Sul-hween/Elders, on the Snuw'uyulh Teachings of Respect: Their Greatest Concerns Regarding Snuw'uyulh Today in the Coast Salish Hul'q'umi'num' Treaty Group Territory », thèse de maîtrise, Université de Victoria, 2004.

4. Journaux et reportages

Amnistie internationale Canada, Assemblée des Premières Nations, Secours Quaker Canadien, Chefs de l'Ontario, Federation of Saskatchewan Indian Nations, Sommet des Premières Nations, Grand conseil des Cris (Eeyou Istchee), Association du monde indigène, KAIROS : Initiatives canadiennes œcuméniques pour la justice, Association des femmes autochtones du Canada, Union of British Columbia Indian Chiefs. « Canada Uses World Conference to Continue Indefensible Attack on *UN Declaration on the Rights of Indigenous Peoples* », 24 septembre 2014, http://www.fns.bc.ca/pdf/ Joint_Public_Statement_re_Canada_attack_on_UNDRIP_Sept_24_2014.pdf.

APTN National News. « Cree Community Bans FNs Spirituality », 17 janvier 2011, http:// aptn.ca/news/2011/01/17/crees-ban-sweat-lodges-fns-spirituality-from-community.

Assemblée des Premières Nations. « La chaîne d'alliance en argent de la Ceinture de paix et d'amitié », 24 janvier 2012, http://www.afn.ca/uploads/files/cfng/sccpfb-fr.pdf.

BasicNews.ca « Two-Row Wampum Centers Idle No More Toronto Rally, Not the Royal Proclamation », 9 octobre 2013, http://basicsnews.ca/two-row-wampum-centers-idle-no-more-toronto-rally-not-the-royal-proclamation.

Bellegarde, Perry. « Truth and Reconciliation: This Is Just the Beginning », *Globe and Mail*, 1er juin 2015, http://www.theglobeandmail.com/globe-debate/truth-and-reconciliation-this-is-just-the-beginning/article24705066.

Bibliothèque et Archives Canada. « Bibliothèque et Archives Canada lance une nouvelle exposition sur l'expérience déterminante des Inuits dans les pensionnats », 4 mars 2009, http://www.collectionscanada.gc.ca/quoi-de-neuf/013-380-f.html.

Brean, Joseph. « "Reconciliation" with First Nations, Not the Charter of Rights and Freedoms, Will Define the Supreme Court in Coming Years, Chief Justice Says », *National Post*, 13 mars 2014, http://news.nationalpost.com/2014/03/13/ reconciliation-with-first-nations-not-the-charter-of-rights-freedoms-will-define-the-supreme-court-in-coming-years-chief-justice-says.

Buchok, James. « Anishinaabe Elders Adopt Archbishop Weisgerber », *Catholic Register*, 17 avril 2012, http://www.catholicregister.org/item/14277-anishinaabe-elders-adopt-weisgerber.

CBC News. « Civilization Museum Now the Canadian Museum of History », 12 décembre 2013, http://www.cbc.ca/news/canada/ottawa/civilization-museum-now-the-canadian-museum-of-history-1.2461738.

CBC News. « Murdered and Missing Aboriginal Women Deserve Inquiry, Rights Group Says », 12 janvier 2015, http://www.cbc.ca/news/politics/murdered-and-missing-aboriginal-women-deserve-inquiry-rights-group-says-1.2897707.

CBC News. « Pope Expresses "Sorrow" for Abuse at Residential Schools », 29 avril 2009, http://www.cbc.ca/news/world/pope-expresses-sorrow-for-abuse-at-residential-schools-1.778019.

CBC News. « Residential School Day Scholars Launch Class-Action Lawsuit », 16 août 2012, http://www.cbc.ca/news/canada/british-columbia/residential-school-day-scholars-launch-class-action-lawsuit-1.1146607.

CBC News. « 6 Landmark Rulings on Native Rights », 8 janvier 2013, http://www.cbc.ca/ news/canada/6-landmark-rulings-on-native-rights-1.1316961.

CBC News. « Sixties Scoop Case Moves Forward as Class-Action Lawsuit », 3 décembre 2014, http://www.cbc.ca/news/canada/thunder-bay/sixties-scoop-case-moves-forward-as-class-action-lawsuit-1.2859332.

CBC News. « Teachers Seek Healing through Truth Commission », 18 juin 2010, http://www.cbc.ca/news/canada/manitoba/story/2010/06/18/mb-truth-reconciliation-healing-teachers-winnipeg.html.

CBC News. « Women's Memorial March in Vancouver Attracts Hundreds », 14 février 2015, http://www.cbc.ca/news/canada/british-columbia/womens-memorial-march-in-vancouver-attracts-hundreds-1.2957930.

Coates, Ken S. « Aboriginal Women Deserve Much More Than an Inquiry », *National Post*, 16 février 2015, http://news.nationalpost.com/2015/02/16/ken-s-coates-aboriginal-women-deserve-much-more-than-an-inquiry.

Cobb, Chris. « More than 3,000 Make the Reconciliation March from Gatineau to Ottawa City Hall », *Ottawa Citizen*, 31 mai 2015, http://ottawacitizen.com/news/local-news/more-than-3000-make-the-reconciliation-march-from-gatineau-to-ottawa-city-hall.

Conseil des ministres de l'Éducation du Canada, Canada. « Les ministres de l'Éducation indiquent que la transformation est primordiale pour l'avenir », 9 juillet 2014, http://cmec.ca/277/Communiques-de-presse/Les-ministres-de-l'Education-indiquent-que-la-transformation-est-primordiale-pour-l'avenir.html?id_article=829.

Edmiston, Jake. « "Indian Residential Schools" or "Settler Colonial Genocide"? Native Group Slams Human Rights Museum over Exhibit Wording », *National Post*, 8 juin 2013, http://news.nationalpost.com/news/canada/indian-residential-schools-or-settler-colonial-genocide.

L'Église anglicane du Canada. « Canadian Churches to Formally Renew Covenant of Solidarity with Indigenous People », 19 juin 2007, http://www.anglican.ca/news/canadian-churches-to-formally-renew-covenant-of-solidarity-with-indigenous-people/3006100.

Fondation autochtone de l'espoir. « NWT and NU Curriculum on Residential Schools Unveiled », 3 octobre 2012, http://www.legacyofhope.ca/projects/nwt-nu-curriculum.

Gazette : Le Barreau du Haut-Canada. « Law Society Throws Support Behind Reconciliation Initiatives », 11 décembre 2014, http://www.lawsocietygazette.ca/news/law-society-throws-support-behind-reconciliation-initiatives.

Hale, Alan S. « Treaty 3 Holds Commemoration Ceremony for Survivors of District Residential School System », *Kenora Daily Miner and News*, 25 mars 2014, http://www.kenoradailyminerandnews.com/2014/03/25/treaty-3-holds-commemoration-ceremony-for-survivors-of-district-residential-school-system.

International Center for Transitional Justice. « Youth Reporters Tell the Story of Residential Schools », 18 novembre 2011, http://ictj.org/news/youth-reporters-tell-story-residential-schools.

International Center for Transitional Justice. « Our Legacy, Our Hope », 20 juin 2012, https://www.ictj.org/news/our-legacy-our-hope.

Jang, Brent. « Gas Exports from B.C. Seen as Key to Reviving Pipeline », *Globe and Mail*, 2 février 2014, http://www.theglobeandmail.com/report-on-business/industry-news/energy-and-resources/gas-exports-from-bc-said-key-to-reviving-pipeline/article16657138.

Kinew, Wab. « It's the Same Great Spirit », *Winnipeg Free Press*, 22 octobre 2012, http://www.winnipegfreepress.com/local/its-the-same--great-spirit-175193351.html.

Lavoie, Judith. « Paintings Bear Witness to Residential Schools' Harsh Life », *Victoria Times-Colonist*, 31 mars 2013, http://www.timescolonist.com/news/local/paintings-bear-witness-to-b-c-residential-schools-harsh-life-1.101179.

Lee, Jeff. « Tsilhqot'in Nation Strikes Conciliatory Note with Municipalities », *Vancouver Sun*, 24 septembre 2014, p. A6.

Lewis, Jeff. « Northwest Territories Eyes Revival of Mackenzie Valley Pipeline Project », *Financial Post*, 11 juin 2013, http://business.financialpost.com/2013/06/11/northwest-territories-eyes-revival-of-mackenzie-valley-pipeline-project/?__lsa=c5d4-608a.

Lewis, Jeff. « TransCanada CEO Says Canada Needs to Resolve Conflicts over Pipelines », *Globe and Mail*, 4 février 2015, http://www.theglobeandmail.com/report-on-business/economy/transcanada-ceo-says-canada-needs-to-resolve-conflicts-over-pipelines/article22798276.

MacDonald, Michael. « Shale Gas Conflict in New Brunswick Underscores Historical Grievances, Rights of First Nations », *Toronto Star*, 25 décembre 2013, http://www.thestar.com/news/canada/2013/12/25/shale_gas_conflict_in_new_brunswick_underscores_historic_grievances_rights_of_first_nations.html.

Martin, Nick. « Fontaine Regrets Blaming All Catholics for His School Trauma », *Winnipeg Free Press*, 15 avril 2012, http://www.winnipegfreepress.com/breakingnews/Fontaine-regrets-blaming-all-Catholics-for-his-school-trauma-147494005.html.

Mehta, Diana. « "Sixties Scoop" Class-Action Lawsuit to Proceed », *La Presse Canadienne*, 4 décembre 2014, http://www.ctvnews.ca/canada/60s-scoop-class-action-lawsuit-to-proceed-1.2132317.

Monet, Jenni. « Mohawk Women Integrate the Condolence Ceremony into Modern Systems », *Indian Country Today*, 21 mars 2012, http://indiancountrytodaymedianetwork.com/2012/03/21/mohawk-women-integrate-condolence-ceremony-modern-systems-103853.

Moore, Dene. « Federal Appeal Court Gives OK on Hearing First Nations' Day-School Suit », *La Presse Canadienne*, 4 mars 2014, http://www.ctvnews.ca/canada/federal-appeal-court-gives-ok-on-hearing-first-nations-day-school-suit-1.1713809.

Onondaga Nation. « Oren Lyons Presents at U.N. 5/15/14 », 15 mai 2014, http://www.onondaganation.org/news/2014/oren-lyons-presents-at-u-n-51514.

Ratuski, Andrea. « Residential School Art Series Awarded to U of M », CBC News, 24 septembre 2013, http://www.cbc.ca/news/canada/manitoba/scene/residential-school-art-series-awarded-to-u-of-m-1.1865994.

Reconciliation Canada. « City of Vancouver Council Unanimously Support City of Reconciliation Framework », 29 octobre 2014, http://reconciliationcanada.ca/city-of-vancouver-council-unanimously-support-city-of-reconciliation-framework.

Reconciliation Canada. « New Youth Program: Through Our Eyes: Changing the Canadian Lens », 9 janvier 2014, http://reconciliationcanada.ca/new-youth-program-through-our-eyes-changing-the-canadian-lens.

Rennie, Steve. « Idle No More Protestors Mark 25th Anniversary of Royal Proclamation », *La Presse Canadienne*, 7 octobre 2013, http://www.thestar.com/news/canada/2013/10/07/idle_no_more_protesters_mark_250th_anniversary_of_royal_proclamation.html.

Schwartz, Daniel et Mark Gollom. « NB Fracking Protests and the Fight for Aboriginal Rights », CBC News, 19 octobre 2013, http://www.cbc.ca/news/canada/n-b-fracking-protests-and-the-fight-for-aboriginal-rights-1.2126515.

Sison, Marites N. « Primate's Commission Begins Work », *Anglican Journal*, 2 mai 2014, http://www.anglicanjournal.com/articles/primate-s-commission-begins-work.

Steel, Debora. « Alberni Indian Residential Students Reunited with Childhood Art », *Ha-Shilth-Sa*, 3 avril 2013, http://www.hashilthsa.com/news/2013-04-03/alberni-indian-residential-students-reunited-childhood-art.

Taliman, Valerie. « Christian Crees Tear Down Sweat Lodge », *Indian Country Today*, 7 février 2011, http://indiancountrytodaymedianetwork.com/2011/02/07/christian-crees-tear-down-sweat-lodge-15500.

Threlfall, John. « Her Next Chapter », *UVic Torch*, printemps 2015, p. 24, http://issuu.com/uvic_torch_alumni_magazine/docs/2015_spring.

Université du Manitoba. « Historic Agreement Signed on National Aboriginal Day », 21 juin 2013, http://umanitoba.ca/news/blogs/blog/2013/06/21/historic-agreement-signed-on-national-aboriginal-day.

Université de Winnipeg. « UWinnipeg Healing Quilt Gifted to TRC Commissioners », 17 juin 2010, http://www.uwinnipeg.ca/index/uw-news-action/story.364/title.uwinnipeg-healing-quilt-gifted-to-trc-commissioner.

Vancouver Province. « Historic Children's Paintings on Display at the BC National Event Learning Centre », 15 septembre 2013, http://www.theprovince.com/entertainment/Historic+children+paintings/8914210/story.html.

Zabjek, Alexandra. « Youths Picked to "Jolt" City Managers about Legacy of Residential Schools », *Edmonton Journal*, 26 mars 2015, http://www.pressreader.com/canada/edmonton-journal/20150326/281509339682927/TextView.

5. Publications gouvernementales et documents gouvernementaux

Bibliothèque et Archives Canada. « Cadre de travail du développement de la collection », 30 mars 2005, http://www.collectionscanada.gc.ca/obj/003024/f2/003024-f.pdf.

Bibliothèque et Archives Canada. « Faire une recherche sur les pensionnats : Guide pour les documents du Programme des Affaires indiennes et inuites et les ressources connexes à Bibliothèque et Archives Canada », 2010, http://www.collectionscanada.gc.ca/obj/020008/f2/020008-2000-f.pdf.

Bibliothèque et Archives Canada. « The Legacy of the Residential School System in Canada: A Selective Bibliography », 2009, http://www.bac-lac.gc.ca/eng/archives/archives-en/aboriginal-heritage/Pages/residential-schools-bibliography-2009.aspx.

Bibliothèque et Archives Canada. « Pensionnats autochtones au Canada : Une bibliographie sélective », 2002, http://www.collectionscanada.gc.ca/pensionnats-autochtones/index-f.html.

Canada. Comité permanent du patrimoine canadien de la Chambre des communes. 1re session, 41e législature, 5 juin 2013, http://www.parl.gc.ca/HousePublications/Publication.aspx?DocId=6209352&Mode=1&Parl=41&Ses=1&Language=F.

Canada. Débats de la Chambre des communes (Hansard). 2e session, 41e législature, volume 221, 1er juin 2015, http://www.parl.gc.ca/HousePublications/Publication. aspx?Mode=1&Parl=41&Ses=2&DocId=8015455&Language=F.

Canada. Débats du Sénat (Hansard). 2e session, 40e législature, volume 146, numéro 45, 11 juin 2009, http://www.parl.gc.ca/Content/Sen/Chamber/402/Debates/045db_2009-06-11-f.htm#3.

Canada. Ministre de la Citoyenneté et de l'Immigration du Canada. *Découvrir le Canada : Les droits et responsabilités liés à la citoyenneté*, 2012, http://www.cic.gc.ca/english/resources/publications/discover/index.asp.

Sport Canada. « Politique canadienne du sport », 27 juin 2012, http://canadiansporttourism.com/sites/default/files/docs/csp2012_fr_lr.pdf.

6. Rapports, déclarations et discours

Alfred, Taiaiake et Lana Lowe. « Warrior Societies in Contemporary Indigenous Communities », document de recherche déposé auprès de la commission d'enquête sur Ipperwash, 2007, http://www.attorneygeneral.jus.gov.on.ca/inquiries/ipperwash/policy_part/research/pdf/Alfred_and_Lowe.pdf.

Anaya, S. James. « Rapport du Rapporteur spécial sur les droits des peuples autochtones : La situation des peuples autochtones au Canada », Assemblée générale des Nations Unies, Conseil des droits de l'homme, A/HRC/27/52/Add.2, 4 juillet 2014, http://ap.ohchr.org/documents/dpage_e.aspx?si=A/HRC/27/52/Add.2.

Assemblée des Premières Nations. « Royal Commission on Aboriginal Peoples at 10 Years: A Report Card », 2006, http://www.turtleisland.org/resources/afnrcap2006.pdf.

Assemblée des Premières Nations, Chefs de l'Ontario, Grand conseil des Cris (Eeyou Istchee), Amnistie internationale, Secours Quaker Canadien (Quakers) et KAIROS : Initiatives canadiennes œcuméniques pour la justice. « La Doctrine de la découverte : Son impact durable sur les peuples autochtones et le droit à réparation pour les conquêtes passées (articles 28 et 37 de la *Déclaration des Nations Unies sur les droits des peuples autochtones*) », Déclaration commune déposée auprès de l'Instance permanente sur les questions autochtones, 11e session, New York, 7 au 18 mai 2012, http://www.afn.ca/uploads/files/pfii_2012_-_doctrine_of_discovery_-_joint_statement_ff.pdf.

Belcourt, Christie. « Cérémonie de dévoilement du vitrail — Christi Belcourt, artiste », discours prononcé sur la Colline parlementaire, 26 novembre 2012, https://www.aadnc-aandc.gc.ca/fra/1370613921985/1370613942308.

Borrows, John. « Sept générations, sept enseignements : Pour en finir avec la Loi sur les indiens », document de recherche déposé auprès du Centre national pour la gouvernance des Premières Nations, mai 2008, http://fngovernance.org/ncfng_research/john_burrows_fr.pdf.

Borrows, Lindsay, Laura Mayer et Mi'kmaq Legal Services Network, Eskasoni. « Mi'kmaq Legal Traditions Report », Accessing Justice and Reconciliation Project, Indigenous Law Research Unit, Université de Victoria, 2013.

Bureau de l'intervenant provincial en faveur des enfants et des jeunes. « Feathers of Hope: A First Nations Youth Action Plan », s. d., http://cwrp.ca/sites/default/files/publications/en/Feathers_of_Hope.pdf.

Bush, Peter. « How Have the Churches Lived Out Their Apologies? », rapport de recherche préparé pour la Commission de vérité et réconciliation du Canada, 2012.

Campbell, Sue. « Remembering for the Future: Memory as a Lens on the Indian Residential School Truth and Reconciliation Commission », document de travail préparé pour la Commission de vérité et réconciliation du Canada, avril 2008.

Canada. Affaires autochtones et Développement du Nord Canada. « Énoncé du Canada appuyant la Déclaration des Nations Unies sur les droits des peuples autochtones », 12 novembre 2010, http://www.aadnc-aandc.gc.ca/fra/1309374239861/1309374546142.

Canada. Affaires autochtones et Développement du Nord Canada. « Le renouvellement de la Politique sur les revendications territoriales globales : Vers un cadre pour traiter des droits ancestraux prévus par l'article 35 », 2014, https://www.aadnc-aandc.gc.ca/DAM/DAM-INTER-HQ-LDC/STAGING/texte-text/ldc_ccl_renewing_land_claims_policy_2014_1408643594856_fra.pdf.

Canada. Bureau du vérificateur général du Canada. « Le patrimoine documentaire du gouvernement du Canada : Bibliothèque et Archives Canada », 2014, http://www.oag-bvg.gc.ca/internet/docs/parl_oag_201411_07_f.pdf.

Canada. Commission royale sur les peuples autochtones. *À l'aube d'un rapprochement : Points saillants du Rapport de la Commission royale sur les peuples autochtones*, Ottawa, ministre des Approvisionnements et Services Canada, 1996, http://www.aadnc-aandc.gc.ca/fra/1100100014597/1100100014637.

Canada, Commission royale sur les peuples autochtones. *Rapport de la Commission royale sur les peuples autochtones*, 5 volumes, Ottawa, ministre des Approvisionnements et Services Canada, 1996, http://www.collectionscanada.gc.ca/webarchives/20071115211319/http://www.ainc-inac.gc.ca/ch/rcap/sg/sgmm_f.html.

Canada. Ministre des Affaires indiennes et du Nord Canada. « Rassembler nos forces : Le plan d'action du Canada pour les questions autochtones : Rapport d'étape », 2000, http://publications.gc.ca/collections/Collection/R32-192-2000F.pdf.

Canada. Mission permanente du Canada auprès des Nations Unies. « Énoncé du Canada concernant la Conférence mondiale sur les peuples autochtones — Déclaration sur le document des résultats », 22 septembre 2014, http://www.canadainternational.gc.ca/prmny-mponu/canada_un-canada_onu/statements-declarations/other-autres/2014-09-22_WCIPD-PADD.aspx?lang=fra.

Canada, Statistique Canada. « Les peuples autochtones au Canada : Premières Nations, Métis et Inuits : Enquête nationale auprès des ménages, 2011 », http://www12.statcan.gc.ca/nhs-enm/2011/as-sa/99-011-x/99-011-x2011001-fra.pdf.

Canada. *Terre lointaine, terre ancestrale : Rapport de l'enquête sur le pipeline de la vallée du Mackenzie*, volume 1, Ottawa, Approvisionnements et Services Canada, 1977.

CBC/Radio-Canada. « À la conquête de nouveaux sommets : Rapport annuel 2013-2014 », s. d., http://www.cbc.radio-canada.ca/site/annual-reports/2013-2014/pdf/cbc-radio-canada-rapport-annuel-2013-2014.pdf.

Centre for Youth and Society, University of Victoria. « Residential Schools Resistance Narratives: Significance and Strategies for Indigenous Youth », rapport de recherche préparé pour la Commission de vérité et réconciliation du Canada, 27 mars 2012.

Charelson, Estella et Première Nation Tsleil-Waututh. « Coast Salish Legal Traditions Report », Accessing Justice and Reconciliation Project, Indigenous Law Research Unit, Université de Victoria, 2013.

The Charrette on Energy, Environment and Aboriginal Issues. « Responsible Energy Resource Development in Canada: Summary of the Dialogue of the Charrette on Energy, Environment and Aboriginal Issues », décembre 2013.

Coalition pour les droits des Autochtones. « *A New Covenant: Towards the Constitutional Recognition and Protection of Aboriginal Self-Government in Canada: A Pastoral Statement by the Leaders of the Christian Churches on Aboriginal Rights and the Canadian Constitution* », 5 février 1987, http://home.istar.ca/~arc/english/new_cov_e.html.

Coalition pour les droits des Autochtones. « Recommendations to the Royal Commission on Aboriginal Peoples », 1er juin 1993. http://home.istar.ca/~arc/english/RCAP.html.

Coates, Kenneth et Dwight Newman. « The End Is Not Nigh: Reason over Alarmism in Analysing the *Tsilhqot'in* Decision », MacDonald-Laurier Institute, septembre 2014, http://www.macdonaldlaurier.ca/files/pdf/MLITheEndIsNotNigh.pdf.

Commission de vérité et réconciliation du Canada. « Atlantic National Event Concept Paper », 26-29 octobre 2011, http://www.myrobust.com/websites/atlantic/File/Concept%20Paper%20atlantic%20august%2010%20km_cp%20_3_.pdf.

La communauté bahá'íe du Canada. « Mémoire de la Communauté bahá'íe du Canada présenté à la Commission de vérité et réconciliation », 20 septembre 2013, http://www.ca.bahai.org/fr/le-discours-public/d%C3%A9clarations-et-rapports/m%C3%A9moire-de-la-communaut%C3%A9-bah%C3%A1%E2%80%99%C3%ADe-du-canada-pr%C3%A9sent%C3%A9-%C3%A0-la-commission-de-v%C3%A9rit%C3%A9-et-r%C3%A9conciliation.

Conférence des évêques catholiques du Canada. « La Justice comme un fleuve puissant : Mémoire présenté à la Commission royale d'enquête sur les peuples autochtones », 1995, http://www.cccb.ca/site/images/stories/pdf/let_justice_flow_like_a_mighty_river.pdf.

Conseil œcuménique des Églises. « Statement on the Doctrine of Discovery and Its Enduring Impact on Indigenous Peoples », 17 février 2012, http://www.oikoumene.org/en/resources/documents/executive-committee/bossey-february-2012/statement-on-the-doctrine-of-discovery-and-its-enduring-impact-on-indigenous-peoples.

David, Jennifer. « Aboriginal Languages Broadcasting in Canada: An Overview and Recommendations to the Task Force on Aboriginal Languages and Cultures, 2004 », rapport préparé pour le Réseau de télévision des peuples autochtones, 26 novembre 2004, http://aptn.ca/corporate/PDFs/Aboriginal_Language_and_Broadcasting_2004.pdf.

de Greiff, Pablo. « Report of the Special Rapporteur on the Promotion of Truth, Justice, Reparations and Guarantees on Non-recurrence », Assemblée générale des Nations

Unies, Conseil des droits de l'homme, A/HRC/21/46, 9 août 2012, http://unsr.
jamesanaya.org/docs/countries/2014-report-canada-a-hrc-27-52-add-2-en.pdf.

de Greiff, Pablo. « Rapport du Rapporteur spécial sur la promotion de la vérité, de la
justice, de la réparation et des garanties de non-répétition », Assemblée générale des
Nations Unies, Conseil des droits de l'homme, A/HRC/24/42, 28 août 2013, http://
www.ohchr.org/EN/HRBodies/HRC/RegularSessions/Session24/Pages/ListReports.
aspx.

Dewar, Jonathan, David Gaertner, Ayumi Goto, Ashok Mathur et Sophie McCall.
« Practicing Reconciliation: A Collaborative Study of Aboriginal Art, Resistance and
Cultural Politics », rapport de recherche préparé pour la Commission de vérité et
réconciliation du Canada, 2013.

Directeur municipal. « Framework for City of Reconciliation », rapport soumis au
conseil municipal de Vancouver, 18 septembre 2014, http://former.vancouver.ca/
ctyclerk/cclerk/20141028/documents/rr1.pdf.

L'Église anglicane du Canada. « Learning to Call One Another Friends: The Primate's
Commission on Discovery, Reconciliation and Justice », juin 2014, http://www.
anglican.ca/primate/files/2014/06/PCDRJ_June2014_Update.pdf.

L'Église anglicane du Canada. « A Message to the Church Concerning the Primate's
Commission on Discovery, Reconciliation and Justice », 10 juin 2014, http://www.
anglican.ca/primate/communications/2014archive/commission-on-discovery-
reconciliation-justice.

L'Église anglicane du Canada. « A New Agape: Plan of Anglican Work in Support of a New
Partnership between Indigenous and non-Indigenous Anglicans », s. d., http://www.
anglican.ca/about/ccc/acip/a-new-agape.

L'Église anglicane du Canada. « Resolution A086 R1: Repudiate the Doctrine of
Discovery », 2010, http://archive.anglican.ca/gs2010/resolutions/a086.

L'Église anglicane du Canada. « A Submission by the Anglican Church of Canada to the
Royal Commission on Aboriginal Peoples », novembre 1993, http://www.anglican.ca/
relationships/newsarchive/rcap_summary.

L'Église Unie du Canada. « Affirming Other Spiritual Paths », 18 février 2015, http://
www.united-church.ca/files/aboriginal/schools/affirming-other-spiritual-paths.pdf.

L'Église Unie du Canada. « Living Faithfully in the Midst of Empire: Report to the
39th General Council 2006 », 2007, http://www.united-church.ca/files/economic/
globalization/report.pdf.

L'Église Unie du Canada. « Residential Schools Update », janvier 2012, http://
develop.united-church.ca/files/communications/newsletters/residential-schools-
update_120101.pdf.

L'Église Unie du Canada. « Reviewing Partnership in the Context of Empire », 2009,
http://www.gc41.ca/sites/default/files/pcpmm_empire.pdf.

L'Église Unie du Canada. Exécutif du Conseil général. « Addendum H: Covenanting for
Life », 24-26 mars 2012, http://www.united-church.ca/files/general-council/gc40/
addenda_2012-03-2426_executive.pdf.

L'Église Unie du Canada. Exécutif du Conseil général. « Faits saillants de la réunion »,
24-26 mars 2012, http://www.united-church.ca/files/general-council/gc40/gce_1203_
highlights.pdf.

Eyford, Douglas R. « Créer des partenariats, établir des relations : Les Autochtones canadiens et l'exploitation des ressources énergétiques », rapport présenté au premier ministre, novembre 2013, http://publications.gc.ca/collections/collection_2013/rncan-nrcan/M4-109-2013-fra.pdf.

Eyford, Douglas R. « Une nouvelle orientation : Faire avancer les droits ancestraux et issus de traités des Autochtones », rapport soumis au ministre des Affaires autochtones et Développement du Nord Canada, l'honorable Bernard Valcourt, février 2015, https://www.aadnc-aandc.gc.ca/DAM/DAM-INTER-HQ-LDC/STAGING/texte-text/eyford_newDirection-report_april2015_1427810490332_fra.pdf.

Forum des politiques publiques du Canada. « Forger d'authentiques partenariats : La participation des Autochtones dans les grands projets d'exploitation des ressources », 2012, http://www.ppforum.ca/sites/default/files/Aboriginal%20Participation%20in%20Major%20Resource%20Development_FR_1.pdf.

Friedland, Hadley. « Accessing Justice and Reconciliation », rapport final de l'Accessing Justice and Reconciliation Project de l'Association du barreau autochtone, 4 février 2014, http://indigenousbar.ca/indigenouslaw/wp-content/uploads/2013/04/iba_ajr_final_report.pdf.

IndigenACTION. « Phase One: Roundtable Report », 2012, http://www.afn.ca/uploads/files/indigenaction/indigenactionroundtablereport.pdf.

International Center for Transitional Justice. « ICTJ Program Report: Children and Youth », 9 août 2013, http://www.ictj.org/news/ictj-program-report-children-and-youth.

International Center for Transitional Justice. « Strengthening Indigenous Rights through Truth Commissions: A Practitioner's Resource », 2012, https://www.ictj.org/sites/default/files/ICTJ-Truth-Seeking-Indigenous-Rights-2012-English.pdf.

Johnston, David. « Colloque en l'honneur du 250e anniversaire de la Proclamation royale », discours, Gatineau (Québec), 7 octobre 2013, http://www.gg.ca/document.aspx?id=15345&lan=fra.

Journalistes pour les Droits Humains. « Buried Voices: Media Coverage of Aboriginal Issues in Ontario ; Media Monitoring Report, 2010-2013 », août 2013, http://www.documentcloud.org/documents/784473-media-coverage-of-aboriginal-issues.html#document/p1.

Littlechild, Wilton. « Cérémonie de dévoilement du vitrail : Wilton Littlechild, commissaire de la Commission Vérité et Réconciliation », discours prononcé sur la Colline parlementaire, 26 novembre 2012, https://www.aadnc-aandc.gc.ca/fra/1370615213241/1370615618980.

McGrady, Leo. « Cedar as Sister : Indigenous Law and the Common Law of Protests », rapport préparé pour le Canadian Union of Public Employees British Columbia, 28 février 2013, http://www.cupe.bc.ca/sites/default/files/Guide%20to%20the%20Law%20of%20Protests%20in%20BC%20February%2028%20%202013.pdf.

Miller, John. « Ipperwash and the Media: A Critical Analysis of How the Story Was Covered », rapport préparé pour Aboriginal Legal Services of Toronto, octobre 2005, http://www.attorneygeneral.jus.gov.on.ca/inquiries/ipperwash/policy_part/projects/pdf/ALST_Ipperwash_and_media.pdf.

Musée canadien pour les droits de la personne. « Allocution prononcée par Président-directeur général Stuart Murray à l'évènement 2017 débute maintenant à Winnipeg »,

3 mai 2013, https://droitsdelapersonne.ca/a-propos-du-musee/nouvelles/allocution-prononcee-par-president-directeur-general-stuart-murray.

Musée canadien pour les droits de la personne. « Allocution prononcée par Président-Directeur général Stuart Murray au forum sur le Centre national de recherche de la Commission de vérité et réconciliation », 3 mars 2011, https://droitsdelapersonne.ca/a-propos-du-musee/nouvelles/allocution-prononcee-par-president-directeur-general-stuart-murray-au-4.

Musée canadien pour les droits de la personne. « Déclaration du président-directeur général : Utilisation du terme "génocide" pour décrire le traitement des peuples autochtones du Canada », 26 juillet 2013, https://droitsdelapersonne.ca/node/1274.

Musée canadien des civilisations et Musée canadien de la guerre. « Stratégie de recherche », 15 juillet 2013, http://www.museedelhistoire.ca/recherche-et-collections/files/2013/07/strategie-de-recherche.pdf.

Nations Unies. Assemblée générale. « Document final de la réunion plénière de haut niveau de l'Assemblée générale, dite Conférence mondiale sur les peuples autochtones », A/RES/69/2, 25 septembre 2014, http://www.un.org/en/ga/search/view_doc.asp?symbol=A/RES/69/2&referer=/english/&Lang=F.

Nations Unies. Instance permanente des Nations Unies sur les questions autochtones. « Étude des effets de la doctrine de la découverte sur les peuples autochtones, y compris les mécanismes, procédures et instruments de réparation », E/C.19/2014/3, 12-23 mai 2014, http://www.un.org/Docs/journal/asp/ws.asp?m=E/C.19/2014/3.

Nations Unies. Mécanisme d'experts sur les droits des peuples autochtones. « L'accès à la justice dans la promotion et la protection des droits des peuples autochtones », Assemblée générale des Nations Unies, Conseil des droits de l'homme, A/HRC/EMRIP/2013/2, 29 avril 2013, http://www.ohchr.org/Documents/Issues/IPeoples/EMRIP/Session6/A-HRC-EMRIP-2013-2_fr.pdf.

Newman, Dwight. « The Rule and Role of Law: The Duty to Consult, Aboriginal Communities, and the Canadian Natural Resource Sector », MacDonald-Laurier Institute, mai 2014, http://www.macdonaldlaurier.ca/files/pdf/DutyToConsult-Final.pdf.

Office of the Treaty Commissioner. « Treaty Implementation: Fulfilling the Covenant », Saskatoon, Office of the Treaty Commissioner, 2007.

The Philanthropist. « The Philanthropic Community's Declaration of Action », 15 juin 2015, http://thephilanthropist.ca/2015/06/the-philanthropic-communitys-declaration-of-action.

Prairie Women's Health Centre of Excellence. « Nitâpwewininân: Ongoing Effects of Residential Schools on Aboriginal Women — Towards Inter-generational Reconciliation », rapport final soumis à la Commission de vérité et réconciliation du Canada, mars 2012.

Presbyterian Church in Canada. « Aboriginal Spirituality: A Theological Framework For », 2013, http://presbyterian.ca/gao/2013referrals.

Presbyterian Church in Canada. « Acts and Proceedings of the 137th General Assembly of the Presbyterian Church in Canada », 2011, http://presbyterian.ca/acts-and-proceedings.

Presbyterian Church in Canada. « Presbyterian Statement on Aboriginal Spiritual Practices », 29 janvier 2015, https://ecumenism.net/2015/01/presbyterian-statement-on-aboriginal-spiritual-practices.htm.

Ralliement national des Métis. « Proceedings from "Nobody's Children": A Métis Nation Residential School Dialogue », 28-29 mars 2012, http://www.metisnation.ca/wp-content/uploads/2012/03/Minutesfinal-Metis-Nation-Residential-School-Dialogue-Proceedings-Mar-28-29-2012.pdf.

Reconciliation Canada. « A Shared Tomorrow », Elders' statement, s. d., http://reconciliationcanada.ca/explore/elders-statement.

Réseau de télévision des peuples autochtones. « Rapport annuel de 2013 », s. d., http://aptn.ca/au-sujet-d-APTN/PDFs/APTN_2013_AnnualReport_FRE.pdf.

Seixas, Peter et Jill Colyer. « A Report on the National Meeting of the Historical Thinking Project », 15-17 janvier 2013, http://historicalthinking.ca/sites/default/files/files/docs/HTP2013Report.pdf.

Shaheed, Farida. « Rapport de la Rapporteuse spéciale dans le domaine des droits culturels : Les processus mémoriels », Assemblée générale des Nations Unies, Conseil des droits de l'homme, A/HRC/25/49, 23 janvier 2014, http://www.ohchr.org/EN/HRBodies/HRC/RegularSessions/Session25/Documents/A_HRC_25_49_FRE.DOC .

Sommet des Premières Nations. « Royal Proclamation Still Relevant on 250th Anniversary », s. d., http://www.fns.bc.ca/pdf/FNS_Op-ed_re_250th_anniver_of_Royal_Proclamation_10_07_13.pdf.

Sport Canada, Renouvellement de la Politique canadienne du sport, Table ronde sur le sport pour les Autochtones. « Rapport de synthèse », 15 juillet 2011, https://sirc.ca/sites/default/files/content/docs/pdf/autochtones.pdf.

Snyder, Emily. « Gender and Indigenous Law », rapport pour l'University of Victoria Indigenous Law Unit, l'Association du Barreau Autochtone et la Commission de vérité et réconciliation du Canada, 31 mars 2013, http://indigenousbar.ca/indigenouslaw/wp-content/uploads/2013/04/Gender-and-Indigenous-Law-report-March-31-2013-ESnyder1.pdf.

Turpel-Lafond, Mary Ellen. « Aboriginal Children: Human Rights as a Lens to Break the Intergenerational Legacy of Residential Schools », rapport soumis par l'Office of the British Columbia Representative for Children and Youth, Victoria (Colombie-Britannique), à la Commission de vérité et réconciliation du Canada, juillet 2012, http://www.llbc.leg.bc.ca/public/pubdocs/bcdocs2012_2/522248/rcy-aboriginalchildren-final.pdf.

United Nations Permanent Observer Mission of the Holy See. « Statement to Economic and Social Council, 9th Session of the Permanent Forum on Indigenous Issues, on Agenda Item 7: Discussion on the Reports "Impact on Indigenous Peoples of the International Legal Construct Known as the Doctrine of Discovery, which Has Served as the Foundation of the Violation of Their Human Rights" and "Indigenous Peoples and Boarding Schools : A Comparative Study" », 27 avril 2010, http://www.ailanyc.org/wp-content/uploads/2010/09/Holy-See.pdf.

United States Department of the Interior, Office of the Solicitor. « Solicitor's Opinions », s. d., http://www.doi.gov/solicitor/opinions.html.

Université du Manitoba. « Statement of Apology and Reconciliation to Indian Residential School Survivors », 27 octobre 2011, http://umanitoba.ca/about/media/StatementOfApology.pdf.

Vatican. « Communiqué of the Holy See Press Office », 29 avril 2009, http://www.vatican.va/resources/resources_canada-first-nations-apr2009_en.html.

Vatican. « Lettre pastorale du Saint-Père Benoît XVI aux Catholiques d'Irlande », 19 mars 2010, http://w2.vatican.va/content/benedict-xvi/fr/letters/2010/documents/hf_ben-xvi_let_20100319_church-ireland.html.

7. Sites Web et multimédias

Accessing Justice and Reconciliation Project, http://indigenousbar.ca/indigenouslaw.

ArtsLink: Residential School Artists. « About ArtsLink », s. d., https://www.edonline.sk.ca/bbcswebdav/library/materials/ArtsLink/main_pages/about-us.html.

Bibliothèque et Archives Canada. « L'héritage autochtone », s. d., http://www.bac-lac.gc.ca/fra/decouvrez/patrimoine-autochtone/Pages/introduction.aspx#d.

Canada. Affaires autochtones et Développement du Nord Canada. « Christi Belcourt décrit son œuvre intitulée "Giniigaaniimenaaning" », s. d., https://www.aadnc-aandc.gc.ca/fra/1353338933878/1353338974873.

Canada. Affaires autochtones et Développement du Nord Canada. « Commémoration 2011-2012 : Description des projets », s. d., http://www.aadnc-aandc.gc.ca/fra/1370974213551/1370974338097.

Canada. Affaires autochtones et Développement du Nord Canada. « Commémoration 2012-2013 : Description des projets », s. d., http://www.aadnc-aandc.gc.ca/fra/1370974253896/1370974471675.

Canada. Affaires autochtones et Développement du Nord Canada. « Se souvenir du passé : Fenêtre sur l'avenir », s. d., http://www.aadnc-aandc.gc.ca/fra/1332859355145/1332859433503.

Canada. Gouvernement du Canada. « Journalistes pour les droits humains (JDH) », s. d., http://www.canadainternational.gc.ca/libya-libye/highlights-faits/2015/human_rights-droits_personne.aspx?lang=fra.

Canada. Parcs Canada. Commission des lieux et monuments historiques du Canada. « Info Source : Sources de renseignements du gouvernement fédéral et sur les fonctionnaires fédéraux », 2013, http://www.pc.gc.ca/fra/clmhc-hsmbc/comm-board/Transparence-Transparency.aspx.

Canada. Parcs Canada. Commission des lieux et monuments historiques du Canada. « Programme national de commémoration historique », s. d., http://www.pc.gc.ca/fra/clmhc-hsmbc/ncp-pcn.aspx.

Centre for Youth and Society. Université de Victoria. « Residential Schools Resistance Narratives: Significance and Strategies for Indigenous Youth », collection vidéo, s. d., http://youth.society.uvic.ca/TRC.

Centre national pour la vérité et réconciliation. « Nos partenaires », s. d., http://umanitoba.ca/centres/cnvr/partenaires.html.

Centre national pour la vérité et réconciliation. « Réconciliation », s. d., http://umanitoba.ca/centres/cnvr/reconciliation.html.

Commission du droit du Canada. *La justice en soi : Les traditions juridiques autochtones,* DVD, 2006.

Commission des relations découlant des traités du Manitoba. « Public Education: Learning Centre », s. d., http://www.trcm.ca/public-education/learning-centre.

Commission de vérité et réconciliation du Canada. *Educating Our Youth,* vidéo, 19 septembre 2013, http://www.trc.ca/websites/trcinstitution/index.php?p=15.

Commission de vérité et réconciliation du Canada. *Sharing Truth: Creating a National Research Centre on Residential Schools,* vidéos du forum de la CVR, Vancouver (Colombie-Britannique), 1-4 mars 2011, http://www.trc.ca/websites/trcinstitution/index.php?p=514

Conférence des évêques catholiques du Canada. « Conseil autochtone catholique du Canada », s. d., http://www.cccb.ca/site/frc/commissions-comites-et-conseil-autochtone/conseil-autochtone/conseil-autochtone-catholique-du-canada.

Conseil œcuménique des Églises. « Qu'est-ce que le Conseil œcuménique des Églises? », s. d., http://www.oikoumene.org/fr/about-us/about?set_language=fr.

Conseil Teslin Tlingit. « Clan Based Governance », s. d., http://www.ttc-teslin.com/clan-based-governance.html.

Conseil Teslin Tlingit. « Constitution », mars 2013, http://www.ttc-teslin.com/constitution.html.

Conseil Teslin Tlingit. « Government Organization Chart », s. d., http://www.ttc-teslin.com/government-organization-chart.html.

Conseil Teslin Tlingit. « Legislation », s. d., http://www.ttc-teslin.com/legislation-guiding-principles.html.

Conseil Teslin Tlingit. « Our Clans », s. d., http://www.ttc-teslin.com/our-clans.html.

Échanges Racines canadiennes. http://canadianroots.ca/fr.

L'Église anglicane du Canada. « Truth and Reconciliation », s. d., http://www.anglican.ca/relationships/trc.

L'Église Unie du Canada. Residential School Archive Project. « The Children Remembered », s. d., http://thechildrenremembered.ca.

First Voices. « Mi'kmaw Community Portal », s. d., http://www.firstvoices.com/en/Mikmaw.

Fondation autochtone de l'espoir. *Nous étions si loin : L'expérience des Inuits dans les pensionnats,* exposition, 2009, http://nousetionssiloin.ca/.

Fondation autochtone de l'espoir. *Que sont les enfants devenus? Guérir l'héritage des pensionnats,* exposition, 2009, http://lesenfantsdevenus.ca/fr/.

Institute for Women's and Gender Studies. Université de Winnipeg. « TRC Quilting Project: Education and Art », 2010, http://archive-ca.com/ca/i/iwgs.ca/2012-12-07_875494-titles_7/Fort_Garry_Women_s_Resource_Centre.

International Center for Transitional Justice. *ICTJ/Canada TRC Youth Retreat,* vidéo, 2010, http://vimeo.com/26397248.

International Center for Transitional Justice. *Our Legacy, Our Hope,* vidéo, 23 mai 2012, http://www.youtube.com/watch?v=Xz2SUV0vFCI.

International Coalition of Sites of Conscience. http://www.sitesofconscience.org/fr/.

Joseph, Bob. « Shelagh Rogers Her Journey from Her Head to Her Heart as Hon. Witness », entrevue, 17 septembre 2013, http://www.ictinc.ca/blog/shelagh-rogers-journey-head-heart-honorary-witness-trc.

Journalistes des droits humains. « About », s. d., http://www.jhr.ca/en/about.

Kreelak, Martin, directeur. *Kikkik E1-472*, film, deuxième version, Inuit Broadcasting Corporation, s. d., http://www.isuma.tv/hi/en/imaginenative/kikkik-e1-472.

Morris and Helen Belkin Art Gallery. *Witnesses: Art and Canada's Indian Residential Schools*, exposition, 6 septembre au 1er décembre 2013, http://www.belkin.ubc.ca/past/witnesses.

Musée canadien pour les droits de la personne. « À propos du Musée », s. d., https://droitsdelapersonne.ca/a-propos-du-musee.

Nation crie Muskeg Lake. « Nêhiyaw Wiyasowêwina (Cree Law) », s. d., http://www.muskeglake.com/services/community-justice/cree-law.

Presbyterian Church in Canada. Indian Residential Schools. « Photographs from the Presbyterian Church in Canada Archives », s. d., http://www.presbyterianarchives.ca/RS%20-%20Home%20Page.html.

Project of Heart. http://projectofheart.ca.

Racines de l'empathie. http://www.rootsofempathy.org/fr/.

Reconciliation Canada. *Chief Joseph Shares His Perspective on Our Partners*, vidéo, 13 septembre 2013, http://reconciliationcanada.ca/2013/09.

Réseau de télévision des peuples autochtones. « Fiche de renseignements », septembre 2005, http://aptn.ca/au-sujet-d-APTN/fiche-de-renseignements.php.

Sommet des Premières Nations. « Grand Chief Edward John (Akile Ch'oh): Biography », s. d., http://www.fns.bc.ca/about/e_john.htm.

United Nations Permanent Observer Mission of the Holy See. « A Short History of the Diplomacy of the Holy See », s. d., http://www.holyseemission.org/about/history-of-diplomacy-of-the-holy-see.aspx.

Université de la Colombie-Britannique. Museum of Anthropology. *Speaking to Memory: Images and Voices from the St. Michael's Residential School*, exposition, 18 septembre 2013 au 11 mai 2014, http://moa.ubc.ca/portfolio_page/speaking-to-memory.